100

| 한국장로교총회창립 100주년기념 표준주석 |

사도행전

대한예수교장로회총회교육자원부 편

한국장로출판사

발간사

　본 주석서는 대한예수교장로회총회의 신앙과 신학 이념을 따라 평신도와 신학생, 목회자와 신학 교수들이 성경을 바르게 이해하도록 도움을 주는 데 그 목적이 있다.
　대한예수교장로회 교단은 1934년 희년에 즈음하여 성경전서 주석의 간행을 총회에서 결의한 바 있다. 그리하여 1937년부터 총회표준주석(1937년, 「욥기」, 「시편」, 「잠언」, 「전도서」, 「아가」 ; 1939년, 「로마서」, 「고린도전·후서」, 「갈라디아서」)이 간행되기 시작하였다. 그러나 제2차 세계대전의 발발과 일제 강점기의 한국교회 탄압으로 주석 발간 사업은 일시 중단되었다. 1945년, 해방은 되었으나 38선으로 남북이 분열되고, 1950년 6·25한국전쟁의 비극을 겪어야 했다. 1953년, 휴전된 후 총회표준주석 사업이 재개되어 1954~1957년(1954년, 「이사야」 ; 1955년, 「요한복음」 ; 1956년, 「창세기」 ; 1957년, 「레위기」, 「민수기」)에 출판이 있었으나, 1959년에 교단의 분열로 오늘에 이르기까지 총회표준주석 사업은 불가한 형편이었다.

대한예수교장로회 제90회기(2005) 총회는 총회창립 100주년(2012)기념 사업의 일환으로 교단 신학의 정체성 확립과 한국장로교회의 신학적 표준을 제시할 총회표준주석을 출판하기로 결의하고, 총회 산하 신구약성경 신학자들에게 집필을 위촉하게 되었다.

　2005년 12월 한국장로교총회창립 100주년기념 표준주석편찬위원회가 조직된 후 집필 원칙을 정하고 집필자를 선정하여, 그 원칙에 충실할 것을 서약하게 하였다. 지난 7년 동안 집필자들의 깊은 기도와 연구의 산고 끝에 이제 그 실체가 드러나 장로교 총회표준주석이 출판되었다. 편찬위원회는 수차례 모임을 갖고 50여 명에 이르는 많은 집필자들을 격려하고 집필 목적과 방향 제시를 수시로 하여 주석서의 통일성과 진정성을 유지하게 하였다. 집필된 원고가 제출된 경우, 검독위원회가 총회의 신학과 신앙에 맞는 주석을 출판하기 위해 내용을 수정 또는 추가할 것을 요청하기도 하였다.

　이 주석서가 빛을 보기까지 집필자는 물론이고, 총회교육자원부 김치성 총무와 한국장로교출판사의 수고가 있었고, 전국 교회들의 기도 지원이 있었다. 무엇보다도 출판비 및 연구비 전액을 이름 없이 지원해 준 교회가 있었다. 이에 독자 여러분과 함께 하나님께 찬양을 드리며, 이 일에 헌신하신 분들께 감사를 드린다.

　유사 이래 성경보다 더 긴 세월 동안 연구되고 읽혀진 책은 없다. 그렇기 때문에 해석 방법도 시대와 지역에 따라 다양하게 나타났다. 에스라 시대까지 거슬러 올라가서 사용된 미드라쉬(Midrash) 주해 방법부터 시작하여 중세의 종교개혁자들과 현대 비평주의자들의 해석 방법 등 수많은 해석학적 이해가 있어 왔고, 여러 언어로 번역되어 하나님의 말씀인 성경은 읽혀졌다. 그러나 하나님의 말씀은 (해석자들이나 번역자들에게) 매이지 않는다(딤후 2 : 9). 성경 주석가와 번역자들은 자기 시대와 문화 속에서 어떤 전제(presupposition)를 갖고 성경을 읽기 때문에 언제나 해석의 한계가 있음을 인정할 수밖에 없다. 그런 의미에서 본 주석서도 예외는 아닐 것이다. 그럼에도 불구하고 본서는 그 한계를 최소화시키기 위해 다양한 신학적 입장, 다른 해석들, 교회사적 해석들, 지리적 상황을 포함하려고 노력했다.

우리의 전제는 신구약성경 66권이 하나님의 영감으로 특별 계시된 말씀이라는 대한예수교장로회의 신앙고백을 준거(準據)로 했다. 그러므로 본서는 집필자 자신의 신앙고백과 신학도 내포되었지만, 그보다 총회의 신앙과 신학의 표준적 입장에서 성경을 주석한 것이다. 즉, 사도신경, 웨스트민스터신앙고백서, 장로교신앙고백을 따르는 개혁주의 신학과 신앙 전통을 따른 것이다.

집필을 하는 데 있어서 학문적 깊이를 외면할 수는 없으나 목회자나 평신도가 성경을 이해하는 데 도움을 주기 위해 설교를 위한 묵상을 삽입하기도 하였다. 그러나 각 권의 기록자, 기록 연대, 문학적 특징, 책의 목적 등을 설명하는 개론적 연구를 할 때에는 그것이 학문적 연구에 꼭 필요하다고 여겨지는 경우에 한하여 최근 많은 성경학자들이 사용하는 비평적 방법도 가설(假說)로는 소개하였으나 결론은 따르지 않았다. 그것이 교회의 신앙적 지도를 위한 적절한 방법은 아니기 때문이다.

영감으로 된 하나님의 말씀인 성경의 해석은 성령의 조명이 가장 중요한 조건이다. 따라서 본서의 집필자들은 종교개혁자들이 채택했던 문법적, 역사적, 신학적 원리를 주된 해석 방법으로 채택하고, 기도하면서 하나님의 계시된 말씀의 원의를 알기 쉽게 해석하려고 힘썼다. 외래어 사용은 가급적 줄이되 히브리어나 헬라어와 같은 원어를 반드시 읽어야 할 경우에는 음역화해서 누구나 원어의 발음으로 읽게 했다. 각주(脚註)도 가급적 줄이되 문장 뒤에 참고로 넣었다. 또한 각 절이 아닌 단락별로 주해를 하여 전체적 파악을 도왔다.

주석 앞에는 대한성서공회가 출판한 개역개정 성경(4판)을 단락별로 제시했다. 히브리어 성경은 BHS(Biblia Hebraica Stuttgartensia)를, 헬라어 성경은 United Bible Societies가 출판한 The Greek New Testament(4^{th}ed)를 각각 원문으로 채택하여 사용하였다. 특히 개역개정 성경의 번역에 대한 문제가 있다는 의견을 총회가 받아들여 본 편찬위원회에 수정 의뢰를 하였고,

집필자들이 원문을 바로 번역하여 대한성서공회에 제시함으로 수시 교정 제도를 따라 수정하도록 했다.

우리의 생명이시며 찬양의 대상이 되신 우리 주 예수 그리스도를 계시하시고, 하나님의 공의와 사랑을 그의 십자가를 통하여 실현시켜 우리를 구원하신 하나님의 깊은 뜻을 알게 해 주는 신구약성경을 더 많은 사람들이 더 깊이, 더 분명하게 이해하고, 믿게 하기 위하여 대한예수교장로회총회 창립 100주년을 기하여 한국 교회와 세계 교회 앞에 겸손한 자세로 이 주석을 내어 놓는다.

"내가 온 것은 양으로 생명을 얻게 하고 더 풍성히 얻게 하려는 것이라" (요 10 : 10b).

Soli Deo Gloria!

한국장로교총회창립 100주년기념
표준주석편찬위원회
위원장 이 종 윤

추천사 1

 할렐루야! 2012년은 대한예수교장로회(통합)총회가 창립 100주년을 맞이하는 해입니다. 총회가 창립된 이후 1세기가 지난 지금까지 우리 한국 교회를 세계가 주목할 만큼 눈부시게 성장할 수 있도록 도와주신 에벤에셀의 하나님께 모든 찬송과 영광과 감사를 드립니다.
 이와 같은 한국 교회의 놀라운 부흥 가운데서도 마음 한구석에 늘 안타까움이 자리하고 있었는데, 그것은 바로 우리 한국 교회만의 권위 있는 주석이 없다는 사실이었습니다. 현재 목회현장에서 사용되는 우리말 주석들은 대부분 오래되었거나 현대의 한국 교회 상황에 맞지 않는 서구 교회의 해석, 또는 성서학 전문가들의 주석이 아닌 짜깁기식 주석이 대다수를 차지합니다.
 이러한 현실 가운데 이번 총회창립 100주년기념사업의 일환으로 본 교단에서 「한국장로교총회창립 100주년기념 표준주석」을 출간하기로 결의하고, 주석서를 출간하게 된 것은 대단히 자랑스럽고 의미 있는 일이 아닐 수 없습니다.

이번 「표준주석」의 출판으로 한국 교회는 이전보다 더욱 '개혁주의 신학과 신앙 전통'을 따르는 성경 해석의 기초를 확립하게 될 것이며, 많은 목회자들이 이 주석서를 통해 하나님의 말씀에 중심을 둔 목회를 실천할 수 있을 것으로 기대합니다. 더 나아가 이 「표준주석」은 한국 교회의 신앙을 더욱 견고히 하는 성경 해석의 표본이 될 것입니다.

아무쪼록 이번 「표준주석」 출간을 계기로 우리 한국 교회가 당면한 갖가지 위기를 극복하고 더욱 하나님 말씀으로 충만하여, 평화통일은 물론 주님의 지상명령인 땅끝까지 복음을 전하는 사명을 보다 잘 감당하는 교회로 거듭나게 되기를 기대하며, 한국의 모든 교회와 성도님들께 자랑스럽게 이 주석서를 추천하는 바입니다. 샬롬!

장로회신학대학교
전 총장 장 영 일

추천사 2

「한국장로교총회창립 100주년기념 표준주석」의 발간을 축하합니다. 한국 교회 역사에서 중요한 자리를 차지하고 있는「총회표준주석」은 한국 교회에 큰 영향을 끼친 박윤선 박사님께서 박형룡 박사님을 도와「표준주석」의 고린도후서 주석 집필에 참여하면서 평생을 주석 집필에 헌신하게 했던 뜻깊은 주석이었습니다.

그러나 그동안 중단되었던 표준주석 사업을 재개함에 있어 편집위원장 이종윤 목사님이 밝힌 대로 성경이 성령으로 영감된 정확 무오한 하나님의 말씀이라는 분명한 신앙고백 위에 집필토록 하였다는 편집 원칙을 통해「표준주석」의 맥을 잇고자 하는 의지를 보여 줍니다.

이런 맥락에서 비평적 성서연구가 교회의 신앙적 지도에 적합하지 않다는 인식을 가지고 전통적인 개혁주의 해석 방법을 채택할 뿐만 아니라 복음적이고 목회적인 관심을 드러낸 점도 환영할 만한 일입니다. 또한 성경 자체에 대한 전문적인 지식뿐만 아니라 한국 교회와 성도를 체험적으로 알고 있는 성경학자들이 오랜 기도와 연구 끝에 발간하였다는 점도 높이 사고 싶습니다.

    아무쪼록 본서가 많은 이들에게 풍성하고 깊이 있는 신학적 성찰을 제공하는 귀한 책이 되길 소망합니다.

합동신학대학원대학교
총장 성 주 진

사도행전
차 례

발간사 _ 3
추천사 1 _ 7
추천사 2 _ 9

서 론 ··· 15
   A. 저 자 ··· 17
   B. 수신자 ··· 19
   C. 저술 연대 ··· 20
   D. 저술 배경 ··· 21
   E. 전승자료 ··· 23
   F. 장 르 ··· 25
   G. 구 조 ··· 26
   H. 주제 해설 ··· 29
      1. 구원사 ·· 29
      2. 성령의 주도적 역할 ·· 31

          3. 보편주의 ·· 32

본문주석 ·· **35**
  A. 서언(1 : 1-2) ·· 36
  B. 성령강림의 준비(1 : 3-26) ·· 38
    1. 성령강림의 약속(1 : 3-11) ·· 38
    2. 사도단의 보완(1 : 12-26) ·· 45
  C. 오순절 성령강림(2 : 1-47) ·· 53
    1. 오순절 성령강림 사건(2 : 1-13) ·· 53
    2. 베드로의 오순절 설교(2 : 14-41) ·· 61
    3. 교회의 공동생활(2 : 42-47) ·· 70
  D. 베드로와 요한의 사역(3 : 1-4 : 31) ·· 74
    1. 미문의 기적(3 : 1-10) ·· 74
    2. 베드로의 솔로몬 행각 설교(3 : 11-26) ······································ 80
    3. 베드로와 요한에 대한 박해(4 : 1-31) ·· 86
  E. 초대 교회의 생활(4 : 32-5 : 16) ·· 97
    1. 공동 소유(4 : 32-37) ·· 97
    2. 아나니아와 삽비라의 교훈(5 : 1-11) ·· 100
    3. 치유의 역사(5 : 12-16) ·· 107
  F. 사도들에 대한 박해와 교회의 성장(5 : 17-6 : 7) ······················ 109
    1. 사도들에 대한 박해(5 : 17-42) ·· 109
    2. 일곱 일꾼의 선택(6 : 1-7) ·· 115
  G. 스데반의 순교(6 : 8-8 : 3) ·· 119
    1. 스데반의 체포(6 : 8-15) ·· 119
    2. 스데반의 설교(7 : 1-8 : 1a) ··· 121
    3. 예루살렘 교회의 박해(8 : 1b-3) ·· 136
  H. 빌립의 전도활동(8 : 4-40) ·· 137
    1. 사마리아 전도(8 : 4-25) ·· 137
    2. 에티오피아 내시 전도(8 : 26-40) ·· 143

I. 사울의 회심과 초기 전도활동(9 : 1-31) ·········· 147
   1. 사울의 회심(9 : 1-19a) ·········· 147
   2. 사울의 초기 전도활동(9 : 19b-31) ·········· 154
J. 베드로의 전도활동(9 : 32-11 : 18) ·········· 157
   1. 베드로의 치유 기적(9 : 32-43) ·········· 157
   2. 이방인 전도의 준비(10 : 1-11 : 18) ·········· 160
K. 안디옥 교회와 헤롯의 박해(11 : 19-12 : 24) ·········· 176
   1. 바나바와 안디옥 교회의 구제 헌금(11 : 19-30) ·········· 176
   2. 헤롯의 박해(12 : 1-19) ·········· 182
   3. 헤롯의 죽음(12 : 20-24) ·········· 188
L. 제1차 선교여행(12 : 25-14 : 28) ·········· 191
   1. 바나바와 바울의 파송(12 : 25-13 : 3) ·········· 191
   2. 키프로스에서의 전도활동(13 : 4-12) ·········· 193
   3. 비시디아 안디옥에서의 전도활동(13 : 13-52) ·········· 197
   4. 이고니온에서의 전도활동(14 : 1-7) ·········· 209
   5. 루스드라에서의 전도활동(14 : 8-20) ·········· 211
   6. 안디옥 교회로의 귀환(14 : 21-28) ·········· 215
M. 예루살렘 사도회의와 사도편지(15 : 1-35) ·········· 219
   1. 예루살렘 사도회의(15 : 1-21) ·········· 219
   2. 사도 편지(15 : 22-35) ·········· 228
N. 제2차 선교여행(15 : 36-18 : 23) ·········· 231
   1. 바울과 바나바의 갈등(15 : 36-41) ·········· 231
   2. 더베와 루스드라에서의 전도활동(16 : 1-5) ·········· 234
   3. 마게도냐 사람의 환상(16 : 6-10) ·········· 236
   4. 빌립보에서의 전도활동(16 : 11-40) ·········· 238
   5. 데살로니가에서의 전도활동(17 : 1-9) ·········· 247
   6. 베뢰아에서의 전도활동(17 : 10-15) ·········· 250
   7. 아덴에서의 전도활동(17 : 16-34) ·········· 252
   8. 고린도에서의 전도활동(18 : 1-17) ·········· 258
   9. 안디옥 교회로의 귀환(18 : 18-23) ·········· 264

O. 제3차 선교여행(18 : 24-21 : 26) ········· 267
　1. 아볼로의 전도활동(18 : 24-28) ········· 267
　2. 에베소에서의 전도활동(19 : 1-20) ········· 269
　3. 에베소에서 일어난 소동(19 : 21-41) ········· 277
　4. 에베소에서 밀레도까지의 항해(20 : 1-16) ········· 283
　5. 고별설교(20 : 17-38) ········· 289
　6. 밀레도에서 예루살렘까지의 항해(21 : 1-16) ········· 296
　7. 예루살렘 교회 방문(21 : 17-26) ········· 301

P. 바울의 재판(21 : 27-26 : 32) ········· 307
　1. 결박당한 바울(21 : 27-36) ········· 307
　2. 유대 사람들 앞에서의 자기변호(21 : 37-22 : 29) ········· 310
　3. 산헤드린의 심문(22 : 30-23 : 11) ········· 322
　4. 바울 살해 음모와 후속 조치(23 : 12-35) ········· 328
　5. 벨릭스의 심문(24 : 1-27) ········· 334
　6. 베스도의 심문(25 : 1-12) ········· 344
　7. 아그립바의 심문(25 : 13-27) ········· 348
　8. 아그립바 앞에서의 자기변호(26 : 1-32) ········· 353

Q. 로마행 항해(27 : 1-28 : 15) ········· 364
　1. 가이사랴에서 그레데까지의 항해(27 : 1-12) ········· 364
　2. 폭풍과 파선(27 : 13-44) ········· 369
　3. 멜리데 섬의 기적(28 : 1-10) ········· 378
　4. 멜리데에서 로마까지의 항해(28 : 11-15) ········· 381

R. 로마에서의 전도활동(28 : 16-31) ········· 384
　1. 유대인 지도자들과의 만남(28 : 16-28) ········· 384
　2. 땅끝까지 전파되는 복음(28 : 30-31) ········· 390

참고문헌 _ 395

사도행전

서 론

A. 저 자
B. 수신자
C. 저술 연대
D. 저술 배경
E. 전승자료
F. 장 르
G. 구 조
H. 주제 해설

| 사도행전 |

서 론

　사도행전은 주후 1세기 중반의 초대 교회 역사를 진술해 주는 유일한 책이다. 사도행전은 예수의 승천 이후 사도들이 그의 사역을 계승하는 가운데 세계의 중심이었던 로마에까지 교회가 생성되고 발전하는 모습을 보여 주면서, 대체로 주전 30~60년 정도의 역사를 다루고 있다. 사도행전은 문서의 역사적인 성격에 있어서는 복음서와 유사하지만, 다루어지고 있는 내용에 있어서는 복음서와 구별된다.
　베드로와 바울은 사도행전의 전반부와 후반부의 중심인물이다. 전반적인 흐름에서 볼 때 베드로보다는 바울에게 강조점이 있는 것도 사실이다. 그렇다고 하더라도 사도행전에 다른 사도들의 사역이 등장하지 않는 것은 아니다. 요한은 예루살렘에서 베드로와 함께 유력한 사역을 하였고(3 : 1-4 : 31), 야고보도 최초로 순교한 사도로 등장하고 있다(12 : 1-2). 열두 사도에는 속하지 않았지만 유력한 활동을 한 인물들도 다수 나온다. 스데반은 순교를 통해 초대 교회가 예루살렘을 떠나 복음을 전하게 하는 촉매제 역할을 하고 있으며(6:8-8:1), 빌립은 사마리아에서 복음을 전한 인물이었다(8:4-25). 바나바는 바울을 안디옥 교회로 이끌어 이방인 선교가 효과적으로 이루어지도록 도왔다(11:19-30). 이 밖에도 회심한 바울을 도운 아나니아(9:10-19), 로마 군대의 백부장 고넬료(10장), 바나바의 동역자 마가 요한(12:25;15:36-39), 예루살렘 교회의 대표인 유다와 실라(15:22-35), 바울의 동역자 디모데(16:1-5), 심지어 빌립보 최초의 그리스도인인 루디아(16:14-15), 아굴라와 그의 아내 브리스길라(18장)도 나온다. 이것은 사도행전에서 바울을 '사도'라고 부르고 있는 곳이 두 곳뿐(14:4, 14)이라는 사실과 함께 많은 전도자들이 사실상 사도적 역할을 했다고 볼 만하게 만들고 있다. 따라서 사도행전을 '사도들의 행전'이라고 부르는 데 문제가 없다고 하겠다.

복음서의 중심인물이 예수라면, 사도행전의 중심인물은 성령이다. 사도행전에서 복음이 전파되는 중요한 길목마다 성령의 인도하심이 강조되어 있다. 사도들이 복음을 전할 때 그것을 실제적으로 인도하는 분은 성령이다(1:2; 2:4; 4:8; 10:44; 13:9; 16:6 등). 성령은 복음을 증언하는 영이며, 교회를 박해 속에서도 굳건한 신앙으로 이끌고 있는 힘이다. 사도행전의 모든 사도들과 제자들은 성령의 능력에 사로잡혀 일하고 있는 존재들이다.

A. 저 자

사도행전의 저자는 누가복음의 저자와 동일인물이다. 전통적으로 바울 사도의 동역자인 누가가 저자라고 알려져 왔다. 누가를 저자로 말하고 있는 가장 초기의 사본은 P^{75}인데, 그것은 주전 175~225년경의 것으로 추정되고 있다. 이것보다 약간 앞선 기록은 무라토리 정경 목록(주전 170-180년)인데, 그곳에는 '의사이며 바울의 동역자인 누가'라고 소개하고 있다. 이 밖에도 2세기 말 이후의 교부들의 글에도 누가를 저자로 보고 있는 점은 통일되어 있다. 이것은 고대 교회에서도 사도행전과 누가복음의 저자를 의사이며 바울의 동역자인 누가로 보고 있었음을 말해 준다.

'누가'라는 이름은 라틴어 이름의 헬라어 축약형(루카스)으로 볼 수 있다. 라틴어로는 루키아누스, 루키우스, 루킬루스라는 이름이 가능하다. '누가'라는 이름은 그중에서도 라틴어 이름 루키우스와 가장 가까워 보인다. 신약성서에서 이 누가와 동일시될 수 있는 인물이 세 명 있다. 첫째로는 로마서 16:21에 나오는 루기오(헬, 루키오스)인데, 그는 바울의 친척으로 소개되어 있다. 그렇다면 그는 유대인 그리스도인인 셈이다. 둘째로 골로새서 4:14에 나오는 누가(헬, 루카스)를 들 수 있다. 골로새서 4:11과 함께 읽어 보면 할례파에 속하지 않은 이방인으로 볼 수 있다. 또한 골로새서 4:14은 누가가 '의사'인 것에 대해서 언급한다. 골로새서 4:14, 디모데후서 4:10, 빌레몬서 24절에 모두 데마와 함께 언급되고 있으므로 동일인물로 볼 수 있다. 마지막으로 사도행전 13:1에 나오는 루기오(헬, 루키오스)를 들 수 있다. 그는 안디옥 교회의 예언자와 교사 집단에 속한 사람이었다. 종합적으로 말하면, 누가는 바울의 친척이었으며, 유대인 그리스도인이었다(롬 16:21). 다른 성경에 따르면, 누가는 바울의 사랑을 받는 사람이었고(골 4:14), 일정한 지도력을 행사하던 동역자였으며(몬 24절), 소아시아 교회에 알려져 있었고(행 13:1), 의사였으며(골 4:14), 이방인이었다(골 4:11 참조). 이 두 가지 상반되는 정보를 어떻게 조화시킬 수 있을 것인가가 문제다. 결국 바울친서로 인정되는 편지(로마서, 빌레몬서)에 비중을 더 두게 되면, 누가는 바울의 친척으로서 바울과 동역하며 교회에서 지도력을 행사하던 유대인 그리스도인이었다고 보아야 한다.

누가가 유대인이었다고 해서 전통적인 의미의 팔레스틴 유대인이었다고 생각해서는 안 된다. 그의 헬라어는 매우 훌륭하며, 그가 히브리어나 아람어를 알았다고 볼 만한 증거가 없는 만큼 디아스포라 유대인이었음이 분명하다. 또한 그가 예수를 따라다니던 목격자는 아니었던 것이 분명하다(눅 1:1-4 참조). 사도행전에 나오는 소위 '우리' 단락(행 16 : 10-17 ; 20 : 5-15 ; 21 : 1-18 ; 27 : 1-28 : 16)에 보면, 누가는 소아시아나 빌립보에 거주하다가 바울과 동행하여 로마로 여행을 같이했던 것으로 볼 수 있다. 누가는 적어도 이 기간 동안 바울의 동역자 역할을 했던 것으로 보인다.

누가복음이나 사도행전 자체는 저자의 이름에 관해서 함구하고 있다. 그래서 저자가 누구라고 확실하게 주장할 수는 없다. 그러나 우리는 사도행전의 내용을 통한 내적 증거와 교부들의 글에 나타난 외적 증거를 종합해서 저자의 윤곽을 그려 볼 수 있다. 그리고 특별히 교부들의 글에 나타난 증거가 근거가 없다는 것을 반증할 수 없다면, 누가가 저자라는 것을 잠정적으로 인정하는 것 외에 다른 대안이 없다고 할 것이다.

B. 수신자

사도행전의 수신자는 누가복음 1 : 3과 사도행전 1 : 1에 언급하고 있는 대로 데오빌로이다. 그는 '각하'라는 칭호로 불리고 있다. 이로 보건대 데오빌로는 사회적 신분이 높은 사람으로 볼 수 있다. 그는 부유한 사람이거나 권력을 가진 사람이었을 것이다. 또한 그는 기독교에 대하여 변호를 해 줄 만한 사람이었을 것이다.

데오빌로라는 이름은 '하나님의 사랑을 받는 자' 또는 '하나님을 사랑하는 자'라는 의미를 가지고 있다. 생각하기에 따라 데오빌로라는 이름이 실제 인물의 이름이 아니라 문학적으로 창작된 이름이라고 볼 수도 있다. 그러나 데오빌로라는 이름은 유대인이나 이방인들 모두에게 붙여졌던 헬라식 이름이었기 때문에, 그 의미만을 가지고 실제적 인물이 아닐 것이라고 단정해서는 안 된다. 오히려 실제 인물의 이름이어야 신뢰성을 생명으로 하고 있는 저자 누가에게 어울린다.

누가복음이나 사도행전은 서두에서 객관적이고 역사적인 보도를 하려고 한다는 인상을 풍기고 있다. 이를 두고 그리스도인이 아닌 데오빌로에게 기독교를 변호하려는 목적을 가지고 기록하였다고 주장하기도 한다. 그러나 여기에서 데오빌로를 비기독교인이라고 생각할 필요는 없다. 누가복음이나 사도행전에 자주 나오는 구약에 대한 인용이나 언급으로 볼 때, 데오빌로는 그리스도인이었다고 보는 것이 더 타당하다. 또한 누가복음 1:1은 그가 '우리 중에' 있는 사람임을 암시하고 있다.

데오빌로가 개인 그리스도인을 가리키는 것이라면, 그가 유대인 그리스도인과 이방인 그리스도인 가운데 어느 쪽일 것인가에 관한 의문이 생긴다. 그가 유대인 그리스도인이었다면 팔레스틴에 살던 유대인이 아니라 디아스포라 유대인이었을 가능성이 높다. 누가는 헬라의 수사학과 역사 기술 방식을 사용하여 누가복음과 사도행전을 기록하고 있다. 저자가 그렇게 한 것은 독자인 데오빌로가 헬라의 수사학과 역사 기술 방식에 익숙해 있었기 때문이다.

데오빌로가 이방인이었을 가능성이 있는가? 충분한 가능성이 있어 보인다. 유대인들은 예수를 배척하였으나 이방인들은 영접하였다고 기록한 것을 보거나, 유대인과 이방인이 그리스도 안에서 하나 된 공동체를 이룬 것을 강조한 것을 볼 때, 그리고 이방인 선교에 초점을 맞추어 기록하고 있는 것을 볼 때 그러하다. 그렇다고 해서 데오빌로가 반유대적 성향을 드러내고 있지는 않다. 데오빌로가 이방인이었다면, 유대인 회당 주변에서 히브리어 성경을 알게 된 '하나님을 두려워하는 자'(God-fearer) 중의 한 사람으로서 나중에 개종한 그리스도인이었다고 볼 수 있을 것이다.

C. 저술 연대

사도행전이 언제 기록되었는가 하는 것은 두 가지 기준에 의해서 결정될 수 있다. 첫 번째 기준은 누가복음과 사도행전이 기록되기 전에 존재했던 문서와의 관계에 근거하고 있다. 복음서의 자료 비평에 의하면, 누가복음은 가장 먼저 기록된 마가복음을 토대로 하고 있다. 마가복음의 저술 연대를 주전 60년대 말에서 70년대 초로 볼 때, 누가복음의 저술 연대는 그 이후가 되고, 사도행전은 그보다 약간 더 늦은 때로 추정할 수 있다.

두 번째 기준은 누가복음이나 사도행전의 내용을 인용하거나 언급하고 있는 후대 문서들과의 관계다. 가장 먼저 사도행전을 언급하고 있는 순교자 저스틴의 글은 2세기 중엽에 나타나고 있다. 그렇다고 사도행전의 저술 연대를 2세기 초엽이나 중엽으로 늦춰 잡을 필요는 없다. 만약 누가가 바울이 선교 활동을 하던 50년대에 함께한 동역자였다면 1세기 말을 넘겨 살기 어려웠을 것이라는 개연성도 고려해야 할 것이다. 오히려 누가 문서에는 발전된 교회론이 나타나지 않으며, 1세기 말에 수집된 것으로 보이는 바울서신에 대한 언급이 없는 것으로 보아 70년대 말이나 80년대 초에 기록되었다고 보는 것이 더 합리적이다.

사도행전이 기록된 장소로는 '수리아 안디옥'이라는 주장이 가장 타당성 있는 것으로 지지를 받고 있다. 그것은 사도행전에서 수리아 안디옥이 이방인 선교의 전초기지로서 갖는 중요성 때문이다.

D. 저술 배경

사도행전의 저술 배경이나 기록 목적에 관해서는 많은 논의가 있었다. 그 중에서 세 가지 견해가 대표적이다. 첫째는 역사적으로 정확한 정보를 제공하려는 목적을 이야기하고, 둘째는 기독교에 대한 변증을 제공하려는 목적을 말하며, 셋째는 재림의 지연에 대한 신학적 해답을 제시하려는 목적을 거론한다. 이 세 가지 목적은 상호 배타적이라기보다는 상호 보완적으로 이해하는 것이 바람직하다.

먼저 역사적 목적에 대하여 생각해 보자. 누가-행전의 서론(눅 1:1-4 ; 행 1:1-2)을 보면, 누가는 수신자인 데오빌로에게 기독교에 대한 정확한 역사적 지식을 확증시켜 주려고 했음을 밝히고 있다. 당시에는 먼저 기록된 마가복음이 있었고, 또 그와 유사한 글을 쓰려고 시도했던 사람들이 있었으며, 다양한 구전 전승이 전해 내려오고 있었던 것으로 보인다. 누가는 이러한 상황 속에서 연대기적인 순서나 역사적인 정확성에 충실한 복음서를 기록할 필요성을 느꼈던 것으로 보인다.

둘째, 기독교에 대한 변증의 목적에 대해 생각해 보자. 사도행전이 기록된 때를 70년대 말이나 80년대 초로 보게 되면, 사도행전은 목격자들이 대부분 사라진 후 새로운 세대에 의해서 기록된 것으로 볼 수 있다. 그리고 이 시기는 로마 제국의 지배가 더욱 공고해진 가운데 기독교에 대한 박해가 가시화되고 있었던 상황으로 네로의 박해(주전 64년)와 예루살렘 성전의 파괴(주전 70년)에 대한 기억이 여전히 남아 있었다. 누가는 사도행전에서 기독교가 생성하고 발전하는 과정에서 로마 제국의 정책에 반하는 어떠한 행위도 저지르지 않았으며, 로마 제국 안에서 평화로운 관계를 유지하려고 한다는 것을 보여 주려고 하였다. 만약 당시에 로마 제국이나 황제들에 대하여 부정적인 견해를 드러내는 어떠한 문서라도 발견되었다면, 즉시 그 문서의 파기나 소각이 이루어졌을 것이며 문서를 기록한 개인과 단체에 대한 가혹한 박해가 가해질 수 있었을 것이다. 이러한 암흑시대에는 로마 제국에 대해 적어도 겉으로는 호의적인 태도를 보여 줄 수밖에 없었다는 점을 알아야 한다.

셋째, 재림의 지연에 대한 신학적 해답을 제시하려는 목적에 대해 생각해 보자. 사도행전이 기록될 시점에서 교회는 신학적인 위기를 겪고 있었다고 볼 수 있다. 그것은 임박한 재림에 대한 기대가 무산됨으로써 발생한 것이었다. 재림의 지연으로 말미암아 교회가 선택할 수 있는 신학적 대답은 기독교 복음의 전파라는 대안으로 나타났다. 재림이 지연된 것이 재림 자체를 부정하는 것은 아니었기 때문이다. 오히려 기독교의 복음이 진실된 것임을 입증하려는 열정이 요구되었다. 신학적인 대답의 핵심은 하나님께서 이 세상을 구원하려는 행동이 역사를 관통하며 지속되어 왔다는 것이다. 이것을 소위 '구원사'(salvation history)라고 한다. 구원사는 세 시대를 거쳐 진행되고 있다고 인식하였다. 첫째가 이스라엘을 구원한 시대였다면, 둘째는 예수를 통한 구원의 시대였고, 이제 셋째로 교회를 통해 세상의 구원을 이루려고 한다는 것이다. 누가는 교회 시대를 맞아 유대인 그리스도인과 이방인 그리스도인의 통합을 이루어야 하는 과제와 성령의 임재와 활동을 적극적으로 수용해야 하는 과제를 인식하고 있었다.

E. 전승자료

사도행전은 누가복음의 자매편으로 기록되었다. 자료설을 주장하는 이들에 의하면, 누가복음은 일반적으로 문서자료인 마가복음과 말씀자료(Q)를 사용하였고, 거기에 구전에 기초한 누가의 특수자료(SL)가 활용되었다. 그런데 누가복음에 비해 사도행전이 사용한 자료에 대해서는 분명하게 말할 수가 없다. 누가복음과 달리 비교해 볼 수 있는 다른 문서나 자료가 발견되지 않기 때문이다.

사도행전의 자료로서 가장 주목을 받는 것은 소위 '우리' 단락이다. 사도행전은 기본적으로 3인칭적 관점에서 기술되고 있는데, 네 군데(16 : 10-17 ; 20 : 5-15 ; 21 : 1-18 ; 27 : 1-28 : 16)에서만 1인칭적 관점으로 기술되고 있는 특징을 보인다. 왜 이런 현상이 나타난 것인가? 단순한 문학적인 기교의 차원인가? 신뢰성을 높이려는 편집적인 고안인가? 아니면 배후에 어떤 자료가 존재함을 암시하는가? 만약에 그렇다면 어떤 자료인가? 저자가 바울 사도와 동행하면서 기록한 여행기인가? 일기인가? 회고담인가?

이에 대한 대답을 하기 전에 먼저 '우리' 단락의 특징에 관해 살펴보려고 한다. 고대의 '바다 여행' 기록이 1인칭으로 기술되고 있다는 전제 아래에서 (이것도 사실과는 다르지만) 한때 '우리' 단락이 '바다 여행'에서만 나타난다고 하는 주장이 있었다. 그러나 사도행전의 모든 '바다 여행'에서 '우리' 단락이 발견되는 것이 아니고, '바다 여행' 중에서 3인칭적 기술을 보이는 부분(행 13 : 4-5 ; 14 : 20-28 ; 18 : 18-23)도 등장하므로 둘 사이의 연관성을 주장하는 것은 유지되기 어렵다고 본다. 또한 '우리' 단락이 등장하고 있는 네 군데에서 1인칭 기술 내용과 3인칭 기술 내용 사이의 차이나 비약도 보이지 않는다. '우리' 단락의 일반적인 문체나 어휘가 사도행전의 다른 부분과 특별히 다른 것도 아니다.

위와 같은 점들을 고려한다면, '우리' 단락은 슬며시 끼어든 감이 있다. 이것은 아마도 저자인 누가가 바울 사도를 부분적으로('드로아에서 빌립보까지') 수행한 적이 있음을 나타내고자 했기 때문이며, 그 부분에 대해서만 겸손하게 증인의 역할을 보여 주려고 했기 때문인 것처럼 보인다. 그렇다면 그것이 여행기였는지 일기였는지 구분하는 것은 이차적 중요성을 지닐 뿐이다.

사도행전에서 우리가 주목해 보아야 할 두 번째 자료는 '설교/연설 자료' 이다. 사도행전에는 24개(베드로의 설교 8개, 야고보의 설교 2개, 스데반의 설교 1개, 바울의 설교 9개, 가말리엘의 연설 1개, 에베소 시청 서기관의 연설 1개, 더둘로의 연설 1개, 베스도의 연설 1개) 이상의 설교/연설이 있으며, 설교/연설이 사도행전에서 차지하는 비율은 전체 분량의 약 3분의 1에 해당된다. 이것은 누가가 사도행전을 기록함에 있어서 설교/연설을 얼마나 비중 있게 다루었는지를 보여 준다.

그런데 설교/연설의 형식이나 내용면에서 큰 차이 없이 통일성을 보여 주고 있기 때문에 그것이 실제의 설교와 연설이었는지에 관해서 의문이 제기되었다. 설교가 자주 반복적으로 등장하고 있는 것을 볼 때, 누가가 자신의 역사 기술에 생동감을 주기 위해 문학적으로 창안한 것이라는 견해를 주장하기도 한다. 어떤 학자들은 설교나 연설을 역사 기술물에 의례적으로 등장하는 요소로 보기도 한다. 이를 통해 독자를 교훈하고 재미를 더해 주려고 했다는 것이다. 다른 학자들은 사도행전에서 말하려고 하는 신학적 주제를 발전시켜 나가는 데 설교나 연설이 일정한 역할을 하고 있다고 주장한다. 그래서 사도행전에 나오는 설교나 연설은 그 당시의 실제 청중을 대상으로 한 것이 아니라 사도행전의 독자를 위한 것이라고 말한다.

이러한 설교나 연설이 실제적인 것이었다면, 어떤 전승된 자료에 바탕을 두고 있는가 하는 것이 문제가 된다. 이에 대한 확실한 증거는 없다. 오히려 사도행전이 지역적 기반을 바탕으로 한 선교 활동을 반영하고 있어서 이러한 지역들과 관련이 있었을 가능성이 높다. 예를 들어, 예루살렘이나 안디옥, 가이사랴 등을 생각해 볼 수 있다. 그러나 만약 이러한 설교나 연설이 문학적이거나 신학적인 이유에서 창안된 것이라면, 그 배후에 있는 전승된 자료를 찾는 일은 지극히 어려운 난제가 될 것이다.

F. 장르

사도행전은 누가복음과 자매편으로 기록되었다. 그래서 누가복음의 장르가 갖는 특징인 전기적 성격을 많이 공유하고 있다. 전기는 기본적으로 등장인물의 성격묘사와 인물됨에 초점이 맞추어져 있다. 사도행전에는 베드로와 바울을 위시한 등장인물들의 성격묘사와 인물됨이 부각되어 있다. 다만 누가복음이 예수를 주인공으로 한 기록인 것에 비해, 사도행전은 사도들을 주인공으로 하고 있다는 점에 있어서 차이를 보인다. 그렇다고 해서 사도행전을 누가복음과 같이 전기 장르에 속한다고 결론 내릴 수는 없다.

다른 한편, 사도행전은 고대 역사 기술(historiography)의 특징을 보여 준다. 누가복음 역시 역사적인 기록이지만, 사도행전만큼 역사 기술적 특징을 보여 주지는 않는다. 고대의 역사 기술은 인류의 역사를 변화시키는 사건에 관심을 가지고 있는 글의 성격을 보여 주며, 등장인물의 행위와 사건의 전개에 관심을 기울이는 특징이 있다. 이처럼 사도행전은 누가복음보다 훨씬 더 등장인물들의 행위와 사건의 전개에 관심을 기울이며, 신앙적 관점에서 등장인물들의 행위와 사건이 인류의 변화에 어떻게 기여하였는지를 보여 준다.

여기에서 우리가 주의해야 할 것은 고대의 역사 기술은 현대적 의미의 역사와는 구별된다는 점이다. 오늘날 역사라고 하면 객관적인 관점에서 과학적이고 비판적인 기록을 의미한다. 고대의 역사 기술 역시 객관적이고 중립적인 자료에 바탕을 두고 기록하려고 했지만, 현대적 역사 기록처럼 철저한 방법론을 추구하지는 않았다. 오히려 사실에 바탕을 두면서도 그것을 생생하게 그려 내어 재미와 교훈을 주려는 목적을 바탕에 두고 있었다. 그러므로 현대의 역사 기록이 보편적인 역사를 지향하고 있다면, 고대의 역사 기술은 단편적이고 삽화적인 역사를 기록하고자 했다. 따라서 고대의 어떤 역사 기술물을 바탕으로 객관적이고 보편적인 역사를 재구성하려고 하는 데는 무리가 있다.

G. 구 조

사도행전의 구조는 책 이름에서 시사하듯이 '사도들'의 행적을 중심으로 생각해 보는 것이 자연스러울 수 있다. 그렇다면 사도행전에는 각 사도들을 중심으로 한 내용이 차례대로 배열되어 있는가? 엄격하게 말해서 그런 것은 아니지만, 대체적으로 사도행전은 각각 여러 사도들에 관한 내용이 한꺼번에 몰려 있는 특징을 보여 준다. 이는 저자 누가가 누가복음과 사도행전에서 자료를 사용하는 일반적인 방식을 따르고 있는 것이다. 각 사도들(거짓 사도들을 포함하여)에 관한 자료를 따라 내용을 구분해 보면 다음과 같다 :

베드로	2 : 14~4 : 31
아나니아와 삽비라	5 : 1~11
스데반	6 : 8~8 : 1a
빌립	8 : 4~40
사울(바울)	9 : 1~31
베드로	9 : 32~11 : 18
바나바	11 : 19~30
베드로	12 : 1~19
바울(사울)	12 : 25~28 : 31

인물을 중심으로 한 구조의 문제점은 사도행전의 내용을 다 망라하지 못한다는 것과 베드로와 바울, 특히 후반부에는 바울이 독점적인 위치를 차지하고 있다는 것이다. 그리고 사도행전은 사도들이 중심인물이 아니라 성령이 주도적인 역할을 하고 있다는 점에서 이러한 구조 분석은 초점을 벗어나고 있다.

구조를 바라보는 또 다른 시각은 지리적인 구분에 따르는 것이다. 주지하는 바와 같이 사도행전은 복음이 모든 민족에게 전파되는 수평적 차원을 중요시하고 있다. 그것은 사도행전 1 : 8에서 분명하게 제시된다. 복음은 그리스도의 증인들을 통하여 '예루살렘 → 유대와 사마리아 → 땅끝'으로 확산되어 갈 것을 예고하고 있다. 그렇다면 사도행전의 가장 간단한 구조는 삼중구조로서 예루살렘에서의 복음 전파(1 : 1-8 : 3), 온 유대와 사마리아에서의 복음 전파(8 : 4-11 : 18), 그리고 땅끝까지의 복음 전파(11 : 19-28 : 31)로 구분해 볼 수 있을 것이다.

그러나 이러한 지리적인 구분에 의한 구조 분석은 사도행전의 내용을 이해하는 데 큰 도움이 되지 못한다. 너무 간단하고 대략적이기 때문이다. 이보다 더 구체적인 구조는 사도행전에 대체적으로 균등하게 등장하는 요약 보도(6 : 7 ; 9 : 31 ; 12 : 24 ; 16 : 5 ; 19 : 20)를 통해 살펴볼 수 있다. 이러한 요약 보도의 특징은 한 지역에서 복음이 전파되어 큰 결실을 맺는 것을 보도하면서 다른 지역에서의 복음 전파로 넘어가는 단계를 묘사해 준다는 것이다. 사도행전은 성령의 주도하에 복음이 전 세계로 확장되어 나가는 것을 보여 주려고 하기 때문에 이러한 요약 보도는 사도행전의 구조를 이해하는 데 도움이 된다. 이를 간략하게 정리하면 다음과 같다 :

    1 : 1~6 : 7   예루살렘에서의 복음 확장
    6 : 8~9 : 31   유대와 갈릴리와 사마리아에서의 복음 확장
    9 : 32~12 : 24   베드로를 중심으로 한 복음 확장
    12 : 25~16 : 5   바울을 중심으로 한 복음 확장
    16 : 6~19 : 20   유럽에서의 복음 확장
    19 : 21~28 : 31   땅끝까지의 복음 확장

요약 보도에 따른 여섯 단락의 구조 분석도 나름대로의 한계를 드러내 보이고 있다. 각 단락이 한 지역에 정확하게 국한되어 있지 않고, 지역과 인물을 중심으로 한 복음의 확장이 혼재하고 있으며, 한 지역(예를 들어, 유럽)이 여러 단락에 걸쳐 다루어지고 있기 때문이다. 그러나 이러한 요약 보도에 따른 구조 분석의 장점도 있다. 복음이 확장되어 나가는 과정을 비교적 세밀하고 신빙성 있게 보여 주고 있기 때문이다.

본 주석에서는 위에서 언급한 지리적인 구분과 요약 보도에 따른 구분을 기본으로 삼으면서, 사도행전의 전체적인 내용과 서사적 전개를 보여 줄 수 있는 구조를 제시하고자 한다. 어떠한 글이든지 하나의 체계에 깔끔하게 포함되는 구조를 찾기는 어렵다. 이는 애초에 저자가 그러한 구조를 염두에 두지 않았기 때문일 것이다. 그래서 내용의 일관성과 특징을 반영하는 구조를 가능한 대로 제시하려고 노력할 수밖에 없다. 다음은 본 주석에서 기본으로 삼고자 하는 구조이다 :

1 : 1~2	서언
1 : 3~26	성령강림의 준비
2 : 1~47	오순절 성령강림
3 : 1~4 : 31	베드로와 요한의 사역
4 : 32~5 : 16	초대 교회의 생활
5 : 17~6 : 7	사도들에 대한 박해와 교회의 성장
6 : 8~8 : 3	스데반의 순교
8 : 4~40	빌립의 전도활동
9 : 1~31	사울의 회심과 초기 전도활동
9 : 32~11 : 18	베드로의 전도활동
11 : 19~12 : 24	안디옥 교회와 헤롯의 박해
12 : 25~14 : 28	제1차 선교여행
15 : 1~35	예루살렘 사도회의와 사도편지
15 : 36~18 : 22	제2차 선교여행
18 : 23~21 : 26	제3차 선교여행
21 : 27~26 : 32	바울의 재판
27 : 1~28 : 15	로마행 항해
28 : 16~31	로마에서의 전도활동

H. 주제 해설

1. 구원사

사도행전은 하나님의 구원의 역사가 이스라엘에서 시작하여 이방 온 족속에게 전파되는 내용을 다루고 있다. 원래 구약성경에는 하나님의 구원이 이스라엘 민족에게 주어진 하나님의 선택에 의한 것이라는 사상이 지배하고 있었다. 이러한 선민사상은 유대교라는 민족주의 종교로 고착되는 결과를 가져왔다. 그러나 한편으로 구약성경에 하나님의 구원이 이방 민족에까지 확산되는 내용이 없는 것은 아니다. 이스라엘 민족을 선택한 목적은 이스라엘만을 위한 것이라기보다는 이스라엘을 통해 온 족속에게 하나님의 구원이 전파되는 것이었기 때문이다.

초대 교회는 예수를 그리스도로 고백하는 무리들에 의해서 세워졌다. 원래 교회는 유대교를 뿌리로 하여 생겨났지만, 전통적인 유대교와 대립되는 결과를 가져왔고, 결국 교회는 유대교 회당과 분리되는 방향으로 나아가게 되었다. 이는 처음 기독교가 전파될 때 유대교 회당을 중심으로 이루어졌던 것을 보더라도 알 수 있다. 기독교는 애초에 유대교와 다른 종교로 출발한 것이 아니라 유대교 내의 다양한 갱신 운동 중의 하나로 시작되었다. 기독교가 유대인들의 반대를 받게 되자 이방인 중심의 전도로 선교의 방향이 바뀌게 되었고, 박해 속에서도 교회는 계속해서 성장하였다.

이러한 과정에서 이방인 구원의 정당성을 신학적으로 설명할 필요가 생겨났다. 이방인도 유대인과 마찬가지로 하나님의 구원의 대상이 됨을 인정하지 않으면 안 되었다. 이방인 구원이 하나님의 섭리 가운데서 이루어진 일임을 보다 적극적으로 변증하는 것이 요청되었다. 이러한 신학적 관점을 통해 하나님의 구원이 이스라엘에서 이방인까지 이르는 연속적인 과정임을 이해할 수 있게 되었다. 여기에다가 재림의 지연이라는 신학의 위기 상황까지 고려할 때, '이스라엘 시대-예수 시대-교회 시대'라는 세 시대론은 하나님의 구원사를 무리 없이 받아들일 수 있게 만들어 주었다. 교회는 재림의 지연으로 말미암아 위축된 것이 아니라, 오히려 선교를 새로운 교회의 사명으로 인식하고 성장의 계기로 삼을 수 있었다.

그래서 사도행전에는 이스라엘에서 이방인에게로 선교의 방향이 선회하는 문제를 조심스럽게 다루고 있는 면이 보인다. 사도행전이 기록될 당시에 교회는 이미 이방인 중심의 교회로 바뀌어 있었다. 그 당시 필요한 것은 현재의 이방인 중심의 교회가 큰 마찰 없이 유대교와의 연속성을 유지하면서도 새로운 종교로 전환했음을 확인시키는 일이었다. 예를 들어, 소위 예루살렘 사도회의(행 15장)에서 "다만 우상의 더러운 것과 음행과 목매어 죽인 것과 피를 멀리하는 것"(20절) 이외에 이방인들에게 다른 짐을 지우지 않는 것을 강조(28절)하면서도, 바울이 그의 동역자 디모데에게 유대교의 법을 따라 할례를 행하도록 허용하고 있는 것(행 16 : 1-3)을 보면 저자가 기독교와 유대교 사이에 화해적인 제스처를 취하려고 한 것을 알 수 있다.

어쨌든 사도행전에서 이방인 선교를 중시하는 것은 분명하다. 이에 관해서는 한 가지 사건을 세 번에 걸쳐 반복하는 기술 방식을 통해서도 확인된다. 먼저 이방인의 사도인 바울의 회심에 관한 기록을 세 번(행 9 : 1-19 ; 22 : 1-21 ; 26 : 1-23)에 걸쳐 거의 문자적으로 반복하고 있는 것을 보라. 또한 이방인 최초의 개종자로서 이방인 선교의 선구적 인물이 된 고넬료에 관한 세 번에 걸친 반복적인 기록(행 10 : 1-22, 24-43 ; 11 : 1-18)을 보라. 이와는 내용적으로 다르지만 이방인에게 전도하다 체포된 바울을 심문하는 내용을 세 번(23장의 산헤드린 심문, 24장의 벨릭스 심문, 25장의 아그립바 심문)에 걸쳐 반복하고 있는 것도 이방인 선교를 강조하고 있다는 표시로 볼 수 있다. 이러한 기술을 통해 궁극적으로 목표하는 것은 하나님의 구원사가 이방인에게까지 확장되어 나갔다는 점을 강조하는 것이다. 사도행전은 이처럼 구원사를 중심 주제로 하여 기록되었음을 알 수 있다.

2. 성령의 주도적 역할

사도행전은 예루살렘에서 로마까지 이르는 복음의 수평적인 확장을 주된 내용으로 하고 있다. 그런데 사도행전에서 누가 이러한 활동에 주도적인 역할을 하고 있는가 하는 문제는 관점에 따라서 다를 수 있다. 겉으로 보면 사도들(특히 베드로와 바울)이 일선에서 움직이고 있으므로 사도들의 주도적 역할을 이야기할 수 있을 것이다. 특별히 사도행전 13장 이후에서 보여 주는 바울 사도의 역할은 지배적이다.

그러나 보다 자세하게 살펴보면, 사도행전에서 복음의 확장에 주도적인 역할을 담당하고 있는 것은 성령이다. 성령이 누가복음에서 예수 그리스도의 모든 사역을 지원하고 있듯이(눅 1:35; 3:16, 22; 4:1, 18; 11:20; 24:49), 사도행전에서 제자들의 모든 사역을 이끌고 있다(행 1:5, 8; 2:4, 13, 17; 4:8, 31; 5:3, 9; 6:3, 10; 7:55; 8:13, 39; 9:17, 31; 10:19, 44; 11:28; 13:2, 4, 9, 52; 15:28; 16:6; 19:6; 20:22, 23, 28; 21:4, 11). 이러한 예들은 사도행전에서 거의 각 장마다 성령의 인도와 감화로 인하여 복음이 전파되고 있음을 보여 준다.

그렇다면 사도행전에서 성령의 역할이 강조된 이유는 무엇인가? 그것은 교회의 선교 활동이 인간적인 목적이나 노력에 의한 것이 아니라 하나님/성령이 주도하고 있는 사역임을 드러내려고 했기 때문이다. 또한 복음서에서 예수의 사역이 성령의 인도를 받은 것과의 연장선상에서 하나님의 구원 역사가 연속적으로 이루어지고 있음을 부각시키려고 한 것이다. 그럼으로써 하나님의 구원 역사는 교회를 통하여 이루어지지만, 그것은 한두 사도에 의해 주도될 수 있는 성질의 것이 아니라는 것을 보여 주고 있다.

3. 보편주의

사도행전에서 일관되게 강조되고 있는 주제는 보편주의적 성격이다. 예루살렘에서 로마에 이르는 복음 전파가 복음의 수평적 차원을 가리키는 것이라면, 보편주의적 성격은 복음 전파의 결과로 생긴 수직적 차원을 가리킨다. 그 수직적 차원이란 인종적이고 사회적이며 성별적 경계를 초월하려는 것과 관계된다. 다시 말하면, 사도행전은 복음이 유대인과 이방인에게 다 같이 전파되고, 부자와 가난한 자 사이에 놓인 사회적 계층 간의 장벽을 허물며, 남성과 여성의 구별을 뛰어넘어 여성의 사역을 강조하고 있다. 이는 사도행전이 누가복음과 더불어 사회적 성격을 지니고 있음을 보여 주는 것이다.

기독교는 유대교를 뿌리로 하고 있기 때문에 태생적으로 세계종교로 나아가는 것이 쉽지 않았다. 그것은 유대교의 민족주의를 뛰어넘어야만 했기 때문이다. 그런데 사도행전은 조심스럽지만 분명하게 복음이 전 세계로 전파되는 것이 하나님/예수 그리스도의 명령(행 1 : 6-8)이라고 밝히고 있다. 사도행전은 예루살렘에서 시작된 복음이 땅끝까지 전파되고 있음을 증언하는 책이다. 다른 말로 하면, 유대인과 유대 지역에서 출발한 기독교가 이방인과 이방 지역으로 확장되고 있음을 보여 준다. 이로써 인종적인 민족주의에 기초한 유대교를 극복하고 있다. 사도행전은 스데반의 순교로 촉발된 교회의 흩어짐과 고넬료의 회심에서 비롯된 이방인 선교의 효시적 역할이 사도행전 13장 이후에서는 이방인 선교사 바울의 사역으로 이어지는 큰 줄거리를 보여 준다. 예루살렘 사도회의(행 15장)도 유대인과 이방인 사이의 갈등을 최소화하려는 방향으로 결론을 내리고 있다. 바울이 로마 시민임을 내세워 로마 황제에게 상소하고 있는 것 역시 결과적으로 유대인의 인종적 한계를 넘어서려고 했던 점을 드러내고 있다.

사도행전에서는 사회적으로 다른 계층인 부자와 가난한 자의 경계를 허물고자 하는 의도를 보여 주는 곳이 많이 등장한다. 누가복음 4 : 16~19에서 예수의 공생애 사역의 성격을 천명하고 있는 것과 같은 맥락에서 사도행전 역시 부와 가난의 문제를 풀어내고자 한다. 가장 대표적인 예는 초대 교회의 생활을 보여 주는 사도행전 2 : 42~47과 4 : 32~37에서 찾을 수 있다. 사도행전 5 : 1~11에 등장하는 아나니아와 삽비라 사건도 이것과의 연장선상에서 반면교사의 교훈을 주고 있다. 또한 사도행전 6 : 1~7에서 확인할 수 있는 것처럼 구제와 전도 사역의 분리를 통해 교회가 성장했음을 보여 주는데, 이는 가난한 자에 대한 구제가 중요한 교회의 과제였음을 암시하는 것이다. 돈으로 성령의 권능을 사려고 한 시몬에 대한 질책(행 8 : 18-24)이나 권력과 부를 가진 간다게의 내시(행 8 : 26-40), 로마의 백부장 고넬료(행 10 : 33-35)에게 권위 있게 복음을 전하고 있는 사도들의 모습은 복음 앞에 부자와 가난한 자가 차별이 없음을 보여 주고 있는 것이다. 바울은 선교 사역을 하면서 부족한 가운데서도 남에게 폐를 끼치지 않으려고 일하며 전도했는데, 이러한 상황에서도 예루살렘 성도들을 위하여 부조하였으며(행 11 : 29-30 ; 12 : 25), 또한 "주는 것이 받는 것보다 복이 있다"(행 20 : 35b)는 정신으로 전도했던 것으로 보아 경제적 가난이 복음을 전하는 일에 장애가 될 수 없었음을 알 수 있다.

본문 주석
사도행전 1~28장

A. 서 언(1 : 1-2)
B. 성령강림의 준비(1 : 3-26)
C. 오순절 성령강림(2 : 1-47)
D. 베드로와 요한의 사역(3 : 1-4 : 31)
E. 초대 교회의 생활(4 : 32-5 : 16)
F. 사도들에 대한 박해와 교회의 성장(5 : 17-6 : 7)
G. 스데반의 순교(6 : 8-8 : 3)
H. 빌립의 전도활동(8 : 4-40)
I. 사울의 회심과 초기 전도활동(9 : 1-31)
J. 베드로의 전도활동(9 : 32-11 : 18)
K. 안디옥 교회와 헤롯의 박해(11 : 19-12 : 24)
L. 제1차 선교여행(12 : 25-14 : 28)
M. 예루살렘 사도회의와 사도편지(15 : 1-35)
N. 제2차 선교여행(15 : 36-18 : 23)
O. 제3차 선교여행(18 : 23-21 : 24)
P. 바울의 재판(21 : 27-26 : 32)
Q. 로마행 항해(27 : 1-28 : 15)
R. 로마에서의 전도활동(28 : 16-31)

| 사도행전 1~28장 |

본문 주석

A. 서언(1 : 1-2)

¹데오빌로여 내가 먼저 쓴 글에는 무릇 예수께서 행하시며 가르치시기를 시작하심부터 ²그가 택하신 사도들에게 성령으로 명하시고 승천하신 날까지의 일을 기록하였노라

[1 : 1-2] 서언의 내용은 사도행전과 먼저 쓴 글인 누가복음과의 관계를 설정하는 것이다. 특히 누가복음의 성격과 범위를 언급함으로써 사도행전의 성격과 범위가 어떠하리라는 것을 암시하고 있다. 이는 사도행전을 독립적으로 읽어서는 안 된다는 것을 시사해 준다. 다시 말해 사도행전은 누가복음과의 연속성을 가지고 있음을 전제하고 있다.

누가는 자매편('먼저 쓴 글')인 누가복음과 마찬가지로 사도행전을 데오빌

로에게 쓰고 있다. 누가는 먼저 복음서에서 다루고 있는 내용의 범위가 예수의 공생애 시작에서부터 부활 후 승천까지였음을 밝힌다. 이를 통해 사도행전의 내용이 누가복음의 뒤를 이어받을 것임을 암시하고자 한다. 실제로 뒤따라 나오는 3~11절의 내용은 누가복음 24 : 46~53을 거의 반복하고 있다. 데오빌로는 이러한 사도행전의 도입부로 인하여 사도행전이 누가복음을 이어받아 새로운 이야기를 기록하게 될 것임을 자연스럽게 알게 되었을 것이다.

누가는 복음서의 자매편으로서 사도행전을 기록하고 있기 때문에 여기에 그 기록 목적(눅 1 : 1-4 참고)을 다시 밝히지 않는다. 그러나 누가가 사도행전을 기록할 때 누가복음의 자매편으로 기록하려고 하였기 때문에, 누가복음의 서언에서 보여 준 대로 당시의 역사 기술물(historiography)의 장르적 특징을 반영하고 있다고 보아도 좋다. 즉, 누가는 사도행전을 쓰면서 자료 사용의 정확성 및 기록의 범위와 목적에 관하여 밝히고 있는 것이다.

누가는 '먼저 쓴 글'(누가복음)의 내용의 범위를 언급하면서 예수의 사역을 '행함과 가르침'으로 요약하고 있다. 이렇게 한 인물의 생애를 제시하는 방식은 그리스-로마의 전기와 유대교적 전통을 따르고 있는 것이다. 구체적으로 보면 한 사람의 생애는 그가 말한 것과 행하신 것으로 구분될 수 있기 때문이다. 누가가 복음서를 서술한 장르가 전기 양식을 본받고 있다고 하더라도, 그것이 사도행전과의 연관성 속에서 이해되어야 하기 때문에 또한 역사적인 기술물의 성격을 지니게 되는 특징을 보여 준다.

누가가 예수께서 승천하시기까지의 일을 기록한 방식은 두 가지 측면에서 이루어졌다. 첫째는 예수께서 선택하신 사도들을 통하여 이루어진 것이며, 둘째는 성령을 통하여 이루어진 것이다. 이 두 가지는 별개가 아니라 결국 하나라고 볼 수 있다. 왜냐하면 둘 다 예수의 명령에 의한 것이기 때문이다. 다시 풀어서 쓰면, 예수께서 (선택된) 사도들에게 명령하신 그것은 성령을 통해서 그렇게 된 것이라는 의미가 된다. 이 두 가지 전달 수단은 인간적인 방편(사도들)과 초월적인 방편(성령)을 아우르는 것이다. 이것이 시사하는 바는 예수에 관한 전승이 성령을 통하여 먼저 사도들에게 전달되었으며(누가복음), 이제 누가를 통하여 제2세대의 그리스도인들에게 전달된 것을 의미한다(사도행전).

누가복음은 예수의 생애에 관한 내용을 다루고 있기 때문에 예수의 승천까지의 기간을 망라하게 된 것은 당연하다고 하겠다. 중요한 점은 예수의 승천에 관한 내용을 다루고 있는 누가복음 24 : 46~53의 내용이 사도행전 1 : 3~11에서 대체적으로 반복되고 있다는 사실이다. 이러한 사실만 보더라도 누가복음과 사도행전의 연관성이 드러나는 셈이다. 그렇다고 해서 누가복음과 사도행전의 승천 이야기가 똑같다는 말은 아니다. 두 이야기는 분명한 차이가 있는데, 우선 그 기능이 다르다. 누가복음의 내용이 예수의 생애를 마무리하는 기능을 하고 있다면, 사도행전의 내용은 교회의 역사를 알리는 기능을 하고 있다. 또한 그렇기 때문에 내용적인 차이도 나타난다. 누가복음이 비교적 간단하게 승천 이야기를 다루고 있는 반면에, 사도행전은 예수가 부활하신 이후 사십 일 동안의 기간을 언급하면서(3절) 이스라엘 나라의 회복과 증인의 역할을 연결시켜 길게 언급하고 있다(6-8절).

B. 성령강림의 준비(1 : 3-26)

1. 성령강림의 약속(1 : 3-11)

[3]그가 고난받으신 후에 또한 그들에게 확실한 많은 증거로 친히 살아 계심을 나타내사 사십 일 동안 그들에게 보이시며 하나님 나라의 일을 말씀하시니라 [4]사도와 함께 모이사 그들에게 분부하여 이르시되 예루살렘을 떠나지 말고 내게서 들은바 아버지께서 약속하신 것을 기다리라 [5]요한은 물로 세례를 베풀었으나 너희는 몇 날이 못되어 성령으로 세례를 받으리라 하셨느니라 [6]그

들이 모였을 때에 예수께 여쭈어 이르되 주께서 이스라엘 나라를 회복하심이 이때니이까 하니 ⁷이르시되 때와 시기는 아버지께서 자기의 권한에 두셨으니 너희가 알 바 아니요 ⁸오직 성령이 너희에게 임하시면 너희가 권능을 받고 예루살렘과 온 유대와 사마리아와 땅끝까지 이르러 내 증인이 되리라 하시니라 ⁹이 말씀을 마치시고 그들이 보는데 올려져 가시니 구름이 그를 가리어 보이지 않게 하더라 ¹⁰올라가실 때에 제자들이 자세히 하늘을 쳐다보고 있는데 흰 옷 입은 두 사람이 그들 곁에 서서 ¹¹이르되 갈릴리 사람들아 어찌하여 서서 하늘을 쳐다보느냐 너희 가운데서 하늘로 올려지신 이 예수는 하늘로 가심을 본 그대로 오시리라 하였느니라

[1 : 3] 3절은 3~11절에 대한 요약으로 볼 수 있다. 전체적인 맥락에서 누가복음 24 : 46~53을 반복하고 있는 사도행전 1 : 3~11 중에서 3절의 평행구절을 찾기는 어렵다. 이곳에서 명시된 '사십 일'은 누가복음에는 없는 내용이다. 이곳에서 '사십 일'을 언급하고 있지만 구체적으로 그동안 무슨 일이 있었는지를 밝히고 있지 않은 점도 간과할 수 없다. 그렇다면 '사십 일'이라는 기간은 실제적인 기간을 나타낸다기보다 어떤 상징적인 의미를 나타내는 측면이 있다고 생각된다. 그것은 한편으로 '준비 기간'을 뜻하는 일반적인 성경적 의미(예. 이스라엘의 40년 광야 생활, 예수의 40일 금식 후 시험)를 보여 주며, 다른 한편으로는 2 : 1에서 언급하게 될 '오순절 성령강림 사건'과의 연결점을 염두에 두고 있다고 생각된다.

    예수께서 부활 후 사십 일 동안 '하나님 나라'의 일을 말씀하셨다고 한 것은 '이스라엘 나라'의 회복(6절)과 대조되고 있다. 부활 후 행하신 예수의 활동은 '하나님 나라의 일'에 관해 가르치신 것이었다고만 기록되어 있다. 그러나 구체적으로 '하나님 나라의 일'이 무엇인지는 밝히고 있지 않다. 그러나 그것은 예수의 공생애 활동이 하나님 나라의 선포(참조. 눅 4 : 43 ; 8 : 1)에 초점이 맞추어져 있었던 것과 같이, 부활 이후에도 동일한 주제가 지속되고

있다는 점을 나타낸다는 것에 의미가 있다. 실제로 사도행전은 마지막 부분(28 : 31)에서도 하나님 나라를 언급하고 있어서 이것이 사도행전에서 일관되게 나타나고 있음을 알 수 있다.

[1 : 4-5] 4절은 누가복음 24 : 49을 거의 정확하게 반복하고 있다. 승천 시 예수의 명령은 두 부분으로 나누어진다. 첫째 부분은 예루살렘을 떠나지 말라는 것이고, 둘째 부분은 아버지의 약속을 기다리라는 것이다. 예수가 승천하고 난 뒤 제자들이 예루살렘을 떠나게 되면 예수의 사역을 효과적으로 계승하기 어렵게 된다. 그렇다고 해서 제자들이 인간적인 노력으로 하나님 나라를 확장시켜 나갈 수도 없다. 그렇기 때문에 아버지의 약속하신 것, 즉 성령(5절 참조)을 기다려야만 했던 것이다.

누가복음은 다른 복음서들과 달리 예수의 부활 현현이 예루살렘에서 일어난 것을 강조하고 있다. 마가복음과 마태복음 역시 부활이 예루살렘에서 일어난 것으로 묘사하고 있기는 하지만, 부활 후 '갈릴리'로 갈 것이라고 함으로써(막 16 : 7 ; 마 28 : 10) 갈릴리의 중요성을 강조하고 있다. 요한복음이 부활 현현 이야기를 기록하면서 예루살렘(요 20장)과 갈릴리(요 21장)를 모두 강조한 것은 우리가 익히 아는 바다. 누가는 이처럼 예루살렘을 강조한다. 그리고 이것을 '아버지의 약속'과 연결시킨다. 아버지의 약속인 성령을 언급한 것은 뒤로는 구약의 예언과 연결시킨 것이고, 앞으로는 사도행전 2 : 16~21에 나오는 요엘서의 예언과 연결시킨 것이다. 이를 통해 성령강림을 하나님 나라의 실현으로 보려고 한 것이 아닌지 추측할 수 있다.

이처럼 성령이 하나님 나라의 실현과 연결된다고 본다면, 요한의 물세례와 예수의 성령세례는 옛 시대와 새 시대를 구분 짓는 징표가 된다. 이러한 의미에서 성령은 사도행전의 중요한 화두로 등장하고 있다. 이미 누가복음에서 성령은 예수의 사역을 특징짓는 표지였다(눅 3 : 21-22 ; 4 : 14, 18 참조). 사도행전에서 성령은 새로운 현상이 아니다. 사도행전의 성령은 누가복음의 성령을 이어받고 있다. 사도행전에서 성령을 강조하는 것이 중요한 이유는 바로 부활 이후 세대가 예수의 사역을 이어받고 있음과 관련되기 때문이다. 다시 말해서 성령은 사도행전에서 부활 이후 세대가 가지는 사역의 정통성과 권위를 보증하는 역할을 한다.

[1 : 6-8] 예루살렘에 모여 있던 사도들은 부활하신 예수로부터 '몇 날이 못되어'(5절) 성령으로 세례를 받게 될 것이라는 약속을 받았다. 그들은 이 약속을 '이스라엘 나라의 회복'으로 오해했다(6절). 이것은 그들이 이스라엘 나라의 회복을 하나님 나라의 실현이라고 생각했다는 반증이 될 수 있다. 이스라엘 나라의 회복은 이스라엘 백성의 오랜 숙원이었기 때문에 그것보다 더 절실한 것은 없는 것처럼 보였다. 이제 '몇 날이 못되어' 이스라엘 나라가 회복된다고 생각하니 궁금증이 증폭되었을 것이다. 그래서 그것을 확인하기 위해 질문을 하게 된 것이다.

사람들의 관심은 '때와 시기'에 관한 것이었다(눅 21 : 7과 평행구절 참조). 여기에서 '때와 시기'는 단순히 연대기적인 시간을 의미하는 것이 아니라 어떤 기대를 충족시키는 의미 있는 시간, 즉 종말의 시간을 의미한다. 여기에서 '때'를 의미하는 헬라어인 '크로노스'와 '시기'를 의미하는 헬라어인 '카이로스'가 사용되고 있다. 이 두 단어는 '날'(day)을 의미하는 헬라어인 '헤메라'와 '시'(hour)를 의미하는 헬라어인 '호라'와도 비교될 수 있다. '헤메라'(눅 17 : 30 ; 행 2 : 20 참조)와 '호라'(요 7 : 30 ; 요일 2 : 18 참조)도 종말을 의미하는 단어로 사용되고 있기 때문이다. 이 네 단어는 고유한 의미 영역('크로노스'는 연대기적 시간을, '카이로스'는 의미의 시간을, '헤메라'는 낮 또는 날을, '호라'는 일정한 시간을 가리킨다.)이 있음에도 불구하고 어떤 경우에 서로 의미를 넘나들고 있기도 한 것을 알 수 있다. 본문에서는 '크로노스'와 '카이로스'를 다 같이 종말의 시간으로 보고 있으나, 굳이 구분하자면 '크로노스'는 종말의 기간을 가리키고 '카이로스'는 그 기간을 세분화한 시간으로 볼 수 있을 것이다.

앞에서 이스라엘 사람들이 성령의 강림을 이스라엘 나라가 회복되는 때로 기대하고 있었다고 지적한 바 있다. 그런데 만약 '몇 날이 못되어' 성령의 강림이 일어날 것으로 생각했다면 굳이 '때와 시기'에 관해서 그렇게 알고 싶어 하지 않았을 것이라는 추측이 가능하다. 따라서 '때와 시기'에 관한 언급은 전통적인 종말론적 기대에 대한 일반적인 전승을 표현한 것이라고 보면 좋을 것이다. 본문에서 '크로노스'와 '카이로스'가 복수형으로 쓰이고 있는 점을 감안한다면, 예수는 정확한 때를 알려고 하는 사람들에게 보다 광범한 종말론의 성격을 가지고 대답하려고 한 것이 아닐까 추측해 볼 수 있겠다(6절).

제자들은 성령의 세례를 이스라엘 나라의 회복과 연관 짓고 싶어했다. 이러한 제자들의 기대와는 달리 예수의 대답은 그들의 사명에 관하여 명령하는 것이었다. 성령의 임함은 세상적인 이스라엘 나라의 회복이 아니라 하나님 나라와 관계된 것임을 분명히 하고 있다. 구약의 전통에서 볼 때 이스라엘의 회복은 세상 나라의 종말을 의미하는 것이었지만(욜 2 : 28-32), 예수는 그러한 것에는 관심이 없고, 다만 '나의 증인'이 될 것을 명령하고 있다. 이것은 이 세상에서 교회의 사명이 증인들을 통하여 지속되어야 함을 말하는 것이다.

성령이 임하게 되면, 예루살렘에서부터 시작하여 온 유대와 사마리아를 거쳐 땅끝까지 복음이 전파되어 나갈 것이다. 이것은 인종적, 지리적, 종교적, 문화적, 사회적 경계를 넘어서는 것이다. 누가는 복음이 전파되어 나가는 이러한 순서를 기초로 하여 사도행전의 내용을 전개해 나간 측면도 있다. 이러한 순서로 복음이 전파되어 나가는 현상을 무엇에 비교할 수 있을까? 그것은 마치 연못에 큰 돌을 던지면 파장이 사방으로 퍼져 나가는 것과 같은 현상으로 비유할 수 있겠다. 이를 파장 이론이라 명명해 본다. 달리 말하면, 지진이 발생할 때 진원에서부터 사방으로 지진의 영향이 확산되는 것에 비유된다. 이를 '확산 이론'이라 명명할 수 있겠다. 성령의 권능은 바로 이와 같을 것이라고 하였다. '권능'은 헬라어로 '뒤나뮈스'인데, 이 말에서 '다이너마이트'가 나왔다. 성령은 다이너마이트와 같은 역사를 일으킬 것이다. 이를 다이너마이트 이론이라 명명해도 좋을 것이다. 하나님 아버지께서 약속하신 성령이 임하면, 다이너마이트와 같은 큰 폭발이 일어나게 되고, 큰 파장이 일으켜서 주변으로 확산되어 나갈 것이다. 이는 자연스러운 현상이 아니고 무엇인가? 그것은 불가피하게 일어날 일로서 아무도 막을 수 없을 것이다. 그것을 증명해 주는 것이 바로 사도행전의 생생한 기록이다.

[1 : 9–11] 이 부분은 예수의 승천에 관해서 보도하고 있다. 승천 기사는 누가복음과 사도행전에서만 명시적으로 나온다. 승천은 누가-행전만이 가진 유일한 아이디어다. 그만큼 누가는 예수의 승천을 중요하게 취급하고 있다. 이것은 아마 이방인들에게 예수의 신성을 설명해 줄 수 있는 좋은 재료라고 판단했기 때문일 수 있다.

예수의 승천 기사는 구약에서 승천한 에녹(창 5 : 24)과 엘리야(왕하 2 : 11)를 연상시키기도 한다. 그러나 구름(단 7 : 13)이 등장하기 때문에 다니엘서를 떠오르게 하기도 한다. 예수는 승천할 때 구름이 그를 가리어 보이지 않게 되었다. 구약성경에서 구름은 하나님의 현현과 관련이 깊다. 여기에서는 구름이 등장함으로써 예수가 신비롭게 사라지는 모습과 함께 이 세상에 더 이상 계시지 않는다는 것을 암묵적으로 시사하고 있다.

승천하는 모습은 제자들에게 충격과 당혹감으로 다가왔을 것이다. 그들은 자신들이 보고 있는 광경이 어떻게 된 일인지 이해할 수 없어 '자세히' 쳐다보는 것 외에 다른 행동을 취할 수 없었다. 그러던 중 흰 옷 입은 두 사람이 곁에 나타났다. 이 두 사람은 천사임이 틀림없다. 이 두 천사는 갈릴리의 제자들에게 그 광경을 해석해 주는 역할을 맡고 있다. 해석의 주된 내용은 승천하신 예수가 하늘로부터 재림하신다는 것이었다. 천사들의 해석은 한편으로 재림에 대한 확신을 심어 주는 것으로 볼 수도 있고, 다른 한편으로 임박한 재림에 대한 기대를 책망하는 의미로 받아들일 수도 있다. 만약 후자라면, 임박한 종말에 대한 기대보다는 복음을 전해야 하는 교회의 사명을 일깨우고 있다고 볼 수 있다. 어쨌든 승천은 재림을 예시하고 있는 셈이다.

설교를 위한 묵상 : "부활 이후"(1 : 1-11)

예수님은 부활하신 후 제자들과 사십 일 동안 함께하면서 세 가지 말씀을 하셨다. 첫째, 사십 일 동안 '하나님 나라의 일'을 증언하셨다. 둘째, 예루살렘을 떠나지 말고 예수님이 말씀하신 하나님의 약속을 기다리라고 부탁하셨다. 셋째, 얼마 있지 않아 요한의 물세례와는 다른 성령세례를 받을 것이라고 약속하셨다.

그러나 예수님의 세 가지 사역이 그의 제자들을 부활절 이전의 사고에서 벗어나게 한 것은 아니었다. 제자들은 예수님이 사십 일 동안이나 계속하여 말씀하신 하나님의 나라에 대해 말하지 않고, 여전히 이스라엘 나라의 회복을 말하고 있다. 이스라엘의 회복의 때는 하나님의 고유한 영역에 속하는 것임에도 불구하고, 사람들은 때와 시기에만 관심을 가지고 있었다.

제자들은 아무런 준비도 없이 예루살렘을 떠나려고 했다. 이는 예수님의 죽음 이후 부활을 믿지 못하고 주님을 잃은 슬픔과 장래에 대한 두려움 때문이었을 것이다. 부활 이후에도 제자들의 삶에는 변화가 일어나지 않은 듯 보인다. 부활 사건 이후에도 이러한 제자들에게 여전히 필요한 것은 성령세례를 받는 것이었다. 부활의 증인이 되기 위해서는 성령이 임해야 했다. 성령이 임해야만 예루살렘을 떠날 수가 있었다. 부활 이후라고 해서 부활의 삶이 자동적으로 이루어지는 것이 아니다. 부활 이후에도 성령의 능력에 의하여 살지 못하면 참된 기쁨을 유지할 수 없다. 부활 이후에도 성령의 충만을 받지 못하면 여전히 우리의 현실적인 문제에만 매달려 하나님의 뜻을 제대로 분간하지 못하게 된다. 부활 이후에도 성령세례를 받지 못하면 땅끝까지 그리스도의 증인이 되지 못하게 된다. 부활 이후에도 성령의 인도를 받지 못하면 하늘만 쳐다보면서 이 땅에서 우리가 마땅히 해야 할 일에 집중하지 못하게 된다.

부활 이후에도 우리에게 필요한 것은 성령의 능력이다. 부활로 인한 성령의 능력은 그리스도인이 삶을 살아갈 수 있는 원동력이다. 모든 그리스도인은 성령에 의해 그리스도를 주로 시인하고 고백한 사람들이다. 그러나 한 번 고백하였다고 해서 그리스도인의 삶을 능력 있게 살아갈 수 있는 것이 아니다. 매번, 매 순간 우리의 발걸음마다 성령의 능력을 받아야만 한다. 성령의 능력은 꼭 감정적으로 충일한 것을 의미하지는 않는다. 그것은 오히려 하나님의 말씀을 깨닫는 데서 오는 담대함과 용기를 의미한다. 그것은 오히려 하나님의 뜻을 순종하는 데서 오는 자기 포기와 절제를 의미한다. 그것은 오히려 내면적인 성찰을 통해 자신감을 회복하고 난관을 헤쳐 나가는 힘을 의미한다. 그러므로 우리는 하나님의 분부대로 예루살렘을 떠나지 말고 위로부터 오는 성령의 능력을 힘입어야 한다. 현재 우리에게 있어서 예루살렘은 바로 하나님의 현존이다. 하나님 앞에서 우리 자신의 실체를 제대로 발견하는 것이 먼저다. 부활하신 주님 앞에서 성령의 능력으로 덧입는 것을 최우선으로 생각해야 할 것이다.

2. 사도단의 보완(1 : 12-26)

[12]제자들이 감람원이라 하는 산으로부터 예루살렘에 돌아오니 이 산은 예루살렘에서 가까워 안식일에 가기 알맞은 길이라 [13]들어가 그들이 유하는 다락방으로 올라가니 베드로, 요한, 야고보, 안드레와 빌립, 도마와 바돌로매, 마태와 및 알패오의 아들 야고보, 셀롯인 시몬, 야고보의 아들 유다가 다 거기 있어 [14]여자들과 예수의 어머니 마리아와 예수의 아우들과 더불어 마음을 같이하여 오로지 기도에 힘쓰더라

[1 : 12-14] 본문은 제자들이 감람원이라는 산에서 승천을 목격한 것으로 기록하고 있다. 그러나 감람산은 예수께서 최후의 기도를 드리신 곳이며 체포되신 곳이다(눅 22 : 39-53 참조). 정작 누가복음은 예수가 승천하신 곳을 베다니로 보고 있다(눅 24 : 50). 이는 지명상 혼동을 하고 있는 듯 보인다. 여기에

덧붙여 감람산과 예루살렘이 안식일에 갈 만한 거리(약 1km)에 있다고 하는 언급을 왜 하고 있는지 분명하지 않다. 승천하신 날이 안식일이라고 하는 것을 암시하는 듯하지만, 부활하신 날로부터 사십 일간 지상에 계시다가 승천하신 날까지 계산해 보더라도(1 : 3 참조) 안식일에 승천하신 것으로 보기 어렵다. 이는 아마도 저자가 팔레스틴 지리에 익숙하지 않고 유대교 절기에 민감하지 않은 사람이었기 때문에 발생한 것일지도 모른다.

13절에 기록된 열한 명의 제자들 명단은 예수를 판 유다를 제외하고 누가복음 6 : 14~16을 거의 반복하고 있다. 한 가지 중요한 차이점은 베드로의 형제인 안드레가 뒤로 배열되고, 요한이 두 번째 자리를 차지하고 있다는 것이다. 이로써 사도행전에서 교회의 기둥 역할을 하고 있는 베드로, 요한, 야고보의 중요성이 확인되고 있다. 이들 열한 명은 다락방에 모인 백이십 명(1 : 15)을 대표하는 제자단이다. 이들은 교회의 태동에 결정적인 지도력을 발휘하고 있다.

14절에서 '여자들'을 언급하면서 예수의 어머니 마리아보다 더 앞세운 것은 이해하기 어렵다. 일부 사본들은 '여자들' 다음에 '자녀들'을 덧붙이고 있어서, '여자들'이 사도들의 아내인 것을 나타내려 한 것이라는 견해가 있다. 마리아는 사도행전에서 이곳에 한 번 나온다. 그러나 마리아에 대한 언급은 마리아가 예수의 아우들에 대한 언급과 더불어 교회의 태동에 깊이 관여하고 있다는 메시지를 던져 주고 있다. 교회의 정통성을 위해서 예수의 가족과 사도들은 서로를 필요로 했을 것이다.

최초의 제자들은 기도에 힘썼다. 기도에 힘쓴 내용을 세 가지로 표현하고 있다. 그들은 '더불어', '마음을 같이하여', '오로지' 기도에 힘을 쏟았다. '더불어' 기도했다는 것은 두렵고 불확실한 상황을 극복하기 위한 몸짓이었다. '마음을 같이하여' 기도했다는 것은 그들이 영적으로 단합되어 있었음을 나타낸다(2 : 46 ; 4 : 24 ; 5 : 12 ; 8 : 6 ; 15 : 25 참조). '오로지' 기도했다는 것은 기도가 유일한 활로였음을 보여 준다. 이러한 기도의 결과 성령이 강림하였다(2 : 1-4).

> [15]모인 무리의 수가 약 백이십 명이나 되더라 그때에 베드로가 그 형제들 가운데 일어서서 이르되 [16]형제들아 성령이 다윗의 입을 통하여 예수 잡는 자들의 길잡이가 된 유다를 가리켜 미리 말씀하신 성경이 응하였으니 마땅하도다 [17]이 사람은 본래 우리 수 가운데 참여하여 이 직무의 한 부분을 맡았던 자라 [18](이 사람이 불의의 삯으로 밭을 사고 후에 몸이 곤두박질하여 배가 터져 창자가 다 흘러나온지라 [19]이 일이 예루살렘에 사는 모든 사람에게 알리어져 그들의 말로는 그 밭을 아겔다마라 하니 이는 피밭이라는 뜻이라) [20]시편에 기록하였으되 그의 거처를 황폐하게 하시며 거기 거하는 자가 없게 하소서 하였고 또 일렀으되 그의 직분을 타인이 취하게 하소서 하였도다

[1 : 15-16] 기도하기 위해 다락방에 모인 사람의 수는 백이십 명이었다. 이 숫자를 두고 유대인들은 남자 10명이 모이면 한 명의 지도자(랍비)를 필요로 하는 모임(회당)을 가진 전통에 비견하기도 한다. 그렇다면 12명의 제자단(아직 보충되기 전이지만)을 지도자로 하는 유대교 집단으로 해석될 수 있을 것이다. 그렇게 되면 여기에 모인 여성들이 제외된다는 약점을 가지고 있다. 그렇기 때문에 남자와 여자 모두를 아우르는 새로운 공동체의 모습을 보여 주려 하는 저자의 의도를 여기에서 찾을 수 있다고 본다.

이들이 모인 목적은 일차적으로 '아버지께서 약속하신 것'(1 : 4)을 기다리는 것이었다. 그것을 위해 기도에 전적으로 힘썼고, 그 결과 성령강림이 있었다(2 : 1-4). 그러나 기도의 목적은 성령강림 이외에 사도의 보충에도 있었던 것을 알 수 있다. 이 둘은 밀접한 관계에 놓여 있었다. 성령강림 이전에 열두 제자단의 완성이 필요하였기 때문이다. 열두 제자단이 복원됨으로써 예수를 증언하는 교회의 사명을 감당하기 위한 기초가 완성되고 준비가 갖추어지는 것이다.

사람들이 모였을 때 베드로가 일어나서 입을 열었다. 이것은 사도행전에 나오는 24개의 주요 연설(8개의 베드로 연설, 9개의 바울 연설, 2개의 야고보 연설, 1개의 스데반 연설, 4개의 비기독교인 연설) 가운데 첫 번째에 해당된다. 사도행전에서의 연설은 전체 분량의 약 삼분의 일에 해당할 만큼 분량도 많고, 차지하는 비중도 높다. 이들 연설은 대부분 선교적인 연설이고 복음을 증언하는 수단이다. 누가는 사도행전을 기록하면서 하나님의 구원의 역사가 주로 복음을 전하는 연설에 의해서 진행되고 완성되어 간다는 생각을 보여 주고 있다. 사도행전에서 연설은 서사 이야기 흐름의 중요한 시점에 등장하여 전체 주제와 연결시키는 기능을 하고 있다. 베드로의 연설은 전반부를 주도하고 있음을 알 수 있고, 바울의 연설이 바로 이어서 이방인 선교를 이끌고 있다. 스데반의 연설과 야고보의 연설은 복음 전파의 전환점을 이루고 있다. 이처럼 사도행전에서 연설은 중요한 기능을 하고 있음을 알 수 있다.

베드로의 연설은 배반자 유다의 운명이 성경에 이미 예언된 것이라는 증거를 제시하는 데 초점이 맞추어져 있다. 그 증거로 누가는 사도행전 1 : 20에서 다윗이 기록한 시편(시 69 : 25 ; 109 : 8)을 인용한다. 다윗의 예언을 성령에 의한 것으로 보고 있는 점도 눈여겨볼 만하다(16절). 이것은 구약성경이 성령에 감동된 말씀이라는 것을 말하는 것이기도 하지만, 직접적으로는 다윗의 예언이 가지는 신뢰성 및 합법성과 관련되어 있다. 성령이 예언한 바가 응하는 것은 당연하다.

[1 : 17–20] 이 부분은 유다에 대한 설명이다. 유다는 한때 열두 제자단에 속하여 직분(헬라어로는 '봉사'의 의미를 가진 '디아코니아'가 사용됨.)을 감당한 적이 있던 자였다. 그런 사람이 스승을 배반한 것이다. 스승을 배반한 '불의의 삯'으로 밭을 샀고, 그 후에 몸이 곤두박질하여 배가 터져 창자가 다 흘러나오는 (삼하 20 : 10 참조) 끔찍한 최후를 맞았다. 유다의 최후에 대한 이러한 묘사는 마태복음 27 : 3~10의 내용과 다르다. 마태복음에는 유다가 목을 매어 죽은

것으로 되어 있다. 누가의 기록은 유다의 최후를 더 처참하게 그리고자 한 것으로 보인다. 목을 매고 죽었는데 줄이 끊어져 굴러 떨어져 배가 터진 것이 더 정확한 역사적 사실일 수도 있기 때문이다.

    마태복음과 누가복음 모두 유다가 산 밭을 '피밭'이라고 말한다. 마태가 이것을 유다가 예수의 피를 흘리고 밭을 산 것과 관련시키고 있다면, 누가는 유다의 배가 터져 창자가 다 흘러 나와 피를 흘리고 죽은 것과 연관시키고 있는 듯이 보인다. '피밭'을 '아겔다마'라고 불렀다고 소개한다. '아겔다마'는 아람어인데, 베드로의 원래 청중에게는 필요 없는 설명이라고 볼 수 있다. 이는 사도행전을 읽게 될 이방인 독자를 위한 배려인 셈이다. 사실상 1 : 18~19는 이야기의 흐름과는 상관없으며, 유다의 최후를 독자들에게 해설해 주는 서사적 방백(또는 '이야기-토'로 번역될 수 있는 'narrative aside')이다.

    시편의 내용은 시편 69 : 25 ; 109 : 8에서 인용되고 있다. 누가는 구약을 인용할 때 대부분 히브리어 성경보다는 헬라어로 쓰인 칠십인역을 토대로 인용하였다. 이 부분 역시 칠십인역 그대로는 아니지만 그것에 기초하고 있다. 누가는 구약을 인용할 때 그것이 쓰인 원래의 의미나 문맥보다는 그가 말하려고 하는 내용을 입증하는 데 도움이 되는 관점에서 인용하고 있음을 볼 수 있다. 넓게는 기독론적 관점에서 구약의 예언이 예수 그리스도의 구원 사역 안에서 성취된 것으로 본다. 시편의 원래 내용은 배반자 유다와 직접적인 연관성이 없다. 그러나 누가는 시편에서 유다의 최후를 읽고 있다. 이렇게 구약을 해석하는 방식은 유대인들의 '미드라쉬'(Midrash)를 본받고 있는 것이다. 미드라쉬 방식은 현대적인 주석 방법보다는 훨씬 자유로운 해석을 용인한다. 누가는 이처럼 시편을 인용하여 유다의 최후와 사도의 보선의 필요성에 대한 정당성을 확보하고 있다.

[21]이러하므로 요한의 세례로부터 우리 가운데서 올려져 가신 날까지 주 예수께서 우리 가운데 출입하실 때에 [22]항상 우리와 함께 다니던 사람 중에 하나

를 세워 우리와 더불어 예수께서 부활하심을 증언할 사람이 되게 하여야 하리라 하거늘 ²³그들이 두 사람을 내세우니 하나는 바사바라고도 하고 별명은 유스도라고 하는 요셉이요 하나는 맛디아라 ²⁴그들이 기도하여 이르되 뭇사람의 마음을 아시는 주여 이 두 사람 중에 누가 주님께 택하신 바 되어 ²⁵봉사와 및 사도의 직무를 대신할 자인지를 보이시옵소서 유다는 이 직무를 버리고 제 곳으로 갔나이다 하고 ²⁶제비 뽑아 맛디아를 얻으니 그가 열한 사도의 수에 들어가니라

[1 : 21-22] 열두 제자단에 포함될 사람의 자격이 세 가지로 제시되어 있다. 첫째는 예수의 지상 사역에 동참했던 사람이어야 했다. 요한의 세례로부터 승천까지의 기간은 예수의 공생애 기간을 가리킨다. 둘째는 열두 제자단과 함께 활동했던 사람이어야 했다. 경험과 사역을 함께했다는 것이 중요하다. 셋째는 예수의 부활을 증언할 사람이어야 했다. 교회는 부활의 증언을 사명으로 하여 설립되고 발전될 기관이었기 때문이다.

[1 : 23-26] 두 사람이 추천되었다. 한 사람은 요셉이고, 또 한 사람은 맛디아였다. 요셉에게는 바사바와 유스도라는 두 가지 이름이 덧붙여 소개되고 있다. 요셉은 히브리 이름이고, 바사바는 헬라 이름이며, 유스도는 로마 이름이다. 이러한 점을 미루어 보면 요셉은 활동의 폭이 넓고 국제적인 감각도 가진 사람이었던 것 같다. 아마 부유했거나 권력이 있는 사람이었을 수도 있다. 요셉에 비해서 맛디아는 단순하게 유대 이름만 소개되어 있다. 우리는 이 두 사람에 관한 추가적인 정보를 가지고 있지 않다. 그렇기 때문에 이름만 가지고 그들의 배경과 신앙, 그리고 헌신에 관해서 정확하게 말할 수 없다. 그러나 한 가지 분명한 것은 둘 중 누가 뽑히더라도 모두 사도의 자격을 갖춘 사람이었다는 사실이다.

사도를 보선하는 방법은 두 가지 방식으로 이루어졌다. 첫째는 기도하는

일이었고, 둘째는 제비 뽑는 일이었다. 하나님의 뜻을 알기 위해 하나님께 기도로 아뢰는 것은 당연하다고 하겠다. 그런데 제비 뽑는 방법을 통해 하나님의 뜻을 아는 것은 현대인들에게는 익숙한 일이 아니다. 그러나 제비 뽑는 것은 구약에서도 행해진 방법이다. 레위기 16 : 8에 보면, 두 염소를 두고 하나는 하나님을 위해, 하나는 아사셀을 위해 제비 뽑아 정하도록 하고 있다. 또 민수기 26 : 55에 보면, 이스라엘 지파에 땅을 나누어 줄 때도 제비를 뽑았다. 그리고 요나서 1 : 7에 보면, 요나가 재앙에 책임이 있는 자로 제비 뽑히는 장면이 나온다. 그렇다면 어떻게 제비를 뽑았을까? 고대 세계에 가장 통용되던 방법은 항아리에 표시된 돌을 넣고 꺼내는 것이었다. 이는 단순하고 다소 무식한 방법이었지만 초대 교회 교인들은 기도하고 뽑은 그것을 하나님의 뜻으로 간주했던 것이다. 제비 뽑는 방식의 전근대성이 문제가 아니라, 모든 구성원이 합의하에 그것을 하나님의 뜻으로 확신하고 받아들일 수 있는가 하는 것이 문제가 되는 셈이다.

그렇다고 해서 사도에 결원이 생겼을 때마다 새로 보선한 것은 아니었던 것 같다. 요한의 형제 야고보가 순교를 당했을 때(12 : 2) 그를 대신하는 사도를 보선한 내용을 찾아볼 수 없기 때문이다. 이것은 교회의 탄생과 관련하여 열두 사도단의 구성이 완비되는 것이 가지는 상징적인 의미와 관련이 있다. 열두 사도단은 부활하신 예수 그리스도의 승인으로서 교회의 기초가 되어야 했다.

설교를 위한 묵상 : "주의 일꾼을 선택하는 일"(1 : 21-26)

초대 교회는 승천하신 주님이 부탁한 일을 하기 위해 다락방에 모여 기도에 전혀 힘쓰고 있었다. 2장에 보면, 이 결과 오순절 날 성령이 강림하는 사건이 발생하게 된다. 그때는 교회가 선교의 사명을 제대로 감당하느냐 못하느냐의 기로에 서 있었던 상황이었다. 백이십 명이나 되는 무리가 모여 간절히 기도하는 가운데, 그들은 주님이 세워 주신 열두 제자단을 중심으로 온전한 공동체를 구성해야 한다고 강하게 느꼈다. 어느 공동체나 핵심이 되는 인물들이 필요하다. 보통 한 조직에서는 그 공동체의 20% 정도만이 활동적으로 움직인다고 한다. 초대 교회는 백이십 명의 10%에 해당되는 열두 명을 핵심 그룹으로 보고 있다.

초대 교회 공동체가 열두 사도를 선택하였던 첫 번째 기준은 주님과 처음부터 같이 생활한 목격자 그룹에 속해야 한다는 것이었다. 요한에게 세례를 받을 때부터 승천하실 때까지 늘 함께한 사람이어야 한다는 것이다. 이것은 지식과 능력보다 신뢰와 믿음이 중요했다는 것을 보여 준다.

두 번째 기준은 예수님의 부활을 증언할 사람이어야 했다. 부활은 기독교의 가장 핵심적인 내용이다. 오늘날까지 부활은 가장 믿기 힘든 교리 중 하나이다. 그것은 믿으려고 해서 믿어지는 것이 아니라 하나님의 성령이 깨닫게 해 주셔야만 믿어지는 것이다. 그러므로 부활을 믿는 믿음은 하나님의 은혜이다. 초대 교회의 신자들도 예수님이 부활하신 후 40일 동안 함께 계시면서 부활의 증거를 보여 주었기 때문에 믿을 수 있었다(21b-22a절). 또한 부활 신앙은 다른 종교와 차별성을 보여 주는 표지이다. 부활 신앙은 당시 기독교와 유대교를 구별 짓는 잣대였다. 열두 사도는 부활 신앙을 증거할 대표단이다. 열두 사도는 부활을 증거하는 상징적인 의미를 지니고 있다. 초대 교회는 바로 이 열두 사도단의 부활 신앙에 근거하여 설립된 것이다.

초대 교회가 주의 일꾼을 선택하고 있는 첫 번째 과정은 목격자인 동료들 중에서 두 사람을 선택하는 것이었다. 이것은 추천하는 절차이다. 왜 꼭 두 사람이었는지 그 이유는 알 수 없다. 두 사람 이상일 수도 있었을 것이다. 추천된 두 사람은 바사바라고도 하고 별명이 유스도인 요셉과 맛디아였다. 요셉은 유대 이름 이외에 헬라 이름인 바사바와 로마 이름인 유스도라는 별명을 가지고 있는 것으로 보아 유명하거나 부유했던 사람 같다. 요셉에 비해서 맛디아는 유대식 이름만 거명되고 있다. 그렇다고 해서 맛디아가 요셉에 비해 영향력이 떨어지는 인물이었다고 단정할 수는 없다. 중요한 것은 외적인 조건이 결정에 영향을 미치지 않았다는 것뿐이다.

두 번째, 그들은 기도하였다. 초대 교회 신도들은 하나님만이 사람들의 마음을 꿰뚫어 보시며 가장 적합한 인물을 선택하실 수 있다고 믿었다. 초대 교회 신도들은 하나님의 뜻을 구하였다. 기도하는 가운데 자신의 뜻보다는 하나님의 뜻과 마음을 살펴보았다.

세 번째, 그들은 제비 뽑아 하나님의 선택을 알았다. 제비는 어떻게 뽑았을까? 당시 유대인들은 돌에다 이름을 적어서 통에 담고 흔들어 떨어지는 것을 선택하였다고 한다. 아론은 우림과 둠밈을 판결 흉패에 넣고 다녔다(출 28 : 29-30). 사무엘상 14장에 보면 블레셋을 칠 때 요나단이 소와 양을 피 채 먹은 일이 있다. 그로 인해 블레셋을 공격하는 일을 하나님이 허락하시지 않자 사울은 제비를 뽑아 요나단의 죄를 밝혀 낸다(41-42절). 사람을 선택하는 중요한 일이 있을 때 제비 뽑아 결정하는 것은 유대인의 방식이었다. 그리고 그것을 하나님의 선택으로 받아들였다.

제비 뽑아 결정하는 것은 합리적이지도 지혜롭지도 않은 방법 같아 보이지만, 일정한 자격과 기준에 적합한 인물을 추천한 후에 행한 것이기 때문에 위험성은 현격하게 줄어들 수 있었다. 그렇기 때문에 인재 풀(pool)이 문제가 된다.

여기에서 제비를 뽑은 사람은 누구였을까? 세 가지 가능성이 있다. 가장 그럴 듯한 가능성은 모든 성도(백이십 명)이다. 둘째는 열한 사도이다. 셋째는 추천된 두 사람이다. 초대 교회에서는 제비 뽑는 과정을 통해 하나님의 뜻을 알았다. 그것은 가장 미신적인 듯 보이는 방법이었지만, 당시에는 가장 믿을 수 있고 후유증이 없는 방법이었던 것으로 보인다.

초대 교회 공동체는 일꾼을 선택할 때 하나가 되어 기도했고, 하나님의 뜻을 구했다. 중요한 것은 누가 뽑히느냐가 아니라, 하나 된 공동체가 한 가지 목적을 위해, 하나님의 사역을 하기 위해 뽑았다는 것이다. 그리고 그것은 봉사와 사도의 직무를 감당해야 하는 쉽지 않은 일이었다. 그것을 안다면 이 세상이나 교회에서 일을 맡으려고 쉽게 나서는 사람이 과연 그렇게 많을까?

C. 오순절 성령강림(2 : 1-47)

1. 오순절 성령강림 사건(2 : 1-13)

¹오순절 날이 이미 이르매 그들이 다 같이 한곳에 모였더니 ²홀연히 하늘로부

터 급하고 강한 바람 같은 소리가 있어 그들이 앉은 온 집에 가득하며 ^{3}마치 불의 혀처럼 갈라지는 것들이 그들에게 보여 각 사람 위에 하나씩 임하여 있더니 ^{4}그들이 다 성령의 충만함을 받고 성령이 말하게 하심을 따라 다른 언어들로 말하기를 시작하니라

[2 : 1] 다락방에 모인 백이십 명의 무리가 기도에 전념한 지 열흘이 지났다. 예수 그리스도는 유월절 즈음 십자가에서 죽으시고 부활하신 후 사십 일 동안 제자들과 함께 있었으며(1 : 3), 오순절까지 열흘 동안 하나님이 보내실 성령을 기다리고 있었다. 오순절은 유월절이 지난 후 오십 일이 되는 날에 온다. 오순절은 유월절 후 7주가 지난 때에 해당되기 때문에 칠칠절이라고도 했다(신 16 : 9-10 참고). 오순절은 원래 첫 열매를 거둔 것을 기뻐하는 맥추절이었다(출 23 : 16 ; 34 : 22 참고). 오순절이 교회가 시작되는 계기가 된 성령강림 사건과 연관된 것은 우연만이 아니다. 오순절에 성령의 첫 열매가 맺힌 것이다.

[2 : 2] 오순절 성령강림 사건은 사도행전에서뿐만 아니라 전 기독교 선교 역사 가운데 가장 중요한 사건 중의 하나로 불릴 만하다. 그것은 성령강림으로 인하여 교회가 시작되었기 때문이다. 성령강림이 없었다면 복음 전파도, 불신자의 회개도, 교회의 확산도 일어나지 못했을 것이다. 성령강림은 초기 제자들에게 복음을 증언할 수 있는 능력을 부여한 사건이었다. 그런데 성령강림은 예기치 않은 상황 가운데서 일어났다. 백이십 명의 제자들은 언제 하나님이 약속하신 것이 임할지 알 수 없었고, 다만 기도에 전념하고 있었다. 그때 홀연히 놀라운 현상이 발생한 것이다. 놀라운 현상은 두 가지였다. 첫째는 급하고 강한 바람이었고, 둘째는 혀처럼 갈라지는 불이었다.

바람과 같은 소리는 하나님의 현현을 연상시킨다. 하나님은 호렙산에서 불길 중에 음성으로 자신을 나타내셨다(신 4 : 11-12). 하나님은 일곱 우렛소리로

표현되기도 한다(시 29 : 3-9). 본문에서 바람에 해당되는 헬라어는 '프노에'로서 보통 영이나 바람을 뜻하는 '프뉴마'와는 구별되는 단어다. '급하고 강한' 바람이 온 집에 가득하다고 표현한 것은 하나님의 임재를 가리킨다. 바람이 하나님이나 성령은 아니지만 하나님의 임재를 가리키고 있는 것은 분명하다.

[2 : 3] 두 번째 현상으로서 혀처럼 갈라지는 불에 관해 언급하고 있다. 이 표현은 이해하기 쉽지 않다. 이 말이 의미하는 바는 불길이 갈라지듯이 혀(=말)가 갈라진다는 것을 나타내려고 한 것 같다. 그것이 각 사람 위에 임하였다고 한 것을 보면, 서로 다른 말(=방언)을 할 수 있는 능력이 임한 것을 나타내려 하였음을 알 수 있다. 여기에서 언급된 불도 바람과 마찬가지로 하나님의 임재를 가리킨다(출 19 : 18 참고). 각 사람 위에 임하였다고 언급한 것은 하나님께서 인격적이고 개인적으로 임재하고 있음을 드러낸다.

[2 : 4] 누가는 바람과 같은 소리와 혀처럼 갈라지는 불을 성령의 충만함을 받은 것으로 간주하여 표현하고 있다. 성령의 충만은 열두 제자와 같은 선택된 소수에게만이 아니라 집 안에 있던 모든 사람에게 임하였다. 여기에서 중요한 것은 그러한 성령충만의 현상이 무엇을 위한 것이었느냐 하는 것이다. 성령충만의 결과는 다른 언어들을 말하게 되었다는 것이다. 다른 말로 하면, 다른 언어들을 말하게 된 능력이 바로 성령충만이었다. 성령충만은 감정적 충일이나 죄 사함의 증거가 아니라 복음을 증언할 수 있는 능력인 '다른 언어'를 말할 수 있는 능력과 연계되어 있다.

> [5]그때에 경건한 유대인들이 천하 각국으로부터 와서 예루살렘에 머물러 있더니 [6]이 소리가 나매 큰 무리가 모여 각각 자기의 방언으로 제자들이 말하는 것을 듣고 소동하여 [7]다 놀라 신기하게 여겨 이르되 보라 이 말하는 사람들이 다 갈릴리 사람이 아니냐 [8]우리가 우리 각 사람이 난 곳 방언으로 듣게 되는

것이 어찌 됨이냐 [9]우리는 바대인과 메대인과 엘람인과 또 메소보다미아, 유대와 갑바도기아, 본도와 아시아, [10]브루기아와 밤빌리아, 애굽과 및 구레네에 가까운 리비아 여러 지방에 사는 사람들과 로마로부터 온 나그네 곧 유대인과 유대교에 들어온 사람들과 [11]그레데인과 아라비아인들이라 우리가 다 우리의 각 언어로 하나님의 큰일을 말함을 듣는도다 하고 [12]다 놀라며 당황하여 서로 이르되 이 어찌 된 일이냐 하며 [13]또 어떤 이들은 조롱하여 이르되 그들이 새 술에 취하였다 하더라

[2 : 5-6] 예루살렘에 머물러 있던 유대인들은 오순절 축제에 참가하기 위해 여러 지방에서 온 순례자들일 가능성이 높다. 물론 이들이 여러 다른 지방에 흩어져 살고 있던 유대인들로서 말년을 예루살렘에서 보내기 위한 목적으로 예루살렘에 살고 있던 유대인들일 가능성도 완전히 배제할 수는 없다. 이 유대인들을 '경건한' 사람들로 규정하고 있는데, 이는 어느 쪽이나 다 해당될 수 있다. 이들이 언제 예루살렘에 온 것인지 모르지만 이들이 '디아스포라' 유대인들이었던 것만은 분명하다. 디아스포라 유대인들 중에서도 특별히 신앙에 많은 관심을 가지고 있었던 경건한 유대인들이었다.

제자들이 복음을 전하는 소리를 듣고 이들이 모이게 되었다. 이들이 놀랍게 생각한 것은 여러 나라 말로 말하는 것을 들었기 때문이다. 디아스포라 유대인들이 예루살렘에서 기대한 것은 히브리어(아람어)로 말하는 것을 듣는 것이었을 것이다. 종교적인 내용을 각 나라 말로 듣게 될 줄은 몰랐던 것이다. 제자들은 한 가지 방언을 말한 것이 아니었다. 그렇게 되면 한 가지 방언을 했는데 듣는 유대인들이 각각 자기 지방 말로 들었다는 의미가 된다. 즉, 말하는 사람이 아니라 듣는 사람이 기적의 능력을 소유한 자가 되는 셈이다. 여기에서는 말하는 제자들이 각각 다른 나라 말을 할 수 있는 능력을 보여주고 있다. 모든 제자가 여러 나라 말을 다양하게 구사했다는 의미가 아니라, 한 사람 한 사람이 서로 다른 방언을 말했다는 의미이다.

[2 : 7-8] 디아스포라 유대인들은 갈릴리 사람들이 여러 나라의 말을 구사하는 것을 보고 많이 놀라게 되었다. 갈릴리 사람들은 속칭 '이방인의 갈릴리'(사 9 : 1 ; 마 4 : 15)라고 비하하는 말을 보아도 알 수 있듯이, 지체 높고 교육받은 사람들이 아니라는 평판을 받고 있었다. 다른 나라 말을 할 수 있는 사람은 적어도 교육을 받은 지도자들이었다. 그런데 갈릴리 촌사람들이 외국어를 자유롭게 구사한다는 것은 분명 놀라운 일이었다. 이 갈릴리 사람들은 오늘날의 언어로 말하자면 국제화된 사람들이 아니었다. 막힌 것이 없이 세계와 소통할 수 있는 인물들이 아니었다. 그런데도 이들은 그 시대를 앞서 가는 사람들로 등장하고 있다.

오순절 성령강림의 특징은 방언에 있었다. 그런데 이들이 말한 방언은 고린도전서 12~14장에 나오는 '천사의 말'(고전 13 : 1)이 아니었다. 이들은 디아스포라 유대인들이 자기들이 태어난 곳의 언어로 말했던 것이다. 천사의 말은 통역이 필요한 말이었지만, 오순절 방언은 통역이 필요 없이 알아들을 수 있는 인간의 언어였다. 갈릴리 사람들은 배움이 적은 무식한 사람들이었는데 배운 적도 없는 다른 나라 말을 구사한 것이다. 오순절 방언과 바벨탑 사건(창 11장)은 유사점도 있지만 차이점 역시 존재한다. 두 사건 모두 인간의 지능으로 이해할 수 있는 언어에 관해서 말하고 있다는 것은 유사한 점이다. 그러나 바벨탑 사건이 하나였던 인간의 언어를 혼잡하게 만들었다는 것은 오순절 방언이 이해와 소통을 가져온 것과 비교해 볼 때 차이점을 보여 주는 것이다. 오순절 사건은 바벨탑 사건을 회복시키는 의미가 있다.

천사의 말은 오늘날까지도 그 현상을 관찰할 수 있기 때문에 그 존재에 대해서 논란이 없다. 그러나 오순절 방언은 신약성서에서 이곳에만 언급되고 있으며 역사상 그 예를 객관적으로 입증할 수 없기 때문에 이해하는 데 어려움을 제공하고 있다. 그래서 뤼데만(G. Lüdemann) 같은 학자는 2 : 1~4은 천사의 말(=방언)로, 5~13절은 외국어로 보기도 한다. 필자는 2 : 1~13을 외국어로 보는 개역 본문을 충실히 따르고자 한다. 그렇다면 그것은 역사상 일회적인 사건으로 발생한 것인가? 그렇다면 그 의미는 무엇일까? 오순절 방언이 가지는 의미는 바로 기독교 복음이 여러 나라 말로 선포되어 선교가 세계적으로 확장되어 나갈 것임을 천명하는 것이라고 하겠다.

[2 : 9-11] 여기에 거명된 여러 나라와 지방의 명칭은 복음의 세계화를 암시하고 있다. 이들 지방 이름들은 동서남북 여러 지방에 속한 나라와 지역을 보여 준다. 이들 명칭 중에 유대(9절)가 등장하는 것은 어울리지 않는다. 왜 들어갔는지 의아하게 생각되는 부분이다. 목록에 들어간 명칭의 수는 12개로 볼 수 있다. 그렇다면 어떤 학자들이 주장하는 대로 12궁을 말하는 점성학의 영향을 받아 12개의 나라나 지역 명칭이 언급된 것일까? 그러나 이것 역시 증명하기 쉽지 않은 문제이다. 한 가지 확실하게 말할 수 있는 것은 이러한 여러 지명이 복음의 세계화를 목표로 하는 사도행전의 기술 목적에 잘 부합한다는 것이다. 복음은 지역과 언어와 종족을 넘어 확장되어 나갈 것이라는 메시지를 담고 있다.

여기에서 로마로부터 온 나그네들을 보다 자세하게 소개하고 있는 점은 주목해 볼 만하다. 로마는 저자의 마음속에 처음부터 자리 잡고 있으며(1 : 8), 또한 사도행전의 마지막 서술 부분(28 : 30)에 등장하고 있기 때문이다. 로마에서 온 사람들은 두 부류로 구분되고 있다. 한 부류는 유대인들이고, 다른 한 부류는 유대교에 입교한 이방인들이다. 후자는 개종자(proselyte)라고 불린다. 이들은 유대교에 관심을 가진 소위 '하나님을 경외하는 사람들'(God-fearers)에서 한 발 더 진전하여 유대교로 개종한 용기 있고 종교심이 투철한 사람들이다.

[2 : 12-13] 디아스포라 유대인들의 반응은 두 가지로 나타났다. 하나는 놀라움이었고, 다른 하나는 조롱이었다. 놀라운 반응을 나타냈다는 것은 복음에 대한 긍정적인 신호를 보여 준다고 볼 수 있다(2 : 41 참고). 그러나 조롱의 반응은 신앙적 결과보다는 불신앙적 태도로 이어질 가능성을 높여 준다. 그들은 새 술에 취한 것으로 오해를 받았다. 새 술, 즉 새 포도주는 강한 맛으로

인하여 쉽게 취하도록 만들었기 때문에, 새 술에 취했다는 것은 역설적으로 성령의 역사가 강력했음을 반증한다.

설교를 위한 묵상 : "놀랍고 신기한 일"(2 : 1–13)

예수님이 승천하신 후 백이십 명의 성도들은 예루살렘의 다락방에 모여 하나님께서 약속하신 것을 기다리며 기도에 온전히 매달리고 있었다. 그렇게 기도하던 중 오순절이 되었을 때 하늘에서 급하고 강한 바람 같은 소리가 온 집에 가득했고, 불의 혀처럼 갈라지는 것들이 그들의 눈에 보이며 각 사람 위에 임하였으며, 성령으로 충만하여 성령이 말하게 하심을 따라 다른 언어들로 말하였다고 했다. 이것은 주위 사람들에게 놀랍고 신기한 일로 비쳐졌다.

그것이 놀랍고 신기한 일일 수밖에 없었던 것은 다른 외국어를 배운 바 없는 갈릴리 사람들이 여러 나라의 말을 하였기 때문이다. 오순절은 유대인 순례자들이 세계 각곳에서 몰려오는 절기이다. 성경에 보면 바대, 메대, 엘람, 메소보다미아, 유대, 갑바도기아, 본도, 아시아, 브루기아, 밤빌리아, 애굽, 구레네에 가까운 리비야, 로마, 그레데, 아라비아에서 온 사람들을 언급하고 있다. 이들은 이스라엘의 동쪽으로 바대, 메데, 엘람, 메소보다미아에서 온 사람들과, 북쪽으로 갑바도기아, 본도, 아시아, 브루기아, 밤빌리아, 로마에서 온 사람들과, 남쪽으로 유대, 애굽, 구레네에 가까운 리비야, 그레데, 아라비아에서 온 사람들로 나눌 수 있다. 이들 북쪽 지방은 아람어, 북쪽과 남쪽 지방은 헬라어를 사용했을 것으로 짐작한다.

예루살렘 거주민들에게 아람어와 헬라어는 외국어였지만 생소한 언어는 아니었다. 그들 중 많은 이들은 아람어와 헬라어를 말할 수 있었다. 유대인은 이중 언어 또는 다중 언어 사용자들이었다. 그런데 여기에서 강조하고 있는 바와 같이 방언을 말하는 자들은 '갈릴리 사람들'이었다.

여기에서 우리는 방언을 두 가지 의미로 이해할 수 있다. 하나는 영적 언어로서의 방언이요, 다른 하나는 나라와 지방의 말로서의 방언(사투리)이다. 그런데 오직 오늘 본문에서는 '영적 언어' 또는 '천사들의 언어'가 아닌 의사소통이 가능한 '지방

말'(사투리)의 의미로서 방언이 언급되면서 그야말로 놀랍고 신기한 하나님의 큰 기적을 보여 주고 있다.

예루살렘에 머물며 기도에 전념한 초대 교회 신도들은 이제 새로운 경험과 능력이 필요했다. 그것은 동료 유대인들이 지키고 있었던 율법에 기초한 것이 아니라, 하나님께로부터 주어지는 '성령 체험'과 같은 놀라운 능력이었다.

오순절 성령 체험은 하늘 아래 있는(5절 참조) 모든 백성들과 의사소통을 하게 된 계기를 만들어 주었다. 이것은 종말론적 사건이었다. 이스라엘 사람들은 마지막 때가 되면 세계 각 곳에서 예루살렘으로 사람들이 몰려온다고 믿었다. 그런데 디아스포라 유대인들은 제각기 조금씩 다른 전통을 가지고 있었다. 같은 유대인이면서도 신앙생활이나 사고방식에 차이를 보였다. 이제 성령을 받은 초대 교회 교인들이 각 지방 방언으로 말한 것은 세계와 소통하는 길을 찾았다는 것을 의미한다.

방언의 유익은 하나님과의 소통, 자신과의 소통, 세계와의 소통이다. 방언은 '말할 수 없는 탄식'(롬 8 : 26-27)과 함께 성령에 의해 자극된 중보의 경험과 관련된 열망, 기쁨, 영광, 찬양의 무의식적인 갈망을 분출시키는 것이다. 방언은 성도들을 위해 중보하는 영과 약한 상태에 있는 우리들로부터 오는 '말할 수 없는 신음소리'이며, "구원을 위한 부르짖음 속에서 하나님의 영으로 충전된 인간의 연약한 탄식을 괴로워하는 것"이다. 방언은 말로 표현할 수 없는 것을 굳이 문법에 맞는 언어를 사용하지 않고 영적 언어로 막힘없이 표현한다는 특징을 가지고 있다.

20세기 초에 일어났던 평양대부흥운동에서는 방언이 별로 보고되지 않는다. 대신에 죄를 자복하는 '통성기도'가 중요한 역할을 하였다. 그런데 따지고 보면 통성기도는 방언이 가진 소통의 경험을 보여 주는 것이다. 통성기도를 통해서 한국의 초기 성도들은 죄에 대한 강한 자각, 죄에 대한 통회 자복을 하였고, 그 결과 달라진 삶의 모습을 보여 주었다. 평양대부흥운동은 성령을 체험하고 복음의 증인들이 되었다는 점에서 사도행전의 오순절 사건과 공통점을 가지고 있다.

본문은 성령충만을 언급하면서 몇 가지 특징을 보여 준다. 첫째, 성령충만이 복음을 증언하는 것에 초점이 맞추어져 있다는 것이다. 성령은 예수 그리스도를 증거하는 영, 복음 증거의 영이다. 둘째, 성령충만은 진정한 의사소통을 가능하게 하였다. 성령충만의 체험은 영혼의 깊은 필요를 채워 주고 마음과 마음이 통하며 하나님의 한 백성인 것을 감사하고 찬양하는 소통이다. 1~4절이 교회 안의 소통이었다면, 5~13절은 세상과의 소통을 보여 준다. 셋째, 성령충만은 개인적으로 경험되는 것이다. 성령이 불의 혀같이 각 사람 위에 머물러 있었다고 했다. 소통은 자동적으로 이루어지는 것이 아니다. 오순절 체험이 모든 사람들에게 회개와 구원을 가져온 것은 아니었다. 어떤 사람들은 놀라고 당황스러워 했으며, 어떤 사람들은 방언을 이해하지 못하여 새 술에 취하였다고 조롱하였다. 방언의 기적만으로 복음이 믿어지는 것이 아니라 개인적으로 복음을 믿고 받아들이지 않으면 안 되는 것이다.

현재 한국의 개신 교회는 의사소통에 실패하고 있는 듯이 보인다. 갤럽의 조사에 의하면, 종교선호도에 있어서 개신교는 천주교, 불교에 이어 세 번째를 차지하고 있다. 천주교가 40%, 불교가 37%인데 비해, 개신교는 22%에 머물고 있다. 종교 이탈률에 있어서 개신교는 67%로 으뜸이다. 전철이나 역 광장 등에서 노방 전도하는 것에 대해 84%가 거부감을 표시하고 있다. 이는 복음을 전하는 방식이 바뀌어야 함을 보여 준다. 이러한 현상은 그동안 한국 교회가 지향해 온 양적 성장 모델이 변화해야 함을 시사해 주고 있다. 이를 타개하기 위해서는 교회의 꾸준한 자기 정화 활동과 사회봉사 기능의 강화, 그리고 건전한 성장 모델의 추구, 영성이 강조되는 교회가 되어야 할 것으로 보고 있다(「기독교사상」, 1998년 12월).

미국에서 학문적인 연구를 통해 알려진 바에 따르면, 일단 기독교에 대한 거부감이 형성되면 전도해도 마음 문을 열기가 어렵다고 한다. 그래서 먼저 인간적인 차원에서 친밀하고 신뢰가 가는 관계를 만들기 전에는 접촉점이 만들어지지 않는다고 한다. 이것은 전도에 있어서도 결국 의사소통이 관건이라는 것을 알 수 있다.

진정한 방언은 성령으로 충만하여 진정한 소통을 이루는 것이다. 우리 모두 하나님과 자신, 세계를 향해서 진정한 소통을 이룰 수 있는 사람들이 되어야 한다. 이것이야말로 세상을 변화시킬 수 있는 놀랍고 신기한 일이지 않은가!

2. 베드로의 오순절 설교(2 : 14-41)

¹⁴베드로가 열한 사도와 함께 서서 소리를 높여 이르되 유대인들과 예루살렘

에 사는 모든 사람들아 이 일을 너희로 알게 할 것이니 내 말에 귀를 기울이라 [15]때가 제삼 시니 너희 생각과 같이 이 사람들이 취한 것이 아니라 [16]이는 곧 선지자 요엘을 통하여 말씀하신 것이니 일렀으되 [17]하나님이 말씀하시기를 말세에 내가 내 영을 모든 육체에 부어 주리니 너희의 자녀들은 예언할 것이요 너희의 젊은이들은 환상을 보고 너희의 늙은이들은 꿈을 꾸리라 [18]그 때에 내가 내 영을 내 남종과 여종들에게 부어 주리니 그들이 예언할 것이요 [19]또 내가 위로 하늘에서는 기사를 아래로 땅에서는 징조를 베풀리니 곧 피와 불과 연기로다 [20]주의 크고 영화로운 날이 이르기 전에 해가 변하여 어두워지고 달이 변하여 피가 되리라 [21]누구든지 주의 이름을 부르는 자는 구원을 받으리라 하였느니라

[2 : 14-15] 베드로는 열두 사도단을 대표해서 입을 열어 말하고 있다. '서서' 큰 소리로 말한 것은 대중을 향한 연설의 형태에 적합한 것이었다. 청중은 유대인들과 예루살렘에 사는 모든 사람들을 대상으로 하고 있다. 이를 통해 청중 가운데 이방인들도 포함된다는 것을 암시하고자 한다. 비록 일차적인 대상은 유대인들이지만 이방인들이 배제된 것은 아니다. 복음의 보편적인 성격을 나타내고자 하기 때문이다. 베드로는 사람들의 관심사인 '이 일'에 대한 해명으로 말문을 연다. 베드로는 사도들의 대표로서 권위 있는 연설자의 모습으로 부각된다.

첫 번째 해명은 새 술에 취했다는 조롱에 대한 것이다. 베드로는 단순하게 제삼 시, 즉 오전 9시에 술에 취한 사람이 있겠느냐는 상식적 판단에 호소하고 있다. 이러한 해명 방식은 새 술의 이중적 의미를 드러내는 효과도 있다. 왜냐하면 바로 뒤에서 요엘의 예언을 들어 새 술, 즉 성령에 '취함'(?)을 암시하고 있기 때문이다. 본문은 '너희 생각'과는 다른 의미로 새 술을 해석할 수 있다는 여지를 남기고 있다.

[2 : 16-21] 베드로는 새 술에 대한 새로운 해석 가능성을 요엘의 예언에서 입증하고자 한다. 이것은 '이 일'이 구약의 예언을 성취한 것이라는 관점을 보여준다. 이 예언은 '말세'에 일어날 사건이라고 전제하고 있다. 말세에는 두 가지 사건이 있을 것이다. 하나는 예언, 환상, 꿈과 같은 황홀경에서나 경험할 수 있는 신비한 사건들이고, 다른 하나는 기사(portents)와 징조(signs)와 같은 객관적인 사건들이다.

여기에서 예언과 환상과 꿈은 유사한 의미로 쓰이고 있다. 중요한 것은 말세에는 모든 육체(=사람)가 주의 영을 받게 된다는 것이다. 제자들이 성령강림으로 인해 '방언'을 하게 된 것은 지금이 곧 종말의 때임을 입증하는 것이다. 하나님의 영은 연령(자녀, 젊은이, 늙은이)이나 성별(남종, 여종)에 관계없이 모든 사람에게 선물로 주어질 것이다. 예언, 환상, 꿈 중에서 예언을 특히 강조한 것은 '방언'이 예언과 가장 유사하기 때문이다.

종말에 나타날 사건으로서 언급된 기사와 징조는 오순절 방언 사건과 직접적인 관련은 없어 보인다. '불' 정도가 둘을 연결해 주고 있을 뿐이다. 본문은 하늘에서의 기사와 땅에서의 징조를 언급하고 있지만 직접적으로 연결시키지는 않는다. 문맥을 통해 짐작해 볼 때 하늘에서는 해와 달이 어두워지는 기사가 있을 것이며, 땅에서는 피와 불과 연기가 나는 징조가 있을 것이라고 추측해 볼 수 있다. 이 부분의 예언에서 중요한 것은 21절에 나온다. 이러한 기사와 징조가 있을 종말의 때에 "누구든지 주의 이름을 부르는 자는 구원을 받으리라"는 결론을 말하고 싶었던 것이다. 종말은 심판과 구원의 때가 될 것이다. 오순절 방언 사건은 종말의 징조이기 때문에 구원을 받기 위해서는 주의 이름을 불러야 한다. 그렇지 않으면 심판을 받게 될 것이다. 주의 이름을 부르는 것은 종말의 때에 모든 사람이 긴급하게 행해야 할 일이다. 이것이 베드로가 한 설교의 주제이다.

[22]이스라엘 사람들아 이 말을 들으라 너희도 아는 바와 같이 하나님께서 나사

렛 예수로 큰 권능과 기사와 표적을 너희 가운데서 베푸사 너희 앞에서 그를 증언하셨느니라 ^{23}그가 하나님께서 정하신 뜻과 미리 아신 대로 내준 바 되었거늘 너희가 법 없는 자들의 손을 빌려 못 박아 죽였으나 ^{24}하나님께서 그를 사망의 고통에서 풀어 살리셨으니 이는 그가 사망에 매여 있을 수 없었음이라

[2 : 22-24] 베드로의 설교가 이제 예수 그리스도를 주제로 하여 발전하고 있다. 말세의 징조는 단지 요엘의 예언을 통해서만 입증된 것이 아니다. 예수 그리스도 사건이야말로 종말론적 사건이다. 22절에 보면 하나님이 주역으로 등장한다. 예수로 하여금 큰 권능과 기사와 표적을 행하게 한 분은 바로 하나님이시다. 예수를 이스라엘 사람들에게 증언한 분이 바로 하나님이시다. 십자가 구원 사건은 바로 하나님 사건이었다.

예수가 십자가에 죽은 것은 하나님의 섭리와 계획 속에 있었다. 하나님이 '내준 바 되었기 때문에' 일어난 일이었다. 그러나 비록 그것이 하나님의 뜻 안에서 이루어진 일이라고 하더라도, 예수를 십자가에 못 박은 이스라엘 사람들의 책임은 피할 수 없다. 그런데 여기에서 이스라엘 사람들의 책임을 언급하는 자리에서 '법 없는 자들의 손을 빌려' 예수를 죽였다고 말한다. 이것을 어떻게 이해해야 할까? 법 없는 이방인(=로마인)의 손을 빌려 행한 일이니 이스라엘에 책임이 없다는 뜻인가? 아니면 스스로의 책임을 면해 볼 요량으로 로마인의 손을 빌린 것이니 더 책임이 크다는 뜻인가? 전자의 의미에 더 가깝다고 할 것이나, 그렇다고 해서 이스라엘의 책임이 없다는 의미는 아니다. 다만 예수의 죽음이 불법적으로 공정하지 못하게 일어났다고 하는 것을 강하게 암시하고 있는 측면이 있다.

하나님께서 예수를 죽은 자 가운데서 살려 내셨다. 그런데 '사망의 고통에서 풀어 살리셨다'고 한 것은 어색한 표현이다. 사망의 고통에서 '풀어' 살리셨다는 것은 무슨 뜻인가? '사망의 고통'이라는 표현은 칠십인역의 사무엘 하 22 : 6에만 나오는 표현인데, 이것을 히브리어를 잘못 읽은 결과로 보기도

한다. 즉, 원래 '끈'을 뜻하는 히브리어 '헤벨'에 모음을 잘못 붙여서 '고통'으로 읽게 되었다는 것이다. 다시 말해서, 원래 히브리어 본문은 '사망의 끈'이라고 되어 있다. 그렇다면 본문을 의미가 잘 통하는 '사망의 끈에서 풀어 살리셨다'라고 하는 표현으로 바꿀 수 있다. 그리고 그것은 그 다음에 나오는 문장인 "그가 사망에 '매여' 있을 수 없었음이라"와 잘 연결된다.

> [25]다윗이 그를 가리켜 이르되 내가 항상 내 앞에 계신 주를 뵈었음이여 나로 요동하지 않게 하기 위하여 그가 내 우편에 계시도다 [26]그러므로 내 마음이 기뻐하였고 내 혀도 즐거워하였으며 육체도 희망에 거하리니 [27]이는 내 영혼을 음부에 버리지 아니하시며 주의 거룩한 자로 썩음을 당하지 않게 하실 것임이로다 [28]주께서 생명의 길을 내게 보이셨으니 주 앞에서 내게 기쁨이 충만하게 하시리로다 하였으므로

[2 : 25-28] 누가는 이제 구약의 말씀을 인용하여 예수의 부활을 증명하고자 시도한다. 누가는 시편 16 : 8 이하에 기록된 말씀이 예수 그리스도를 가리켜 예언한 것으로 보고 인용하고 있다. 사실상 시편의 말씀은 다윗이 한 말이지만, 누가는 이것을 기독론적으로 해석하고 있는 것이다.

누가는 이것을 예수에게 적용하여 그가 요동할 수밖에 없는 상황에서도 하나님께서 우편에서 지켜 주셨고, 그의 육체를 희망 속에 거하게 하셨으며, 그의 영혼을 음부에 버리지 아니하셨고, 그가 썩지 않도록 해 주셨다고 받아들인다. 이러한 해석은 일견 알레고리적이고 비약적인 것처럼 보인다. 그러나 이곳에서의 목적은 인용의 정확성을 기하는 것에 있지 않고, 청중들에게 설교를 통해 예수의 부활을 설득하려는 데 맞춰져 있다. 누가가 보기에 다윗이 말한 주가 바로 예수였기 때문에, 과감하게 설교에서 사용할 수 있다고 보고 있다. 그렇게 본다면 시편의 본문은 예수의 부활을 잘 드러낼 수 있는 본문이 되는 것이다.

²⁹형제들아 내가 조상 다윗에 대하여 담대히 말할 수 있노니 다윗이 죽어 장사되어 그 묘가 오늘까지 우리 중에 있도다 ³⁰그는 선지자라 하나님이 이미 맹세하사 그 자손 중에서 한 사람을 그 위에 앉게 하리라 하심을 알고 ³¹미리 본 고로 그리스도의 부활을 말하되 그가 음부에 버림이 되지 않고 그의 육신이 썩음을 당하지 아니하시리라 하더니 ³²이 예수를 하나님이 살리신지라 우리가 다 이 일에 증인이로다 ³³하나님이 오른손으로 예수를 높이시매 그가 약속하신 성령을 아버지께 받아서 너희가 보고 듣는 이것을 부어 주셨느니라 ³⁴다윗은 하늘에 올라가지 못하였으나 친히 말하여 이르되 주께서 내 주에게 말씀하시기를 ³⁵내가 네 원수로 네 발등상이 되게 하기까지 너는 내 우편에 앉아 있으라 하셨도다 하였으니 ³⁶그런즉 이스라엘 온 집은 확실히 알지니 너희가 십자가에 못 박은 이 예수를 하나님이 주와 그리스도가 되게 하셨느니라 하니라

[2 : 29-31] 누가는 이 세상에 살았던 역사적 다윗과 다윗의 보좌에 앉게 될 자손(=예수 그리스도)을 구별한다. 이스라엘의 조상인 다윗이 죽어 장사되어 그 묘가 존재하고 있다는 것은 이스라엘 사람들이 다 아는 사실이다. 그럼에도 불구하고 다윗을 예수와 연결시킬 수 있는 근거는 무엇인가? 그것은 다윗의 씨가 그 보좌를 이어받게 될 것이라는 예언(삼하 7 : 12)과 관계가 있다. 시편 16 : 8~11에서 실제적으로 언급하고 있는 대상은 조상 다윗이지만, 그는 죽어 무덤 속에 있으므로 시편의 내용과 부합할 수 없다. 그렇기 때문에 다윗의 자손으로서 부활하신 예수 그리스도만이 시편에서 예언한 인물로 적합하다는 논리가 성립한다고 보는 것이다.

[2 : 32-36] 이 모든 해석이 가능해진 것은 하나님께서 다윗의 자손이신 예수를 살리신 역사적 사실에 근거하고 있다. 즉, 기독론적 해석은 연역적 결과가 아니라 귀납적 결과에 따른 자연스러운 결론이 되는 것이다. 누가와 초기 기

독교 공동체는 예수의 부활에 대한 증인이라고 천명함으로써 그러한 해석의 정당성을 지지하고 있다.

하나님께서 '오른손으로' 예수를 높이셨다는 것은 예수의 부활이 악한 세력을 이긴 정의로운 하나님의 행동임을 드러낸다. 누가는 부활하신 예수가 하나님을 대신하여 하나님께서 약속하신 성령을 오순절에 부어 주신 분임을 밝힌다. 이러한 개념은 특이하다. 이를 통해 부활하신 예수 그리스도와 초기 기독교 공동체를 더욱 밀접하게 연결시키고 있다.

누가는 시편 16 : 8~11의 인용에 이어서 시편 110 : 1을 다시 인용하여 다윗과 다윗의 후손인 예수 그리스도를 동일시하고 있다. 이스라엘의 조상인 다윗은 죽어 하늘에 오르지 못하였으므로 부활하지 못한 것임을 확실하게 먼저 확인한다. 그러한 다윗이 '주께서 내 주에게' 말씀했다고 증언한다. 여기에서 문제가 되는 것은 두 번 등장하는 '주'가 각각 누구를 지칭하는 것이냐 하는 것이다. 원래 시편 본문은 '하나님께서 다윗에게' 말한 것으로 해석해야 할 것이지만, 누가는 이것을 '하나님께서 예수에게' 말씀한 것으로 받아들이고 있다(36절에서 부활하신 예수는 '주'로 불리게 되었음을 참고하라).

이러한 기독론적 해석은 단순한 비약이 아니라 부활의 역사적 사실에 근거한 당연한 귀결일 뿐이다. 다시 말해서, 예수의 부활로 인해 구약의 예언에 대한 기독론적 해석이 가능하게 된 것이다. 이는 거꾸로 구약의 예언이 예수의 부활을 가리키고 있음을 증명하고 있다는 의미에서 해석학적 순환을 보여 준다.

베드로의 설교의 핵심은 이스라엘의 죄를 깨닫게 하려는 데 목적을 두고 있었다. 시편의 인용을 통한 기독론적 해석도 결국 이스라엘이 예수를 십자가에 못 박은 책임이 있다는 것을 설득하는 데 기여하고 있다. 다시 말해서 2 : 14~35까지의 모든 설교의 내용은 2 : 36에 모아지고 있다. 이스라엘 사람들은 이제 더 이상 변명할 수 없게 되었다. 왜냐하면 이스라엘이 십자가에 못 박은 예수를 부활시켜 주와 그리스도가 되게 하신 분은 바로 하나님이시기 때문이다. 여기에서 하나님께서 예수를 주와 그리스도가 '되게 하셨다'라는 것은 하나님 중심의 신학을 보여 준다. 예수는 부활 이후 주와 그리스도가 되셨다는 양자 기독론(Adoptionist Christology)의 근거를 보여 주기 때문이다.

> [37]그들이 이 말을 듣고 마음에 찔려 베드로와 다른 사도들에게 물어 이르되 형제들아 우리가 어찌할꼬 하거늘 [38]베드로가 이르되 너희가 회개하여 각각 예수 그리스도의 이름으로 세례를 받고 죄 사함을 받으라 그리하면 성령의 선물을 받으리니 [39]이 약속은 너희와 너희 자녀와 모든 먼 데 사람 곧 주 우리 하나님이 얼마든지 부르시는 자들에게 하신 것이라 하고 [40]또 여러 말로 확증하며 권하여 이르되 너희가 이 패역한 세대에서 구원을 받으라 하니 [41]그 말을 받은 사람들은 세례를 받으매 이날에 신도의 수가 삼천이나 더하더라

[2 : 37] 베드로의 설교를 듣고 이스라엘 회중이 보인 반응은 놀랍게도 통회하는 것이었다. 그들은 먼저 자신들의 죄를 깨달았기 때문에 마음에 찔리게 되었다. 이는 베드로의 설교가 그만큼 설득력이 있었음을 보여 준다. 마음이 움직인 이스라엘 사람들은 입을 열어 "우리가 어찌할꼬?"라고 토로하고 있다. 마음이 먼저 준비되고 나서 입으로 시인하는 결과가 산출된 것이다.

[2 : 38-40] 그러나 통회하는 마음만으로는 부족하였다. 베드로는 통회하는 이스라엘 사람들에게 두 가지 명령을 하고 있다. 첫째, 회개하라는 명령이다. 둘째, 세례를 받으라는 명령이다. 회개하라는 명령은 이 외에도 한 번 더 나오는데, 바로 솔로몬 행각에서 행한 베드로의 설교에서다(3 : 19). 이것은 베드로의 초기 설교의 특징으로 보인다. 또한 이것은 2 : 21에서 "주의 이름을 부르는 자는 구원을 받으리라"고 한 약속에 상응하는 것이다. '회개'는 통회하고 뉘우치는 것에서 한 발 더 나아가는 것이다(유다의 배반과 베드로의 부인 이후의 행동을 비교해 볼 수 있다). 또 '회개'는 삶의 방향을 돌이키는 것이다.

즉, '회개'는 행동의 변화를 포함하는 개념이다.

세례를 받으라는 명령은 죄 사함을 포함하는 것이다. 우리말 번역은 죄 사함을 '받으라'라는 명령형으로 기록되어 두 개의 명령형 동사가 쓰인 것 같지만, 헬라어 원문에는 '죄 사함을 받기 위하여'(목적을 나타내는 전치사구) 세례를 받으라는 하나의 명령형 문장으로 되어 있다. 이것은 다시 말해, 죄 사함이 세례의 결과로 나타난다는 말이다. 여기에서 '예수 그리스도의 이름'으로 세례를 받으라고 한 것은 의미가 있다. '이름'은 단순한 형식이나 주문이 아니다. 그것은 죄 사함을 받기 위한 실질적인 내용과 근거를 제공하는 것이다. '예수 그리스도의 이름'은 예수가 십자가에 못 박힘으로써 하나님께서 인간의 죄를 용서하실 수 있게 되었음을 보증하는 의미로서 사용된 것이다.

이 두 가지 명령을 순종한 사람들은 성령의 선물을 받게 될 것이라고 약속하고 있다. 성령'의' 선물은 성령이 주는 선물이라는 뜻보다는 성령이라는 선물을 뜻한다. 즉, 선물로서의 성령을 받게 될 것이라는 의미다. 사도행전은 '회개-세례(죄 사함)-성령'의 상관관계를 강조하고 있다. 이들 사이의 연결고리는 확고해서 서로 분리될 수 없는 것처럼 보인다.

성령을 받게 될 것이라는 약속은 유대인('너희와 너희 자녀')과 이방인('먼 데 사람') 모두에게 해당된다. 그러한 의미에서 오순절 성령강림 사건은 세계선교의 출발을 알리는 신호탄과 같다. 그러나 그것은 유대인에 대한 선교가 이루어지는 것이 먼저였다. 베드로의 설교를 들었던 일차적인 청중은 동료 유대인들이었기 때문이다.

40절은 다시 한번 베드로의 모든 설교를 한마디로 요약하고 있다. '여러 말로 확증하며 권하여'라고 한 것은 구약을 인용하여 설득한 것과 회개를 촉구한 것을 가리킨다. 결론적으로 설교의 목적은 '구원을 받으라'는 권면에 있다. 이것이 베드로의 설교의 핵심이다. 이 세대를 '패역한 세대'로 규정한 것은 종말론적 시대 인식이라고 볼 수 있다. 그것은 2:16 이하에서 인용하고 있는 요엘서의 예언과도 상통한다.

[2 : 41] 동료 유대인들을 향한 베드로의 1차 설교는 성공적이었던 것으로 나타난다. 사도행전의 전체적인 내용이 유대인의 배척과 이방인의 수용이라는 방향으로 전개되는 것을 감안할 때, 아직 유대인의 부정적인 반응이 본격화되고 있지 않다는 것을 알 수 있다. 베드로의 설교를 듣고 회개한 사람들(궁극적으로 세례를 받은 사람들)이 하루에 삼천 명이나 증가했다는 것은 놀라운 일임에 틀림없다.

그 당시 유대교 절기에 예루살렘에 거주한 유대인의 숫자가 20만 정도까지 이르렀다는 추측에 비하여 보더라도 결코 적은 수가 아니다. 이는 초기 기독교의 세력이 빠르게 확장되고 있었음을 보여 주는 것이다.

3. 교회의 공동생활(2 : 42-47)

[42]그들이 사도의 가르침을 받아 서로 교제하고 떡을 떼며 오로지 기도하기를 힘쓰니라 [43]사람마다 두려워하는데 사도들로 말미암아 기사와 표적이 많이 나타나니 [44]믿는 사람이 다 함께 있어 모든 물건을 서로 통용하고 [45]또 재산과 소유를 팔아 각 사람의 필요를 따라 나눠 주며 [46]날마다 마음을 같이하여 성전에 모이기를 힘쓰고 집에서 떡을 떼며 기쁨과 순전한 마음으로 음식을 먹고 [47]하나님을 찬미하며 또 온 백성에게 칭송을 받으니 주께서 구원받는 사람을 날마다 더하게 하시니라

[2 : 42-47] 이 단락의 시작을 어디로 볼 것인가? 어떤 사람들은 2 : 42을, 어떤 사람들은 2 : 43을 그 시작으로 본다. 앞 단락이 세례를 받은 삼천 명이 초기 기독교 공동체를 형성하여 정착하고 있는 모습을 그리고 있기 때문에 2 : 43을 그 시작으로 보는 것도 일리가 있다. 그러나 2 : 41과 2 : 47이 각 단락의 결론으로서 기능하고 있으며, 내용적으로 2 : 42~47을 통일된 하나의 요약 구절로 볼 수 있기 때문에 2 : 42부터 시작한다고 보는 것이 무리가

없을 것이다.

사도행전에서 요약 구절은 1~8장 사이에 네 번(2 : 42-47 ; 4 : 32-37 ; 5 : 12-16 ; 8 : 1-3) 나온다. 이 모든 내용은 초대 기독교가 예루살렘에서 어떠한 삶을 살았는지를 보여 준다. 요약 구절이 예루살렘 사역에만 집중되어 있는 것은 주목받을 만하다. 그래서 이것은 한편으로 누가가 초기 예루살렘 자료를 많이 소유하지 못했던 것을 반증하는 것으로 간주하기도 한다.

새롭게 개종한 삼천 명의 새신자들은 예루살렘에서 이미 중심적인 역할을 하고 있었던 백이십 명의 제자들과 더불어 공동생활을 하기 시작하였다. 그 공동생활의 특징은 사도의 가르침을 받고, 서로 교제하며, 떡을 떼고, 기도에 힘쓰는 것이었다. 이러한 네 가지 특징은 다시 두 가지로 요약된다. 서로 교제하는 것에는 떡을 떼며 기도에 힘쓰는 일이 포함될 수 있기 때문이다. 실제로 43~47절의 내용이 떡을 떼며 기도에 힘쓰는 두 번째 특징을 보여 주고 있는 것에서도 알 수 있다.

좀 더 구체적으로 살펴보면, 초대 교회의 공동생활은 사도들의 가르침을 중심으로 하나님을 두려워하고 기사와 표적을 체험하는 삶을 근거로 하였다. 그중의 가장 대표적인 기사와 표적은 성령강림을 통하여 하나님의 말씀이 흥왕하게 되었다는 것이다. 많은 사람들이 기독교로 개종하게 됨으로써 유대인 사회에 충격을 주었다.

초대 교회는 물질적인 소유에 관해서 매우 새로운 삶의 태도를 보여 주었다. 서로 물건을 통용했고, 경제적 여유가 있는 사람들은 재산과 소유를 팔아 나누어 사용하였다. 갑자기 많은 새신자들이 늘어남에 따라 물질적인 필요가 증가했기 때문에 그것을 충당할 자원이 문제였다. 이러한 상황에서 경제적 여유가 있는 사람들이 자신의 물질을 공유하려고 결심한 것은 큰 용기가 필요한 일이었을 것이며, 이것은 초대 교회에 큰 도움이 되었을 것이다.

초대 교회는 모이는 일에 힘을 썼다. 그들은 '날마다' 모였으며, '마음을 같이하여' 모였다. 그렇게 할 수 있었던 것은 성령강림과 그에 따른 놀라운 교회의 성장에 있었다. 그들은 고무되었고 일상적인 생각과 평범한 생활을 뛰어넘을 수 있었다. 그들이 '성전에' 모였다는 것은 아직 유대교 안에서 움직이고 있었음을 반증한다. 기독교는 새로운 유대교 갱신 운동의 하나로 인식되었음직하다.

초대 교회는 성전에서 모일 뿐만 아니라 집에서도 모였다. 집에서 모였을 때 '떡을 떼는' 일이 늘 있었다. 이것은 단순한 식사가 아니라 성만찬을 함께 한 것으로 볼 수 있다. 46절에서 '떡을 떼는' 것과 '음식을 먹는' 것이 서로 구별되고 있기 때문이다. 초대 교회는 '기쁨과 순전한 마음'으로 가득했다. 근심거리도 없고 모든 것이 평화롭고 즐겁기만 한 것처럼 보인다. 그들은 온 백성에게 칭찬을 들었는데, 이것은 아마 기쁜 복음의 소식을 전한 것뿐만이 아니라 많은 가난한 사람들에게 물질적인 필요를 채워 주었기 때문일 것이다. 47절에서 "구원받는 사람을 날마다 더하게 하셨다"라고 기록하고 있는 것도 많은 부분 이러한 구제로부터 기인한 것으로 보인다. 그렇게 볼 때 사도행전에서의 구원은 단지 영적인 차원만이 아니라 물질적이고 신체적인 차원도 포함하는 것임을 알 수 있다.

이러한 초대 교회의 모습은 교회사 가운데 늘 이상적인 교회 상으로 여겨져 왔다. 문제는 이것이 초대 교회의 일시적인 모습을 반영한 것이냐, 아니면 모든 교회가 시대를 초월하여 본받아 실천해야 하는 규범을 제시한 것이냐 하는 데 있다. 이러한 묘사를 통해서 누가가 이상적인 교회 상을 제시하려고 했다는 것은 분명하다. 그러나 초대 교회의 이러한 모습이 모든 시대의 교회에 규범적으로 적용되어야 한다는 것과는 구별되어야 할지 모른다. 사도행전에서 이상적인 교회의 모습은 이곳과 4 : 32~37, 단 두 번의 요약적 진술 속에만 나타나고 있기 때문이다. 또한 초대 교회가 이렇게 이상적인 교회의 모습을 보일 수 있었던 것은 한편으로 초대 교회가 성령의 능력을 공급받았기 때문이요, 다른 한편으로는 임박한 종말을 기대하는 종말론적 공동체였기 때문이다.

설교를 위한 묵상 : "하나 된 공동체"(2 : 42-47)

초대 교회 공동체는 하나 된 공동체로서 몇 가지 특징을 가지고 있었다. 첫째로, 초대 교회는 사도들의 가르침을 받았다. 사도들이 직접 믿음의 도에 관해 가르쳤다. 그리고 그것은 기사와 표적과 함께 나타났다. 둘째로, 초대 교회는 서로 교제하였다. 여기서 '교제'라는 단어는 헬라어로 '코이노니아'인데, 이것은 단순히 영적이고 정신적인 친교를 뜻하는 말이 아니다. 그것은 물질을 나누는 것을 의미한다. 셋째로, 초대 교회는 떡을 떼었다. 떡을 뗀다는 것은 교회가 공동으로 식사하는 것을 일컫는 것이다. 그것은 성찬식을 포함하는 애찬식을 가리키는 것이다. 넷째로, 초대 교회는 기도에 열심을 냈다. 이 기도는 유대교를 통해 배운 기도생활과 습관에 기초한 것이면서도 기독교적인 고백을 포함하는 것이었다.

우리말 성경에 마지막으로 사용된 '힘쓰더라'라는 단어는 언뜻 보면 그것이 기도에만 관련되어 있는 것처럼 보인다(1 : 14 참조). 그러나 헬라어 본문에는 사도의 가르침, 교제, 떡을 뗌, 그리고 기도, 이 네 가지가 다 '힘쓰다'라는 동사에 걸려 있다. '힘쓰다'라는 동사는 헬라어로 '프로스카르테레오'라는 단어로서 네 개의 여격을 지배하고 있다. 초대 교회는 사도의 가르침을 받는 데 힘썼고, 물질을 나눔에 있어 힘썼고, 떡을 떼는 데 힘썼고, 기도하는 데 힘썼다. 46절에도 '힘쓰다'라는 동사가 쓰이고 있다. 초대 교회는 애쓰며 힘쓰는 교회였다.

43절 이하를 보면 초대 교회가 매일 어떻게 생활하였는가를 구체적으로 보여 준다. 믿는 사람들은 매일 다 함께 모였다. 그리고 모든 물건을 서로 통용하고 재산과 소유를 팔아 각 사람의 필요를 따라 나누어 주었다. 이것이 42절에서 말한 '교제'의 진정한 의미이다. 초대 교회는 소위 원시 공산사회를 건설하였다. 그러나 엄격히 말하면 공동으로 생산하는 사회가 아닌 공동으로 소비하는 사회였다.

초대 교회는 가정집에 모여 함께 식사를 하면서 하나의 밥상공동체를 이루었다. 함께 밥을 먹는 행위는 하나가 된 것을 나타낼 수 있는 가장 확실하고 가시적인 일이다. 모두가 평등하다는 느낌을 가지게 해 주는 일이다. 음식을 먹고 나면 마음이 넉넉해지기 마련이다(영화 "바베트의 만찬"의 예 참고). 초대 교회 공동체는 하나님을 찬미하였다. 노래가 절로 나왔다.

이러한 생활은 흔히 보기 힘든 것이었다. 믿지 않는 사람들은 초대 교회가 이렇게 이상한 생활을 하는 것을 보면서 호기심과 두려움을 나타냈다. 믿지 않는 사람들은 사도들이 행한 기사와 표적 때문에 두려움을 가졌다. 또한 그들은 초대 교회의 삶의 방식에 호기심과 칭송을 보내고 있다.

초대 교회 공동체가 세상의 모든 문제를 해결하기 위해 그렇게 한 것은 아니었다. 종말이 곧 올 것이기 때문에 한시적으로 그렇게 산 것이다. 사도행전에 이러한 삶의 방식에 대해 언급하고 있는 곳은 4:32 이하에 한 번 더 나올 뿐이다. 기독교인들은 공짜를 좋아하면 안 된다. 모든 것이 하나님의 은혜라고 하니까 그저 모든 것이 공짜로 되는 것으로 착각하는 사람들이 있다. 은혜를 받았으니 오히려 더 열심히 일하고 다른 사람들을 위해 봉사하며 사는 것이 기독교의 바른 교훈이다.

기독교 역사를 보면 실제로 초대 교회처럼 공동체 생활을 해 보려고 시도한 기독교인들이 많이 있다. 그것은 이상적이기는 하지만 현실은 그렇게 만만하지가 않다. 그것은 유토피아인지도 모른다. 유토피아는 헬라어 '우 + 토포스'(no place)에서 온 것인데, 이 세상에서는 발견할 수 없다는 의미다. 발음대로만 따진다면 '유 + 토포스'(good place)로서 좋은 곳이라는 의미도 될 수 있다.

본문은 오늘날 초대 교회 공동체의 삶의 방식을 받아들이라고 강요하는 것이 아니라, 초대 교회의 정신을 오늘에 되살려 사는 것이 중요하다는 것을 말하고 있다. 교회를 성장시키고 복음을 전하는 방법과 전략은 항상 사회의 상황을 고려하면서도 진지한 신학적인 검토를 거쳐서 결정되어야 할 것이다.

D. 베드로와 요한의 사역(3:1-4:31)

1. 미문의 기적(3:1-10)

¹제구 시 기도 시간에 베드로와 요한이 성전에 올라갈새 ²나면서 못 걷게 된 이를 사람들이 메고 오니 이는 성전에 들어가는 사람들에게 구걸하기 위하여

날마다 미문이라는 성전 문에 두는 자라 ³그가 베드로와 요한이 성전에 들어가려 함을 보고 구걸하거늘 ⁴베드로가 요한과 더불어 주목하여 이르되 우리를 보라 하니 ⁵그가 그들에게서 무엇을 얻을까 하여 바라보거늘 ⁶베드로가 이르되 은과 금은 내게 없거니와 내게 있는 이것을 네게 주노니 나사렛 예수 그리스도의 이름으로 일어나 걸으라 하고 ⁷오른손을 잡아 일으키니 발과 발목이 곧 힘을 얻고 ⁸뛰어 서서 걸으며 그들과 함께 성전으로 들어가면서 걷기도 하고 뛰기도 하며 하나님을 찬송하니 ⁹모든 백성이 그 걷는 것과 하나님을 찬송함을 보고 ¹⁰그가 본래 성전 미문에 앉아 구걸하던 사람인 줄 알고 그에게 일어난 일로 인하여 심히 놀랍게 여기며 놀라니라

[3:1] 베드로와 요한은 정해진 기도 시간에 맞추어 성전에 올라가고 있다. 이를 통해 볼 때 두 가지 사실이 분명하다. 첫째, 초대 교회의 사도들이 유대교의 관습 안에서 활동하고 있다는 점이다. 제구 시(=오후 3시) 기도 시간에 기도했다는 것은 단지 일회적인 행위를 가리키는 것이라기보다는 정해진 기도 시간에 습관적으로 기도했다는 것을 말해 준다. 둘째, 이의 연장선상에서 초대 교회의 사도들은 성전을 부정적으로 생각하지 않고 있다는 것을 알 수 있다. 예루살렘 성전은 여전히 초기 유대인 기독교인들의 신앙생활의 중심에 놓여 있었다. 이로 보건대, 초대 교회는 처음에는 유대교와 결별하지도 않았고 갈등을 겪지도 않았을 것이라 판단된다.

[3:2] 본문의 치유 기적은 사도행전에 첫 번째로 등장하는 것이다. 이것은 여러 가지 면에서 누가복음에서 예수가 중풍병자를 고치신 기적(눅 5:17-26)과 유사하다. 무엇보다도 '사람들이 메고 온' 병자를 대상으로 한 기적이라는 점에서 공통점이 있다. 그런데 '나면서 못 걷게 된' 앉은뱅이로서 그는 성전에 나아올 수 없는 처지였다. '육체에 흠이 있는 자'(레 21:17-20)는 하나님께 나아올 수 없었기 때문이다. 이런 사람은 사회적으로나 종교적으로 인정을

받을 수 없었다. 그럼에도 불구하고 이러한 불구자에게도 치유를 통한 구원은 일어나고 있다는 점이 누가가 보여 주려고 하는 새로운 관점이다.

이 사람은 사람들에게 구걸하여 살아갈 수밖에 없었다. 당시에 오늘날과 같은 사회보장제도는 존재하지 않았다. 그는 혼자서 움직일 수 없었기 때문에 다른 사람들의 도움을 필요로 하였다. 집안사람들이나 친구들이 도움을 주었을 것이다. 그의 일과는 날마다 성전으로 들어가는 입구에 있는 미문(Beautiful Gate)이라고 불리는 곳에 나와 구걸을 하는 것이었다. 미문의 위치에 대해서는 불확실하지만 여인의 뜰과 이방인의 뜰 사이에 있었던 니카노르 문(Nicanor Gate)으로 보고 있다. 그는 성전에 들어갈 수는 없었지만 성전에 들어가는 사람들에게 구걸은 할 수 있었다.

[3:3-5] 이 사람은 성전에 들어가려는 베드로와 요한을 보고서 다른 사람들에게와 마찬가지로 구걸을 하려고 하였다. 그에게 있어서 모든 사람들은 구걸의 대상일 뿐이었던 것 같다. 베드로와 요한은 이 앉은뱅이와는 다른 관점으로 사람을 보았다. 누가는 앉은뱅이와 사도들의 대조를 통해 양자를 비교하고 있는 셈이다. 베드로와 요한은 그를 주목하여 보면서 '우리를 보라'고 주의를 집중시킨다. 물론 이 앉은뱅이는 그저 무엇을 주려고 하는 줄로만 알았을 것이다. 그러나 베드로와 요한의 생각은 달랐다.

[3:6-8] 앉은뱅이가 물질적인 것을 구하였던 것에 비해 베드로와 요한은 더 본질적인 것을 주고자 하였다. 앉은뱅이는 일시적이고 피상적인 것을 구하였지만, 베드로와 요한은 영구적이고 본질적인 필요를 채워 주고자 하였다. '은과 금'은 이 세상의 물질을 대변하는 것이다. 그러나 베드로와 요한은 '나사렛 예수 그리스도의 이름'으로 '일어나 걸으라'고 명령하고 있다. 나사렛 예수의 이름은 가장 강력한 구원의 방편으로 소개된다. 베드로와 요한은 신체적인 온전한 치유 행위는 오직 나사렛 예수 그리스도의 이름으로만 가능하다고 보고 있다.

베드로는 요한을 대신하여 말하기도 하고 기적을 행하기도 한다. 베드로는 명령만 내리는 데 그치지 않고 오른손을 잡아 일으켜 세운다. 그러자 발과 발목이 힘을 얻으며 치유가 일어난다. 오른손을 잡으며 일으키는 것이 이 기적 행위에 있어서 베드로의 인간적인 도움을 나타내려는 것은 아니다. 앉은뱅이의 영혼을 사랑하여 그를 간절히 도우려고 하는 베드로의 태도를 보여 주는 것일 뿐이다. 기적은 오직 '나사렛 예수 그리스도의 이름'으로 하나님께서 행하신 일인 것이다.

앉은뱅이는 '서서 걸을' 뿐만 아니라 '뛰었다'. '뛰었다'고 표현한 것은 종말의 때가 되면 "저는 자는 사슴같이 뛸 것이라"는 이사야 35 : 6을 연상시키기에 충분하다. 그는 이제 온전한 사람이 되었기 때문에 성전 '안으로' 들어갈 수 있었다. 이것은 다시 한번 누가가 어떤 사람이든지 온전한 구원에 이를 수 있다는 보편적 구원관을 보여 주는 예다. 그는 기적을 통해 그를 구원한 하나님을 찬송하고 있다.

[3 : 9-10] 예루살렘 사람들은 이러한 일을 보고 "심히 놀랍게 여기며 놀랐다". 앉은뱅이가 걷고, 또 하나님을 찬양하게 되었기 때문이다. 이것은 육체적인 구원과 영적인 구원이 앉은뱅이에게 임했다는 것을 가리킨다. 성전 미문에 앉아 일생을 구걸하며 산 이 사람은 아마 예루살렘 사람들에게 널리 알려져 있었을 것이다. 그의 나이가 사십 세(4 : 22 참조)가 넘은 것을 알고 있었던 예루살렘 사람들은 그가 온전하게 치유될 것이라고 한 번도 생각해 본 적이 없었기에 그들의 놀라움은 더욱 클 수밖에 없었다.

설교 : "미문의 기적"(3 : 1-10)

베드로와 요한은 제구 시 기도시간에 맞추어 성전에 올라갔다. 유대인들은 하루에 세 번 기도를 드렸다. 바로 아침 9시(삼 시 ; shacharit), 오후 3시(구 시 ; mincha), 그리고 저녁 해질녘 오후 6시쯤(maariv)에 규칙적으로 기도를 드리는 생활을 하였다. 안식일과 절기에는 네 번(무사프), 속죄일에는 다섯 번(네일라)을 드렸다.
베드로와 요한은 지금 성전으로 올라가고 있다. 예루살렘 성전은 하나님이 계신 거룩한 곳이었다. 그래서 바깥의 세속적인 공간에서 점점 내부의 거룩한 공간으로 들어가는 형태로 구성되어 있었다. 성벽 안으로 들어가면 우선 이방인의 뜰이 나온다. 이방인의 뜰에는 성전 희생제사에 쓸 동물들이 있고, 환전상들도 있었다. 그리고 많은 사람들이 북적대는 곳이어서 구걸하는 사람들이 선호하는 그러한 장소였다. 이방인의 뜰로부터 9개의 문을 통해 성전 안으로 들어갈 수 있었다고 한다. 오늘 본문에는 그중 가장 크고 중앙에 있는 예루살렘 동쪽의 미문(Beautiful Gate)을 통해 여인의 뜰로 들어가고 있다. 이 미문은 'Susan Gate'라고도 했는데, 그것은 그 문에 수사의 도시가 그려져 있었기 때문이다. 여인의 뜰에는 성전 헌금함이 있어서 여인들이 헌금을 할 수 있었다. 여인의 뜰을 지나면 이스라엘 남자들이 들어가는 이스라엘인의 뜰이 있고, 그곳을 지나면 제사장들이 들어가는 제사장의 뜰이 있고, 마지막으로 대제사장만 들어갈 수 있는 지성소가 있었다. 이방인의 뜰은 성전의 바깥뜰(outer court)로 불렸으며, 성전 안뜰과 구별되었다. 여러 개의 뜰이 있지만 이방인들은 성전 안으로 들어갈 수 없었고, 여자들은 남자들이 들어가는 뜰로 출입이 금지되었으며, 남자들도 제사장들이 들어가는 뜰로는 들어가지 못했다.
지금 베드로와 요한은 미문을 통해 여인의 뜰로 들어서려고 하고 있다. 그러던 중에 사람들에게 구걸하며 살아가는 앉은뱅이를 지나치게 된 것이다. 성전에 들어가려고 미문으로 올라가는 계단을 오르려는 순간, 그 불쌍한 사람은 베드로와 요한을 그냥 내버려 두지 않았다. 성전에 올라가는 사람은 하나님께 바칠 헌금을 가지고 있을 만큼의 부자이며, 그러한 사람의 자비심에 호소할 때 가장 큰 효과가 나타난다는 것을 잘 알고 있기 때문에, 이 사람은 베드로와 요한에게 다가선 것이다.
그러나 문제는 사람을 잘못 골랐다는 것이다. 베드로와 요한은 돈이 없는 사람이었다. 베드로와 요한은 미문만 통과하면 거기에 성전 헌금함이 놓여 있으며 성전은 금과 은이 풍부하다는 것을 알고 있었지만, 정작 그들은 그 사람을 도와줄 물질을 소유하지는 못했다.
우리는 이 인물들 중 누구와 동일시하고 있는가? 우리는 성전 미문에 앉아서 구걸하며 사는 인생은 아닌가? 하나님이 예비하신 풍성한 삶을 알지 못하고 그저 하루하루 구걸하듯이 영적으로 빈약한 삶을 살아가고 있지는 않은가? 성전 안에 있는 금은보화는 하나님 안에 풍성한 은혜를 상징하며 가리킨다. 하나님이 주시는 진정한 은혜는 물질적인 것에만 있는 것이 아니다. 하나님의 진정한 은혜는 우리를 온전하게 하시는 은혜이다.

다른 한편으로 우리들은 사람들을 온전히 만드는 데 관심있는 것이 아니라 일시적이고 잠정적인 해결책을 내는 데 만족하는 경향이 있다. 그래서 쉽게 현실과 타협한다. 베드로와 요한은 어떠했는가? 그들은 '주목하여' 하나님의 온전한 은혜가 필요한 앉은뱅이를 바라보았다. 그것은 그에게 진정으로 필요한 것이 무엇인지 간파하는 통찰력을 보여 준다. 베드로와 요한은 어떻게 보면 터무니없고 무모한 말을 하고 있다. "나사렛 예수 그리스도의 이름으로 일어나 걸으라."고 한 것 말이다. 무엇이 그들로 하여금 이렇게 담대하고 타협할 수 없는 말을 하게 한 것일까? 그것은 하나님 안에서 그들이 가진 믿음이었다. 그것은 하나님 안에서 그들이 가진 희망이었다. 그것은 하나님 안에서 그들이 가진 사랑이었다. 그들은 하나님 안에서 이웃을 향한 진정한 사랑과 하나님께서 이루어 주실 수 있는 능력이 있는 분이라는 믿음과 온전하게 변화되기를 간절하게 바라는 희망을 가지고 외치고 선포했다. 그것이 어떠한 결과를 낳게 될 것인지는 오직 하나님께 맡겼다. 그래서 믿음은 무모한 것처럼 보이는 모양이다. 하나님께 맡기지 못하는 사람은 하나님께서 이루시려는 기적을 보지 못한다. 그러나 하나님을 신뢰하고, 의지하는 자에게 하나님은 기적으로 다가오시는 것이다.

베드로와 요한은 담대하게 앉은뱅이를 하나님께 던졌다. 그러나 그렇게 하고 내버려 둔 것이 아니다. 그런 후에 베드로와 요한은 믿음으로 그의 오른손을 잡아 일으켰다. 발과 발목이 힘을 얻고 서서 걸으며 뛸 수 있을 때까지 그를 지탱하며 도움이 되어 주었다. 우리는 어려운 사람들이 온전하게 자신의 인생을 살아갈 수 있도록 진정한 도움을 주는 삶을 살아가야 한다. 이것이 우리가 사는 오늘의 현실 속에서 우리를 통해 하나님께서 미문의 기적을 이루시는 일일 것이다.

2. 베드로의 솔로몬 행각 설교(3:11-26)

¹¹나은 사람이 베드로와 요한을 붙잡으니 모든 백성이 크게 놀라며 달려 나아가 솔로몬의 행각이라 불리우는 행각에 모이거늘 ¹²베드로가 이것을 보고 백성에게 말하되 이스라엘 사람들아 이 일을 왜 놀랍게 여기느냐 우리 개인의 권능과 경건으로 이 사람을 걷게 한 것처럼 왜 우리를 주목하느냐 ¹³아브라함과 이삭과 야곱의 하나님 곧 우리 조상의 하나님이 그의 종 예수를 영화롭게 하셨느니라 너희가 그를 넘겨주고 빌라도가 놓아 주기로 결의한 것을 너희가 그 앞에서 거부하였으니 ¹⁴너희가 거룩하고 의로운 이를 거부하고 도리어 살인한 사람을 놓아 주기를 구하여 ¹⁵생명의 주를 죽였도다 그러나 하나님이 죽은 자 가운데서 그를 살리셨으니 우리가 이 일에 증인이라 ¹⁶그 이름을 믿으므로 그 이름이 너희가 보고 아는 이 사람을 성하게 하였나니 예수로 말미암아 난 믿음이 너희 모든 사람 앞에서 이같이 완전히 낫게 하였느니라 ¹⁷형제들아 너희가 알지 못하여서 그리하였으며 너희 관리들도 그리한 줄 아노라 ¹⁸그러나 하나님이 모든 선지자의 입을 통하여 자기의 그리스도께서 고난받으실 일을 미리 알게 하신 것을 이와 같이 이루셨느니라

[3:11] 여기에서 베드로의 두 번째 설교인 솔로몬 행각에서의 설교가 소개된다. 11절은 문맥적으로 마치 나은 사람이 베드로와 요한을 '붙잡았기' 때문에 사람들이 놀라서 솔로몬 행각으로 모인 것으로 생각하게 만든다. 여기에서 '붙잡았다'는 것은 무엇을 의미하며 왜 그렇게 한 것인가? 분명한 것은 베드로와 요한이 주체적인 행동을 하였다는 것이다. 베드로와 요한은 앉은뱅이를 고친 다음에 솔로몬 행각으로 나아갔고, 나음을 입은 사람이 그들의 뒤를 따라간 것이다. 나음을 입은 이 사람이 베드로와 요한을 붙좇아 솔로몬의 행각으로 이동하자 예루살렘의 많은 사람들이 기적의 관련 당사자들을 보고자 그곳에 모여든 것이다.

[3 : 12-13a] 베드로는 먼저 이스라엘 사람들의 오해를 불식시키고자 한다. 기적을 행한 분은 자신들이 아니라 '우리 조상의 하나님'이라는 사실을 분명히 밝힌다. 베드로와 요한은 자신들의 권능과 경건을 부인한다. 이는 그 당시 많은 사람들이 '신적 존재'나 '마술사'를 자처하면서 특별한 권능이 있는 것처럼 행동하였다는 것을 반증하고 있다. 그러나 베드로는 오직 하나님께로 주의를 집중시킨다. 베드로는 이스라엘 사람들이 권능의 하나님으로 믿는 오직 '우리 조상의 하나님'에게 주목하고 있다. 그렇게 한 목적은 그 하나님께서 바로 그의 '종'(사 52 : 13-14 참조)으로 인정한 예수를 영화롭게 하였음을 확인하고자 한 데 있었다.

[3 : 13b-15a] 바로 이어서 이스라엘의 죄를 지적한 것은 자연스러운 설교의 흐름이 되고 있다. 이스라엘의 죄는 몇 가지로 나누어 볼 수 있다 : 그들은 (1) 예수를 빌라도에게 넘겨주었고, (2) 빌라도가 놓아주기로 결의한 것을 거부하였고, (3) 거룩하고 의로운 예수를 거부하고 살인한 바라바(참조. 눅 23 : 18)를 놓아주자고 하였으며, (4) 결국 생명의 주이신 예수를 죽였다. 이로써 이스라엘의 죄는 명백해졌고 그 책임을 피할 수 없게 되었다. 특히 베드로는 예수를 '거룩하고 의로운 이'로 칭함으로써 이스라엘의 죄를 더욱 드러나게 만들고 있다(2 : 23에서 "너희가 법 없는 자들의 손을 빌려 못 박아 죽였으나"라고 한 것을 참조하라).

[3 : 15b-16] 앞 단락에서 예수를 죽인 이스라엘의 죄를 말했다면, 이 단락은 앉은뱅이를 고치며 예수를 살리신 하나님의 구원 행동을 다루고 있다. 이스라엘의 죄가 아무리 치명적인 결과를 낳았다 하더라도 하나님의 구원 행동을 막을 수는 없었다. 죽은 자 가운데서 예수를 살리신 분은 바로 하나님이시다. 이것은 베드로와 요한을 비롯한 증인들이 증언하는 내용이다. 그러므로 이러한 증언을 믿으면 40년 동안 앉은뱅이로 살았던 사람이 고침을 받은 것처럼

완전히 낫게 되는 구원을 경험하게 될 것이라는 메시지를 전하고 있다. 여기에서 예수의 '이름'을 믿는 것이 중요하고, 그 '이름'은 사람을 온전하게 하는 능력이 된다고 강조한다. '예수의 이름'에 마치 마술적 능력이 있는 것처럼 말한다. 그러나 베드로가 말하고자 했던 것은 예수의 이름에 마술적 능력이 있다는 것이 아니라, 그 이름의 소중한 가치이다. 고대 세계에서 '이름'은 곧 그 이름을 가진 사람의 '인격'을 의미하였다. 예수의 이름은 그가 십자가에 못 박혀 죽고 다시 살아난 그의 모든 것을 가리키는 것이었다.

[3:17-18] 베드로는 이스라엘 사람들의 죄를 날카롭게 지적하는 것을 목적으로 삼지 않았다. 그가 그들의 '무지' 때문에 죄를 지었다고 한 것은 이스라엘 사람들과 관원들에게 피할 길을 제시하려고 한 것이다. 그리고 이 모든 것은 하나님의 섭리 안에서 이루어진 것이라고 말한다. 그래서 베드로는 선지자들이 그리스도의 고난에 관해서 미리 예언하였음을 상기시킨다. 베드로가 이스라엘의 무지와 선지자들의 예언을 가지고 정죄의 날카로움을 감춘 것은 설교의 더 큰 목적을 위한 것이었다. 그것은 다음 단락에서 명백히 드러난다.

> [19]그러므로 너희가 회개하고 돌이켜 너희 죄 없이 함을 받으라 이같이 하면 새롭게 되는 날이 주 앞으로부터 이를 것이요 [20]또 주께서 너희를 위하여 예정하신 그리스도 곧 예수를 보내시리니 [21]하나님이 영원 전부터 거룩한 선지자들의 입을 통하여 말씀하신바 만물을 회복하실 때까지는 하늘이 마땅히 그를 받아 두리라

[3:19] 베드로의 설교의 클라이맥스는 '회개하라'는 권고에 있다. 이스라엘 백성에게 새로운 기회가 주어졌으니, 예수를 거부하던 태도에서 돌이키게 되면 죄를 용서받게 될 것이다. 여기에서 '새롭게 되는 날'은 종말의 때를 의미한다. 그것은 아직 도래하지 않은 미래를 가리킨다. 그런 관점에서 보면, 누

가는 현재적 종말론(눅 17 : 20-21 참조)과 미래적 종말론을 다 함께 견지하고 있었음을 알 수 있다.

[3 : 20-21] "예정하신 그리스도 곧 예수를 보내시리니"라는 구절은 바로 앞의 19절과 함께 예수의 재림을 가리킨다. 누가는 3 : 15에서 이미 예수의 부활을 언급하였고, 여기에서는 예수의 재림을 통해 '만물의 회복'을 언급하고 있다. '만물의 회복'이라는 개념은 원래 헬라적인 역사관을 반영하는 것이다. 헬라인들은 시대적인 격변기를 거치며 모든 것이 원상대로 '회복'(헬, 아포카타스타시스)된다고 생각하였다. 이것은 반복될 수 있다고 보았다. 그러나 기독교적 역사관에서 말하는 '만물의 회복'은 반복적 개념이 아니라 최종적이고 종말론적인 개념이다. 누가는 그리스도의 '초림-죽음-부활-재림'이라는 직선적 역사관에 기초하여 역사를 바라보고 있다. 그러나 그리스도의 재림은 만물이 회복될 '때'까지는 일어나지 않을 것이며, 그때까지 그리스도는 하늘에 머물 것이다. 만물이 회복될 때까지 예수의 재림은 지연되고 있다. 그렇다면 '만물의 회복'은 모든 이스라엘 민족이 하나님과 올바른 관계를 회복하여 선지자들의 예언을 성취하는 것과 관련된다고 볼 수 있다.

> [22]모세가 말하되 주 하나님이 너희를 위하여 너희 형제 가운데서 나 같은 선지자 하나를 세울 것이니 너희가 무엇이든지 그의 모든 말을 들을 것이라 [23]누구든지 그 선지자의 말을 듣지 아니하는 자는 백성 중에서 멸망받으리라 하였고 [24]또한 사무엘 때부터 이어 말한 모든 선지자도 이때를 가리켜 말하였느니라 [25]너희는 선지자들의 자손이요 또 하나님이 너희 조상과 더불어 세우신 언약의 자손이라 아브라함에게 이르시기를 땅 위의 모든 족속이 너의 씨로 말미암아 복을 받으리라 하셨으니 [26]하나님이 그 종을 세워 복 주시려고 너희에게 먼저 보내사 너희로 하여금 돌이켜 각각 그 악함을 버리게 하셨느니라

[3 : 22-23] 예수는 '모세와 같은 선지자'로 제시된다. 이는 신명기 18 : 15~22에서 약속한 내용이다. 하나님께서 마지막 때에 모세와 같은 선지자 한 사람을 일으켜 세워 주실 것이라고 하였는데, 바로 예수 그리스도가 그분이라는 것이다. 모세와 같은 선지자가 오면 모두가 그의 말을 들어야 하고, 그렇지 않으면 벌을 받게 될 것이라고 경고하였다. 요한복음에서는 그를 '그 선지자'(1 : 21)로 부르고 있다. 이처럼 예수는 종말론적 예언자의 모습으로 나타났다. 그럼에도 불구하고 이스라엘 백성이 그의 말을 듣지 않았을 뿐만 아니라 죽이기까지 한 것은 큰 벌을 받기에 충분하였다.

[3 : 24-25] 모든 선지자들의 예언 역시 지금이 예수 그리스도가 출현할 때라는 것을 가리키고 있다고 말한다. 사무엘로부터 거론한 것은 사무엘을 최후의 사사이자 최초의 선지자로 보는 전통에 따른 것이다. 베드로는 이스라엘 백성이 선지자의 자손이요, 언약의 자손임을 확인해 준다. 이것은 아이러니를 보여 준다. 선지자의 자손이 참 선지자를 알아보지 못하고 죽였으니 말이다. 베드로는 아브라함에게 한 약속을 언급하면서 모든 이스라엘 백성이 아브라함의 자손이라는 것을 다시 한번 확인해 준다. 이스라엘 백성은 복을 받을 것이라고 약속했는데, 그들은 그 복을 받을 수 있을지 또는 받을 수 없을지에 관해서 그 기로에 서 있다.

[3 : 26] 이스라엘 백성이 그 복을 받을 수 있게 된 것은 하나님께서 그의 종을 보내셨기 때문이다. 한편으로 예수는 선지자로 묘사되며, 다른 한편으로는 '종'으로 묘사된다. 이 두 가지 칭호 모두 메시야를 가리키는 것은 분명하다. 이제 그들에게는 선택만 남아 있다. 메시야는 '먼저' 이스라엘 백성에게로 왔다. 이것은 '이후에' 이방인에게로 향할 것임을 전제하고 있는 표현이다. 하나님께서 그의 종을 보내신 목적은 오로지 이스라엘 백성과 모든 민족이 '돌이켜' 회개하는 것이었다. 다시 말해서, 예수 그리스도를 거부하는 태도에서

돌이켜 그리스도를 믿는 사람들로 변화되는 것이었다.

설교를 위한 묵상 : "생명의 주"(3 : 11-26)

사도행전에 나오는 설교는 공통점이 있는데, 그것은 그리스도의 죽음과 부활을 성서적 증거에 입각하여 주장하는 것과 그것에 이어 회개하고 복음을 믿으라는 권면을 포함하고 있는 것이다. 오늘 본문도 13~15절에서는 죽으시고 부활하신 그리스도 예수를 증언하고 있다. 사도행전의 설교는 말 그대로 예수 그리스도의 부활과 승천을 중심으로 한 구원사적인 영향력에 대해서 반복해서 선포하고 있다.

예수에게 일어난 사건에 대해서 13절은 아브라함과 이삭과 야곱의 하나님, 곧 이스라엘 민족의 하나님께서 섭리하신 것이라고 말한다. 베드로는 이스라엘 백성을 예수를 바라바 대신 십자가에 못 박게 한 장본인들이라고 고발한다. 결국 이스라엘 백성은 '생명의 주'를 죽인 책임에서 벗어날 수 없다고 만천하에 드러내고 있는 것이다. 베드로는 다른 믿는 이들을 대표하여 "우리가 이 일에 증인이라."고 말한다. 성전 미문의 앉은뱅이가 걷기도 하고 뛰기도 하면서 하나님을 찬송할 수 있었던 것은 베드로나 요한의 권능이나 경건 때문이 아니었다. 그것은 예수 그리스도로 말미암아 난 믿음이 능력을 발휘한 것이다. 베드로는 담대하게 이러한 복음을 전했다. 그리고 "회개하고 돌이켜 너희 죄 없이 함을 받으라"(19절)고 촉구하고 있다.

그런데 '예수의 죽음과 부활'로 요약되는 기독교의 메시지는 많은 사람들에게 걸림돌로 작용해 왔다(SBS에서 방영된 "신의 길, 인간의 길"이라는 프로그램 참고). 십자가는 이방인에게는 미련한 것으로, 유대인에게는 거리끼는 것으로 받아들여졌다 (고전 1 : 23 참고). 그래서 헬라인은 지혜를, 유대인은 표적을 구하였다고 말한다. 십자가는 인간의 지식과 지혜와 논리로 이해할 수 없는 것이었다. 바울은 십자가야말로 하나님의 능력이요 지혜라고 역설적으로 말하고 있다.

불교는 신이란 존재하지 않으며, 인간이 스스로 부처라고 가르친다. 그러므로 인간 스스로 자신의 문제를 해결해 나갈 수 있는 능력이 있으며 그것을 깨닫는 것이 중요하다고 말한다. 이러한 자력종교적 메시지는 현대인들에게 매력적으로 다가오는 듯하다.

그것에 비해서 기독교는 하나님과 인간의 질적인 차이를 근본적으로 중요하게 인식하면서, 인간은 하나님으로부터 멀어진 죄인이라고 주장한다. 기독교는 하나님이 제시하신 방법, 즉 메시아이신 예수의 속죄를 믿음으로만 구원받을 수 있는 타력종교이다. 기독교는 합리와 노력을 중시하는 현대의 풍토와는 잘 맞지 않는 듯 보인다. 그러나 사람들은 합리와 노력을 내세우는 종교에 더 끌리는 것 같다.

초기 기독교 시절에도 이러한 경향은 존재했다. 영지주의(Gnosticism)는 눈에 보이는 현실 세계의 중요성을 부인하고, 깨달음을 중요하게 생각했다. 우주와 인간의 운명과 궁극적인 구원의 비밀을 깨달을 수 있는 자는 선택된 소수라고 보았다. 그래서 기독교 영지주의에 의하면, 그들은 영적 지식으로 구원받는 데 비해서, 보통 그리스도인들은 믿음으로 구원받는 것으로 보았다.

이제 기독교는 옛날과 마찬가지로 단순한 질문 앞에 직면하게 되었다. 그것은 "예수 그리스도는 죽었다가 다시 살아난 생명의 주님이신가?"라는 질문이다. 이러한 질문은 인기도 매력도 없는 질문이며, 사람들을 불편하게 하고 피하게 만드는 질문이다. 그래서 현대의 전도는 도덕적이고 인간적인 터치를 대안으로 제시하고 있다. 교양과 상식을 토대로 기독교를 변증적으로 설명하려고 한다. 그러나 본질적인 질문은 변할 수 없다. 이 질문은 우리 모두에게 중요하다. 그것은 생명과 관련된 질문이기 때문이다. 생명의 주를 믿는 사람은 다시 일어설 수 있다. 생명의 주를 믿는 믿음은 어떠한 상황 속에서도 희망을 가질 수 있게 한다.

3. 베드로와 요한에 대한 박해(4 : 1-31)

¹사도들이 백성에게 말할 때에 제사장들과 성전 맡은 자와 사두개인들이 이르러 ²예수 안에 죽은 자의 부활이 있다고 백성을 가르치고 전함을 싫어하여 ³그들을 잡으매 날이 이미 저물었으므로 이튿날까지 가두었으나 ⁴말씀을 들은 사람 중에 믿는 자가 많으니 남자의 수가 약 오천이나 되었더라

[4:1-4] 이제까지 베드로가 대표로 설교했지만, 본문은 사도들, 즉 베드로와 요한이 말한 것으로 기록되어 있다. 이는 설교가 베드로 개인이 아니라 사도단에 의해서 행해진 것으로 본 것이다. 그러나 사도들의 설교는 계속되지 못하고 유대교 지도자들에 의해 중단되고 있다. 사도들의 설교가 이스라엘 백성들에게는 호소력이 있어서 믿은 남자의 수가 오천 명이나 될 정도였지만, 유대교 지도자들까지 감동시키지는 못한 것 같다. 성전 임무에 종사하는 제사장들과 성전의 경비를 책임지는 경비대장, 사도들의 핵심적인 주장인 예수의 부활을 반대하는 사두개인들이 들이닥쳤다. 사두개인들은 제사장 가문과 관련이 깊다고 알려져 있기 때문에 이들 세 주체는 모두 예루살렘 성전과 관계된 사람들이다. 사도들이 성전의 남쪽에 위치해 있었던 솔로몬의 행각에서 설교하고 있었기 때문에, 성전의 성결과 안전에 책임을 지고 있던 지도자들이 행차한 것이다.

이들 중에서 사두개인들은 특히 부활을 믿지 않았기 때문에, 예수의 부활을 전하는 사도들을 싫어했다. 사두개인들이 주도했는지는 모르지만, 이들 유대 지도자들은 설교를 하지 못하도록 사도들을 붙잡아 들였다. 날이 어두워 재판을 진행할 수 없었으므로 그들을 감옥에 가두었다. 감옥에 가두는 행위가 사도들에게 죄가 있다고 판정한 것은 아니지만, 여기에서 유대 지도자들과 사도들 사이에 힘겨루기가 시작된 것을 알 수 있다.

[5]이튿날 관리들과 장로들과 서기관들이 예루살렘에 모였는데 [6]대제사장 안나스와 가야바와 요한과 알렉산더와 및 대제사장의 문중이 다 참여하여 [7]사도들을 가운데 세우고 묻되 너희가 무슨 권세와 누구의 이름으로 이 일을 행하였느냐 [8]이에 베드로가 성령이 충만하여 이르되 백성의 관리들과 장로들아 [9]만일 병자에게 행한 착한 일에 대하여 이 사람이 어떻게 구원을 받았느냐고 오늘 우리에게 질문한다면 [10]너희와 모든 이스라엘 백성들은 알라 너희가 십자가에 못 박고 하나님이 죽은 자 가운데서 살리신 나사렛 예수 그리스도의

이름으로 이 사람이 건강하게 되어 너희 앞에 섰느니라 [11]이 예수는 너희 건축자들의 버린 돌로서 집 모퉁이의 머릿돌이 되었느니라 [12]다른 이로써는 구원을 받을 수 없나니 천하 사람 중에 구원을 받을 만한 다른 이름을 우리에게 주신 일이 없음이라 하였더라

[4:5-7] 날이 밝자 유대교 지도자들이 다 모여 사도들을 재판하게 되었다. 행정력을 가지고 있는 관리들, 종교적 리더십을 행사하는 장로들과 서기관들, 그리고 성전 임무에 책임을 지고 있는 전현직 대제사장들과 문중이 다 모였다. 이것은 큰 사건을 다룬다는 것을 암시한다. 당시 대제사장직을 수행하던 사람은 가야바(주후 18-36년)였다. 안나스는 가야바의 장인으로서 주후 6~15년에 대제사장직을 수행하였던 사람이다. 이들과 함께 거명되고 있는 요한과 알렉산더 역시 대제사장 출신인 것으로 보인다. 당시에 대제사장들은 그 직에서 물러난 후에도 대제사장의 칭호를 그대로 가지고 있었으며, 산헤드린의 회원권을 유지하였던 것으로 추정된다. 특히 안나스는 다섯 아들과 한 명의 외손자, 그리고 한 명의 사위를 그의 생존 기간에 대제사장으로 만들 만큼 막강한 재력과 영향력을 과시하였다. 그래서 현직 대제사장인 가야바보다 그의 장인인 전직 대제사장 안나스가 실질적인 권력을 가지고 있었다고 볼 만하다.

이들 유대교 지도자들은 사도들을 가운데 세우고 심문을 시작하고 있다. 이들은 유대교 내에서 사법과 재판을 관장하는 산헤드린(4:15절의 '공회'는 산헤드린을 가리키는 말이다.)의 회원들이다. 산헤드린의 의장은 대제사장이었기 때문에, 가야바가 등장한 것이다. 그러므로 이들은 권위 있게 심문할 수 있는 권한을 가지고 사도들의 행위에 관하여 추궁하고 있는 것이다.

[4:8-12] 산헤드린의 심문에 대하여 이번에도 베드로가 대표자로 나서서 대답하고 있다. 여기에 등장한 베드로는 '성령이 충만하여' 말하고 있음에 유의

하라. 이것은 베드로가 다른 사람들보다 더 성결하다거나 능력이 많다는 것을 의미하는 것이 아니라, 담대하게 하나님의 말씀을 전하고 있음을 가리킨다. 사도행전에서 '성령충만'은 이렇게 주로 복음을 전하는 전도 설교에서 나타나는 현상이다.

산헤드린의 직접적인 관심사는 무슨 권세와 누구의 이름으로 앉은뱅이를 치유했는지를 확인하는 것이었다. 베드로는 하나님의 권세와 예수 그리스도의 이름으로 '이 일'을 하였다고 대답하였다. 병자에게 행한 '착한 일'은 단순한 치유 사건이 아니라 하나님의 구원 사건으로 해석되고 있다. 십자가에 못 박혔던 예수 그리스도를 살리신 것이 하나님의 구원 사건이었듯이, 이 앉은뱅이가 예수 그리스도의 이름으로 건강하게 회복된 것 역시 하나님의 구원 사건인 것이다. 다만 예수 그리스도의 구원 사건이 앉은뱅이의 구원 사건에 앞서고 있음을 지적할 수 있을 뿐이다.

베드로의 대답을 들여다보면 뒤로 갈수록 그 초점은 치유된 병자보다 그것을 가능하게 한 예수 그리스도에게로 집중되고 있다. 예수는 이스라엘 백성에 의해 '버린 돌'이었지만 이제 '모퉁이의 머릿돌'이 되었다고 선언한다(11절). 머릿돌이 그 당시 모퉁이에 놓여 두 벽을 합쳐 주는 중요한 역할을 하였던 것에 견주어 설명하고 있다. 모퉁이의 머릿돌이 중요하고 하나밖에 없었던 것과 같이, 모퉁이의 머릿돌이신 예수 그리스도도 그러하였다. 이것은 "구원을 얻을 수 있는 능력을 제공해 주는 이름은 바로 예수 그리스도라는 이름뿐이다."라는 의미다.

■■ 설교를 위한 묵상 : "버린 돌이 머릿돌로"(4 : 5-12)

사람들은 인생을 살면서 두려워하는 것들이 많이 있다. 사람들이 두려워하는 것 중에 병도 있고, 재난도 있고, 실패도 있지만 죽음만큼 두려운 것은 없을 것이다. 그래서 인류는 지금까지 어떻게 하면 죽지 않을 수 있을까를 생각해 왔다. 고대인들은 죽음을 넘어서기 위해서 미라도 만들고, 피라미드도 만들고, 순장도 했다. 그러나 그것들이 생명을 연장해 주지는 못했다.

그래서 그리스 철학자들 중에 견유학파는 죽음과는 타협이 불가능한 것을 알고 죽음과 맞서기로 하였다. 죽음을 조롱하고 죽음이 오기를 기다리지 않고 스스로 죽음을 택함으로써 죽음의 공포에서 벗어나서 자유를 찾고자 하기도 했다. 이것이 자살을 미화하는 전통으로 오늘날까지 이어지고 있는지도 모른다. 그러나 이렇게 한다고 해서 죽음을 극복할 수 있을까? 죽음과는 타협이 불가능하다.

대부분의 사람들은 세속주의적인 세계관으로 죽음을 바라보고 있다. 세속주의자들은 죽음 너머에 있는 미래의 세계를 인정하지 않고 현실에만 목표를 두고 살아가면 된다고 말한다. 그래서 현재에만 집중하고 현재를 즐기기만 하면 된다고 강조한다. 그러나 현재만 강조한다고 해서 우리에게서 죽음이 사라지는 것은 아니다.

기독교는 죽음에 대해 전혀 다르게 말하고 있다. 그래서 죽음에 대한 해결책도 전혀 다르다. 기독교는 죽음을 '원수'라고 선언한다. 죽음은 타협의 대상이 아니다. 죽음은 잘 설명하면 이해될 수 있는 것도 아니다. 죽음은 차가운 현실이며 절망이다. 그렇기 때문에 죽음은 극복되어져야만 하는 우리의 적이다. 죽음을 이기지 못하면 우리에게는 희망이 없기 때문이다. 그런데 이 죽음은 인간의 힘이나 방법으로 이길 수 없다. 그래서 하나님께서는 우리에게 예수 그리스도를 통하여 죽음을 이기고 승리하는 길을 보여 주셨다. 예수 그리스도의 부활은 우리 모두가 죽음을 이기고 부활할 것을 보증해 주는 것이다.

오늘 본문은 부활을 경험한 제자들이 어떻게 살았는지를 보여 주고 있다. 4:1~2에 보면 사도들이 예수 안에 죽은 자의 부활이 있다고 가르치고 전하기 때문에 유대교 지도자들이 싫어하였다고 보도하고 있다. 지도자들 중 특별히 부활을 믿지 않는 세속주의자인 사두개파 사람들이 베드로와 요한을 체포하여 심문한다. 그들의 대표는 대제사장 집단이었다. 안나스와 가야바, 요한과 알렉산더는 전현직 대제사장, 혹은 대제사장 가문을 의미한다. 이렇게 중요한 인사들이 많이 모인 것은 사도들이 전한 복음과 기적이 중대한 사안임을 보여 주고 있다.

본문은 이스라엘 백성이 한 일과 하나님께서 행하신 일을 대조시키고 있다. 첫째로, 이스라엘 백성은 예수님을 십자가에 못 박았으나 하나님께서는 그를 살리셨다. 둘째로, 이스라엘 백성은 나면서부터 앉은뱅이가 되어 40년 동안(4 : 22) 고생하고 있던 사람에게 아무 일도 해 줄 수 없었는데, 하나님께서는 예수 그리스도의 이름으로 그를 건강하게 회복시켜 주었다. 셋째로, 이스라엘 백성은 예수를 버린 돌로 삼았으나, 하나님께서는 예수를 머릿돌로 삼아 주셨다. 넷째로, 이스라엘 백성은 구원을 받을 수 있는 길을 이스라엘의 지도자들에게 의존하고 있었으나, 하나님께서는 오직 예수 그리스도의 이름만을 허락하셨다.

고대 건축에서 머릿돌은 모퉁이에 놓았다. 그것을 기준으로 삼아 건물을 균형 있게 지어 나갔다. 모퉁잇돌은 별로 쓸모없는 돌처럼 보이지만 사실은 매우 중요한 돌이다. 사람들은 예수님을 십자가에 못 박을 만큼 예수님을 중요하게 생각하지 않았다. 버린 돌로 삼았다. 그러나 하나님께서 예수를 모퉁잇돌, 머릿돌로 삼으셨다. 부활 사건은 하나님의 생명 사건이다. 이 세상이 죽음에서 벗어나지 못하고 죽음의 문화에서 헤어 나오지 못하는 것을 보면서 하나님께서 생명의 역사를 일으키신 것이다. 그 생명은 하나님의 생명이며 영원한 생명이다.

---

[13]그들이 베드로와 요한이 담대하게 말함을 보고 그들을 본래 학문 없는 범인으로 알았다가 이상히 여기며 또 전에 예수와 함께 있던 줄도 알고 [14]또 병 나은 사람이 그들과 함께 서 있는 것을 보고 비난할 말이 없는지라 [15]명하여 공회에서 나가라 하고 서로 의논하여 이르되 [16]이 사람들을 어떻게 할까 그들로 말미암아 유명한 표적 나타난 것이 예루살렘에 사는 모든 사람에게 알려졌으니 우리도 부인할 수 없는지라 [17]이것이 민간에 더 퍼지지 못하게 그들을 위협하여 이후에는 이 이름으로 아무에게도 말하지 말게 하자 하고 [18]그들을 불러 경고하여 도무지 예수의 이름으로 말하지도 말고 가르치지도 말라 하니 [19]베드로와 요한이 대답하여 이르되 하나님 앞에서 너희의 말을 듣는 것이 하나님의 말씀을 듣는 것보다 옳은가 판단하라 [20]우리는 보고 들은 것을 말하지

아니할 수 없다 하니 ²¹관리들이 백성들 때문에 그들을 어떻게 처벌할지 방법을 찾지 못하고 다시 위협하여 놓아 주었으니 이는 모든 사람이 그 된 일을 보고 하나님께 영광을 돌림이라 ²²이 표적으로 병 나은 사람은 사십여 세나 되었더라

[4 : 13-14] 유대교 지도자들은 베드로와 요한이 '담대하게' 말함을 보았다. '담대하게' 말하는 것은 '성령에 충만하여' 말하는 것을 다르게 일컫는 표현이다. 사도행전에는 이 단어가 계속하여 등장한다(2 : 29 ; 4 : 29, 31 ; 9 : 27, 29 ; 13 : 46 ; 14 : 3 ; 18 : 26 ; 19 : 8 ; 26 : 26 ; 28 : 31). 대부분 복음을 전파하는 장면 가운데 나오며 주로 유대인을 대상으로 복음을 전하는 상황에서 등장한다. 이로 보건대, 사도행전에서 성령은 전도의 영이며, 담대한 영으로 나타난다.

베드로와 요한은 본래 배운 것이 없는 어부로서 조리 있게 말할 줄 모르는 사람이었을 것이다. 율법에 관해서 배우지도, 잘 알지도 못했을 것이다. 유대교 지도자들도 사도들을 그렇게 평가하고 있었다. 그런데 베드로와 요한이 '담대하게' 말하는 것을 듣고 놀랐다. 베드로와 요한이 그들의 믿는 바를 거침없이 말할 때 그들은 확신이 있었고 논리가 정연하였다. 율법의 핵심과 하나님의 구원의 역사를 꿰뚫게 되었다. 그러기에 훌륭한 말은 꼭 지식에서 비롯되는 것이 아님을 알 수 있다. 성령에 충만하여 담대하게 말하게 되었을 때 사도들은 평범함을 뛰어넘어 모든 사람들이 놀랄 만한 말을 쏟아 놓을 수 있었다.

유대교 지도자들은 사도들이 전에 예수와 함께 있던 자들임을 알았음에도 불구하고 그들을 어찌할 수 없었다. 누가복음 22 : 54~62에 보면 베드로가 예수와 함께 있었던 자임이 탄로되어 그것을 모면하고자 예수를 부인하는 장면이 나오지 않았는가? 그 당시에는 예수와 함께 있었던 자임이 밝혀지면 핍박을 당할 수밖에 없던 상황이었다. 그런데 지금 동일한 유대교 지도자들

이 베드로와 요한이 예수와 함께 있던 자들임을 알았지만 손을 대지 못하고 있는 것이다. 더군다나 병 나은 사람이 그들과 함께 있었지만 공개적으로 일어난 일을 부인하거나 책망하지 못했다. 원래 병 나은 사람에 관련하여 심문을 하려고 했는데도 말이다. 사도들이 심문에 응하면서 담대하게 성령에 충만하여 대답하자 분위기가 바뀌고 유대교 지도자들의 입장이 수세에 몰리고 있다.

[4 : 15-18] 그래서 유대교 지도자들은 사도들에게 공회에서 나가도록 명령하고 입장을 재조정하게 된다. 여기에서 '공회'는 헬라어 원문에 있는 대로 산헤드린을 의미한다. 이것은 지도자들이 공식적인 사건을 두고 재판하고 있음을 보여 준다. 산헤드린에서 내릴 수 있는 결정은 선택의 폭이 별로 없었던 것으로 보인다. 판결의 내용은 더 이상 공개적으로 전도하지 못하도록 경고하는 것이었다. 왜냐하면 40년 동안 앉은뱅이로 살아온 사람을 온전하게 치유한 놀라운 기적이 이미 예루살렘의 모든 거주민들에게 알려졌고, 산헤드린의 회원들조차도 그 기적 자체는 부인할 수 없었기 때문이다.

누가는 이 기적을 '표적'(헬, 쎄메이온)이라고 부르고 있다. 이 단어는 요한복음에서 많이 사용된 용어인데, 기적 자체보다는 기적이 의미하는 바를 강조하려 할 때 사용하고 있다. 산헤드린이 요한복음 9장에서처럼 치유받은 사람을 심문하는 목적이 피고인 사도들에게 불리한 증언을 들으려는 것이었는지는 확실하지 않다. 그러한 시도가 있었는지도 밝히지 않고 있다. 중요한 것은 그러한 시도가 있었더라도 성공하지 못했을 것이라는 점이다.

그렇다면 산헤드린의 결정은 어쩔 수 없이 선택한 결과였는가? 더욱 가혹한 결정을 내리려고 했는데, 예루살렘 사람들의 소요가 두려워 유보적인 판결을 내린 것인가? 산헤드린의 판결 절차는 일차적으로는 경고를 내리고, 그럼에도 불구하고 계속 같은 행위를 반복할 때는 감옥에 가두는 등 더욱 가혹한 판결을 내리는 것이 상례였다. 그래서 산헤드린은 더 이상 예수의 이름을 전하지 못하게 위협하고, 말하거나 가르치지 못하게 경고한 것이다.

[4 : 19-21] 베드로와 요한은 이러한 위협과 경고에 굴복하지 않았다. 사도들이 양자택일의 기로에 서게 되었을 때, 그들은 단호하게 하나님 편을 선택하였다. 그들은 처음에 사도들의 활동을 잠잠하게 할 수 있다고 생각하고 기세등등했던 산헤드린의 위세를 넘어서고 있다. 사도들이 이렇게 할 수 있었던 것은 죽음을 두려워하지 않는 담대함이 있었기 때문이다. 그것은 인간적인 용기에서 비롯된 것이 아니라 그야말로 성령에 충만하여 복음을 전하라는 하나님의 말씀에 순종하였기 때문에 가능한 일이었다.

산헤드린은 더 이상 사도들을 처벌할 적당한 방법을 찾지 못하고 단지 사도들을 재차 위협하고 경고하는 선에서 풀어 주었다. 그렇게 한 일차적인 이유는 산헤드린의 절차에 따르려고 한 것이며, 또 한 가지 덧붙이자면 사도들의 표적으로 인해 하나님께 영광을 돌리는 예루살렘 거주민들을 의식하였기 때문이다.

[4 : 22] 이 구절은 산헤드린 공회에서 심문받는 이야기 자체에 속한다기보다 그 이야기에 대한 이해를 높이기 위해 설명을 덧붙인 것이다. 이러한 문학적인 장치를 '서사적 방백' 또는 '이야기-토'(narrative aside)라고 이름 붙이고 있다. 이제 비로소 병이 나은 앉은뱅이에 관한 한 가지 중요한 정보가 공개된다. 그의 나이가 40세가 넘은 것으로 나온다. 이것은 앉은뱅이에게 일어난 기적이 얼마나 모든 사람들을 놀라게 할 만한 것이었는지를 설명해 주고도 남는다. 그리고 이러한 문학적 장치를 통해 3 : 1에서 시작된 앉은뱅이의 치유 사건이 비로소 마무리되고 있음을 암시하고 있다.

[23]사도들이 놓이매 그 동료에게 가서 제사장들과 장로들의 말을 다 알리니
[24]그들이 듣고 한마음으로 하나님께 소리를 높여 이르되 대주재여 천지와 바

다와 그 가운데 만물을 지은 이시요 ^{25}또 주의 종 우리 조상 다윗의 입을 통하여 성령으로 말씀하시기를 어찌하여 열방이 분노하며 족속들이 허사를 경영하였는고 ^{26}세상의 군왕들이 나서며 관리들이 함께 모여 주와 그의 그리스도를 대적하도다 하신 이로소이다 ^{27}과연 헤롯과 본디오 빌라도는 이방인과 이스라엘 백성과 합세하여 하나님께서 기름 부으신 거룩한 종 예수를 거슬러 ^{28}하나님의 권능과 뜻대로 이루려고 예정하신 그것을 행하려고 이 성에 모였나이다 ^{29}주여 이제도 그들의 위협함을 굽어 보시옵고 또 종들로 하여금 담대히 하나님의 말씀을 전하게 하여 주시오며 ^{30}손을 내밀어 병을 낫게 하시옵고 표적과 기사가 거룩한 종 예수의 이름으로 이루어지게 하옵소서 하더라 ^{31}빌기를 다하매 모인 곳이 진동하더니 무리가 다 성령이 충만하여 담대히 하나님의 말씀을 전하니라

[4 : 23-24] 사도들은 놓여나자마자 가장 먼저 믿음의 식구들이 모여 있는 곳으로 갔다. 사도들이 잡혀갔다는 소식을 듣고 틀림없이 예루살렘 교회가 걱정하면서 기도하고 있음을 알았기 때문일 것이다. 그들에게 산헤드린이 위협하고 경고한 판결 결과를 알렸다. 예루살렘 교회가 그것을 듣고 취한 행동은 안도하고 기뻐하는 것보다는 한마음으로 하나님께 간절히 간구한 것이다. 간구한 내용은 전체 기도(4 : 24b-30) 가운데 "담대하게 하나님의 말씀을 전하게 해 달라"(4 : 29 참조)는 것으로 요약되고 있다.

예루살렘 교회의 기도는 하나님을 '대주재'로 부르는 것으로 시작되고 있다. 하나님을 이렇게 부르는 것은 드물게 나타난다. 그러나 이러한 칭호는 누가가 기록한 전편 복음서에서 시므온의 기도 속에 이미 언급되어 있기 때문에(눅 2 : 29 참고) 전혀 생소한 것은 아니다. 누가 이외에는 계시록에 한 번(계 6 : 10) 언급되고 있다. '대주재'가 의미하는 바는 하나님께서 우주의 모든 권세를 가지고 섭리하는 분이라는 것이다. 그는 천지만물을 지으신 창조주이시며, 그것을 다스리시는 분이다.

[4 : 25-26] 또한 하나님은 다윗의 입을 통하여 성령으로 말씀하시는 분으로 소개된다. 여기에 인용된 구약은 시편 2 : 1~2의 내용으로서 일차적으로는 다윗을 대적하는 무리들을 겨냥하여 쓴 것이다. 그런데 본문은 구약을 인용하여 예수 그리스도를 대적하고 그의 제자들인 사도들을 위협하는 자들에게 적용되고 있다. 다윗 시대에 열방의 분노와 족속들의 헛된 경영, 그리고 세상의 군왕들의 교만과 관리들의 힘은 모두 주 되신 하나님과 '그의 그리스도'를 대적하는 데로 모아지고 있었다. 여기에서 '그의 그리스도'는 하나님께서 세우신 다윗 왕을 지칭하고 있다. 이러한 해석이 가능한 것은 구약 시대에 하나님께서 왕과 예언자와 제사장을 '메시야/그리스도'(기름 부음을 받은 자)로 세우셨기 때문이다.

[4 : 27-28] 이 구절들은 25~26절에서 언급한 구약의 말씀이 신약 시대에 적용된 것을 보여 준다. '세상의 군왕들'은 헤롯과 빌라도를, '열방'은 이방인을, '족속과 관리들'은 이스라엘 백성을 가리킨다고 볼 수 있다. 그들은 모두 하나님께서 기름 부어(=그리스도) 세우신 예수를 대적하였다는 점에서 기름 부음 받은 다윗의 대적들과 일치한다. 이처럼 사도행전에서 구약의 내용은 종종 신약 시대에 맞게 해석되고 있다. 이를 넓게는 '약속-성취'의 구도로, 좁게는 '그리스도 중심적'인 해석으로 볼 수 있다.

그런데 하나님이 보내신 그리스도를 대적하는 일련의 사건도 하나님의 권능과 뜻 안에서 이루어지는 일이라는 것이다. 그리스도의 대적자들은 하나님의 예정 안에서 움직이고 있을 뿐이다. 그것을 안다면 위협을 느낄 이유가 없다. 대적자들의 활동이 하나님의 구원의 계획 안에서 왜 꼭 있어야 하는지 다 알 수는 없지만, 그것이 현실 속에서 일어나고 있는 것은 사실이고 또 그것을 피할 수도 없다. 다만 모든 것을 하나님의 섭리에 맡기고 주어진 책임을 다할 뿐이다.

[4 : 29-30] 이제 예루살렘 교회는 기도의 핵심을 토로한다. 그것은 위협에 굴복하는 약한 모습으로 안전을 구하는 것이 아니라, 무엇보다도 '담대히 하나님의 말씀을 전하게' 해 달라는 것이다. 위협이 상존하고 있지만, 그러한 위협을 직시하면서, 그러한 위협에 맞서면서, 복음을 전하려고 하는 담대한 모습을 여기에서 보게 된다. 그리고 계속하여 예수 그리스도의 이름으로 치유의 기적과 표적과 기사가 일어나게 해 달라고 기도하고 있다. 이미 앞에서 앉은뱅이를 고치는 표적으로 인하여 핍박을 받았기 때문에, 그와 유사한 기적들이 계속된다면 더욱 힘든 박해를 예상할 수 있었다. 그럼에도 불구하고 예루살렘 교회는 오직 하나님의 말씀이 더 흥왕하기를 바랐기 때문에, 그들의 사역 방향을 수정하지 않고 있다.

[4 : 31] 예루살렘 교회가 기도를 마치자 모인 곳이 진동하는 역사가 일어났고 모든 사람이 성령의 충만을 경험하게 되었다. 성령의 충만은 오직 "담대히 하나님의 말씀을 전하는"데 필요하였다. 성령충만이 개인의 영적 성장이나 인격 형성에 도움을 줄 수 있지만, 사도행전에서는 복음 전도에 초점을 맞추고 있다. 그리고 이러한 성령충만과 오순절 사건은 유사하면서도 차이가 있다. 오순절 성령충만 사건에는 외국어를 말하는 방언 현상이 뒤따랐지만, 여기에서의 성령충만은 박해에 직면하여 담대히 복음을 전할 수 있는 능력이 임하는 것을 강조한다.

E. 초대 교회의 생활(4 : 32-5 : 16)

1. 공동 소유(4 : 32-37)

[32]믿는 무리가 한마음과 한뜻이 되어 모든 물건을 서로 통용하고 자기 재물을

조금이라도 자기 것이라 하는 이가 하나도 없더라 [33]사도들이 큰 권능으로 주 예수의 부활을 증언하니 무리가 큰 은혜를 받아 [34]그중에 가난한 사람이 없으니 이는 밭과 집 있는 자는 팔아 그 판 것의 값을 가져다가 [35]사도들의 발 앞에 두매 그들이 각 사람의 필요를 따라 나누어 줌이라 [36]구브로에서 난 레위족 사람이 있으니 이름은 요셉이라 사도들이 일컬어 바나바라(번역하면 위로의 아들이라) 하니 [37]그가 밭이 있으매 팔아 그 값을 가지고 사도들의 발 앞에 두니라

[4 : 32-35] 앞 단락에서 예루살렘 교회가 유대 지도자들의 위협에도 불구하고 담대하게 복음을 전하였다는 기록이 나오기 때문에, 여기에서는 그것에 이어서 복음 전도의 이야기가 계속되리라고 예상할 수 있는 상황이다. 그럼에도 불구하고 여기에는 초대 교회의 공동생활에 관한 요약된 보고가 나온다. 실제로 복음 전도 이야기는 5 : 12에서 이어지고 있기 때문에 4 : 32~5 : 11은 초대 교회의 생활을 보여 주는 전체적인 그림과 그에 관한 실례로 간주할 수 있을 것이다.

여기에서의 보도에 의하면, 초대 교회는 영적으로나 생각으로 일치하여('한마음과 한뜻'; 신 6 : 5 참조) 각자의 물질을 공동으로 소유한 것으로 나온다. 여기서 하나의 이상적인 사회의 모습을 볼 수 있다. 어떻게 이러한 일이 가능했을까? 문맥으로 볼 때, 예루살렘 교회 전체가 성령에 충만하게 된 결과라고 해석할 수 있겠다. 그렇다면 이것은 일시적인 현상이었을까, 아니면 지속적인 현상이었을까? 이러한 공동생활의 모습을 언급한 부분은 이곳과 2 : 43~47, 두 곳뿐이다. 또한 본문 바로 다음에 나오는 아나니아와 삽비라 사건(5 : 1-11)을 통해 살펴볼 때, 적어도 모든 구성원들이 다 공동생활의 원리에 충실한 것은 아니었음을 알 수 있다. 따라서 초대 교회 일부에서 일시적으로 일어난 현상을 모든 시대, 모든 경우에 적용시키는 것은 무리가 있다.

그럼에도 불구하고 초대 교회를 이상적으로 묘사한 이유는 무엇일까? 그

것은 기독교 공동체와 다른 세속 공동체의 차이를 분명하게 보여 주고자 함이었던 것으로 보인다. 당시 교회 구성원들이 포함된 고대 사회는 가난과 경제적 궁핍의 문제로 어려움을 겪고 있었다. 그로 인해 물질에 대한 집착은 더 컸을 수 있다. 이러한 상황 가운데서 초대 교회는 주변의 다른 사람들과는 달리 새로운 공동체를 형성하였고, 그러한 공동체의 성격을 한마디로 표현해 낸 것이 물질을 초월한 공동체였던 것이다.

초대 교회가 이상적인 공동체를 지향할 수 있었던 것은 사도들의 지도력에 힘입은 바가 컸다. 사도들은 성령의 능력에 충만하여 예수의 부활을 전하였고, 사도들의 메시지에 많은 무리가 감동을 받게 되었다. 이로써 많은 그리스도인들은 밭과 집을 팔아 가난한 자들을 구제하였다. 여기에서 한 가지 짚고 넘어갈 일은 그들이 '모든 소유'를 판 것은 아니라는 점이다. 어디에도 모두 팔았다는 언급은 없다. 그리고 사도들이 강요하거나 의무를 지운 일이 없었지만, 그들은 마음에 감동을 받아 가난한 형제들을 구제하고 싶은 간절함이 생겼다. 그래서 자발적으로 자기 소유의 밭과 집을 판값을 사도들의 발 앞에 두었다. 자기 소유의 밭과 집이 있었던 것으로 보아 그들은 비교적 부유한 성도들이었다. 그리고 사도들의 발 앞에 둔 것은 사도들의 권위에 복종하는 태도를 가리킨다. 사도들의 역할은 이렇게 기부한 물질을 필요의 정도에 따라 공평하고 적절하게 분배하는 일이었다. 이 결과 성도들 가운데 가난하고 궁핍한 사람이 없어지게 되었다.

[4 : 36-37] 누가는 이렇게 자기 재산을 내놓은 사람 중 대표적인 인물의 예로 바나바를 들고 있다. 그에 대한 소개는 비교적 자세하게 언급된다. 그는 구브로가 고향인 레위 지파 사람이었다. 원래 레위 지파는 땅을 소유할 수 없었지만, 이 당시에는 땅을 소유할 수 있었던 것으로 보인다. 그는 자기 소유의 밭이 있었다. 바나바 역시 그것을 팔아 사도들의 발 앞에 두었다.

여기에서 소개된 인물은 요셉이라는 본명 이외에 '바나바'라는 별명을 가진 사람이었다. 바나바는 히브리 이름인데, 헬라어로 번역하면 '위로의 아들'이라는 뜻이다. 그런데 '위로'로 번역된 히브리어 '나바스'는 예언자를 의미하는 '나비'에서 유래되었을 것이라고 한다. 그렇다면 '바나바'는 '위로의 아들'로 번역되기보다 '권면의 아들'(son of exhortation/encouragement)로 번역되는 것이 옳을 것이다. 그러한 의미에서 보면, 바나바는 하나님의 말씀을 전하는 기독교 예언자요, 설교자였던 셈이다(11:23 참조). 그는 사도들이 별명을 붙여 줄 만큼 활발하게 활동하던 인물이었음에 틀림없다.

2. 아나니아와 삽비라의 교훈(5:1-11)

^{1}아나니아라 하는 사람이 그의 아내 삽비라와 더불어 소유를 팔아 ^{2}그 값에서 얼마를 감추매 그 아내도 알더라 얼마만 가져다가 사도들의 발 앞에 두니 ^{3}베드로가 이르되 아나니아야 어찌하여 사탄이 네 마음에 가득하여 네가 성령을 속이고 땅 값 얼마를 감추었느냐 ^{4}땅이 그대로 있을 때에는 네 땅이 아니며 판 후에도 네 마음대로 할 수가 없더냐 어찌하여 이 일을 네 마음에 두었느냐 사람에게 거짓말한 것이 아니요 하나님께로다 ^{5}아나니아가 이 말을 듣고 엎드러져 혼이 떠나니 이 일을 듣는 사람이 다 크게 두려워하더라 ^{6}젊은 사람들이 일어나 시신을 싸서 메고 나가 장사하니라

[5:1-2] 앞 단락에서 초대 교회의 바람직한 모델로 바나바가 언급된 것과 대조적으로, 여기에서는 초대 교회의 부정적인 모델로 아나니아와 삽비라 부부의 예가 언급되고 있다. 이야기는 아나니아와 삽비라의 행동에 대해 중립적인 소개로부터 시작하여(1절), 그들의 속임수에 관해서 부정적으로 언급하는 (2절) 순서로 진행되고 있다. 아나니아가 그의 아내인 삽비라와 '더불어' 소유를 팔았다고 서술한 것은 두 사람이 사전에 공모했음을 암시하는 것이다. 또한 삽비라의 이름이 거명된 것은 아내의 역할이 중요하게 주어질 것임을 미

리 보여 주려는 것이라고 할 수 있다.

그들에게 소유를 팔라고 강요한 사람은 없었다. 그들은 사도들의 능력 있는 사역에 감동을 받았거나 다른 그리스도인들이 하는 행동에 자극을 받아 그들의 소유를 팔 생각을 하게 된 것 같다. 그들은 서로 상의한 후에 ("그 아내도 알더라"〈2절〉 참조) 판값의 일부를 감추었다. 이는 판값이 너무 많아서 아까운 생각이 들었거나, 다 바치지 않더라도 아무도 알 수 없을 것이라고 생각한 결과일 것이다. 그들은 다른 사람들이 하는 대로 판값을 '사도들의 발 앞에' 두었지만, 전부가 아닌 일부만 그렇게 하였다. 그들의 행위는 형식적으로는 아무 문제가 없었지만, 예루살렘 교회의 일치에 있어서 부정적인 결과를 초래할 수 있었다.

[5 : 3-4] 베드로가 이러한 행위의 시종을 정확하게 파악하고 있었다는 것은 성령의 역사가 아니고서는 불가능한 일이었다. 주변 사람들이 이에 대한 정보를 몰래 제공했을 수도 있지만, 본문은 그것에 관해서 침묵할 뿐이다.

사탄이 스승을 배반하려는 가룟 유다의 마음속에 들어간 것처럼(눅 22 : 3), 여기에서도 사탄이 아나니아의 마음속을 온전히 지배하게 된 것으로 보고 있다. 그렇다고 해서 사탄에게 모든 책임이 미루어진다는 것을 말하려고 한 것은 아니다. 사탄의 유혹은 상존하지만 그 유혹에 넘어가는 것은 그 사람의 책임이다. 또한 누가복음과 사도행전의 본문에서 두 사람은 모두 죽음으로써 그 결말을 고하였다는 공통점을 보여 준다. 이러한 의미에서 아나니아와 가룟 유다는 유형론적으로 서로 비슷하다.

그들이 땅 값의 일부를 감추고 속여서 헌금한 것은 일차적으로 사도 베드로를 속이고 예루살렘 교회 공동체를 속인 것이었다. 그것은 '한마음과 한뜻으로'(4 : 32 참조) 묶여진 예루살렘 교회를 붕괴시키고 서로간의 신뢰에 큰 금이 가게 만드는 사건이었다. 더 나아가서 이 사건은 단지 사람을 속이는 차원이 아니라 성령을 속이고 하나님을 속인 것이었다. 그것은 성령을 '시험한'(5 : 9 참조) 것이기도 했다. 거짓 행위나 거짓말은 하나님의 속성과 정면으로 반대되는 것이다. 아나니아의 잘못은 그가 가진 소유를 '다' 팔지 않은 데 있었던 것이 아니라, 판값을 '다' 정직하게 바치지 않은 데 있었다. 소유를 다 팔 것인가 일부만 팔 것인가 하는 것은 아나니아에게 임의로 맡겨진 일이었지만, 일단 팔았으면 그 판값은 '모두' 하나님께 바치는 것이 정직한 것으로 인정되었기 때문이다.

[5 : 5] 베드로의 엄중한 예언자적 책망을 듣고 아나니아는 즉시 숨을 거두게 된다. 이로 보건대 이 사건은 마치 열매 없는 무화과나무를 저주하자 무화과나무가 즉시 마른 것과 같이(마 21 : 19) 징벌 이적으로 간주될 수 있는 소지가 있다. 그러나 이 사건은 징벌 이적으로 보기 어렵다. 예수께서 무화과나무를 직접 저주한 것과 달리, 베드로는 아나니아를 직접적으로 저주하지 않았다. 다만 아나니아의 행위에 대해 엄중하게 질책했을 뿐이다.

아나니아가 급사한 것은 베드로의 저주에 의한 것이 아니라 베드로의 책망을 듣고 아나니아의 심장이 멎어 버렸기 때문이다. 그것은 의학적으로나 상황적으로 얼마든지 가능한 일이다. 아나니아가 사탄의 유혹에 넘어가 판값의 일부를 감추게 되었지만, 베드로가 이를 간파하고 사도의 권위로 크게 책망하자 양심의 가책을 받고 심장마비가 일어났다고 볼 수 있다. 우리는 여기에서 아나니아를 신앙이 없었던 사람으로 판정할 필요는 없다. 그는 예루살렘 교회의 유력한 신자였을 가능성이 높다. 그는 재산도 있었고, 부부가 다 같이 교회에 출석하며 교회의 신망을 받던 사람이었을지도 모른다. 이렇게 볼 때, 베드로의 강한 질책으로 가책을 받아 심장마비를 일으켰을 수 있는 개연성이 더 커진다.

이 사건은 예루살렘 교회와 주위 사람들에게 큰 충격을 주고 두려움에 휩싸이게 만들었음직하다. 이러한 '두려움'은 하나님에 대한 경외심보다는 엄청난 결과에 대한 공포심에 더 가깝다. 이 사건은 일차적으로 현장에 있었던 사람들에게 두려움을 주었겠지만, 본문에 기록된 대로 '듣는 사람'에 대하여 언급한 것은 이 사건이 빠르게 입소문을 타고 주변으로 퍼져 나갔음을 암시한다. 보통 좋은 소문보다 나쁜 소문이 더 빠르게 퍼져 나간다.

[5 : 6] 사건은 빠른 진행을 보여 준다. 아나니아가 죽자 곧바로 장사가 치러졌기 때문이다. 아나니아의 죽음을 가족에게 알리는 일도, 죽음에 대해 슬퍼하는 일도, 시간을 두고 장례 절차를 밟는 일도 이루어지지 않았다. 다만 가족이나 친척도 아닌 무연고 젊은이들이 (비록 그들이 같은 교회의 신자였다고 할지라도) 시신을 수습하는 간단한 절차 후에 즉시 장사를 치렀다고 보도하고 있을 뿐이다.

어떻게 이러한 방식으로 장례가 치러졌을까? 그것은 아나니아의 죽음이 정상적인 죽음이 아니었기 때문이다. 구약성경에 보면, 하나님의 명령을 어긴 나답과 아비후가 급사하자 옷 입은 채로 급하게 장사 지내고 있고(레 10 : 1-7), 하나님께 바친 물건을 훔친 아간이 급사했을 때 돌로 쳐서 죽이고 돌무덤을 쌓은 예(수 7 : 25-26)가 나온다. 이러한 예들은 사람들이 정당한 장례 절차를 따르지 않아도 되는 죽음이 있었음을 보여 준다. 그래서 아내인 삽비라에게 알리지도 않고 직접적인 관계가 없는 젊은이들을 시켜 급하게 장사를 치른 것이다. 이는 아나니아의 죽음이 불명예스러운 것이었음을 단적으로 보여 주는 것이다.

> [7]세 시간쯤 지나 그의 아내가 그 일어난 일을 알지 못하고 들어오니 [8]베드로가 이르되 그 땅 판값이 이것뿐이냐 내게 말하라 하니 이르되 예 이것뿐이라 하더라 [9]베드로가 이르되 너희가 어찌 함께 꾀하여 주의 영을 시험하려 하느냐 보라 네 남편을 장사하고 오는 사람들의 발이 문 앞에 이르렀으니 또 너를 메어 내가리라 하니 [10]곧 그가 베드로의 발 앞에 엎드러져 혼이 떠나는지라 젊은 사람들이 들어와 죽은 것을 보고 메어다가 그의 남편 곁에 장사하니 [11]온

교회와 이 일을 듣는 사람들이 다 크게 두려워하니라

[5 : 7-8] 아나니아를 장사한 후 세 시간이 지났을 때 그의 아내 삽비라가 아무 영문도 모르고 들어왔다. '세 시간'은 신속하게 장사를 지내는 데 충분한 시간이었다. 왜냐하면 여러 절차를 생략한 채 시체를 가져다 적절한 곳에 버리고 오는 정도였을 것이기 때문이다. 아나니아의 경우와 삽비라의 경우는 조금 다르게 기록되어 있다. 아나니아의 경우는 베드로가 속임수를 간파하고 일방적으로 책망을 했던 것에 비해, 삽비라의 경우는 베드로가 삽비라에게 직접적으로 질문을 하고 난 후 그녀의 죽음을 예언하고 있다.

베드로는 "그 땅 판값이 이것뿐이냐? 내게 말하라."고 삽비라에게 확인하고 있다. 남편과의 공모를 알아보고 얼마나 개인적으로도 책임이 있는지 규명할 필요가 있었다. 삽비라가 그렇다고 대답하는 것을 보고 베드로는 삽비라가 죄가 있다는 심증을 굳히게 된다. 아나니아와 삽비라 부부가 자기 소유를 다 팔 의무는 없었지만, 일단 하나님께 드리려고 결심하고 판 것은 모두 하나님께 바치는 것이 당연했다. 왜냐하면 그것은 하나님께 '고르반', 즉 하나님께 드린 성물이 되었기 때문이다.

[5 : 9-11] 베드로는 삽비라가 남편과 공모하여 하나님의 영을 시험하려고 한 것에 대하여 정죄한다. 땅 판값의 일부를 감춘 것은 예루살렘 교회 공동체를 속이는 일이며, 더 나아가 결국 하나님을 속이는 일이다. 그것은 순조롭게 성장해 나갈 기반을 가진 예루살렘 교회가 구성원들 사이에 발생한 거짓 행위로 인하여 순수성을 잃을 위험에 처하도록 만드는 것이다. 그래서 베드로는 그 죄의 위험성을 각별히 인식한 나머지 삽비라의 죽음을 예언적으로 선언하고 있다. 남편을 장사하고 온 사람들이 즉시 삽비라를 메고 나가게 된다. 이를 통해 두 사람은 공동 운명에 처해지게 된다.

그러나 이것이 아나니아와 삽비라가 구원을 받지 못하고 영원한 형벌에 떨어진 것을 의미하는지는 확실하지 않다. 이 사건을 기록한 목적은 하나님을 속이고 교회 공동체를 혼란스럽게 하는 죄가 얼마나 큰지 밝히고, 온 교회와 예루살렘 백성들에게 경각심을 가지게 하려는 것이었다. 베드로는 아나니아와 삽비라를 저주하려는 데 초점이 있었던 것이 아니라, 그들의 잘못을 확실하게 드러내어 교회의 경계로 삼으려고 하였던 것이다.

설교를 위한 묵상 : "자발적으로 나누는 사회"(5 : 1-11)

이 시대에 사는 사람들은 욕심이 많다. 어느 한 남자의 꿈에 신령한 사람이 나타나 예쁜 여자와 명석한 머리와 엄청난 돈 중에서 하나만 선택하면 그것을 주겠다고 했다고 한다. 그런데 그 꿈을 꾼 사람은 그 세 가지를 다 가지고 싶어서, "머리, 돈, 여자."라고 재빨리 대답을 했다. 그래서 그 사람은 '머리 돈 여자'와 함께 평생을 불행하게 살았다고 한다.

아나니아와 삽비라 이야기는 초대 교회가 성장해 나가는 초기에 있었던 두려운 사건이었다. 아나니아와 삽비라는 둘이서 상의한 뒤 그들의 소유를 팔아서 사도들에게 가져왔다. 그런데 두 사람은 그중 일부를 떼어 놓고 마치 모든 것을 바치는 양 했다. 아나니아와 삽비라의 잘못은 적게 바쳤기 때문이 아니라, 성령을 속이고, 하나님을 속였기 때문이다(3-4절). 8절을 보면, 베드로가 삽비라에게 "땅 판값이 이것뿐이냐?" 하고 묻자 "예, 그것뿐입니다."라고 대답하고 있다. 왜 아나니아와 삽비라는 이러한 행동을 한 것일까?

첫째, 다른 사람들과 비교하며 시기심에서 나왔을 가능성이 있다. 그 당시 재산을 가진 신도들이 재산을 헌납하는 것이 유행처럼 번졌던 모양이다. 아나니아와 삽비라는 교회에 잘 다니는 성도로서 다른 사람들보다 충성심에서 밀리고 싶지 않았다. 그래서 두 부부는 서로 상의를 했고, 적절한 해결책을 찾았다. 일부를 감추고 내놓기로 했다. 그 동기가 순수하지 못했다. 하나님께서는 많은 것을 헌금하는 것을 기쁘게 보시는 것이 아니라 사랑의 동기에서 그렇게 하였는지를 보신다.

둘째, 다른 사람들에게 감명을 주고 자랑하고 싶은 마음에서 한 것일 수 있다. 시기심에서 비롯된 것은 부정적인 동기지만, 다른 사람들에게 감명을 주고 싶어서 그런 것은 일견 긍정적인 동기이다. 그러나 이러한 동기 역시 자기중심성에서 벗어나지 못하는 것이다. 선행조차도 겉으로는 드러나지 않지만 속으로는 공명심과 허위의식이 자리 잡기 쉽다.

셋째, 내키지는 않지만 체면 때문에 한 행동일 수 있다. 우리는 종종 속마음으로는 내키지 않지만 체면 때문에 어쩔 수 없이 헌금을 하기도 한다. 자기가 가진 직분 때문에 다른 직분을 가진 사람의 눈치를 본다. 사회적 지위나 경제력 능력 때문에 억지로 하는 수도 있다. 그러나 성경은 즐겨 내는 자를 사랑하신다고 말한다.

아나니아와 삽비라 이야기와 대조되는 내용이 바로 앞부분에 기록되어 있다. 초대 교회의 많은 신도들은 아무도 자신의 소유를 주장하지 않고 모든 것을 공동으로 사용하였다. 실제로 그렇게 하는 것은 쉬운 일이 아니었다. 첫째, 그렇게 할 수 있는 능력이 있어야 했고, 둘째, 그렇게 할 수 있는 마음이 있어야 가능했던 일이었다. 4 : 34에 보면, '땅이나 집을 가진' 사람들이 그것을 팔아서 자발적으로 내놓았던 것을 알 수 있다.

초대 교회는 또한 모든 사유재산을 공유한 것이 아니라 필요한 만큼만 공유했으며, 재산을 바치는 것이 교회 구성원이 되기 위한 필수 조건은 아니었다. 그런데 대부분 우리 그리스도인들은 우리 재산을 다 내놓지 못하기 때문에 초대 교회 공동체에 미치지 못한다는 부담감을 영원히 떨쳐 버리지 못하고 있다.

물론 역사상 초대 교회의 공동생활을 문자 그대로 실천한 사람들도 있다. 그중의 한 사람이 '토마스 아 켐피스'이다. 「그리스도를 본받아」의 저자로 유명한 토마스 아 켐피스는 공동생활형제단 활동을 하면서 이 책을 썼다고 알려져 있다. 토마스 아 켐피스는 13세에 플로렌티우스 라데빈즈가 운영하는 공동생활형제단(The Brethren of Common Life)에서 생활하기 시작했고, 92세를 사는 동안 평생을 수도회의 회원으로 가난하고 검박한 생활과 경건한 삶을 살기 위해 헌신했던 인물이다. 공동생활에 있어서 가장 중요한 것 중의 하나는 순결이다. 이것은 정신적이고 영적이며 또한 실제적인 교훈을 가지고 있다.

오늘 본문에서 아나니아와 삽비라는 순결하지 못한 영을 가지고 있다. 그들은 성령을 속이고 하나님을 속였다. 우리가 오늘 성경 본문에서 가장 놀라게 되는 것은 아나니아와 삽비라에게 전혀 회개의 기회가 주어지지 않은 것처럼 보인다는 점이다.

이들이 단번에 죽음의 심판을 받은 것은 사랑과 긍휼이 풍성하신 하나님의 성품에 맞지 않는 것같이 보인다. 그러나 "그 땅 판값이 이것뿐이냐?"라고 물은 것은 회개의 기회를 마지막으로 준 것과 마찬가지다.

또한 우리가 여기에서 알아야 할 것은 아나니아와 삽비라는 신자였다는 것이다. 그들은 나름대로 신앙생활을 잘해 보려고 노력한 사람들이었을 가능성이 있다. 그들이 한 번의 실수로 참혹한 최후를 맞이한 이 사건은 우리에게 어떤 의미를 주는 것일까? 아나니아와 삽비라는 초대 교회의 초창기에 하나님께서 신앙의 경각심을 주기 위해서 허락하신 시범 케이스와 같은 것이었다. 아나니아와 삽비라 사건을 통해 모든 교회가 하나님을 경외하면서 순결한 삶을 살도록 노력하는 계기가 되었다. 두려움은 때때로 스스로를 정화시켜 나가도록 만드는 하나님에 대한 경외심과 통한다. 초대 교회는 자발적으로 나누는 사회를 형성했다. 이러한 전통은 교회사를 살펴보면 경건한 개인들이나 수도원과 같은 공동체를 통해서 맥을 이어 왔다. 아씨시의 성 프란시스처럼 자발적 가난을 선택하기도 하였다. 이러한 생활은 쉽지 않지만 우리에게 그렇게 살도록 도전하고 있다. 1907년 평양대부흥운동이 일어났을 때, 사람들이 회개하며 양심 전을 내놓는 운동이 일어났다. 그때 그 재물의 임자는 그것을 자신이 가지지 않고 교회에 내놓았고, 교회는 그것을 모아 매서인을 내세워 복음을 전파하게 했다고 한다. 이는 재물에 대한 새로운 가치관을 보여 주고 있다.

3. 치유의 역사(5 : 12-16)

¹²사도들의 손을 통하여 민간에 표적과 기사가 많이 일어나매 믿는 사람이 다 마음을 같이하여 솔로몬 행각에 모이고 ¹³그 나머지는 감히 그들과 상종하는 사람이 없으나 백성이 칭송하더라 ¹⁴믿고 주께로 나아오는 자가 더 많으니 남녀의 큰 무리더라 ¹⁵심지어 병든 사람을 메고 거리에 나가 침대와 요 위에 누이고 베드로가 지날 때에 혹 그의 그림자라도 누구에게 덮일까 바라고 ¹⁶예루

살렘 부근의 수많은 사람들도 모여 병든 사람과 더러운 귀신에게 괴로움 받는 사람을 데리고 와서 다 나음을 얻으니라

[5 : 12-14] 초대 교회의 삶에 대한 묘사가 있은 후, 다시 '표적/기적'의 주제 (3 : 1-4 : 31과 연결됨.)로 돌아온다. 이 부분 역시 초대 교회의 삶에 대한 요약적인 내용이긴 하지만, 표적의 주제를 다룬다는 점에서 앞의 단락과 구별된다. 사도들은 많은 표적과 기사를 행하였다. 여기에서 '표적'(signs)과 '기사'(wonders)는 특별히 구분되는 개념이 아니다. 둘 다 기적 자체보다는 그것을 실제로 행하신 분(=하나님)에게 초점을 맞추고 있다.

솔로몬 행각은 사람들이 모이기에 좋은 넓은 장소였던 것으로 보인다. 3 : 11에서는 믿지 않는 예루살렘 사람들이 베드로와 요한의 표적을 보고 놀라 솔로몬 행각에 모였었는데, 여기에서는 표적과 기사를 보고 믿는 사람들이 솔로몬 행각으로 모여들었다. 그런데 13절에 언급된 '나머지' 사람들은 누구를 일컫는가? 그들이 믿지 않는 사람들이었다면 "믿고 주께로 나아오는 자가 더 많았다"고 한 14절과 모순이 된다. 그렇다면 '나머지'는 다른 그리스도인들을 의미한다고 보아야 할 것이다. 믿는 사람들 가운데는 '마음을 같이하여' 솔로몬 행각에 모인 사람들도 있었지만, 사도들과 상종하지 않으려는 사람들도 있었던 것으로 보인다. 후자의 그리스도인들은 사도들이 복음을 전하다가 곤욕을 치르는 것을 보고서, 기세등등한 유대 지도자들에 대한 두려움 때문에 사도들을 멀리하려고 한 것으로 볼 수 있다. 예루살렘 사람들은 사도들의 표적과 기사를 보고 하나님을 칭송하였으며, 더 나아가 믿음을 가지고 주께 나아오는 자가 많았다. 그리고 이들 중에는 남자와 여자의 구별이 없었다. 여기에는 여성을 차별하지 않는 누가의 관점이 표현되고 있다.

[5 : 15-16] 베드로의 표적과 기사는 사람들의 관심을 끌기에 충분하였다. 많은 사람들이 치유를 바라고 베드로를 만나러 나왔다. 심지어는 예루살렘 부

근 사람들조차도 몰려들었다. 너무 많은 사람들이 거리로 몰려 나왔기 때문에, 어떤 사람들은 병자를 침대나 요 위에 누인 채 베드로의 그림자라도 덮이기를 바랄 지경에까지 이르게 되었다. 현대인들에게 그림자에 능력이 있다는 것은 믿기 어려운 이야기다. 그러나 고대 세계에서는 그림자가 그 사람의 인격이나 영력과 어떤 모양으로든지 관계되어 있다는 생각을 가지고 있었다. 베드로의 그림자는 그가 거룩하고 능력을 가진 사도라고 믿는 사람들에게 효험이 있었던 것으로 보인다. 그리하여 각종 병든 사람들과 더러운 귀신 들린 사람들이 치유되는 결과를 가져왔다.

F. 사도들에 대한 박해와 교회의 성장(5 : 17-6 : 7)

1. 사도들에 대한 박해(5 : 17-42)

[17]대제사장과 그와 함께 있는 사람 즉 사두개인의 당파가 다 마음에 시기가 가득하여 일어나서 [18]사도들을 잡아다가 옥에 가두었더니 [19]주의 사자가 밤에 옥문을 열고 끌어내어 이르되 [20]가서 성전에 서서 이 생명의 말씀을 다 백성에게 말하라 하매 [21]그들이 듣고 새벽에 성전에 들어가서 가르치더니 대제사장과 그와 함께 있는 사람들이 와서 공회와 이스라엘 족속의 원로들을 다 모으고 사람을 옥에 보내어 사도들을 잡아오라 하니 [22]부하들이 가서 옥에서 사도들을 보지 못하고 돌아와 [23]이르되 우리가 보니 옥은 든든하게 잠기고 지키는 사람들이 문에 서 있으되 문을 열고 본즉 그 안에는 한 사람도 없더이다 하니 [24]성전 맡은 자와 제사장들이 이 말을 듣고 의혹하여 이 일이 어찌 될까 하더니 [25]사람이 와서 알리되 보소서 옥에 가두었던 사람들이 성전에 서서 백성을 가르치더이다 하니 [26]성전 맡은 자가 부하들과 같이 가서 그들을 잡아왔

으나 강제로 못함은 백성들이 돌로 칠까 두려워함이더라

[5 : 17–18] 사도들의 놀라운 행적에 반감과 시기심을 가진 유대교 지도자들이 재차 등장한다. 5 : 17~42의 이야기는 이미 4 : 1~31에서 한 번 다루어진 이야기를 반복하는 듯한 인상을 준다. 4 : 1에서처럼 5 : 17에서도 대제사장(4 : 6 참조)과 사두개인들이 등장한다. 이어 사도들을 옥에 가둔 것이나 풀려난 것이(방법은 달랐지만) 같으며, 공회의 심문이 나오고 위협하는 내용이 같다. 다른 것이 있다면 4장은 사도들의 교훈이 핍박의 원인이었다면, 5장은 표적과 기사가 핍박의 원인으로 등장한다. 또한 4장에서는 사도들이 행한 부활의 메시지에 대한 사두개인의 혐오를 직접적으로 언급하고 있는데 비해, 5장에서는 부활에 대한 명시적인 언급이 없다. 따라서 사두개인의 시기심에 대한 언급은 문맥적으로 잘 어울리지 않는다. 중요한 점은 사도들을 감옥에 가두었다는 것이다.

[5 : 19–21a] 두 번째 투옥 이야기가 첫 번째 이야기와 달라지는 것은 사도들이 감옥에서 풀려나게 된 방법의 차이에서 비롯된다. 첫 번째는 유대 지도자들이 방면하는 방식으로 풀어 주었지만, 두 번째는 주의 천사가 옥문을 열고 풀어 주고 있다. 누가는 복음서와 사도행전에서 '천사'를 자주 등장시킨다(눅 1 : 11, 18, 19, 26 ; 2 : 9, 13 ; 22 : 43 ; 24 : 23 ; 행 8 : 26 ; 10 : 3, 7, 22 ; 11 : 13 ; 12 : 7–15, 23 ; 27 : 23). 천사는 하나님의 사자(messenger)로서 하나님을 대신하여 맡겨진 임무를 수행하는 존재로 나온다. 그렇기 때문에 천사는 본문에서처럼 종종 하나님의 메시지를 전달하는 역할도 하게 된다. 주의 천사는 "가서 성전에 서서 이 생명의 말씀을 다 백성에게 말하라"는 하나님의 명령을 전달하고 있다. '서서' 말하라는 것은 모든 사람들이 듣도록 크게, 그리고 당당하게 공개적으로 말하라는 의미다. 사도들은 천사의 명령에 순종하여 '새벽에' 성전에 들어가서 복음을 선포하였다. 성전은 새벽이

되어야 열리기 때문에 사도들은 밤이 새기를 기다려 성전에 들어간 것으로 보인다.

[5 : 21b-23] 대제사장과 그와 함께 있는 사람들은 사도들이 풀려난 사실을 알지 못한 채 그들을 심문할 준비를 서두르고 있다. 유대 지도자들의 무지와 어리석음을 간접적으로 시사하는 대목이다. 대제사장과 사두개파가 주동하여 산헤드린 공회와 원로들을 다 소집하고, 감옥에 가두어 둔 사도들을 심문장으로 데리고 오도록 조치한다.

성전 경비병들은 충실하게 명령을 이행하였지만 실망스러운 보고를 올릴 수밖에 없게 된다. 그들은 본 대로 보고하였다. 감옥도 손상이 없고 파수꾼들도 (아무것도 알지 못한 채로) 감옥문을 굳게 지키고 있었지만, 사도들은 감옥에 없었다는 것이 보고의 내용이다. 이러한 보고를 받은 유대 지도자들은 상식적으로 이해되지 않는 어처구니없는 보고라고 여겼을 것이다.

[5 : 24-26] 성전 경비병들의 책임자인 '성전 맡은 자'(=성전 경비대장)와 제사장들은 이 보고에 대해 어찌해야 할지를 몰라 전전긍긍하고 있다. 자기의 부하들이 잘못된 보고를 했을 리는 없다고 확신한 성전 경비대장은 특히 당황할 수밖에 없었을 것이다. 또한 탈옥 사건이 가져올 책임 때문에 큰 걱정을 했을 것이다. 무엇보다도 어떻게 이러한 일이 일어날 수 있는지 궁금했을 것이다.

이러한 궁금증은 곧바로 다음 보고로 이어지면서 풀리고 있다. 때맞추어, 감옥에 갇혀 있던 사도들이 성전에서 백성들을 가르치고 있다는 보고가 들어왔다. 그러자 이번에는 성전 경비대장이 직접 부하들을 이끌고 성전으로 가서 사도들을 잡아온다. 두 번 다시 불상사가 일어나지 않도록 만전을 기하기 위해서다. 그러나 강제적인 힘을 사용하지 않고 될 수 있는 대로 조용하게 처리하고자 하였다. 왜냐하면 사도들을 좋게 보는 백성들이 돌로 칠까 두려워하였기 때문이다. 폭력과 군중심리가 법과 권위보다 우선되고 있다.

²⁷그들을 끌어다가 공회 앞에 세우니 대제사장이 물어 ²⁸이르되 우리가 이 이름으로 사람을 가르치지 말라고 엄금하였으되 너희가 너희 가르침을 예루살렘에 가득하게 하니 이 사람의 피를 우리에게로 돌리고자 함이로다 ²⁹베드로와 사도들이 대답하여 이르되 사람보다 하나님께 순종하는 것이 마땅하니라 ³⁰너희가 나무에 달아 죽인 예수를 우리 조상의 하나님이 살리시고 ³¹이스라엘에게 회개함과 죄 사함을 주시려고 그를 오른손으로 높이사 임금과 구주로 삼으셨느니라 ³²우리는 이 일에 증인이요 하나님이 자기에게 순종하는 사람들에게 주신 성령도 그러하니라 하더라

[5 : 27-28] 사도들을 무사히 끌고 온 다음 본격적으로 산헤드린 공회의 심문이 시작되고 있다. 그런데 심문에 앞서 사도들이 어떻게 감옥을 탈출하게 되었는지에 관해서 묻지 않은 것은 의아한 일이다. 그들의 관심은 그들의 지시(4 : 18 참조)가 제대로 지켜지지 않고 있는 것에 있었다. 첫 번째는 경고와 위협으로 놓아주었지만, 이제 두 번째는 그럴 수 없다는 법리를 내세우려는 속셈이다.

여기에서 산헤드린 공회는 '너희 가르침을 예루살렘에 가득하게' 한다는 것을 문제 삼고 있다. '너희 가르침'에 대한 내용은 명시되지 않았지만, 이는 4장에서 이미 언급된 예수의 십자가 처형과 부활을 포함한다고 보아야 한다. 그래야만 '이 사람의 피를 우리에게 돌리고자' 한다는 내용과 잘 연결된다.

[5 : 29-32] 이 부분 역시 4장에 나온 내용을 반복하여 재진술 하고 있다. "사람보다 하나님께 순종하는 것이 마땅하니라"(4 : 19 참조), "나무에 달아 죽인 예수를 우리 조상의 하나님이 살리시고"(4 : 10 참조). 여기에서 특히 예수를 '나무에 달아 죽인'이라는 말로 표현한 것은 "나무에 달린 자는 하나님께 저주를 받았음이니라"(신 21 : 23)는 구약의 말씀에서 보는 것처럼, 예수의 죽음과 부활이 하나님에 의해 극적으로 반전된 것임을 천명하려는 것이다. 유대인들

이 믿기 어려워하는 하나님의 저주로서의 십자가 죽음을 이해시키고 설득하려는 수사학을 보여 준다. 회개하고 구원을 받아야 할 존재는 심문당하는 사도들이 아니라 바로 유대 지도자와 유대인들임을 밝힌다. 예수를 살려 임금과 구주로 삼으신 것은 이스라엘의 회개와 죄 사함을 위한 것이다. 그리고 사도들뿐 아니라 성령도 이러한 증언의 증인이라고 함으로써 오히려 유대 지도자들과 이스라엘을 피고로 뒤바꿔 놓고 있다.

> [33]그들이 듣고 크게 노하여 사도들을 없이하고자 할새 [34]바리새인 가말리엘은 율법교사로 모든 백성에게 존경을 받는 자라 공회 중에 일어나 명하여 사도들을 잠깐 밖에 나가게 하고 [35]말하되 이스라엘 사람들아 너희가 이 사람들에게 대하여 어떻게 하려는지 조심하라 [36]이전에 드다가 일어나 스스로 선전하매 사람이 약 사백 명이나 따르더니 그가 죽임을 당하매 따르던 모든 사람들이 흩어져 없어졌고 [37]그 후 호적할 때에 갈릴리의 유다가 일어나 백성을 꾀어 따르게 하다가 그도 망한즉 따르던 모든 사람이 흩어졌느니라 [38]이제 내가 너희에게 말하노니 이 사람들을 상관하지 말고 버려두라 이 사상과 이 소행이 사람으로부터 났으면 무너질 것이요 [39]만일 하나님께로부터 났으면 너희가 그들을 무너뜨릴 수 없겠고 도리어 하나님을 대적하는 자가 될까 하노라 하니 [40]그들이 옳게 여겨 사도들을 불러들여 채찍질하며 예수의 이름으로 말하는 것을 금하고 놓으니 [41]사도들은 그 이름을 위하여 능욕 받는 일에 합당한 자로 여기심을 기뻐하면서 공회 앞을 떠나니라 [42]그들이 날마다 성전에 있든지 집에 있든지 예수는 그리스도라고 가르치기와 전도하기를 그치지 아니하니라

[5 : 33-35] 유대 지도자들은 사도들의 논리적이고 확신에 찬 논증에 대해 더 이상 논리로 대답하지 못하고 화를 낸다. 말이 통하지 않는다고 생각하는 사도들을 없애 버리는(=죽이는) 것이 유일한 방법이라고 판단하고 있다. 그들은

이제 억지를 부리려고 한다. 상황이 급박하게 돌아가는 이 시점에서 사도들은 우군을 만난다. 존경받는 바리새인인 가말리엘이 등장한 것이다. 그는 먼저 이 사건을 신중하게 다루도록 설득한다. 먼저 감정을 가라앉히는 것이 급선무였다.

[5 : 36-39] 가말리엘은 역사상 일어났던 사건 가운데 두 가지 예를 가지고 온다. 하나는 드다 사건이고, 다른 하나는 갈릴리 유다 사건이다. 둘 다 한때는 성공적이었지만 결국 시간이 흐르자 실패하고 말았다는 것이 요지다. "목자를 치면 양 떼가 흩어진다."는 속담에 따라 지도자가 죽으면 따르던 자들은 다 흩어지게 된다는 논리를 보여 준다. 가말리엘의 해법은 "상관하지 말고 버려두라."는 것이다. 왜냐하면 사도들의 사상과 소행이 사람으로부터 났으면 시간이 해결해 줄 것이요, 하나님께로부터 났으면 결국 하나님을 대적하는 것이 될 수 있기 때문이다.

형식적으로는 가말리엘의 논리가 산헤드린에게나 사도들에게 모두 공평한 것처럼 보인다. 그러나 불리한 상황에 있던 쪽은 사도들이었기 때문에, 가말리엘의 개입은 결국 사도들에게 유리하게 작용하였다. 한편, 가말리엘은 바리새인으로 소개된다. 이로 보건대, 사도행전에서 바리새인은 사두개인에 비해서 긍정적으로 묘사된다. 또한 가말리엘을 통한 논증은 같은 산헤드린 회원 간의 설득이었기 때문에 더 효과가 있었다.

[5 : 40-42] 유대 지도자들은 가말리엘의 해법에 동의하였다. 사도들은 죽임을 당할 수 있는 곤경에서 벗어나게 되었다. 그러나 채찍질을 면할 수는 없었다. 태형은 사십 대를 넘길 수 없도록 했다(신 25 : 3 참조). 이러한 징벌도 가벼운 것은 아니었으나, 사도들은 예수를 위하여 핍박받는 것을 기쁘게 받아들이고 있다. 그들은 예수의 이름으로 말하는 것을 금하는 조건으로 방면되었지만, 언제 어디서나 예수를 그리스도라고 가르치며 전도하는 것을 두려워하지 않

앉다. 산헤드린의 처방은 실패로 돌아가고 말았지만, 그리스도의 복음은 박해에도 불구하고 더욱 왕성하게 되었다.

2. 일곱 일꾼의 선택(6 : 1-7)

[1]그때에 제자가 더 많아졌는데 헬라파 유대인들이 자기의 과부들이 매일의 구제에 빠지므로 히브리파 사람을 원망하니 [2]열두 사도가 모든 제자를 불러 이르되 우리가 하나님의 말씀을 제쳐 놓고 접대를 일삼는 것이 마땅하지 아니하니 [3]형제들아 너희 가운데서 성령과 지혜가 충만하여 칭찬받는 사람 일곱을 택하라 우리가 이 일을 그들에게 맡기고 [4]우리는 오로지 기도하는 일과 말씀 사역에 힘쓰리라 하니 [5]온 무리가 이 말을 기뻐하여 믿음과 성령이 충만한 사람 스데반과 또 빌립과 브로고로와 니가노르와 디몬과 바메나와 유대교에 입교했던 안디옥 사람 니골라를 택하여 [6]사도들 앞에 세우니 사도들이 기도하고 그들에게 안수하니라 [7]하나님의 말씀이 점점 왕성하여 예루살렘에 있는 제자의 수가 더 심히 많아지고 허다한 제사장의 무리도 이 도에 복종하니라

[6 : 1-4] 사도들의 활발한 전도활동에 힘입어 초대 교회에 제자들이 더 많아졌다. 하지만 이러한 교회의 변화와 성장에 따라 문제도 발생하였다. 그중의 하나가 헬라파 유대인들과 히브리파 유대인들 사이에 생겨난 갈등이었다. 상황인즉 헬라파 유대인에 속한 과부들이 구제를 받지 못하는 일이 발생하였다. 헬라파에 속한 과부들은 이스라엘 바깥 지역에서 예루살렘으로 이주한 사람들로서 경제적으로 어려운 형편에 처해 있었던 것 같다. 그런데 상대적으로 히브리파 유대인들에 비해 물질적 도움을 받지 못했고, 그 결과 히브리파 사람들을 원망하게 되었다.

여기에서 헬라파 유대인들은 누구를 가리킬까? 유대교로 개종한 이방인들을 가리키는 것인가? 유대인이지만 주류가 아닌 비주류나 비정통 유대인들

(사마리아 유대인 등)을 가리키는 것인가? 그러나 이 둘 다 아닌 것 같다. 그것은 선택된 일곱 일꾼 가운데 이방인 개종자는 니골라뿐이며(6 : 5), 스데반이나 바울 등은 정통 유대교에 속한 사람들이기 때문이다. 그렇기 때문에 헬라파 유대인이란 단지 헬라어를 말하는 유대인을 뜻한다. 또한 '히브리파'는 아람어를 말하는 사람이며, '헬라파'는 유대인이나 이방인을 막론하고 헬라어를 말하는 사람이란 뜻이다. 헬라파라고 할 때 그들이 어떤 특정한 사상이나 집단을 형성하였다고 볼 수는 없다는 말이다. 그러한 의미에서 흔히 가정하듯이 초대 교회에 헬라파와 히브리파 사이에 갈등이나 분열이 있었다고 보는 것은 지나친 추측에 불과하다. 본문에 나타난 문제는 단순하고 분명하다. 헬라파 유대인 과부들이 구제를 받지 못했다는 것이다. 그렇게 된 데는 헬라파 과부들이 소수여서 주목을 받지 못했기 때문일 수도 있다. 그러나 본질적 두 집단 간의 갈등 때문에 발생한 것은 아니다. 실제로 초대 교회는 일곱 일꾼을 세움으로써 문제를 간단하게 해결하고 있지 않은가?

문제가 제기되기 전까지는 히브리파에 속하는 열두 사도가 구제하는 일도 맡아서 처리했던 것으로 보인다. 열두 사도는 헬라파의 문제 제기가 옳다고 보았다. 하나님의 말씀을 전하는 일보다 구제 활동에 시간과 정력을 많이 쓰는 것이 바람직한 것은 아니었기 때문이다. 그래서 구제하는 일을 책임질 사람 일곱을 선택하도록 함으로써 사도들은 주된 업무인 기도와 말씀에 전념할 수 있게 조치하였다. 여기에서 구제는 음식을 골고루 나누어 주는 것을 의미했다. 여기에서 한 가지 주목되는 것은 음식을 골고루 나누어 주는 것(2절)과 기도와 말씀 사역(4절)을 하는 데 사용한 단어가 똑같이 '섬김'을 뜻하는 '디아코니아' 단어 계열(동사 διακονεω와 명사 διακονια)이라는 것이다. 일곱 일꾼과 열두 사도의 역할이 서로 다를 뿐 사역의 본질에서 차이가 나는 것은 아니었다.

일곱 일꾼은 흔히 일곱 집사로 불리기도 하지만, 성경 본문은 그들의 직분에 대해서 아무 말이 없다. 그것은 열두 사도에 대해서도 마찬가지다. 성경은 단지 '열둘'(the Twelve)이라고만 말할 뿐이다(6 : 2의 헬라어 본문 참조). 이처럼 누가는 초대 교회에서 어떤 직분이 권세나 신분을 나타내는 용어가 되는 것을 꺼리고 있다.

일곱은 일곱 '일꾼'으로 부르는 것이 적절하다. 왜냐하면 그들의 주된 업무가 구제의 봉사를 하는 일이었기 때문이다. 일곱 일꾼이 될 수 있는 자격은 성령과 지혜가 충만한 사람이어야 하고, 하나님과 사람들의 칭찬을 받는 사람이어야 했다. 그것은 신앙이 투철하고 사리분별에 밝아야 하며, 사회적으로 평판이 좋고 인격적으로 인정을 받는 사람이어야 함을 의미했다. 여기에 어떤 특별한 능력이나 전문성을 기준으로 삼고 있지 않다는 점에 유의할 필요가 있다.

[6 : 5-6] 모든 사람들이 일곱을 세워 구제를 감당하게 하는 안에 대해서 찬성하였다. 이것은 헬라파나 히브리파 모두 동의하였다는 것을 의미한다. 그래서 믿음과 성령이 충만한 사람 일곱을 선택하게 되었다. 선택의 방법은 언급되지 않는다. 맛디아를 보충할 때처럼 제비 뽑아 선택했을지도 모른다. 일곱 일꾼들의 이름이 모두 헬라식 이름인데, 이는 많은 것을 시사한다. 예루살렘 교회는 모두 헬라파에 속하는 사람들을 뽑았다. 이것으로 보아도 초대 교회에 헬라파와 히브리파의 갈등이나 분열이 있었다고 단정하기는 어렵다.

우리는 사도행전을 통해서 일곱 일꾼 중에서 단지 두 사람, 즉 스데반과 빌립(열두 제자 중 하나인 빌립 사도와는 구별됨.)에 대해서만 자세한 정보를 알 수 있을 뿐이다. 나머지 다섯에 대해서는 거의 아는 것이 없다. 그리고 이곳에 언급된 유일한 이방인 개종자인 니골라가 요한계시록에 언급된 니골라당(계 2 : 6, 15)과 어떤 연관성을 가지고 있는지에 관해서 확실하게 아는 것이 없다. 사도들은 예루살렘 교회가 선택한 일곱 사람을 위해서 기도하고 안수함으로써 그들의 임무를 승인하였다. 사도들이 안수한 것은 후대에 발전된 임직식의 정식 절차를 가리키는 것이 아니라 단지 구제의 봉사를 수행할 책임을 공적으로 승인하는 행위였을 뿐이다. 그러나 이런 임무조차도 강제적으로 제한된 것은 아니었다. 실제로 사도행전 7~8장에서 스데반과 빌립은 사도들의 업무였던 말씀 전하는 일을 감당하고 있기 때문이다.

[6 : 7] 이 구절은 하나님의 말씀이 왕성하게 확장되어 감을 보여 주려는 목적으로 기록되었다. 예루살렘에 많은 제자가 생겨났음을 밝히면서 별도로 '허다한 제사장의 무리'도 포함되어 있음을 기록하였다. 이것은 유대교 가운데서도 이 도(헬라어로는 '믿음'), 즉 기독교의 복음에 복종하는 사람들이 생겨났음을 부각시키려고 한 것이다. 그러나 실제로 예루살렘에 수천 명의 제사장 집단이 있었기 때문에, 유대 사회를 지배하던 주류 제사장 집단이 개종한 것을 의미하는 것은 아니었을 것이다.

설교를 위한 묵상 : "균형 잡힌 신앙"(6 : 1-7)

김진홍 목사는 은퇴 고별 설교에서 한때 가난한 사람들을 위해 경제적인 문제를 해결해 주는 데 전력을 기울이다 보니 예수님이 빠져 버린 것을 알게 되었다고 고백하였다. 그렇다! 신앙생활은 다양한 차원을 포함하고 있고, 교우들과 사회 각 분야에서도 교회를 향해 다양한 요구를 하고 있다. 우리는 흔히 '중요한 일'과 '긴급한 일' 사이에서 우왕좌왕하기도 한다. '중요한 일'을 놓치지 말아야 하지만, '긴급한 일'이 발생하면 그것에 정신을 팔리게 된다.
예루살렘 교회도 똑같은 상황에 빠지게 되었다. 성령의 역사로 믿는 사람들의 숫자가 점점 더 늘어났고, 교회가 해야 할 일도 더 많아졌다. 그러던 중에 한 가지 중요한 사안이 발생하게 되었다. 그것은 디아스포라 지역 출신 유대 과부들이 구호 음식을 제대로 받지 못하게 된 것이었다. 그래서 같은 배경을 가진 헬라파 유대인들이 히브리파 유대인들에게 불평을 하게 되었다. 이와 같은 상황이 의도적이었던 것 같지는 않다. 아마 분주한 나머지 숫자가 적은 헬라파 유대 과부들에게 관심을 기울일 여유가 없었던 것 같다.

여기에서 중요한 것은 열두 사도가 이 상황에 재빨리 귀를 기울였다는 것이다. 열두 사도는 유대인 중심으로 권위를 내세우지 않았다. 열두 사도는 변방에서 온 소수라고 해서 무시하지도 않았다. 판단의 기준은 사람들의 필요에 맞춰졌다. 열두 사도가 내린 결정은 신속하고도 합리적인 것이었다. 열두 사도는 영적인 일에 전념하고, 물질적인 일은 경건한 일곱 사람을 선택하여 맡겼다. 여기에서 '영적인 일'(기도와 말씀 전파)과 '물질적인 일'(구호)은 각각 '중요한 일'과 '긴급한 일'로 볼 수 있다. 그러나 초대 교회는 어느 한쪽을 배타적으로 시행한 것이 아니었다. 이것도 행하고 저것도 버리지 않았다. 이는 균형 잡힌 신앙을 보여 주는 것이다.

아마 한국 교회의 문제 중 하나는 너무 빨리, 그리고 성급하게 어느 한쪽에 기우는 행태일 것이다. 이러한 태도는 나와 다른 입장을 가진 사람들을 정죄하고 매도하는 결과를 초래할 수 있다. 초대 교회의 열두 사도로부터 우리가 배워야 할 것이 많다.

G. 스데반의 순교(6:8-8:3)

1. 스데반의 체포(6:8-15)

⁸스데반이 은혜와 권능이 충만하여 큰 기사와 표적을 민간에 행하니 ⁹이른바 자유민들 즉 구레네인, 알렉산드리아인, 길리기아와 아시아에서 온 사람들의 회당에서 어떤 자들이 일어나 스데반과 더불어 논쟁할새 ¹⁰스데반이 지혜와 성령으로 말함을 그들이 능히 당하지 못하여 ¹¹사람들을 매수하여 말하게 하되 이 사람이 모세와 하나님을 모독하는 말을 하는 것을 우리가 들었노라 하게 하고 ¹²백성과 장로와 서기관들을 충동시켜 와서 잡아가지고 공회에 이르러 ¹³거짓 증인들을 세우니 이르되 이 사람이 이 거룩한 곳과 율법을 거슬러

말하기를 마지 아니하는도다 [14]그의 말에 이 나사렛 예수가 이곳을 헐고 또 모세가 우리에게 전하여 준 규례를 고치겠다 함을 우리가 들었노라 하거늘 [15]공회 중에 앉은 사람들이 다 스데반을 주목하여 보니 그 얼굴이 천사의 얼굴과 같더라

[6:8-9] 스데반은 이제까지 사도들의 전유물이었던 기사와 표적을 행하는 능력을 보여 준 인물로 소개된다. 그리고 이어지는 논쟁을 통해 복음을 증언하는 사도의 사역을 감당하고 있다. 이는 스데반의 사역이 단지 구제의 역할에 제한된 것이 아님을 보여 준다. 스데반의 이야기는 6:8~8:3에 걸쳐 자세하게 취급되고 있어서 사도행전에서의 그 중요성을 알 수 있다.

9절에 보면 여러 디아스포라 지역에서 온 자유민들이 그들만 모이는 회당에서 스데반과 논쟁을 벌이고 있다. 그렇다면 당시 자유민들만의 회당이 따로 존재했다는 말이 된다. '자유민'은 노예로 있다가 주인에 의해 놓여 난 사람을 일컫는다. 그들은 자유로운 신분이 되어 아프리카(구레네, 알렉산드리아)와 길리기아와 아시아 지역에서 예루살렘으로 온 경건한 사람들이었던 것으로 보인다. 그들은 스데반과 논쟁을 벌이고 있는데, 이것은 사도행전에서 유대 지도자들이 아닌 일반 백성이 기독교를 대적하는 첫 번째 경우가 된다.

[6:10-15] 지혜와 성령에 충만한 스데반과의 논쟁에서 이기지 못하게 되자, 이들 자유민들은 거짓 증인들을 동원해 모함하고 스데반을 체포하여 산헤드린 공회에 세워 심문을 받게 하였다. 이들의 행동은 집요하였다. 거짓 증인을 세울 뿐만 아니라, 백성과 지도자들(장로와 서기관들)을 충동하여 체포하게 하고, 산헤드린 심문장에서도 계속해서 거짓 증언을 늘어놓도록 만들었다. 일차적으로 스데반을 고소하는 직접적인 죄목은 모세와 하나님을 모독하는 말을 하였다는 신성모독죄였다. 거기에 다른 죄목이 덧붙여지는데, 그것은 거룩한 성전을 허물고 모세의 규례(=율법)를 고치겠다고 한 나사렛 예수의 말을

증언하였다는 것이었다. 이 세 가지 죄목은 모두 중죄에 해당되는 것이어서, 사실로 판명되면 돌로 쳐 죽임을 당할 운명이었다.

이들 자유민들은 유대인이었을 수도 있고, 이방인이었을 수도 있다. 분명한 것은 그들이 디아스포라 지역에서 왔다는 것이고, 헬라어를 말하는 헬라파에 속한 사람들이었다는 점이다. 그런데 같은 헬라파에 속한 스데반을 공격하고 있는 것은 의외다. 더군다나 디아스포라 지역에 살던 사람들은 성전과 율법에 대해서 히브리파보다 더 개방적이고 자유로운 태도를 가지고 있었을 텐데, 그들이 훨씬 보수적인 입장을 가지고 스데반과 논쟁을 벌이고 있는 것이다. 이러한 의문점들은 이들의 배후에 유대 지도자들이 있었던 것이 아닌가 하는 의심을 갖게 한다.

이들의 증언은 거짓 증언이었다. 스데반이 실제로 성전과 율법에 대하여 모독적인 발언을 하고 대적하는 태도를 갖지 않은 것은 7장에 나오는 그의 연설을 통해서도 확인할 수 있을 것이다. 그렇다면 헬라파는 일반적으로 성전과 율법을 대적하는 사상을 가졌을까? 그것은 일반화시킬 수 없을지 모른다. 왜냐하면 헬라파에 속하는 앞의 자유민들은 예루살렘에 사는 유대인들과 마찬가지로 성전과 율법을 옹호하고 있기 때문이다. 그런데 스데반은 지금 거짓 증인들에 의해 목숨이 위태로운 지경까지 몰리고 있다.

이러한 억울한 상황에서 스데반을 지지하고 있는 세력은 하나님뿐이다. 왜냐하면 스데반의 얼굴이 천사처럼 빛나고 있었기 때문이다. 스데반은 거짓 고소에 흔들리지 않고 확신에 차 있는 모습을 보이고 있다. 거짓 증인과 참 증인의 대결이 이제 누구의 승리로 끝날 것인지 곧 알 수 있게 될 것이다.

2. 스데반의 설교(7:1-8:1a)

¹대제사장이 이르되 이것이 사실이냐 ²스데반이 이르되 여러분 부형들이여 들으소서 우리 조상 아브라함이 하란에 있기 전 메소보다미아에 있을 때에

영광의 하나님이 그에게 보여 ³이르시되 네 고향과 친척을 떠나 내가 네게 보일 땅으로 가라 하시니 ⁴아브라함이 갈대아 사람의 땅을 떠나 하란에 거하다가 그의 아버지가 죽으매 하나님이 그를 거기서 너희 지금 사는 이 땅으로 옮기셨느니라 ⁵그러나 여기서 발붙일 만한 땅도 유업으로 주지 아니하시고 다만 이 땅을 아직 자식도 없는 그와 그의 후손에게 소유로 주신다고 약속하셨으며 ⁶하나님이 또 이같이 말씀하시되 그 후손이 다른 땅에서 나그네가 되리니 그 땅 사람들이 종으로 삼아 사백 년 동안을 괴롭게 하리라 하시고 ⁷또 이르시되 종 삼는 나라를 내가 심판하리니 그 후에 그들이 나와서 이곳에서 나를 섬기리라 하시고 ⁸할례의 언약을 아브라함에게 주셨더니 그가 이삭을 낳아 여드레 만에 할례를 행하고 이삭이 야곱을, 야곱이 우리 열두 조상을 낳으니라

[7 : 1-4] 스데반이 산헤드린 공회에 끌려와 심문을 받게 된다. 산헤드린의 의장인 대제사장(당시 현직 대제사장이었던 가야바였을 것으로 추측된다.)이 고소 내용의 진위에 대한 질문을 함으로써 심문을 시작하고 있다. 이에 대하여 스데반이 답변을 하게 되는데, 그 대답이 상당히 길다(7 : 2-53). 저자가 사도행전에서 가장 긴 스데반의 연설을 지루하다 싶을 정도로 다 기록한 것은 이스라엘의 구원사를 재진술함으로써 독자로 하여금 그 중요성을 깨닫게 하고, 저자가 정통적인 신앙을 이어받고 있음을 주지시키고자 한 것으로 보인다.

스데반은 산헤드린 회원들과 방청객들을 향하여 '부형들이여'라고 호칭하고 있다. 청중을 형제요 부모와 같이 대함으로써 서로 간의 거리감을 없애려고 하였다. 이를 통해 자신에 대한 적대감을 해소하고 긴장감을 풀도록 유도하고 있다. 이는 한편으로 적대감을 가진 청중들에게 호소할 내용이 상당히 공격적일 수 있기 때문에 그것에 대한 반발을 미연에 방지하려는 수단일 수 있다. 또한 청중을 향해 '우리 조상/족속'이라고 자주 호칭하고 있는 것도 서로 간에 공감대를 넓혀 보려는 시도에서 나온 것으로 이해할 수 있다.

스데반은 이스라엘 민족의 조상인 아브라함의 이야기로부터 시작한다. 창세기에 나오는 아브라함의 이야기를 요약해서 기록하고 있다. 메소보다미아에서 아브라함을 부르신 이야기에서부터 시작하여 세겜에서 죽은 이야기(7 : 16)로 마치고 있다. 그리고 하란에서 아버지 데라가 죽자 아브라함이 가나안 땅으로 이주하게 된 이야기를 서술한다. 이는 구약성경에 있는 이야기와 다르지 않다. 율법서에 나와 있는 이야기를 그대로 반복하고 있는 것을 보아도 스데반이 율법을 거스르는 죄를 지었다고 말할 수 없다.

[7 : 5-8] 하나님께서 아브라함에게 자식이 없을 때에 가나안 땅을 후손에게 주시겠다고 약속했지만 그것이 즉시 성취된 것은 아니었음을 밝힌다. 오히려 아브라함의 후손이 '다른 땅', 즉 애굽에서 400년 동안 종노릇하는 어려움을 겪게 되었음을 지적한다. 그러나 이스라엘을 핍박한 애굽은 결국 예언대로 망하게 되었음을 확인한다. 8절에서 아브라함과 할례의 언약을 맺었던 것을 언급하면서 팔 일만에 이삭에게 할례를 행한 것을 적시함으로써 율법을 지키는 것의 중요성을 상기시킨다. 창세기에 나오는 여러 족장들 중에 아브라함에 비해 다른 족장들(요셉을 제외하고)은 간단하게 취급되고 있다. 이삭과 야곱에 관한 이야기를 건너뛰어 야곱이 열두 아들을 낳은 것을 언급하면서 요셉 이야기로 연결시키고 있다. 창세기에서 이삭은 간단하게 취급되고 있지만 야곱의 흥미로운 이야기는 길게 언급되고 있다. 그런 의미에서 야곱 이야기가 간단하게 취급된 것은 의외로 느껴진다.

> [9]여러 조상이 요셉을 시기하여 애굽에 팔았더니 하나님이 그와 함께 계셔 [10]그 모든 환난에서 건져 내사 애굽 왕 바로 앞에서 은총과 지혜를 주시매 바로가 그를 애굽과 자기 온 집의 통치자로 세웠느니라 [11]그때에 애굽과 가나안 온 땅에 흉년이 들어 큰 환난이 있을새 우리 조상들이 양식이 없는지라 [12]야곱이 애굽에 곡식 있다는 말을 듣고 먼저 우리 조상들을 보내고 [13]또 재차 보내

매 요셉이 자기 형제들에게 알려지게 되고 또 요셉의 친족이 바로에게 드러나게 되니라 ¹⁴요셉이 사람을 보내어 그의 아버지 야곱과 온 친족 일흔다섯 사람을 청하였더니 ¹⁵야곱이 애굽으로 내려가 자기와 우리 조상들이 거기서 죽고 ¹⁶세겜으로 옮겨져 아브라함이 세겜 하몰의 자손에게서 은으로 값 주고 산 무덤에 장사되니라

[7 : 9-10] 족장들 중에는 아브라함에 이어 요셉이 길게 취급되고 있다. 요셉 이야기에서도 하나님의 섭리가 그와 함께하였다는 점을 부각시킨다. '하나님이 그와 함께 계셔' 요셉이 형통하게 된 것임을 밝힌다. 형들(8절의 '우리 열두 조상'이라는 표현 때문에 9절에서 요셉의 형들을 '여러 조상'이라고 부르고 있다.)의 시기를 받은 것과 애굽으로 팔려간 것과 꿈 해몽을 통해 바로 밑에서 총리 대신이 된 것까지 창세기에 나오는 이야기를 요약하여 서술하고 있다.

[7 : 11-13] 스데반은 흉년이 들어 요셉의 형들이 애굽으로 가게 된 과정과 요셉이 형제들을 만나게 된 것을 빠르게 서술해 나간다. 창세기에서는 이야기에 흥미를 더해 주는 다양한 요소들이 등장하지만 여기에서는 요점만을 짚어 나가고 있다. 스데반이 많은 내용을 말하고는 있지만 속도감 있게 이스라엘 역사를 훑어 나가고 있는 셈이다(창 46 : 27).

[7 : 14-16] 요셉이 야곱과 친족 일흔다섯을 애굽으로 불러온 사실이 언급된다. 창세기(46 : 27)와 출애굽기(1 : 5)에는 칠십 명으로 되어 있는데, 일흔다섯이란 숫자는 칠십인역을 따른 것이다. 야곱이 세겜에서 묻혔다고 한 것은 구약성경의 내용과 다르다. 야곱이 묻힌 곳은 헷 사람 에브론에게서 아브라함이 산 마므레(=헤브론 ; 창 23 : 19) 앞 막벨라 밭 굴이었다(창 50 : 13). 세겜은 요셉이 묻힌 곳이다(수 24 : 32). 왜 이러한 착오가 생겼을까? 그것은 아마 8장에서 빌립이 사마리아에서 전도하는 것과 연결시키려고 한 것 때문인지 모른

다. 왜냐하면 세겜은 사마리아 땅에 위치해 있었기 때문이다(참고로 헤브론은 유대 땅에 있었다).

> [17]하나님이 아브라함에게 약속하신 때가 가까우매 이스라엘 백성이 애굽에서 번성하여 많아졌더니 [18]요셉을 알지 못하는 새 임금이 애굽 왕위에 오르매 [19]그가 우리 족속에게 교활한 방법을 써서 조상들을 괴롭게 하여 그 어린 아이들을 내버려 살지 못하게 하려 할새 [20]그때에 모세가 났는데 하나님 보시기에 아름다운지라 그의 아버지의 집에서 석 달 동안 길리더니 [21]버려진 후에 바로의 딸이 그를 데려다가 자기 아들로 기르매 [22]모세가 애굽 사람의 모든 지혜를 배워 그의 말과 하는 일들이 능하더라

[7:17-19] 이 단락에서 스데반의 설교는 요셉에서부터 모세로 넘어가고 있다. 성경 내용으로는 창세기에서 출애굽기로 넘어가는 것이다. 이곳에는 출애굽기 1장의 내용이 요약되어 있다. 스데반은 청중에게 '우리 족속'이라고 말함으로써 그들과 동일시하고 있으며 그들의 호감을 얻으려고 함을 알 수 있다. 애굽의 새 임금(=바로)은 '교활한 방법을 써서' 조상들을 괴롭게 했으며, 어린 아이들을 나일강에 버려 죽게 했다(출 1:22). 나일강은 죽음의 강이 되었다.

[7:20-22] 바로 이 시점에 모세가 태어난 것이다. 이것은 하나님의 섭리에 따른 것임을 말하려고 한다. 출애굽기 2장은 모세의 출생과 나일강에서의 구출에 대하여 흥미롭게 말해 주고 있다. 나일강은 죽음의 강에서 생명과 구원의 강으로 변하고 있다. 석 달 동안 유대 풍습에 따라 양육된 것으로 모세가 유대 전통을 아는 데 모자라지 않았음을 보이려 한다. 또한 모세가 바로의 딸에 의해 애굽 방식으로 훌륭하고 세련되게 양육된 것은 급변하게 될 모세의 운명을 말해 주려는 의도가 숨어 있다.

²³나이가 사십이 되매 그 형제 이스라엘 자손을 돌볼 생각이 나더니 ²⁴한 사람이 원통한 일 당함을 보고 보호하여 압제받는 자를 위하여 원수를 갚아 애굽 사람을 쳐 죽이니라 ²⁵그는 그의 형제들이 하나님께서 자기의 손을 통하여 구원해 주시는 것을 깨달으리라고 생각하였으나 그들이 깨닫지 못하였더라 ²⁶이튿날 이스라엘 사람끼리 싸울 때에 모세가 와서 화해시키려 하여 이르되 너희는 형제인데 어찌 서로 해치느냐 하니 ²⁷그 동무를 해치는 사람이 모세를 밀어뜨려 이르되 누가 너를 관리와 재판장으로 우리 위에 세웠느냐 ²⁸네가 어제는 애굽 사람을 죽임과 같이 또 나를 죽이려느냐 하니 ²⁹모세가 이 말 때문에 도주하여 미디안 땅에서 나그네 되어 거기서 아들 둘을 낳으니라

[7 : 23-25] 모세의 일생은 사십 년을 단위로 나뉘고 있다. '사십'이라는 숫자는 여기에서 중요한 준비 기간을 의미하고 있다. 처음 사십 년은 애굽 왕궁에서 애굽 교육을 받으며 호화롭게 살았지만, 두 번째 사십 년은 도망자의 신분으로 전락하고 있다. 사십 세가 되었을 때, 모세는 자기 백성을 돌볼 마음을 가지고 원통한 일을 당하는 이스라엘 형제를 도와주려 하다가 애굽 사람을 쳐 죽이는 결과를 낳았다. 25절에서 스데반은 그와 같은 모세의 행위가 하나님께서 자기의 손을 통해 이스라엘 백성을 구원해 주시려고 한 것이라고 보고 있다. 이와 같은 해석은 스데반의 입을 빌려 누가가 덧붙인 것이다. 출애굽기에는 이러한 내용이 나오지 않기 때문이다.

[7 : 26-29] 이러한 모세의 노력은 이스라엘 백성의 이해를 얻지 못하였다. 이스라엘 형제끼리 싸우는 것을 화해시키려고 하다가 오히려 원망을 듣게 된다. 억울한 일을 당한 이스라엘 형제를 도우려다 모세가 오히려 억울한 처지로 내몰리게 되었고, 싸우는 이스라엘 형제들을 화해시키려 하다가 오히려 원망만 듣고 궁지로 내몰리는 처지가 되었다. 그는 두려움에 휩싸여 애굽을 떠날 수밖에 없게 되고 도망자로 살아가게 된다. 미디안 땅에서 나그네가 되었지

만 아들 둘을 낳았다. 이것은 하나님의 은총이 고난 중에도 함께하고 있음을 보여 주는 것이다.

> ³⁰사십 년이 차매 천사가 시내산 광야 가시나무 떨기 불꽃 가운데서 그에게 보이거늘 ³¹모세가 그 광경을 보고 놀랍게 여겨 알아보려고 가까이 가니 주의 소리가 있어 ³²나는 네 조상의 하나님 즉 아브라함과 이삭과 야곱의 하나님이라 하신대 모세가 무서워 감히 바라보지 못하더라 ³³주께서 이르시되 네 발의 신을 벗으라 네가 서 있는 곳은 거룩한 땅이니라 ³⁴내 백성이 애굽에서 괴로움 받음을 내가 확실히 보고 그 탄식하는 소리를 듣고 그들을 구원하려고 내려왔노니 이제 내가 너를 애굽으로 보내리라 하시니라 ³⁵그들의 말이 누가 너를 관리와 재판장으로 세웠느냐 하며 거절하던 그 모세를 하나님은 가시나무 떨기 가운데서 보이던 천사의 손으로 관리와 속량하는 자로서 보내셨으니 ³⁶이 사람이 백성을 인도하여 나오게 하고 애굽과 홍해와 광야에서 사십 년간 기사와 표적을 행하였느니라

[7 : 30-34] 또 다른 사십 년의 주기가 시작되고 있다. 나이가 80세 되었을 때 모세는 새로운 소명을 받게 된다. 출애굽기 3장에 나오는 대로, 떨기나무 불꽃 가운데서 임재하신 하나님에 관한 유명한 이야기를 통해 모세의 소명 장면이 기록되고 있다. 스데반이 불꽃 가운데서 임재하신 하나님의 이야기를 비교적 상세하게 기록하고 있는 이유는 모세의 소명이 하나님께로부터 온 것이라는 유대교 전승을 공유하고 있다는 것을 보여 주려는 한편, 성전이 아닌 다른 곳, 즉 시내 광야에서 하나님이 나타나셨다는 것을 은연중 보여 주려는 것이라고 생각된다. 왜냐하면 앞 장에서 자유민들이 스데반을 고소한 중요한 이유 중의 하나가 성전을 모독하는 것과 관련되어 있기 때문이다(6 : 13-14 참조).

하나님을 만난 모세는 무서워 하나님을 감히 바라보지 못한다. 하나님 앞

에서 두려워하지 않을 인간은 아무도 없다. 모세가 두려워한 또 한 가지 이유는 사십 년 동안 하나님의 뜻을 찾지 못하고 평범하게 살기로 했던(29절의 "아들 둘을 낳으니라" 참조) 그의 삶에 하나님이 직접 찾아오셨기 때문이었을 것이다. 하나님은 모세에게 "네 발의 신을 벗으라."는 명령을 내리며 그를 성별하고 있다. 그리고 애굽에서 탄식하는 이스라엘 백성의 소리를 하나님이 듣고, 모세를 애굽으로 보내겠다고 하신다. 모세를 부르는 이 장면은 출애굽 사건이 실질적으로 시작하는 시점이다. 그리고 이를 통해 우리가 알게 된 것은 출애굽 사건을 주도한 이는 모세가 아니라 바로 하나님이셨다는 것이다.

[7 : 35-36] 이제 애굽에서 이스라엘 사람들이 "누가 너를 관리와 재판장으로 우리 위에 세웠느냐?"(7 : 27)고 하면서 모세를 격하시키던 말이 사실로 판명되고 있다. 그렇게 하신 분은 바로 하나님이셨다. 여기에서는 '관리와 속량하는 자'로 수정되고 있다. '관리'는 백성의 지도자/영도자라는 의미이며, '속량하는 자'란 이스라엘을 애굽에서 구원해 내는 자라는 의미로 사용되었다. 모세는 사십 년간 애굽과 홍해와 광야에서 기사와 표적을 행함으로 그에게 주어진 소명을 감당할 수 있었다. '기사와 표적'을 행하는 것은 누가복음에서는 예수에게, 사도행전에서는 사도들에게 뒤따르는 일이었음을 상기할 필요가 있다. 모세는 이를 통해 선지자 반열에 들게 된 것으로 볼 수 있다.

> [37]이스라엘 자손에 대하여 하나님이 너희 형제 가운데서 나와 같은 선지자를 세우리라 하던 자가 곧 이 모세라 [38]시내산에서 말하던 그 천사와 우리 조상들과 함께 광야 교회에 있었고 또 살아 있는 말씀을 받아 우리에게 주던 자가 이 사람이라 [39]우리 조상들이 모세에게 복종하지 아니하고자 하여 거절하며 그 마음이 도리어 애굽으로 향하여 [40]아론더러 이르되 우리를 인도할 신들을 우리를 위하여 만들라 애굽 땅에서 우리를 인도하던 이 모세는 어떻게 되었는지 알지 못하노라 하고 [41]그때에 그들이 송아지를 만들어 그 우상 앞에 제

사하며 자기 손으로 만든 것을 기뻐하더니 [42]하나님이 외면하사 그들을 그 하늘의 군대 섬기는 일에 버려두셨으니 이는 선지자의 책에 기록된바 이스라엘의 집이여 너희가 광야에서 사십 년간 희생과 제물을 내게 드린 일이 있었느냐 [43]몰록의 장막과 신 레판의 별을 받들었음이여 이것은 너희가 절하고자 하여 만든 형상이로다 내가 너희를 바벨론 밖으로 옮기리라 함과 같으니라

[7:37-38] 하나님은 모세를 통해 '나와 같은 선지자'를 세울 것을 약속하였는데, '나와 같은 선지자'는 바로 예수 그리스도였다(3:22 참조). 그렇다면 모세는 예수의 증인인 셈이다. 38절에서는 세 가지 각각 다른 사건과 관련하여 모세를 부각시킨다. 모세와 '시내산에서 말하던 천사'는 떨기나무 불꽃 가운데서 나타난 '주의 소리'를 가리키고, "우리 조상들과 함께 광야 교회에 있었다"는 것은 이스라엘 백성이 광야에서 사십 년을 지낸 것을 가리키며, 그리고 '살아 있는 말씀을 받아 우리에게 주던'이란 말은 시내산에서 받은 율법을 가리킨다. 그런데 여기에서 이스라엘 백성의 광야 시기를 '광야 교회'로 본 것은 광야기를 방황기로 보지 않고 가나안을 찾아가는 순례기로 보고 있음을 알 수 있다. 이스라엘의 광야 역사를 긍정적으로 평가하고 있는 대목이다. 이를 통해 청중인 이스라엘 사람들의 호감을 얻을 수 있었을 것이다.

[7:39-43] 이곳에서부터 이스라엘 백성을 자극할 수 있는 내용이 등장한다. '우리 조상들'(아직도 일인칭 복수를 사용하고 있음에 유의하라.)이 모세의 말에 복종하지 않고 애굽을 동경하며, 아론더러 그들을 인도할 신(=우상)을 만들어 달라고 요구하였다고 지적한다. 이것은 모세가 시내산에 십계명과 율법을 받으러 올라갔을 때 일어난 일이다(출 32장 참조). 여기에서 스데반은 참 인도자를 거부하고 우상을 따르려고 했던 이스라엘 백성의 어리석음을 폭로함으로써 '우리 조상'을 소중하게 생각하던 청중들을 자극하고 있다. 모세를 버린 것은 결국 하나님을 버린 것과 마찬가지다. 하나님을 경배하지 않고 우상에

게 제사를 드린 이야기를 통해 참 예배와 거짓 예배의 문제를 떠올리게 했으며, 결국 이것은 성전 예배를 주장하는 이스라엘 청중과 예수 그리스도를 경배하고 있는 그리스도인 집단 사이에 잠재적 갈등을 유발시키는 것이다.

하나님은 우상을 따르기로 한 이스라엘 백성을 외면하였다고 하면서, 그들이 하늘 군대, 즉 별신들(star gods)을 섬기도록 방치하였다고 말한다. 여기에 인용되고 있는 구약성경은 아모스 5 : 25~27이다. 아모스서를 인용하여 "너희가 광야에서 사십 년간 희생과 제물을 내게 드린 일이 있었느냐?"라고 묻고 있다. 이 질문은 부정적인 대답을 상정하고 있다. 이스라엘 백성이 광야에서 하나님께 참된 예배를 드리지 못했으면서도 "몰록의 장막과 신 레판의 별을 받들었다."고 질책하고 있다. 몰록과 레판은 칠십인역에 나오는 이름이며, 구약성경의 히브리어 본문에는 식굿과 기윤으로 나온다. 몰록은 가나안 지방에서 섬기는 태양신의 이름이며, 레판은 이집트 신 레파의 이름일 것으로 추정한다. 정확한 의미가 어찌 되었든, 이스라엘 백성이 참 신이신 하나님 대신 우상을 숭배했다는 점을 지적하고 있다. 이러한 죄 때문에 이스라엘 백성은 바벨론에 사로잡혀 가게 되었던 것이다.

> [44]광야에서 우리 조상들에게 증거의 장막이 있었으니 이것은 모세에게 말씀하신 이가 명하사 그가 본 그 양식대로 만들게 하신 것이라 [45]우리 조상들이 그것을 받아 하나님이 그들 앞에서 쫓아내신 이방인의 땅을 점령할 때에 여호수아와 함께 가지고 들어가서 다윗 때까지 이르니라 [46]다윗이 하나님 앞에서 은혜를 받아 야곱의 집을 위하여 하나님의 처소를 준비하게 하여 달라고 하더니 [47]솔로몬이 그를 위하여 집을 지었느니라 [48]그러나 지극히 높으신 이는 손으로 지은 곳에 계시지 아니하시나니 선지자가 말한 바 [49]주께서 이르시되 하늘은 나의 보좌요 땅은 나의 발등상이니 너희가 나를 위하여 무슨 집을 짓겠으며 나의 안식할 처소가 어디냐 [50]이 모든 것이 다 내 손으로 지은 것이 아니냐 함과 같으니라

[7 : 44-47] 잘못된 몰록의 장막 대신 하나님이 명하여 만든 증거의 장막을 소개한다. 그것은 광야에서 이스라엘 백성이 하나님을 예배하기 위해 만들도록 한 회막이다. 그 장막은 다윗 때까지 이르게 되었다. 다윗 때에 비로소 새로운 하나님의 처소, 즉 성전을 지으려고 계획하게 된다. 그러나 그러한 계획은 솔로몬에 의해 이루어졌다. 이에 관한 자세한 내용은 스데반의 설교 주제에서 벗어나기 때문에 간략하게 취급되고 있다.

46절에는 본문비평의 문제가 있다. 일부 사본에는 개역성경의 본문과 같이 '야곱의 집을 위하여'라고 기록되어 있고, 다른 사본에는 '야곱의 하나님을 위하여'로 기록되어 있다. 후자보다는 전자를 지지하는 사본의 비중이 크며, 의미적으로 볼 때도 후자보다는 전자가 더 적절하다고 판단된다. 그렇다면 '야곱의 집을 위한 하나님의 처소'라는 것은 무엇을 의미할까? 그것은 야곱의 후손인 이스라엘 백성을 위한 하나님의 처소라는 의미라고 본다. 야곱의 이름이 이스라엘로 바뀐 것에 유의할 필요가 있다(창 32 : 28 참조).

[7 : 48-50] 그러나 하나님은 사람이 지은 처소에 계시지 않는다고 말한다. 이는 유대인 청중을 자극할 수 있는 발언이다. 성전을 모독하는 것으로 비쳐질 수 있기 때문이다. 하나님이 성전에 계시지 않는다면 왜 성전이 필요했을까? 정말 하나님은 성전과는 무관한 분이셨을까? 여기에서 의미하는 바는 성전의 무용론이 아니라 하나님을 '사람의 손으로 지은' 성전에만 가두어 두려는 생각이 잘못되었음을 말하려는 것이다. 하나님은 천지의 창조주요 우주의 주재이시기 때문에, 아무리 성전이 거룩하고 아름답다고 하더라도 그곳에만 거하는 것으로 보는 것은 잘못된 것이다. 하나님은 성전에도 계시지만, 다른 어느 곳에도 계신 분이다. 참된 예배의 문제가 여기에서는 장소의 문제로 초점이 바뀌고 있다. 스데반의 설득력 있는 설교에도 불구하고, 이러한 주장은 과감하게 비쳐질 수 있었고, 결국 이스라엘 청중에게 성전모독죄라는 빌미를 제공하게 되었다.

⁵¹목이 곧고 마음과 귀에 할례를 받지 못한 사람들아 너희도 너희 조상과 같이 항상 성령을 거스르는도다 ⁵²너희 조상들이 선지자들 중의 누구를 박해하지 아니하였느냐 의인이 오시리라 예고한 자들을 그들이 죽였고 이제 너희는 그 의인을 잡아 준 자요 살인한 자가 되나니 ⁵³너희는 천사가 전한 율법을 받고도 지키지 아니하였도다 하니라

[7 : 51-53] 이제까지 스데반은 이스라엘 청중에게 '우리 조상/족속'이라는 용어를 사용하면서 그들과 동일시하면서 호감을 얻고자 했다. 또 이스라엘 백성이 과거에 잘못 행한 역사가 있었음을 말하면서 그들을 자극하는 말을 하였지만 도를 넘지는 않으려고 했다. 그러나 이제 이곳에서는 비로소 직접적으로 이스라엘 청중을 공격하기 시작한다. 스데반의 공격은 날카롭고 직선적이며 도발적이다. 첫째, 목이 곧은 교만하고 고집 센 백성이라고 공격한다. 둘째, 할례를 중시하는 이스라엘에게 마음과 귀에 "할례를 받지 못하였다."고 비꼰다. 그것은 사도들의 말을 듣지 않는 것을 비판하는 것이다. 셋째, 이스라엘 청중을 향해 '너희 조상과 같이' 그들 역시 항상 성령을 거스른다고 정죄한다. 이제까지 '우리 조상'이라고 말하던 것에서부터 '너희 조상'으로 대상화하면서 심판하고 있다. 넷째, 선지자들이 예언한 '그 의인', 즉 예수를 죽음으로 내몰았다고 일격을 가한다. 다섯째, 결론적으로 그들이 그렇게 떠받드는 율법을 지키지 않았다고 궁지로 몰아붙인다. 이러한 공격은 율법 자체에 대한 것이 아니다. 오히려 율법을 지키지 않은 이스라엘 사람들에 대한 비판일 뿐이다.

⁵⁴그들이 이 말을 듣고 마음에 찔려 그를 향하여 이를 갈거늘 ⁵⁵스데반이 성령 충만하여 하늘을 우러러 주목하여 하나님의 영광과 및 예수께서 하나님 우편에 서신 것을 보고 ⁵⁶말하되 보라 하늘이 열리고 인자가 하나님 우편에 서신 것을 보노라 한대 ⁵⁷그들이 큰 소리를 지르며 귀를 막고 일제히 그에게 달려

들어 [58]성 밖으로 내치고 돌로 칠새 증인들이 옷을 벗어 사울이라 하는 청년의 발 앞에 두니라 [59]그들이 돌로 스데반을 치니 스데반이 부르짖어 이르되 주 예수여 내 영혼을 받으시옵소서 하고 [60]무릎을 꿇고 크게 불러 이르되 주여 이 죄를 그들에게 돌리지 마옵소서 이 말을 하고 자니라 [1a]사울은 그가 죽임 당함을 마땅히 여기더라

[7 : 54-56] 그러나 이스라엘 청중은 받아들이지 못했다. 스데반의 말을 듣고 마음에 찔림을 받았지만 분노로 인해 치를 떨었을 뿐이다. '마음에 찔림'이 회개로 이어지지는 못했다. 스데반은 청중의 반응에는 아랑곳하지 않고 하늘 보좌와 하나님 우편에 서신 예수를 본다고 증언하고 있다. 이 말을 듣자 결국 이스라엘 청중은 폭발하고 말았다. 이러한 언급은 신성모독죄에 해당되기 때문이다. 이스라엘 백성은 예수를 죄인으로 정죄하여 십자가에 못 박아 죽였는데, 이 예수가 하나님 우편에 앉아 있다고 증언하는 것은 참을 수 없는 일이었을 것이다.

[7 : 57-8 : 1a] 이스라엘 사람들은 율법에 규정된 대로 신성모독죄는 돌로 쳐 죽임이 마땅하다고 생각했다. 그들은 이러한 중죄가 산헤드린의 재판 절차를 필요로 하지 않는다고 보았다. 진지하게 생각해 볼 겨를도 없었다. "큰 소리를 지르며, 귀를 막고, 일제히 그에게 달려들어, 성 밖으로 내치고, 돌로 쳤다." 여기서 우리는 충동적이며 군중심리에 동요된 집단을 볼 수 있을 뿐이다.

그러나 사람을 죽이는 일은 증인을 필요로 했다. 증인들은 옷을 벗어 사울이라는 청년의 발 앞에 두었다. 여기서 사울은 후에 사도가 된 바울을 의미한다. 이로 보건대, 사울은 일정한 권한을 위임받았거나 권위를 가진 신분이 높은 사람이었음을 암시한다. 사울은 스데반의 죽음이 율법대로 처단된 것으로 보고 당연하게 받아들이고 있다.

스데반은 여러 면에서 예수 그리스도와 닮은꼴로 제시되고 있다는 점에 주목하게 된다. 앞에서 산헤드린의 심문을 받은 것이나(행 6 : 12 ; 7 : 1), 거짓 증인의 모함을 받은 것이나(행 6 : 13), 성전 파괴에 대한 증언이나(행 6 : 14), 인자에 관한 말을 하고 있는 것이나(행 7 : 56), 신성모독 혐의에 관한 것이나(행 6 : 11), 대제사장의 심문(행 7 : 1) 모두 복음서에서 예수에게 행해진 것과 유사하다. 또한 이곳에서 보는 것처럼 큰 소리로 부르짖는 것이나, 영혼을 하나님께 의탁하는 것이나, 대적자들을 용서하는 말을 하는 것 등 역시 예수의 경우와 동일하다. 이로 보건대, 누가가 얼마나 스데반을 중요하게 취급하고 있는가를 알 수 있다. 스데반은 예루살렘 교회의 최초의 순교자였으며, 그의 순교를 기점으로 복음이 다른 지역으로 확산되는 계기를 마련해 주고 있다.

설교를 위한 묵상 : "스데반을 닮자!"(7 : 54-8 : 1a)

"울지 마 톤즈"로 알려진 고 이태석 신부는 의사가 될 수 있는 사람이었는데, 가난하고 어려운 사람들을 돕기 위해 신부가 되어 아프리카 수단에서 8년 동안 사역하다가 대장암에 걸려 49세에 죽었다. 그는 10남매 중 아홉째로 태어났는데, 10살 때 아버지가 돌아가시고 홀어머니 밑에서 성장했다. 그의 어머니는 공부도 잘하고 장래가 보장된 이태석 신부가 신학교를 간다고 했을 때 한사코 말렸다고 한다. 그러나 그의 결심은 확고했다. 그의 어머니는 아들이 좋아하는 일을 막을 수 없었다.
이태석 신부가 중학교 3학년 때 지었다는 노래 가사가 있다.
"십자가 앞에 꿇어 주께 물었네 추위와 굶주림에 시달리는 이들 총부리 앞에서 피를 흘리며 죽어 가는 이들을 왜 당신은 보고만 있냐고 눈물을 흘리면서 주께 물었네 세상엔 죄인들과 닫힌 감옥이 있어야만 하고 인간은 고통 속에서 번민해야 하느냐고 조용한 침묵 속에서 주 말씀하셨지 사랑, 사랑, 사랑 오직 서로 사랑하라고 난 영원히 기도하리라 세계 평화 위해 난 사랑하리라 내 모든 것 바쳐"

그는 이러한 생각을 어릴 때부터 가졌고, 그 때문에 죽기까지 사랑의 봉사를 할 수 있었다.

스데반은 사도행전에서 최초의 순교자로 기록되고 있다. 그처럼 당당하고 강한 믿음을 가진 자가 있을까? 그는 어느 시대, 어느 나라, 어떤 사람에게도 신앙의 모범이 되고 있다. 스데반은 어떻게 그런 삶을 살 수 있었을까? 그것은 그가 예수님을 본받았기 때문이다. 스데반은 여러 면에서 예수 그리스도와 닮은꼴이다. 그는 예수님처럼 산헤드린에서 심문을 받았고(행 6 : 12 ; 7 : 1), 거짓 증인의 모함을 받았으며(행 6 : 13), 성전 파괴에 대하여 증언하였고(행 6 : 14), 신성모독 혐의를 받았으며(행 6 : 11), 대제사장의 심문을 받았다(행 7 : 1). 얼마나 예수님을 따라 살고자 했으면 그분의 전철을 그대로 밟게 되었을까?

그렇다면 우리는 어떠한가? 왜 우리는 스데반처럼 되지 못하는 것일까? 그것은 스데반처럼 예수님을 본받아 헌신적인 삶을 살고자 하는 결단과 그에 따른 실천을 하지 못하기 때문이다. 스데반 역시 우리와 성정이 같은 사람이었다. 스데반을 경원시할 것이 아니다. 스데반이 예수님을 본받아 살았다면, 우리 역시 스데반을 닮을 수 있는 것이다. 스데반이 성령에 충만하여 환상을 본 것처럼, 우리도 신앙의 순수함을 잃지 않고 나아갈 수 있어야 한다. 스데반이 돌로 맞으면서도 돌로 치는 자들을 용서한 것과 같이, 우리도 사랑과 용서의 삶을 우리의 일상에서 실천하며 살아야 하겠다.

스데반의 삶은 예수님의 삶처럼 겉으로는 실패로 끝난 것처럼 보였다. 바르게 신앙 생활을 하려는 사람에게 고난과 박해가 닥칠 때 우리는 하나님을 원망하거나 불평하기 십상이다. 그러나 하나님의 섭리는 어떠했는가? 예루살렘 교회에 불어 닥친 큰 박해의 결과, 오히려 하나님의 복음이 온 유대와 사마리아 지방으로 전파되지 않았던가!(8 : 1b-5) 그것은 사도행전 1 : 8의 명령이 이루어지는 과정이었다. 여기서 한 사람의 헌신과 희생으로 인해 귀한 열매를 거두게 되는 하나님의 섭리를 보게 된다(요 12 : 24 참조).

3. 예루살렘 교회의 박해(8 : 1b-3)

^{1b}그날에 예루살렘에 있는 교회에 큰 박해가 있어 사도 외에는 다 유대와 사마리아 모든 땅으로 흩어지니라 ²경건한 사람들이 스데반을 장사하고 위하여 크게 울더라 ³사울이 교회를 잔멸할새 각 집에 들어가 남녀를 끌어다가 옥에 넘기니라

[8 : 1b-3] 스데반의 순교는 모든 것을 바꿔 놓았다. 예루살렘 교회는 큰 박해를 받게 되었다. 이제까지는 박해가 있었다 해도 경고와 위협 정도였으며, 더 심하면 사도들 일부를 감옥에 가두는 데 그쳤다. 그러나 스데반의 순교는 유대 지도자들이나 교회 모두에게 큰 사건이었다. 유대 지도자들은 특단의 조치를 필요로 했을 것이다. 그 결과 사도들을 제외한 모든 그리스도인들이 예루살렘을 떠나야 하는 상황을 맞았던 것이다. 사도들이 제외된 것은 그들을 존경하는 백성들을 두려워하여 유보한 것으로 볼 수 있다. 이렇게 모든 성도들이 예루살렘 밖의 온 유대와 사마리아 여러 곳으로 흩어지게 되었다. 이로써 사도행전 1 : 8의 명령이 강제적으로 진척되고 있음을 보게 된다.

그러나 스데반의 죽음은 불명예스럽게 끝나지 않았다. 경건한 사람들이 스데반을 장사하고, 모든 사람들이 들을 수 있는 큰 소리로 애곡하였다. 여기에서 경건한 사람들이 누구였는지, 어떻게 박해를 피해 남아 있었는지 (또는 흩어지기 전에 장사 지냈는지) 알 수는 없다. 정작 중요한 것은 스데반의 경우, 아나니아와 삽비라의 죽음과는 다르게 장례 절차를 어느 정도 밟았다는 것이다.

이 시점에서 사울의 박해가 계속되고 있음을 다시 한번 언급하고 있다. 이는 앞의 언급들(7 : 58 ; 8 : 1a)과 함께 9장 이후에 본격적인 바울의 이야기가 시작될 것을 예고해 주는 기능을 하기도 한다. 사울은 확신을 가지고 교회를 핍박하는 일에 열심을 다한다. 적극적으로 가택 수색까지 하면서 남녀를 불문하고 잡아들여 감옥에 가두었다. 그러나 사울의 이러한 노력도 하나님이 행하시는 성령의 역사를 막지는 못한다.

H. 빌립의 전도활동(8:4-40)

1. 사마리아 전도(8:4-25)

[4]그 흩어진 사람들이 두루 다니며 복음의 말씀을 전할새 [5]빌립이 사마리아 성에 내려가 그리스도를 백성에게 전파하니 [6]무리가 빌립의 말도 듣고 행하는 표적도 보고 한마음으로 그가 하는 말을 따르더라 [7]많은 사람에게 붙었던 더러운 귀신들이 크게 소리를 지르며 나가고 또 많은 중풍병자와 못 걷는 사람이 나으니 [8]그 성에 큰 기쁨이 있더라

[8:4-8] 일곱 일꾼 중에 속하는 사람 중에서 스데반과 빌립이 두드러지는 활동을 보여 주고 있는데, 7장의 스데반에 이어 8장에서는 빌립이 주인공으로 등장한다. 그렇다면 사도행전은 1~6장에서 사도들이 중심적인 활동을 보여 주고, 7~8장은 일곱 일꾼의 중심적인 활동을 보여 준다고 하겠다.

스데반의 순교로 인하여 촉발된 대박해로 말미암아 많은 그리스도인들이 흩어져 곳곳에서 복음을 전하게 되었다. 그런 사람들 가운데 유독 이곳에서는 빌립에 주목하고 있다. 빌립은 모든 전도자들의 대표자로 묘사된다고 보아도 좋을 것이다. 이는 사도들 이외에도 효과적인 전도활동을 한 사람들이 많이 있었음을 시사하는 것이다.

빌립은 사마리아 성에서 복음을 전하였다. 사마리아는 유대에 인접한 곳으로 그곳 사람들은 유대인과의 관계가 좋지 않았다. 유대인들은 사마리아인을 혼혈이라고 낮추어 보았다. 사마리아인은 정통 유대교가 아닌 분파적인 유대교로 분류되고 있었다. 사마리아는 유대교로부터 차별을 받고 소외된 지

역으로 볼 수 있다. 이러한 곳에도 복음이 전해지게 된 것이다. 복음은 인종적, 종교적, 지리적 차별을 넘어서고 있다. 그러나 사마리아 선교가 곧바로 이방인 선교를 의미한 것은 아니다. 사마리아는 유대교 영역 안에 있다고 보아야 하기 때문이다.

사마리아 사람들은 빌립이 그리스도에 관해 하는 말(=복음)을 들을 뿐만 아니라 그가 행하는 표적도 보게 되었다. 그리고 빌립의 전도에 감동하고 변화를 보였다. 그 결과 많은 치유 기적이 일어나게 된 것을 볼 수 있다. 축귀 기적과 치유 기적은 복음서에서 예수께서 행한 대표적인 기적들이며 사도행전에서 사도들도 행한 기적인데, 빌립이 사마리아에서 똑같이 행하고 있다. 모든 사람들이 크게 기뻐한 것은 당연한 일이었다.

> [9]그 성에 시몬이라 하는 사람이 전부터 있어 마술을 행하여 사마리아 백성을 놀라게 하며 자칭 큰 자라 하니 [10]낮은 사람부터 높은 사람까지 다 따르며 이르되 이 사람은 크다 일컫는 하나님의 능력이라 하더라 [11]오랫동안 그 마술에 놀랐으므로 그들이 따르더니 [12]빌립이 하나님 나라와 및 예수 그리스도의 이름에 관하여 전도함을 그들이 믿고 남녀가 다 세례를 받으니 [13]시몬도 믿고 세례를 받은 후에 전심으로 빌립을 따라다니며 그 나타나는 표적과 큰 능력을 보고 놀라니라

[8 : 9–13] 빌립의 전반적인 사마리아 전도활동이 큰 반향을 불러일으키게 되자 유력한 사람들의 관심도 증폭되었다. 그중에 마술을 행하는 시몬이 등장하고 있다. 시몬은 사마리아에서 오랫동안 마술로 사람들에게 영향을 주었던 유명한 사람이었다. 그는 '큰 자'와 '하나님의 능력'으로 불렸다. 그가 후대 교부들이 언급한 마술사 시몬(Simon Magus)과 동일한 인물인지는 확실하지 않다. 사도행전에서도 그를 '마술사'란 칭호로 부르지는 않고 있다. 마술사 시몬은 영지주의를 주장한 사람으로 알려져 있는데, 사도행전에서 영지주의

색채는 나타나지 않는다.

　시몬은 사마리아 사람들에게 신적 존재로 인식되었던 것 같다. '큰 자'나 '하나님의 능력'이라는 칭호는 그것을 말해 준다. 후대에 기록된 사마리아 타르굼에 의하면, 사마리아에서는 하나님을 '능력'이나 '능력자'로 불렀다고 한다. 시몬의 마술적 능력 때문에 신분이 낮은 사람부터 신분이 높은 사람까지 모두 그의 권위에 복종하며 영향을 받은 것으로 나타난다. 시몬과 빌립은 능력을 행했다는 점에서 서로 비슷하였기 때문에 사마리아 사람들로서는 쉽게 구별하기 어려웠을지도 모른다.

　빌립에게는 하나님 나라와 예수 그리스도의 이름에 관하여 전도하는 것이 기적을 행하는 것보다 우선이었다. 그 결과 사마리아 사람들이 복음을 받아들이고 남자와 여자를 막론하고 모두 세례를 받았다. 이러한 와중에 시몬도 믿고 세례를 받았다. 이후에 나오는 내용으로 볼 때(8 : 18-21), 시몬이 정말 진심으로 예수 그리스도를 구주로 믿고 세례를 받았다고 보기 어렵다. 특히 시몬은 다른 사마리아 사람들처럼 성령을 받지 못했다(17절 참조). 그렇다면 짐작컨대 시몬은 다른 사람들이 모두 믿고 세례를 받는 것을 보고 피상적으로 따라 한 것으로 볼 수 있다. 그럼에도 불구하고 이곳에서 시몬이 믿고 세례를 받았다고 기록한 이유는 무엇일까? 그것은 아마도 그 당시의 유명한 사람이나 종교인도 기독교에 관심을 가지고 개종할 수 있었다는 점을 나타내려 한 것이 아닌가 생각된다.

　시몬은 세례까지 받고 열심히 빌립을 따라다녔다. 그러면서 빌립을 통해 나타나는 표적과 큰 능력을 보고 놀라게 된다. 시몬은 자신의 마술에 사람들이 놀라는 것과 자신이 빌립의 표적을 보고 놀라는 것의 차이를 알고 있었을 것이다. 시몬의 관심은 내심 빌립의 능력에 있었다. 그래서 빌립의 호의를 얻고자 세례를 받은 것인지도 모른다. 이후의 내용 전개를 보면, 이와 같은 시몬의 본심을 알 수 있다.

¹⁴예루살렘에 있는 사도들이 사마리아도 하나님의 말씀을 받았다 함을 듣고 베드로와 요한을 보내매 ¹⁵그들이 내려가서 그들을 위하여 성령 받기를 기도하니 ¹⁶이는 아직 한 사람에게도 성령 내리신 일이 없고 오직 주 예수의 이름으로 세례만 받을 뿐이더라 ¹⁷이에 두 사도가 그들에게 안수하매 성령을 받는지라 ¹⁸시몬이 사도들의 안수로 성령 받는 것을 보고 돈을 드려 ¹⁹이르되 이 권능을 내게도 주어 누구든지 내가 안수하는 사람은 성령을 받게 하여 주소서 하니 ²⁰베드로가 이르되 네가 하나님의 선물을 돈 주고 살 줄로 생각하였으니 네 은과 네가 함께 망할지어다 ²¹하나님 앞에서 네 마음이 바르지 못하니 이 도에는 네가 관계도 없고 분깃 될 것도 없느니라 ²²그러므로 너의 이 악함을 회개하고 주께 기도하라 혹 마음에 품은 것을 사하여 주시리라 ²³내가 보니 너는 악독이 가득하며 불의에 매인 바 되었도다 ²⁴시몬이 대답하여 이르되 나를 위하여 주께 기도하여 말한 것이 하나도 내게 임하지 않게 하소서 하니라 ²⁵두 사도가 주의 말씀을 증언하여 말한 후 예루살렘으로 돌아갈새 사마리아인의 여러 마을에서 복음을 전하니라

[8 : 14-17] 예루살렘에 남아 있던 사도들이 사마리아에도 복음이 전해진 것을 듣고 베드로와 요한을 대표자로 파견하고 있다. 파견의 목적은 무엇이었을까? 과연 이방인과 같은 사마리아에도 하나님의 은혜가 임했는지 확인하고자 한 것이었을까? 잘못된 것은 없는지 확인하고 지도하려고 한 것이었을까? 부족함이 있다면 채우려고 한 것이었을까? 어떤 경우였든지 예루살렘 교회가 복음 전도에 있어서 중심적인 역할을 한 것은 분명하다.

베드로와 요한이 사마리아로 내려가 한 일은 성령세례를 위한 것이었다. 빌립의 전도는 예수 그리스도의 이름으로 물세례만 받게 하는 것으로 끝났기 때문이었다. 이는 성령세례가 사도들을 통해서만 임할 수 있었음을 말해 주는 것인지도 모른다(4 : 31 ; 8 : 17 ; 10 : 44 ; 19 : 6 참조). 성경은 단순하게 두 사도가 안수할 때 성령이 임했다고 기록하고 있다. 안수는 성령세례에 필수

적인 것은 아니었지만(4 : 31 ; 10 : 44 참조), 유용한 수단이었다(19 : 6 참조).

[8 : 18-24] 시몬은 사도들이 안수하는 간단한 행위를 통해 성령이 임하는 것을 보고 그의 본심이 발동하게 된다. 그는 돈을 주고 이 능력을 살 수 있다고 생각하였다. 이것은 그가 돈을 주고 마술을 행하는 기술을 배웠다는(=샀다는) 것을 암시해 주는 듯하다. 시몬은 성령을 어떤 기술(여기서는 안수를 의미한다.)을 가지고 받을 수 있는 것으로 착각하였다. 시몬은 이 기술을 사서 많은 돈을 벌 욕심을 가지고 있었던 것으로 보인다.

베드로는 이런 시몬에 대해 격노하고 있다. 빌립과 달리 베드로는 시몬의 본심을 꿰뚫고 있다. 빌립은 시몬이 믿고 세례를 받고 그를 따르는 것을 용인하고 있었지만, 베드로는 시몬의 한마디에 모든 것을 간파해 버리고 있다. 하나님의 선물(=성령)을 돈을 주고 사려고 하는 시몬은 그의 탐욕과 함께 망할 것이라고 선언한다. 베드로는 무엇보다 시몬이 하나님 앞에서 순수한 마음을 가지고 있지 않음을 질책한다. 그리고 믿음의 도리와 전혀 관계가 없는 사람으로 내치고 있다.

베드로는 시몬이 회개하면 용서를 받을 수 있는 가능성이 있음을 말해 준다. 그러나 시몬이 악독이 가득하고 불의에 매인 바 된 영혼인 것을 동시에 폭로한다. 이러한 말을 들은 시몬은 이러한 저주에서 벗어나고자 베드로에게 간청하고 있다. 베드로에게 자신을 위하여 기도하여 이미 선언한 내용이 하나라도 자신에게 임하지 않게 해 달라고 부탁한다. 이것은 진실한 회개가 아니었다. 진실한 회개를 하기 원했다면 자신이 스스로 하나님께 매달려 기도했을 것이다.

[8 : 25] 시몬과의 문제를 정리한 후 베드로와 요한은 예루살렘으로 돌아갔다. 그러나 돌아가는 길에 사마리아 여러 마을을 돌며 복음을 전했다고 기록하고 있다. 이것은 빌립의 사역을 사도들이 추인하고 있음을 가리킨다. 특히 요한

의 경우는 남다른 의미가 있다. 한때 사마리아에 불을 내려 심판을 하기 원했던 요한(눅 9 : 54 참조)이었기 때문에, 베드로와 함께 요한이 사마리아에 복음을 전하게 된 것은 엄청난 변화를 보인 것이다. 비록 사도들의 추인을 받기는 했지만, 사마리아에 복음을 전한 최초의 사람은 빌립이었다. 사마리아 선교에 있어 빌립이 행한 역할은 사도들의 활동에도 불구하고 감소될 수 없다.

설교를 위한 묵상 : "과연 우리는 시몬과 다른가?"(8 : 14-25)

빌립은 스데반과 더불어 사도행전 7~8장에서 복음을 증언하는 중심인물이다. 그는 비록 열두 사도에 속하지는 않았지만, 사역에 있어서만은 사도에 버금갔다. 빌립은 사마리아에 복음을 전한 최초의 인물이었다. 그의 사역으로 인해 본격적인 이방인 선교의 준비를 갖추게 되었다. 그가 사마리아 전도에서 거둔 열매 중 하나가 마술사 시몬이었다.

시몬은 빌립의 전도를 받고 믿음을 가지게 되고 세례도 받았다(8 : 13). 빌립을 따라다니면서 많은 기적을 목격하기도 하였다. 그런데 놀라운 것은 그가 옛 행실을 온전히 버리지 못하고 있다는 것이다. 시몬은 한때 '신의 능력을 소유한 큰 자'로 선망의 대상이 되었던 마술사였다. 그는 유명인이었으며 그것을 즐겼던 사람이었다. 시몬은 빌립이나 베드로의 기적 행함을 보고 자신도 그렇게 할 수 있기를 간절히 바랐다. 그는 "제 버릇 남 못 준다."고 한 옛말처럼, 돈으로 그 능력을 사서라도 행사하고 싶어했다. 베드로는 이러한 생각을 악하다고 꾸짖으면서 회개할 것을 촉구한다.

우리는 신앙을 가지게 되면 모든 성품이 변화된다고 흔히 생각하는 경향이 있다. 그러나 과연 그러한가? 우리는 스스로 그리스도인이 되기로 결심할 때 세상의 모든 욕망과 명예를 버렸다고 생각한다. 그러나 실제로 신앙생활을 하면서 또다시 포장만 달리한 채 옛 욕심과 허영을 추구하고 있지는 않은가? 따지고 보면 오늘날 한국교회의 유명한 지도자들이 사회의 지탄을 받는 것 역시 모두 이러한 욕망에서 자유롭지 못해서 생긴 것이 아닌가?

그리스도인이 되었다고 금방 성품이 변화하는 것은 아니다! 그리스도인도 여전히 죄인이다. 다만 용서받은 죄인이며, 용서받아야 할 죄인이다. 모든 그리스도인은 오히려 우리가 가진 죄성과 약함을 늘 고백하며 죄에 빠지지 않도록 스스로를 성결하게 유지하도록 부단히 노력해야 할 뿐이다. 자랑할 것은 어디에도 없다. 오직 하나님의 은총만을 구할 뿐이다. 우리는 시몬이 제대로 믿음을 가지지 못했을 것이라고 생각하고, 그가 구원받지 못했을 것이라고 치부함으로써, 시몬과 우리 자신을 구별하려고 한다. 그러나 성경 본문은 시몬이 구원받지 못했다고 명시적으로 말하지 않는다. 오히려 본문은 우리 역시 시몬일 수 있다는 가능성을 열어 놓고 있다. 시몬은 특별히 우리와 다르지 않은 사람이다. 우리 역시 시몬처럼 세속적 욕망과 가치관에 깊이 뿌리내리고 있지 않은지 자신을 성찰하며 근신할 필요가 있다. 신앙은 순간적인 결단보다 지속적인 자기 포기를 의미한다.

2. 에티오피아 내시 전도(8 : 26-40)

²⁶주의 사자가 빌립에게 말하여 이르되 일어나서 남쪽으로 향하여 예루살렘에서 가사로 내려가는 길까지 가라 하니 그 길은 광야라 ²⁷일어나 가서 보니 에디오피아 사람 곧 에디오피아 여왕 간다게의 모든 국고를 맡은 관리인 내시가 예배하러 예루살렘에 왔다가 ²⁸돌아가는데 수레를 타고 선지자 이사야의 글을 읽더라 ²⁹성령이 빌립더러 이르시되 이 수레로 가까이 나아가라 하시거늘 ³⁰빌립이 달려가서 선지자 이사야의 글 읽는 것을 듣고 말하되 읽는 것을 깨닫느냐 ³¹대답하되 지도해 주는 사람이 없으니 어찌 깨달을 수 있느냐 하고 빌립을 청하여 수레에 올라 같이 앉으라 하니라 ³²읽는 성경 구절은 이것이니 일렀으되 그가 도살장에게로 가는 양과 같이 끌려갔고 털 깎는 자 앞에 있는 어린 양이 조용함과 같이 그의 입을 열지 아니하였도다 ³³그가 굴욕을 당했을 때 공정한 재판도 받지 못하였으니 누가 그의 세대를 말하리요 그

의 생명이 땅에서 **빼앗김이로다** 하였거늘 [34]그 내시가 빌립에게 말하되 청컨대 내가 묻노니 선지자가 이 말한 것이 누구를 가리킴이냐 자기를 가리킴이냐 타인을 가리킴이냐 [35]빌립이 입을 열어 이 글에서 시작하여 예수를 가르쳐 복음을 전하니 [36]길 가다가 물 있는 곳에 이르러 그 내시가 말하되 보라 물이 있으니 내가 세례를 받음에 무슨 거리낌이 있느냐 [37](없음) [38]이에 명하여 수레를 멈추고 빌립과 내시가 둘 다 물에 내려가 빌립이 세례를 베풀고 [39]둘이 물에서 올라올새 주의 영이 빌립을 이끌어 간지라 내시는 기쁘게 길을 가므로 그를 다시 보지 못하니라 [40]빌립은 아소도에 나타나 여러 성을 지나다니며 복음을 전하고 가이사랴에 이르니라

[8 : 26-28] 빌립이 두 번째로 벌인 구체적인 전도활동은 '주의 사자'의 지시에 의한 것이었다. 천사가 빌립에게 사마리아로부터 남쪽으로 향하여 가서 유대 땅 예루살렘에서 가사로 내려가는 길로 가라고 지시하고 있다. 그 길은 예루살렘에서 광야 길을 지나 서쪽 해변에 있는 가사로 내려가는 길을 가리킬 것이다.

빌립은 지시대로 즉시 일어나 갔다. 가사 근처에서 에디오피아 여왕 간다게의 고위 관리인 내시를 만나게 되었다. 에디오피아는 해변 길을 따라 아프리카의 이집트 남쪽에 있는 나라로서 고대 세계에서 '세상의 끝'에 있는 나라로 인식되기도 하였다. 에디오피아 사람들은 흑인이었기 때문에 동방에서는 신기하게 생각할 수 있는 인종이었다. '간다게'는 여왕의 이름이 아니라 이집트의 바로와 같이 '왕'(여기서는 여왕)을 의미하는 단어였다. 내시는 거세하는 것이 보통이었다. 특히 여왕을 섬기는 내시라면 더욱 그러했을 것이다. 이 내시는 간다게의 모든 국고를 관리하는 중책을 맡은 사람으로서 고위층이었다. 그가 수레를 타고 가고 있던 점이나 수행하고 있던 사람들이 있던 것으로 보아(38절의 "명하여 수레를 멈추고" 참조) 상당한 지위에 있었음을 보여 준다.

이 내시는 예루살렘에 예배하러 왔다가 돌아가는 길이었다고 기록하고

있다. 이방인으로서 예루살렘에 예배하러 왔다는 것은 얼른 이해가 안 된다. 그러나 그가 에디오피아에 살고 있던 유대인이라고 하기에는 아무 증거가 없다. 이렇게 소개하고 있는 것은 이방인 중에도 하나님을 경외하는 사람(God-fearer)이나 개종자(proselyte)가 존재한다는 것을 말하고자 한 것처럼 보인다. 에디오피아 사람들은 헬라어를 모르는 야만인(barbarians)으로 취급되었을 텐데, 그들에게도 복음이 전해진 것을 말하고자 한다. 이것은 기독교의 복음은 유대교와 달리 보편적인 복음이라는 점을 부각시킨다(사 56 : 1-8 참조). 그는 중요한 예언서인 이사야서를 읽던 중이었다.

[8 : 29-35] 여기서는 성령이 빌립에게 지시하고 있다. 천사는 중개자이지만 성령은 직접적으로 빌립에게 명령을 내린다. 그러나 천사와 성령은 별도로 움직이는 것이 아니라 서로 공조하고 있다고 보아야 할 것이다. 성령은 수레에 가까이 가라고 구체적으로 지시하고 있다. 그가 이방인이었기 때문에 빌립이 이방인을 접촉하는 것을 꺼릴 수가 있었을 것이다. 그가 신분이 높은 사람이었기 때문에 접근하는 것을 주저했을 것이다. 그러한 선입관과 장애물에 구애되지 않게 하려고 성령이 직접 지시를 내렸는지도 모른다.

빌립은 내시가 이사야서를 읽고 있는 것을 들었다. 고대 세계에서 '읽는다'는 것은 보통 소리를 내어 읽는 것을 의미했기 때문이다. 내시가 읽고 있던 구절은 이사야서 53 : 7~8에 나오는 '고난받는 종'에 대한 내용이었다. 빌립은 "읽는 것을 깨닫느냐?"고 자연스럽게 질문하며 접촉을 시도한다. 내시는 마침 그 내용이 궁금하던 차였고, '지도해 주는 사람'을 필요로 하고 있었다. 그리고 같이 수레에 오를 것을 청한다. 둘이 같이 앉을 만한 큰 수레였던 모양이다.

이사야서의 내용은 에디오피아 내시 이야기의 중심에 위치하고 있다. 인용문은 칠십인역을 따른 것이다. '고난받는 종'은 도살장에서 죽임을 당하는 양과 같이, 털 깎는 자 앞에 있는 어린 양같이 조용하게 운명을 받아들이고 있다. 그는 굴욕을 당하고, 불공정한 재판을 받았고, 죽임을 당했다. 내시는 이 이야기를 읽으면서(틀림없이 앞뒤 내용도 함께) 고난받는 종이 누구를 가리키는 것인지 궁금했던 것 같다. 후손도 없이 죽은 그의 처지가 거세당한 자신의 처지와 흡사해서 더 흥미를 가졌는지도 모른다.

빌립은 입을 열어(입을 열지 않은 어린 양과 대비된다.) 이사야 53 : 7~8에서부터 시작하여 예수를 가르쳤고 복음을 전했다. 고난받는 종은 바로 예수 그리스도에 대한 예언이었으니 자연스럽게 복음을 전할 수 있었을 것이다. 원래 고난받는 종은 이스라엘 백성을 가리키는 것이었지만, 당대의 사건이나 인물에 적용해서 해석하는 유대 전통을 따라 빌립도 여기에서 그렇게 하고 있다.

[8 : 36-39] 내시는 빌립의 전도를 받고 믿음이 생겼다. 그래서 가는 길에 물을 발견하자 거리끼지 않고 세례받기를 청하였다. 수행하던 사람들에게 수레를 멈추게 하고 빌립에게 세례를 받고 있다. 이러한 의식에 있어 두 사람 다 인종적인 문제, 신분, 지위 고하를 따지지 않는 모습이 보인다. 복음 앞에서 개방된 자유자로 다시 태어나고 있다.

두 사람이 세례(=침례)를 받고 물에서 올라올 때에 빌립은 갑자기 사라진다. 빌립을 내시에게 이끌었던 '주의 영'이 그를 다시 데려가고 있다. 이렇게 갑자기 사라지는 현상은 승천한 엘리야(왕하 2 : 11)나 예수(눅 24 : 51)를 연상하게 한다. 내시는 이러한 놀라운 일에 기쁨으로 반응을 보인다. 다른 한편으로 그는 자신이 이제 비로소 온전한 신자(=그리스도인)가 되었다는 사실로 인해 기뻐했다.

[8 : 40] 가사를 떠난 빌립은 아소도에 나타났다. 아소도(Azotus/Ashdod)는 가사 북쪽으로 해변 길을 따라 30km 정도 올라가는 곳에 있는 도시다. 그리고 계속하여 여러 고을에서 복음을 전하면서 가이사랴까지 올라간 것으로 보

도하고 있다. 아소도와 가이사랴 사이에는 얌니아, 안디바드리(행 23 : 31), 룻다, 욥바 등이 위치해 있었다. 그렇다면 빌립은 베드로에 앞서 해변에 있던 고을들을 전도한 선구자였다고 볼 수도 있다. 왜냐하면 바로 조금 후 베드로에 의한 고넬료의 회심 사건이 가이사랴와 욥바를 중심으로 일어나고 있기 때문이다(행 10장).

I. 사울의 회심과 초기 전도활동(9 : 1-31)

1. 사울의 회심(9 : 1-19a)

^{1}사울이 주의 제자들에 대하여 여전히 위협과 살기가 등등하여 대제사장에게 가서 ^{2}다메섹 여러 회당에 가져갈 공문을 청하니 이는 만일 그 도를 따르는 사람을 만나면 남녀를 막론하고 결박하여 예루살렘으로 잡아 오려 함이라

[9 : 1-2] 스데반의 순교 장면에서 잠시 나왔던(7 : 58 ; 8 : 1a, 3) 사울이 빌립에 관한 에피소드가 끝나자 본격적으로 다시 등장하고 있다. 빌립은 이후 사라졌다가 21 : 8에 가서 잠시 언급된다. 이러한 기교는 사울을 소개하는 장면에서도 사용되고 있다. 앞에서 언급되었던 박해자로서의 사울의 모습('위협과 살기가 등등한')이 재차 서술되고 있으며, 이것에 더하여 예루살렘을 벗어난 지역에서의 활동을 효과적으로 하기 위하여 대제사장의 공문을 요청하고 있는 장면이 나온다. 당시 대제사장은 종교적인 문제에 관하여 로마 총독으로부터 독자적인 권위를 허락받고 있었다. 복음을 '그 도'(the Way)로 표현한 것은 중립적인 용어이지만 여기에서는 비하의 뜻이 암시되어 있다(19 : 9, 23 ; 22 : 4 ; 24 : 14, 22 참조. 또한 비슷한 표현이 사용된 16 : 17 ; 18 : 26 참조).

그렇다면 사울은 왜 그리스도를 따르는 유대인들(2절의 '다메섹 여러 회당'

참조)을 그렇게도 열정적으로 박해하고 있는 것일까? 같은 하나님을 믿지만 그들은 전통적인 유대교도가 아니라 예수를 메시야로 믿는 유대교 집단이기 때문에 위험하다고 생각했기 때문인 듯하다. 그것은 율법에 대한 바리새적 열심이었다(고전 15 : 9 ; 갈 1 : 13 ; 빌 3 : 6 참조). 그와 같은 열심은 사람들을 죽음으로 몰고 갈지라도 잘못된 것은 바로잡겠다는 태도에서 나온다.

> [3]사울이 길을 가다가 다메섹에 가까이 이르더니 홀연히 하늘로부터 빛이 그를 둘러 비추는지라 [4]땅에 엎드러져 들으매 소리가 있어 이르시되 사울아 사울아 네가 어찌하여 나를 박해하느냐 하시거늘 [5]대답하되 주여 누구시니이까 이르시되 나는 네가 박해하는 예수라 [6]너는 일어나 시내로 들어가라 네가 행할 것을 네게 이를 자가 있느니라 하시니 [7]같이 가던 사람들은 소리만 듣고 아무도 보지 못하여 말을 못하고 서 있더라 [8]사울이 땅에서 일어나 눈은 떴으나 아무것도 보지 못하고 사람의 손에 끌려 다메섹으로 들어가서 [9]사흘 동안 보지 못하고 먹지도 마시지도 아니하니라

[9 : 3-7] 사울은 다메섹으로 급하게 가는 중이었을 것이다. 사울이 다메섹에 가까이 이르렀을 때 그는 갑자기 하늘로부터 비추는 강한 빛과 마주하게 된다. 범상치 않은 이러한 현상에 그는 두려움을 느끼고 땅에 엎드렸다. 그리고 자신을 부르는 음성을 듣게 된다. "사울아 사울아, 네가 어찌하여 나를 박해하느냐?" 하는 음성을 듣고, 그는 그 음성의 주인공을 향하여 질문하고 있다. 여기에서 '주'라고 부른 것은 초월적인 존재에 대한 일반적인 경외심에서 비롯된 것이지 그리스도로 신앙을 고백한 것은 아니다. 사울은 혼란스러운 상황에서도 이성적인 판단을 하려 하고 있다. 그는 그 음성의 주인공이 예수라는 사실을 알게 된다. 그렇게도 자신이 박해하던 예수가 초월자의 모습으로 그에게 나타난 것이다. 그리고 그분은 계속하여 사울에게 다메섹 성 안으로 들어가 할 일을 기다리라고 지시하고 있다. 같이 가던 사람들은 소리만 듣고

보지는 못하였다. 그들은 다메섹 환상 사건의 증인 역할을 하고 있다.

이 장면은 소위 바울의 회심 장면이다. 사도행전에 따르면 그의 회심은 환상을 통해 기적적으로 이루어졌다. 고민과 사색의 결과가 아니라 하나님이 주도한 환상에 즉각적으로 순종함으로 이루어졌다. 물론 다메섹 환상 이야기는 요약된 것이기 때문에 모든 것을 상술하고 있지는 않다. 그것은 아나니아를 통해서 새로운 내용이 덧붙여진 것이나(9 : 12 참조), 사도행전에서 수정하여 재차 회심 장면을 서술하고 있는 것(22장, 26장 참조)에서도 확인된다.

여기에서 '회심'(conversion)이 의미하는 바는 무엇일까? 회심은 흔히 다른 종교로 개종하는 것을 의미한다. 그러나 바울의 경우는 좀 다르다. 왜냐하면 바울은 유대교도로 있을 때나 기독교인이 되었을 때나 다 같이 한 하나님을 믿었기 때문이다. 그래서 어떤 학자들은 바울이 다른 종교로 개종한 것이 아니라 다른 소명을 받은 것이라고 해석했다. 다시 말해서, 같은 하나님께서 유대인이 아닌 이방인의 사도가 되도록 부르셨다는 것이다. 어찌 되었든 바울은 회심 후 극적으로 변화하여 전혀 다른 삶을 살아가게 된다. 교회를 박해하던 자가 교회를 성장시키는 자가 되었고, 예수를 부인하던 자가 예수를 적극적으로 옹호하는 자가 된 것이다.

바울의 회심에 관한 그 자신의 말이 사도행전의 회심 장면과 일치하지는 않는다. 바울은 '오직 예수 그리스도의 계시'(갈 1 : 12)로 복음, 즉 예수 그리스도를 깨달았다고 말하며, "그의 아들을 이방에 전하기 위하여 그를 내 속에 나타내시기를 기뻐하셨다"(갈 1 : 16)라고 증언하고 있다. 여기에서 사용된 '계시'나 '나타내다'라는 단어는 헬라어로 '아포칼륍시스/아포칼륍테인'이다. 이것은 둘 다 같은 어근을 사용하고 있는데, 이러한 어휘는 환상을 동반할 수도 있고 그렇지 않을 수도 있는 상황에서 사용되고 있다. 그러므로 이러한 단어의 사용이 반드시 사도행전의 환상을 가리킨다고 볼 수는 없다. 그렇다고 해서 반드시 환상을 배제하는 것도 아니다. 둘을 조화시켜 말해 본다면, 사도행전은 보다 구체적인 형상 언어로, 갈라디아서는 보다 추상적인 개념어

(고후 4 : 6 참조)로 바울의 회심을 서술하고 있다고 볼 수 있다.

　바울의 회심 장면은 사도행전에서 이곳을 제외하고 두 번(22장, 26장) 더 나온다. 그리고 이 세 가지 서술 사이에는 차이점도 발견된다. 중요한 차이는 상황성에서 비롯된 것이다. 9장이 회심 장면을 삼인칭적 관점에서 일어난 사건을 객관적으로 기술하고 있다면, 22장과 26장은 이스라엘 백성과 아그립바 왕 앞에서 각각 일인칭으로 자신을 변호하는 입장에서 기술되고 있다. 특히 22장은 히브리어로 말한 것을 헬라어로 고쳐 쓴 것이다. 이처럼 세 이야기는 정확성을 목적으로 기록된 것이 아니라 사건의 전개상 필요해서 그 상황에 맞게 기록한 것이다. 그러나 전체적인 줄거리나 핵심 주제는 모두 같다.

[9 : 8-9] 사울은 부활하신 예수를 만났고 그의 말대로 일어나서 지시에 따르고자 하였다. 그러나 강한 빛으로 인하여 시력을 잠시 잃고 아무 말도 할 수 없는 상태에 이르렀다. 자신의 의지와 힘으로 자신 있게 움직이던 그가 다른 사람의 손에 의지하지 않고는 아무것도 할 수 없는 사람이 된 것이다. 사흘 동안 보지 못하고 먹지도 마시지도 못하는 기간은 사울이 새롭게 조성되는 때였다. 그는 그 동안에 일어난 사건의 의미를 되새기고, 잘못된 자기의 생각을 가다듬으며, 끊임없이 채워지는 하나님의 은혜를 체험했을 것이다. 그러나 회심 사건이 그의 이름이 바뀌는 계기를 제공한 것은 아니다. 사울에서 바울로 이름을 바꾸게 되는 것은 이방인에게 선교하게 되는 13 : 9에 가서야 이루어진다. 왜냐하면 헬라 이름인 바울이 이방인들에게 더 친숙했기 때문일 것이다.

　[10]그때에 다메섹에 아나니아라 하는 제자가 있더니 주께서 환상 중에 불러 이르시되 아나니아야 하시거늘 대답하되 주여 내가 여기 있나이다 하니 [11]주께서 이르시되 일어나 직가라 하는 거리로 가서 유다의 집에서 다소 사람 사울이라 하는 사람을 찾으라 그가 기도하는 중이니라 [12]그가 아나니아라 하는 사

람이 들어와서 자기에게 안수하여 다시 보게 하는 것을 보았느니라 하시거늘 [13]아나니아가 대답하되 주여 이 사람에 대하여 내가 여러 사람에게 듣사온즉 그가 예루살렘에서 주의 성도에게 적지 않은 해를 끼쳤다 하더니 [14]여기서도 주의 이름을 부르는 모든 사람을 결박할 권한을 대제사장들에게서 받았나이다 하거늘 [15]주께서 이르시되 가라 이 사람은 내 이름을 이방인과 임금들과 이스라엘 자손들에게 전하기 위하여 택한 나의 그릇이라 [16]그가 내 이름을 위하여 얼마나 고난을 받아야 할 것을 내가 그에게 보이리라 하시니 [17]아나니아가 떠나 그 집에 들어가서 그에게 안수하여 이르되 형제 사울아 주 곧 네가 오는 길에서 나타나셨던 예수께서 나를 보내어 너로 다시 보게 하시고 성령으로 충만하게 하신다 하니 [18]즉시 사울의 눈에서 비늘 같은 것이 벗어져 다시 보게 된지라 일어나 세례를 받고 [19a]음식을 먹으매 강건하여지니라

[9 : 10-16] 부활하신 예수는 사울의 회심 사건을 완성하기 위해 또 다른 준비를 하고 계셨다. 다메섹에 아나니아라는 제자를 미리 대기시켜 놓은 것이다. 아나니아가 어떻게 그리스도인이 되었는지 알 수 있는 방법은 없다. 그는 예루살렘에서 일어난 일을 소문으로 듣고 알고 있다(13-14절 참조). 이는 그가 다메섹에 거주하는 사람이었음을 알려 주는 것이다. 이러한 그를 본문에서는 '제자'라고 부르고 있는데, 이는 '그리스도를 믿고 따르는 자'라는 의미 이상은 아닌 것 같다(9 : 1, 25-26 참조).

아나니아를 부르시는 장면은 선지자의 소명 장면과 유사하다. "아나니아야!" 하고 부르시자, "주여, 내가 여기 있나이다."라고 대답하고 있기 때문이다. 예수께서는 그런 다음에 구체적인 지시를 내리고 있다. '직가'(Straight)라는 거리로 가서 유다의 집에서 다소 사람 사울을 찾으라고 지시하고 있다. 그리고 사울이 '기도하는 중'이라는 현재 상황에 관해서도 정확하게 알려 주신다. 더 나아가서, 부활하신 예수는 사울에게도 아나니아라는 선지자가 찾아올 것을 환상 중에 보여 주었다. 두 사람에게 한 가지 사안에 대하여 각각

환상을 보여 줌으로써 한 치의 착오도 없이 사울과 아나니아가 만날 수 있도록 조치하고 있는 것이다.

아나니아는 예수의 지시에 관해서 더 이상 의심할 여지가 없었다. 그럼에도 불구하고 그에게는 확실히 해 두고 싶은 일이 하나 있었다. 예루살렘에서 그리스도를 따르는 성도들에게 상당한 해를 끼친 박해자를 돕고 싶은 마음이 쉽게 생기지 않았을 것이다. '성도'라는 표현은 사도행전에서 특히 유대 땅에 있는 유대인 그리스도인을 가리키고 있는 듯하다(9 : 32, 41 ; 26 : 10 참조). 아나니아는 대제사장의 승인을 받고 움직이고 있는 사람과 잘못 접촉했다가 어떠한 봉변을 당할지 몰라서 두렵기도 했을 것이다.

이렇게 주저하는 아나니아에게 부활하신 예수께서는 단호하고 분명하게 명령을 내리고 있다. 사울에게 맡길 임무가 정해졌기 때문이다. 예수께서는 사울이 예수 그리스도의 이름을 "이방인들과 임금들과 이스라엘 자손들"(22 : 15 ; 26 : 16-18 참조)에게 전하기 위해 택한 '나의 그릇'이 될 것이라고 밝히고 있다. 또한 그리스도인들을 박해한 것을 의식한 듯 그가 그리스도를 위하여 많은 고난을 받게 될 것이라고 덧붙인다. 우리는 바울을 '이방인의 사도'로 생각하여 그의 임무가 이방인에게만 국한되는 것으로 보기 쉽다. 그러나 바울의 사명은 이방인과 유대인 모두에게 해당된다.

[9 : 17-19a] 아나니아는 결국 순종하여 가서 사울을 만난다. 그에게 안수함으로써 다시 볼 수 있게 하였다. 여기에서 다시 '안수'는 하나님의 일을 성취하는 수단으로 나타나고 있다. 아나니아가 사울을 '형제'라고 부르는 것은 너무 빠르다는 느낌을 받기도 한다. 만나기를 주저했던 사람을 그렇게 쉽게 형제라고 부를 수 있었을까? 그러나 부활하신 예수의 확실한 계시로 인해 사울의 회심에 대해 확신을 가지게 되었다면 가능한 일이었을 것이다.

아나니아가 사울에게 안수하면서 예수께서 사울에게 "성령으로 충만하게 하신다."고 말한 것은 어떤 의미일까? 한편, '성령으로 충만한' 것은 사도행전에서 이미 그리스도인이 된 사람에게 그리스도를 증언할 능력을 주시는 것으로 이해할 수도 있다(4 : 8, 31 ; 6 : 3, 5 ; 7 : 55 참조). 그러나 바울의 회심 사건에서 성령을 받는 장면이 나오지 않기 때문에(이것은 매우 이상한 일이지만), 이 말이 성령세례에 해당된다고 보는 견해도 일리가 있다. 이러한 견해는 이 말을 마치자마자 사울의 눈에서 비늘 같은 것이 벗겨졌다는 사실로 인해 타당성이 커진다. 사울은 즉시 세례를 받고 사흘 만에 음식을 먹고 육체적으로도 강건하게 되어 정상적인 사역을 할 수 있게 되었다.

설교를 위한 묵상 : "진정한 회개"(9 : 1-19a)

1907년의 평양대부흥운동은 죄를 공개적으로 자백하는 것이 하나의 특징이었다. 한 예로, 김 장로라는 사람이 부흥 집회에 참석했다가 성령의 강권적인 역사 앞에 자신 안에 깊숙이 감추어 두었던 미움과 증오의 응어리들을 송두리째 내놓고 회개하였다. 그는 심적 고통으로 인해 주먹을 움켜쥐고, 일그러진 얼굴 표정을 하고, 양손으로 자기 머리를 감싸고 머리카락을 쥐어뜯었다. 집회 내내 바닥에 고꾸라져 부딪치면서 머리를 쥐어뜯으며 죽기 직전에 투쟁하는 것처럼 온몸을 뒤틀었다. 갑자기 집회를 끝낸다는 소리가 나자, 그는 초인적인 노력으로 일어시어 강단으로 걸어나가서는 자신의 죄를 고백하기 시작했다. 흐느끼고, 울부짖고, 전율하고, 주먹으로 강단을 내리치면서 그는 무시무시한 자신의 죄악들을 토로하였다.

사도행전 9장에서 사도 바울의 회심 장면은 김 장로의 그것과 사뭇 다른 것을 알 수 있다. 어디에서도 사도 바울의 회개 장면은 나오지 않는다. 바울은 스데반의 순교를 주도했으며(7 : 58 ; 8 : 1), 교회를 핍박하고 믿는 자들을 감옥에 처넣었던 인물이었다(8 : 3). 바울 자신도 그것을 인정하고 있다(빌 3 : 6 참조). 그러나 바울이 사도행전에서는 이와 같은 행동을 회개했다는 기록이 없다.

바울의 회심은 일반적인 회개와 구별된다. 왜냐하면 바울은 다른 신앙을 가졌다가 전향한 것이 아니었기 때문이다. 바울은 회심하기 전에도 같은 한 하나님을 믿었다. 바울은 다만 그가 믿는 하나님이 어떠한 것을 요구하시는지 몰랐던 것뿐이다. 그러했기 때문에 자신의 과격한 행동에 대해서 그렇게 큰 양심의 가책을 느끼지 않았던 것 같다. 바울은 부활하신 주님을 만나고 나서 조용히 그 의미를 묵상하는 가운데 하나님의 뜻을 확실하게 인식하고 방향을 전폭적으로 전환했던 것이다.

바울은 떠들썩하게 회개하지는 않았지만, 회심 이후 확실하게 변화된 모습을 보여 주었다. 이것이 진정한 회개가 아니고 무엇이겠는가? 바울은 다메섹에서 며칠 동안 제자들과 지낸 후에 담대히 유대인의 회당에서 예수님이 하나님의 아들이심을 선포했다. 그러한 행동의 변화는 죽음의 위협으로까지 다가왔다(9 : 23-24). 그것을 알면서도 바울은 유대 사람들에게 복음을 전하는 것을 두려워하지 않았다. 교회를 박해하는 데 앞장섰던 바울은 이제 교회를 대표해서 복음을 전하고 있다. 이것이야말로 진정한 회개의 모습이 아닐 수 없다.

2. 사울의 초기 전도활동(9 : 19b-31)

[19b]사울이 다메섹에 있는 제자들과 함께 며칠 있을새 [20]즉시로 각 회당에서 예수가 하나님의 아들이심을 전파하니 [21]듣는 사람이 다 놀라 말하되 이 사람이 예루살렘에서 이 이름을 부르는 사람을 멸하려던 자가 아니냐 여기 온 것도 그들을 결박하여 대제사장들에게 끌어가고자 함이 아니냐 하더라 [22]사울은 힘을 더 얻어 예수를 그리스도라 증언하여 다메섹에 사는 유대인들을 당혹하게 하니라 [23]여러 날이 지나매 유대인들이 사울 죽이기를 공모하더니 [24]그 계교가 사울에게 알려지니라 그들이 그를 죽이려고 밤낮으로 성문까지 지키거늘 [25]그의 제자들이 밤에 사울을 광주리에 담아 성벽에서 달아 내리니라

[9 : 19b-25] 사울은 회심 후 다메섹으로 가서(갈 1 : 17 참조) 며칠 동안 즉시 예수를 증언하고 나섰다. 예수를 하나님의 아들과 그리스도라고 전파하고 있

다. 여러 회당에서 말한 것으로 보아 유대인들이 청중이었던 것 같다. 믿는 사람들을 '이 이름을 부르는 사람'과 '그들'이라고 삼인칭적 관점에서 지칭하고 있기 때문이다. 22절에는 명시적으로 '유대인들'이라고 언급하고 있다.

사울은 유대인들의 질시에도 불구하고 예수 그리스도를 증언하는 데 더욱 열심을 내고 있다. 여러 날 이러한 일이 계속되자 당혹한 유대인들은 특단의 조치를 취하고자 한다. 박해자가 적극적인 옹호자가 된 것은 유대인들의 입장에서 보면 결코 유익한 일이 아니기 때문이었다. 유대인들이 사울을 죽이려고 한 계획이 들통 났다. 유대인들은 조직적으로, 그리고 끈질기게 사울을 죽이기 위해 성문을 지키기까지 하였다. 그때에 사울의 제자들이 밤에 사울을 광주리에 담아 성벽에서 달아 내려 피신시키고 있다(고후 11 : 32-33 참조). '그의 제자들'이라고 한 것을 보면, 사울이 예수를 증언하는 며칠 동안 벌써 믿는 사람들이 생겨난 것으로 보인다. 바울의 설득력 있는 전도활동을 짐작해 볼 수 있는 장면이다.

여기에서 주목해 볼 것은 사울이 회심 후 바울이라는 이름으로 즉시 등장하지 않는다는 것이다. 회심과 이름의 변화는 상관이 없는 일이었다. 사울이라는 이름은 13 : 9에 가서야 비로소 바울로 바뀌어 기록되고 있다. 이는 이방인에게 복음을 전하는 장면에서 등장하고 있음을 보여 준다. 헬라 이름인 바울이 이방인 독자/청중에게 더 적절하다고 보았기 때문일 것이나.

[26]사울이 예루살렘에 가서 제자들을 사귀고자 하나 다 두려워하여 그가 제자 됨을 믿지 아니하니 [27]바나바가 데리고 사도들에게 가서 그가 길에서 어떻게 주를 보았는지와 주께서 그에게 말씀하신 일과 다메섹에서 그가 어떻게 예수의 이름으로 담대히 말하였는지를 전하니라 [28]사울이 제자들과 함께 있어 예루살렘에 출입하며 [29]또 주 예수의 이름으로 담대히 말하고 헬라파 유대인들과 함께 말하며 변론하니 그 사람들이 죽이려고 힘쓰거늘 [30]형제들이 알고 가이사랴로 데리고 내려가서 다소로 보내니라 [31]그리하여 온 유대와 갈릴리와

사마리아 교회가 평안하여 든든히 서 가고 주를 경외함과 성령의 위로로 진행하여 수가 더 많아지니라

[9 : 26-27] 사울은 다메섹에서 탈출하여 예루살렘으로 갔다. 이러한 보도는 바울 자신의 말과 일치하지 않는 듯하다. 갈라디아서 1 : 17은 바울이 회심 후 예루살렘으로 가지 않고 아라비아로 갔다고 말하고 있다. 예루살렘에서 사울은 이미 예수 그리스도의 제자가 된 사람들과 사귀고 싶어했다. 그러나 박해자 사울에게 크게 혼이 난 예루살렘의 그리스도인들은 그가 회심한 것을 믿을 수가 없었다. 그래서 중재자 바나바가 나선다. 바나바가 자초지종을 설명하자 비로소 믿을 수 있었던 것으로 보인다(28절 참조).

[9 : 28-30] 사울은 바나바의 도움으로 예루살렘의 제자들과 함께 거주하며 사귈 수 있게 되었다. 담대하게 전도하는 가운데 헬라파 유대인들과 변론하기도 하였다. 이 헬라파 유대인들은 스데반을 죽음으로 몰고 간 자유민들(6 : 8-14 참조)과 연관성이 있을 것으로 추측된다. 스데반을 죽인 무리들이 이제 사울을 죽이려고 공모하고 있다. 갈라디아서 1 : 18에는 예루살렘을 15일 동안 방문한 것으로 되어 있다. 그리고 그때에는 게바와 주의 형제 야고보만을 보았다고 진술하고 있다. 그러나 사도행전에는 그러한 기록과 부합하는 내용이 없다. 그러나 그 후 가이사랴 빌립보(해변에 있던 가이사랴가 아닌?)가 속한 수리아와 다소가 속한 길리기아로 간 것은 사도행전과 갈라디아서가 일치한다. 사도행전의 내용이 요약된 것이거나 정확성이 떨어지는 것으로 볼 수 있는 부분이다. 헬라파 유대인들의 공모에 대해 알게 된 그리스도인 형제들이 사울을 가이사랴를 거쳐 그의 고향인 다소로 보내고 있다. 다소에 복음 전파를 위해 파송한 것이 아니라 위험을 피해 다소로 피신시킨 것이다. 사울은 이 장면에서 잠시 사라졌다가 베드로의 이야기가 끝이 난 이후 다시 등장한다(11 : 25).

[9 : 31] 이 부분은 스데반의 순교 이후에 행해졌던 전도활동의 요약(6 : 7 참조)을 보여 준다. 그런데 이 시기에 갈릴리에서의 전도활동에 관한 보도는 나타나지 않는다. 스데반의 순교 후 믿는 자들이 흩어져 전도하면서 갈릴리까지 가서 교회를 세웠을 가능성이 있다. 이 시기에 교회가 지리적으로 확장되고, 수가 늘어나며, 은혜가 풍성하였다는 인상을 심어 주고 있다. 성령의 '위로'를 언급한 것은 박해와 어려움도 함께했다는 것을 암시하는 것으로 볼 수 있다.

J. 베드로의 전도활동(9 : 32-11 : 18)

1. 베드로의 치유 기적(9 : 32-43)

³²그때에 베드로가 사방으로 두루 다니다가 룻다에 사는 성도들에게도 내려갔더니 ³³거기서 애니아라 하는 사람을 만나매 그는 중풍병으로 침상 위에 누운 지 여덟 해라 ³⁴베드로가 이르되 애니아야 예수 그리스도께서 너를 낫게 하시니 일어나 네 자리를 정돈하라 한대 곧 일어나니 ³⁵룻다와 사론에 사는 사람들이 다 그를 보고 주께로 돌아오니라

[9 : 32-35] 사울의 회심 이야기가 삽화처럼 끼어들고 난 후, 6 : 7에서 끝났던 베드로의 사역에 관한 이야기가 여기에서 재개되고 있다. 베드로의 이야기는 룻다와 욥바(이 두 도시는 8 : 40에 근거하여 빌립이 전도했던 지역으로 볼 수 있다.)에서 일어난 두 개의 기적 이야기에 이어 고넬료 회심 사건으로 이어지고 있다. 또한 두 개의 기적 이야기는 남자(애니아)와 여자(다비다)의 조화와 균형을 보여 준다. 복음의 보편성이 다시 한번 확인되는 대목이다. 그런데 애니

아 이야기는 누가복음 5 : 17~26에서 중풍병자를 고친 이야기와 유사하고, 다비다 이야기는 누가복음 7 : 11~16에서 나인 성 과부의 아들을 살린 이야기와 유사한 것이 주목을 끈다.

스데반의 순교 때 아직 예루살렘에 남아 있던 베드로가 어떤 이유에서였는지 모르지만 사방으로 다니며 복음을 전하였던 것으로 보인다. 그러다가 예루살렘에서 약 30km 떨어진 룻다에 있는 '성도들'에게도 내려가게 되었다. 사도행전에서 신자들을 성도라고 부르는 곳은 많지 않지만 이곳과 다비다 이야기(41절)에서 나타난다.

베드로는 팔 년을 침상에 누워 있는 애니아를 보고, 예수 그리스도의 이름으로 "일어나 네 자리를 정돈하라."는 명령 한마디로 고치고 있다. 이러한 놀라운 기적을 보고 모든 룻다와 사론 사람들이 주께로 돌아왔다. 사론은 룻다 근처의 마을로 생각되지만 정확한 장소에 대해서는 알기 어렵다.

> [36]욥바에 다비다라 하는 여제자가 있으니 그 이름을 번역하면 도르가라 선행과 구제하는 일이 심히 많더니 [37]그때에 병들어 죽으매 시체를 씻어 다락에 누이니라 [38]룻다가 욥바에서 가까운지라 제자들이 베드로가 거기 있음을 듣고 두 사람을 보내어 지체 말고 와 달라고 간청하여 [39]베드로가 일어나 그들과 함께 가서 이르매 그들이 데리고 다락방에 올라가니 모든 과부가 베드로 곁에 서서 울며 도르가가 그들과 함께 있을 때에 지은 속옷과 겉옷을 다 내보이거늘 [40]베드로가 사람을 다 내보내고 무릎을 꿇고 기도하고 돌이켜 시체를 향하여 이르되 다비다야 일어나라 하니 그가 눈을 떠 베드로를 보고 일어나 앉는지라 [41]베드로가 손을 내밀어 일으키고 성도들과 과부들을 불러들여 그가 살아난 것을 보이니 [42]온 욥바 사람이 알고 많은 사람이 주를 믿더라 [43]베드로가 욥바에 여러 날 있어 시몬이라 하는 무두장이의 집에서 머무니라

[9 : 36-37] 다비다에 관한 이야기는 더 자세하게 서술되어 있다. 또한 다비다

를 '여제자'로 소개한다. 이것이 단순한 신자가 아닌 좀 더 깊은 신앙을 가진 그리스도인을 의미하였는지는 분명하지 않다. 그럼에도 불구하고 신약성경에서 유일하게 나오는 '여제자'라는 용어로 지칭한 것은 의미가 있다. 또한 그녀가 '도르가'라는 헬라 이름도 가지고 있고, 선행과 구제를 많이 했다고 소개한 것을 보면 그녀가 부유하고 영향력이 있었음을 알 수 있다. 이로 보건대, 신약성서 시대에 여성들도 사회적으로 부를 축적할 수 있었고 일정한 사회적 지위를 누릴 수 있었던 것으로 보인다.

다비다는 병들어 죽었고 시체를 씻어 그녀의 다락방에 누였다. 시체를 씻었지만 기름을 발랐다는 언급은 없다. 많은 구제를 할 정도로 여유가 있고 자기의 집이 있었던 것으로 보아 가난했던 것 같지는 않은데, 기름을 바르지 않은 것은 여자가 죽을 때의 장례 절차를 말해 주는 것인지도 모른다. 굳이 다락방에 누인 이유가 있을까? 혹시 예루살렘 교회처럼(행 1-3장) 그녀의 다락방에서 모임을 가졌기 때문일까? 너무 많은 추측은 불필요하겠지만 다비다의 중요성으로 볼 때 이러한 추측은 가능할 것 같다.

[9:38-43] 제자들은 베드로가 룻다에 있음을 알고 두 사람을 보내 베드로를 초청하고 있다. 여기에서 '제자들'은 누구인가? 단순하게 욥바의 신자들을 의미한다고 볼 수 있을 것이다. 룻다에서 욥바까지는 약 15km 정도다. 몇 시간 만에 충분히 걸어갈 수 있는 거리다. 베드로는 즉시 일어나 욥바로 갔다. 같은 유대인의 요청에 즉각적으로 응답하고 있다. 욥바에 도착했을 때 사람들은 애곡하였다. 애곡은 정상적인 장례 절차에 속하는 것이다. 다비다는 특히 과부들을 많이 도와준 것 같다. 그래서 '모든'(이는 전형적인 과장법이다.) 과부들은 도르가가 지은 속옷과 겉옷을 베드로에게 보여 주면서 그녀의 선행을 기억하고 슬퍼했다. 도르가는 욥바의 교회를 위해 많은 도움을 준 것으로 보인다.

베드로는 기도하기 위해 사람들을 내보냈다. 조용하게 주의를 집중하고 기도하고 싶은 마음에서였을 것이다. 그리고 무릎을 꿇고 간절하게 기도하고 나서, 시체를 보고 "다비다야, 일어나라."라고 명령하였다. 이는 마가복음 5 : 41의 '달리다쿰'과 비슷하다('쿰'은 아람어로 '일어나라'는 뜻이다). 다비다는 곧 눈을 뜨고 베드로를 쳐다보며 일어나 앉았다. 베드로는 다비다의 손을 잡아 일으킨 다음, 교회의 신도들과 과부들을 다락방으로 들어오게 하고, 다비다가 살아난 것을 확인할 수 있게 하였다. 룻다에서와 마찬가지로 이러한 소생기적은 '온' 욥바 사람들 사이에 소문이 났고, 그중에 많은 사람이 주를 믿는 역사가 일어났다.

이 일로 인하여 욥바의 성도들이 베드로를 더 머물도록 붙잡았던 것 같다. 무두장이 시몬의 집에 머물게 되었는데, 이는 그가 경제적 여유가 있었기 때문일 것이다. 무두장이(tanner)는 죽은 짐승의 가죽을 다루는 사람이어서 율법을 준수하려는 유대인에게는 부정하다고 간주되었다. 누가가 43절을 여기에 기록한 것은 이것이 바로 이어지는 10장에서 다루어지는 '정결/부정'(clean/unclean)의 주제로 인도하여 주기 때문이다.

2. 이방인 전도의 준비(10 : 1-11 : 18)

[1]가이사랴에 고넬료라 하는 사람이 있으니 이달리야 부대라 하는 군대의 백부장이라 [2]그가 경건하여 온 집안과 더불어 하나님을 경외하며 백성을 많이 구제하고 하나님께 항상 기도하더니 [3]하루는 제구 시쯤 되어 환상 중에 밝히 보매 하나님의 사자가 들어와 이르되 고넬료야 하니 [4]고넬료가 주목하여 보고 두려워 이르되 주여 무슨 일이니이까 천사가 이르되 네 기도와 구제가 하나님 앞에 상달되어 기억하신 바가 되었으니 [5]네가 지금 사람들을 욥바에 보내어 베드로라 하는 시몬을 청하라 [6]그는 무두장이 시몬의 집에 유숙하니 그 집은 해변에 있다 하더라 [7]마침 말하던 천사가 떠나매 고넬료가 집안 하인 둘과 부하 가운데 경건한 사람 하나를 불러 [8]이 일을 다 이르고

욥바로 보내니라

[10 : 1-2] 누가는 9장에서 사울의 회심 사건을 다룬 뒤 10장에서 고넬료의 회심 사건을 다루고 있다. 이 둘은 유대인과 이방인의 회심 사건을 각각 대표하고 있다고 볼 수 있다. 또한 누가는 고넬료의 회심을 다루기에 앞서 애니아와 다비다라는 두 남녀의 치유를 보여 준다. 그 다음 베드로의 이번 사역의 핵심에 놓인 가이사랴의 고넬료로 향하고 있다. 이러한 서사적 흐름 가운데 베드로는 예루살렘에서 룻다로, 룻다에서 욥바로, 욥바에서 가이사랴로 이동하면서 복음을 전함을 보여 준다.

누가는 고넬료를 소개하면서 가이사랴에 있는 로마의 백부장이라고 말한다. 가이사랴는 유대 지방을 총괄하던 로마의 총독이 머물던 곳이었다. 고넬료는 로마군 중에서 이달리야 부대의 백부장의 위치에 있었다. 이달리야 부대는 다른 이방인 용병이 없는 로마 군인으로만 구성된 중요한 부대였던 것 같다.

1절이 고넬료의 출신과 신분에 대한 정보였다면, 2절은 고넬료의 신앙과 인격에 관한 정보를 제공하고 있다. 그는 신앙적으로 경건하고 하나님을 경외하며 항상 기도하는 사람이었다. 그리고 그는 인격적으로 많은 백성을 구제하는 일에 힘썼던 사람이었다. 이방인이었음에도 불구하고 하나님을 경외하며 하나님께 항상 기도하는 사람이었다고 한 것을 보면 그가 '하나님을 경외하는 자'(God-fearer)였음에 틀림없다. 사실 당시 이방인들 가운데 유대교에 호감을 가진 하나님을 경외하는 자들이 적지 않게 있었다. 더 나아가서, 그는 개종자(proselyte)였는지도 모른다(10 : 34-35 참조). 그러나 아직 성령을 받지 못하고 세례도 받기 전이었기 때문에(10 : 47-48 참조) 개종자는 아니었다고도 말할 수 있다. 어쨌든 그는 유대인들이 행하는 경건한 생활(기도, 금식, 구제 ; 마 6장 참조)을 대부분 실천하고 있었다. 이 중에서 특히 구제는 고대 세계의 가난한 자들에게 꼭 필요한 일이었다. 그는 혼자만 그런 것이 아니라 온 집안과 함께 하나님을 경외하는 삶을 살았다. 이방인 가운데 이만한 사람을 찾아보기는 쉽지 않았을 것이다. 고넬료는 이방인이었지만, 유대인 못지않은 경건한 사람의 전형으로 등장한다.

[10 : 3-8] 그날도 고넬료는 제구 시(=오후 3시)에 뚜렷한 환상을 보게 되었다. 오후 3시는 유대인들의 정해진 기도 시간(3 : 1 참조)이었기 때문에 고넬료도 이때 기도하던 중이었다고 생각된다. 하나님의 사자(messenger)인 천사가 고넬료를 불렀다. 이때 고넬료는 두려움에 휩싸였다. 처음 있는 일이고 천사의 모습에 놀랐기 때문이었을 것이다. 이런 고넬료에게 천사는 그의 기도와 구제를 하나님께서 받으셨다고 알려 주었다. 천사의 이 말은 시사하는 바가 크다. 기도와 구제는 하나님을 믿는 유대인들이 하는 경건한 행위였다. 비록 이방인이라 하더라도 똑같은 경건 행위를 하나님께서 동일하게 인정하신다는 것을 의미하였기 때문이다. 복음의 보편주의가 다시 한번 확인되고 있다.

　천사의 지시는 계속된다. 그의 지시는 매우 구체적이어서 신적 권위를 드러낸다. 지금 두 명의 시몬이 거론된다. 베드로라 하는 시몬이 무두장이 시몬의 집에 머물고 있다고 말한다. 그리고 욥바의 해변에 무두장이 시몬의 집이 있다는 것까지 확인해 준다. 이러한 지시를 접하고 고넬료는 즉시 행동에 옮기고 있다. 고넬료는 신임하는 하인 둘에게 임무를 맡기면서, 경건한 부하 군인을 붙여 안전을 도모하게 한다. '둘'을 언급한 것은 임무를 확실하게 수행할 수 있는 가능성을 높임과 동시에, 베드로를 만났을 때 증인으로서의 신뢰를 갖게 하기 위함이었다고 본다.

^{9}이튿날 그들이 길을 가다가 그 성에 가까이 갔을 그때에 베드로가 기도하려고 지붕에 올라가니 그 시각은 제육 시더라 ^{10}그가 시장하여 먹고자 하매 사람들이 준비할 때에 황홀한 중에 ^{11}하늘이 열리며 한 그릇이 내려오는 것을 보니 큰 보자기 같고 네 귀를 매어 땅에 드리웠더라 ^{12}그 안에는 땅에 있는 각종 네 발 가진 짐승과 기는 것과 공중에 나는 것들이 있더라 ^{13}또 소리가

있으되 베드로야 일어나 잡아먹어라 하거늘 [14]베드로가 이르되 주여 그럴 수 없나이다 속되고 깨끗하지 아니한 것을 내가 결코 먹지 아니하였나이다 한대 [15]또 두 번째 소리가 있으되 하나님께서 깨끗하게 하신 것을 네가 속되다 하지 말라 하더라 [16]이런 일이 세 번 있은 후 그 그릇이 곧 하늘로 올려져 가니라

[10 : 9-12] 오후 3시가 넘어 가이사랴에서 욥바(두 도시 사이의 거리는 약 48km)로 출발한 하인 일행은 하룻밤을 지나 다음 날 정오쯤 도착하게 되었다. 하나님께서는 그들이 욥바로 다가오는 그 시각에 베드로에게 환상을 보도록 인도하고 있다. 베드로가 기도하러 지붕(유대인 집은 지붕이 평평하여 올라가 앉아 있을 수 있었다.)에 올라간 시각은 제육 시, 즉 정오였다. 정오는 유대인들의 정해진 기도 시간이 아니기 때문에 베드로가 이때 기도했다는 것은 이례적이다. 이는 그가 한편으로 더 경건한 생활을 했다는 것을 암시할 수도 있고, 다른 한편으로는 그가 하나님의 섭리 속에서 특별히 그날 정오에 기도하고 싶은 생각이 났음을 보여 주는 것일 수도 있다. 후자일 가능성이 큰 것은 10절에서 그가 기도하러 올라갔을 때 바로 '시장하여 먹고자' 했다고 기록하고 있기 때문이다.

베드로는 황홀한 중(=환상 중)에 하늘에서 네 귀를 맨 보자기 같은 그릇이 내려오는 것을 보게 되었다. 그 안에는 땅과 공중에 사는 부정한 생물들(이는 레위기 11장에 자세하게 나와 있다.)이 들어 있었다. 베드로는 유대인이었기 때문에 그것들이 부정한 생물들이라는 것을 즉각적으로 알아챘을 것이다.

[10 : 13-16] 그런데 하늘에서 소리(천사의 음성)가 나기를 "베드로야, 일어나 잡아먹어라."라고 하는 것이 아닌가! 베드로는 화들짝 놀라서 강력하게 거부하고 있다. 그는 그 이유를 설명하기를 "(율법에 명령한 대로) 속되고 깨끗하지 아니한 것을 내가 결코 먹은 적이 없습니다."라고 대답하였다. 속된 것과 깨끗하지 않은 것은 약간의 차이가 있다. '속된 것'은 접촉을 통해 부정하게 될

수 있는 대상을 의미하며, '깨끗하지 아니한 것'은 근본적으로 부정한 대상을 의미한다.

천사는 베드로의 강력한 저항에도 불구하고 재차 명령을 내린다. 그리고 "하나님께서 깨끗하게 하신 것을 네가 속되다 하지 말라."고 근거를 제시한다. 여기에서 부정한 생물이 이방인을 가리킨다면, 하나님은 이방인을 부정하게 보지 않는다는 것을 의미하고 있다. 원래 이방인이 깨끗하지는 않았지만, 하나님께서 깨끗하게 '하신' 것이라면 문제를 삼지 말아야 하는 것이다. 그런데 하나님이 깨끗하게 하신 것을 속되다고 하는 것은 하나님이 하신 일을 부인하는 것일 뿐만 아니라 격하시키는 것이다. 왜냐하면 '속된 것'은 접촉을 통해 부정하게 될 수 있는 가능성이 있는 대상일 뿐이기 때문이다.

두 번에 걸친 하나님의 지시가 있었음에도 불구하고 베드로는 그의 고집을 꺾지 않고 있다. 그래서 세 번의 지시가 반복될 수밖에 없었던 것으로 보인다. 그리고 나서 환상은 끝이 났다. 베드로가 하나님의 계속된 지시조차도 거부한 것은 아마도 하나님께서 그의 신앙을 시험하는 것으로 착각했을 가능성이 있다. 그러나 보다 분명한 것은 베드로가 유대인의 전통에 철저하게 순종해 온 관습을 깰 수 없을 만큼 유연하거나 개방적이지 못했다는 것이다.

[17]베드로가 본 바 환상이 무슨 뜻인지 속으로 의아해 하더니 마침 고넬료가 보낸 사람들이 시몬의 집을 찾아 문 밖에 서서 [18]불러 묻되 베드로라 하는 시몬이 여기 유숙하느냐 하거늘 [19]베드로가 그 환상에 대하여 생각할 때에 성령께서 그에게 말씀하시되 두 사람이 너를 찾으니 [20]일어나 내려가 의심하지 말고 함께 가라 내가 그들을 보내었느니라 하시니 [21]베드로가 내려가 그 사람들을 보고 이르되 내가 곧 너희가 찾는 사람인데 너희가 무슨 일로 왔느냐 [22]그들이 대답하되 백부장 고넬료는 의인이요 하나님을 경외하는 사람이라 유대 온 족속이 칭찬하더니 그가 거룩한 천사의 지시를 받아 당신을 그 집으로 청하여 말을 들으려 하느니라 한대 [23a]베드로가 불러들여 유숙하게 하니라

[10 : 17-20] 베드로는 천사를 통한 세 번의 지시에도 불구하고 그 의중을 헤아리지 못하고 있다. 그래서 심중에 의아해 하고 있었다. 그때 고넬료가 보낸 일행을 만나게 된다. 그 사람들이 베드로를 수소문하는 시간에 성령께서 베드로에게 찾아온 사람들을 만나서 함께 가라고 지시하신다. 하나님께서 동시적으로 두 가지 일을 기획하고 있는 것이다. 베드로는 아직 그가 본 환상의 의미를 알지 못하고 있었다. 그런데 베드로가 찾아온 사람들에게 자초지종을 듣기 전에 성령께서는 베드로에게 "함께 가라."는 지시를 내리고 있다.

[10 : 21-23a] 베드로는 성령으로부터 지시를 받긴 했지만, 그들에게 찾아온 용건을 물으며 확인하는 절차를 거친다. 그들은 그들을 보낸 자를 잘 소개하고 있다. 멀리서 온 이방인들로서 비중 있는 인사가 하나님의 지시를 받고 왔다는 것을 베드로에게 제대로 인식시키지 못한다면 임무를 그르칠 염려가 있기 때문이다. 2절에서는 하나님을 경외하며 구제에 힘쓰는 사람이라고 소개했었는데, 22절에서는 의인이며 하나님을 경외하는 사람으로 소개하고 있다. '의인'이라고 하는 의미가 '구제'와 연관되어 있음을 알 수 있다. 구제는 가난한 사람들의 경제적 필요를 채워 주는 일이었기 때문에 사람들에게 의로운 행위로 인식되었던 것 같다. 그래서 유대 사람들은 실질적인 도움을 받고 고넬료를 칭송하였던 것이다.

그들은 베드로에게 거룩한 천사의 지시를 받고 베드로를 청하였다고 정중하게 온 목적을 말한다. 베드로는 선한 목적을 가지고 방문한 이방인들을 집안에 들이고 환대하고 있다. 원래 유대인들은 이방인들과 접촉하는 것조차 꺼렸다. 부정한 일이 발생할 가능성이 있었기 때문이었다. 그런데 베드로는 천사의 사전 지시를 받고 이 이방인 방문객들과 만났고 집안에 들여 환대까지 하고 있는 것이다.

[23b]이튿날 일어나 그들과 함께 갈새 욥바에서 온 어떤 형제들도 함께 가니라

²⁴이튿날 가이사랴에 들어가니 고넬료가 그의 친척과 가까운 친구들을 모아 기다리더니 ²⁵마침 베드로가 들어올 때에 고넬료가 맞아 발 앞에 엎드리어 절하니 ²⁶베드로가 일으켜 이르되 일어서라 나도 사람이라 하고 ²⁷더불어 말하며 들어가 여러 사람이 모인 것을 보고 ²⁸이르되 유대인으로서 이방인과 교제하며 가까이하는 것이 위법인 줄은 너희도 알거니와 하나님께서 내게 지시하사 아무도 속되다 하거나 깨끗하지 않다 하지 말라 하시기로 ²⁹부름을 사양하지 아니하고 왔노라 묻노니 무슨 일로 나를 불렀느냐 ³⁰고넬료가 이르되 내가 나흘 전 이맘때까지 내 집에서 제구 시 기도를 하는데 갑자기 한 사람이 빛난 옷을 입고 내 앞에 서서 ³¹말하되 고넬료야 하나님이 네 기도를 들으시고 네 구제를 기억하셨으니 ³²사람을 욥바에 보내어 베드로라 하는 시몬을 청하라 그가 바닷가 무두장이 시몬의 집에 유숙하느니라 하시기로 ³³내가 곧 당신에게 사람을 보내었는데 오셨으니 잘하였나이다 이제 우리는 주께서 당신에게 명하신 모든 것을 듣고자 하여 다 하나님 앞에 있나이다

[10 : 23b-29] 날이 새자 베드로는 가이사랴에서 고넬료의 보냄을 받고 온 이방인들(세 사람)과 욥바에 있던 유대인들(11 : 12에 의하면 여섯 사람)을 데리고 함께 가이사랴로 떠났다. 베드로까지 10명(완전수를 나타내려 한 것으로 보인다.)이 움직이고 있다. 베드로와 그의 일행은 상당히 먼 거리(욥바에서 가이사랴까지 약 48km)를 걸어 이틀 만에 가이사랴에 도착할 수 있었다. 하나님께서 지시하신 중요한 일이었기 때문에 지체하지 않고 서둘렀던 까닭이다. 고넬료는 (집안사람들은 물론이고) 친척과 친구들까지 모아 놓고 기다리고 있었다. 친척과 친구들에게까지 공개적으로 알린 것은 고넬료의 신앙심을 보여 줌과 동시에 복음을 부끄러워하지 않는 솔직함과 용기를 알 수 있게 해 준다.

고넬료는 기다리던 베드로가 들어오자 그의 발 앞에 엎드려 절을 하려고 하였다. 베드로를 천사처럼 신성하게 생각해서 그랬거나, 그가 귀한 말씀을 해 줄 것에 대한 고마움의 표현이었을 것이다. 무릎을 꿇고 절을 한다는 것은

예배와 존경의 표현이다. 그러나 베드로는 어떠한 형태의 높임도 사양하고 있다. 하나님을 제외한 어떤 다른 사람에게 주의가 집중되고 영광을 받는 것을 원하지 않았기 때문이다.

베드로는 모인 사람들에게 먼저 유대인으로서 이방인을 만나서 교제하는 것이 율법을 거스르는 것임을 주지시킨다. 그럼에도 불구하고 그가 온 것은 하나님께서 아무도 속되거나 깨끗하지 않다고 하지 말라는 지시 때문이라고 밝힌다. 이 말은 이방인일지라도 속되지 않고 깨끗하다는 것을 인정한 것이다. 그래서 이방인의 부름을 사양하지 않고 달려왔다고 밝힌다(세 번이나 반복해서 거부한 이야기는 생략한 채).

[10 : 30-33] 베드로가 부른 목적을 질문하자 고넬료는 나흘 전 기도 중에 천사의 지시를 받은 사실을 말하고 있다('이맘때까지'라고 한 것은 베드로가 가이사랴에 도착한 시각이 오후 3시경이었던 것을 가리킨다). 고넬료가 10 : 30~32에서 말하고 있는 내용은 10 : 3~6의 내용을 거의 그대로 반복하고 있는 것이다. 이것은 현대인 독자들에게 불필요한 중복으로 여겨질 수 있다. 그러나 이렇게 반복하는 수법은 그 내용을 강조하기 위한 수사법이라는 것을 알아야 한다.

33절의 내용은 중요하다. 고넬료는 함께한 사람들과 베드로의 말씀을 들을 준비가 되어 있었다('이제' 참조). 그들은 '하나님 앞에'(Coram Deo) 있다는 의식을 가지고 있었다. 그러나 고넬료는 왜 베드로를 불러오게 했는지 알지 못했던 것 같다. 마찬가지로 베드로도 왜 그가 가이사랴까지 왔는지 알지 못했다고 보아야 한다. 고넬료가 "주께서 당신에게 명하신 모든 것을 듣고자 한다."고 말했지만, 베드로에게는 주께서 명하신 구체적인 내용이 없다. 다만 이방인에게 가라는 말만 듣고 온 것이다. 이방인들에게 복음을 설명해 주라는 의미로 받아들였을지도 모른다. 또는 기도해 주거나 병을 고쳐 주라는 것으로 생각했을 수도 있다. 진짜 이유는 나중에(10 : 44 참조) 하나님께서 직접 밝혀 주신다.

> [34] 베드로가 입을 열어 말하되 내가 참으로 하나님은 사람의 외모를 보지 아니하시고 [35] 각 나라 중 하나님을 경외하며 의를 행하는 사람은 다 받으시는 줄 깨달았도다 [36] 만유의 주 되신 예수 그리스도로 말미암아 화평의 복음을 전하사 이스라엘 자손들에게 보내신 말씀 [37] 곧 요한이 그 세례를 반포한 후에 갈릴리에서 시작하여 온 유대에 두루 전파된 그것을 너희도 알거니와 [38] 하나님이 나사렛 예수에게 성령과 능력을 기름 붓듯 하셨으매 그가 두루 다니시며 선한 일을 행하시고 마귀에게 눌린 모든 사람을 고치셨으니 이는 하나님이 함께하셨음이라 [39] 우리는 유대인의 땅과 예루살렘에서 그가 행하신 모든 일에 증인이라 그를 그들이 나무에 달아 죽였으나 [40] 하나님이 사흘 만에 다시 살리사 나타내시되 [41] 모든 백성에게 하신 것이 아니요 오직 미리 택하신 증인 곧 죽은 자 가운데서 부활하신 후 그를 모시고 음식을 먹은 우리에게 하신 것이라 [42] 우리에게 명하사 백성에게 전도하되 하나님이 살아 있는 자와 죽은 자의 재판장으로 정하신 자가 곧 이 사람인 것을 증언하게 하셨고 [43] 그에 대하여 모든 선지자도 증언하되 그를 믿는 사람들이 다 그의 이름을 힘입어 죄 사함을 받는다 하였느니라

[10 : 34-35] 베드로는 고넬료 일행의 진실한 태도를 보고 감동하였다. 그래서 입을 열어 이방인 청중을 향해서 복음을 설명하고 있다. 10 : 34~43은 선포된 복음(=케리그마)의 내용을 잘 요약해 보여 주고 있다. 그중에서 34~35절은 모든 사람을 구원하시는 하나님의 성품에 대하여 먼저 제시해 주고 있다. 하나님은 사람을 외모로 보지 않으시는 분인데, 여기에서 '외모'란 외적 기준을 가리킨다. 이 외적 기준은 인종적, 계층적, 성별적, 종교적, 정치적, 사회적, 경제적인 차이를 다 포함한다. 어떤 사람이든지 하나님을 경외하며 의를 행하는(=구제하는) 사람은 다 받아 주신다는 것이다. 그렇다고 해서 경건하고

선한 행위가 구원의 기준이 된다는 뜻은 아니다. 예수 그리스도를 통해서 하나님의 구원이 보편적으로 임하게 되었다는 것이 바로 이어서 나오는 베드로 설교의 요체이기 때문이다.

설교를 위한 묵상 : "나부터 먼저"(10 : 34-35)

오늘날 사람의 외모는 매우 중요한 판단의 잣대가 되고 있다. 취직을 하기 위해서 성형수술을 하는 여대생들이 많다는 이야기는 농담이 아니다. 결혼을 위해서 예비신부의 눈, 코, 치아 등 손 안 대는 곳이 없을 정도다. 여대생들에게 경제적인 여유가 있다고 하면 성형할 의사가 있느냐고 물었더니 80% 이상이 그렇게 하겠다고 대답했다고 한다. 여대생 중 크고 작은 성형 경험이 있는 사람들도 50%가 넘는다고 한다. 요즈음은 경제난 때문에 보톡스나 필러를 통한 성형이 늘어난다고 한다.
오늘 성경 말씀에 보면 하나님은 사람을 외모로 판단하지 않으신다고 말하고 있다. 사도행전 10 : 1~11 : 18은 고넬료의 구원 사건을 다루고 있다. 고넬료는 로마 사람으로서 로마 군대의 백부장(중대장과 비슷)이었다. 고넬료는 경건한 이방인이었다. 하나님을 경외하고 자선을 많이 행하며 하나님께 늘 기도하는 사람이었다. 이방인이 어떻게 그렇게 할 수 있었을까?
유대인들은 팔레스틴 땅에만 거주하지 않았다. 유대인늘은 로마 제국의 여러 곳에 흩어져 디아스포라로서 살았다. 유대인들은 열 가정만 모이면 하나의 회당을 구성했다. 그들은 정기적으로 회당에 모여 하나님의 율법을 읽고 공부하고 기도했다. 이러한 경건한 생활은 주변에 살고 있던 이방인들에게 호기심을 불러일으켰고, 그들에게 도전이 되었다. 그래서 회당 주변에는 유대교에 관심을 가진 사람들이 모여 들었다. 이들 중에는 유대교로 개종하는 사람들(proselytes)도 있었지만, 대부분은 개종하지는 않은 채 하나님을 경외하는 사람들(God-fearers)도 생겨났다. 아마 고넬료도 하나님을 경외하는 사람이었던 것 같다.
고대 세계에서 유대인과 이방인 사이에 건너기 힘든 장벽이 많이 있었다. 이방인들은 할례를 행하거나 안식일을 지키는 것이 어려웠다. 그러나 이웃으로 살아가면서 이방인을 선교하는 데 가장 장애가 되는 것은 음식 문제였다. 유대인들은 아무 음식이나 먹지 않았다. 먼저 우상에게 바쳤던 음식은 먹지 않았으며, 율법에 부정하다고 하는 음식 또한 먹지 않았다. 그래서 유대인들은 고대로부터 '거룩한 음식물'로 불리는 '코쉐르' 음식을 먹었다.

우리는 외국인들과의 관계에서 어떠한 장벽을 가지고 살아가고 있는가? 우리나라는 '단일민족'이라는 것을 강조하는데, 이것이 현실 속에서는 인종차별로 나타날 가능성이 많다. 외국인 노동자의 수가 수십만을 넘어섰고, 농촌 가정의 상당수가 다문화 가정으로 형성되고 있는 현실이다. 다문화가정에서 태어난 2세들, 소위 '코시안'들은 언어의 장벽, 문화의 차이, 사회적 차별 등으로 고통을 당하고 있다. 우리 모두는 외국인들과 더불어 살아가는 사회를 만들어야 하는 과제를 안고 있다.

하나님께서는 베드로와 고넬료 사이에 존재했던 인종적, 종교적 장애물을 어떻게 제거하셨나? 고넬료가 꿈을 꾸고 천사의 지시를 받아 베드로를 찾아갔을 때 베드로는 정오기도 시간에 맞추어 기도하려고 지붕으로 올라갔다고 했다. 베드로는 배가 고픈 가운데 음식에 관한 환상을 보게 된다. 온갖 네 발 짐승들과 땅에 기어 다니는 동물들과 공중의 새들이 들어 있는 보자기가 하늘에서 내려오는 것을 보았다. 한 번이 아니고 세 번씩이나 보게 되었다. 하나님은 베드로에게 계속하여 "잡아먹어라." 하고 명령하시는데 베드로는 부정한 음식이기 때문에 먹을 수 없다고 강하게 거부하는 이야기가 나온다. 그러나 베드로는 하나님께서 보여 주신 환상의 의미를 깨닫게 되고, 욥바에서 가이사랴까지 50km를 여행하여 고넬료에게 와서 복음을 전하자 그들이 성령을 받게 되고(이방인의 성령강림) 세례를 받게 되는 사건이 일어났다. 이렇게 이방인들이 예수를 믿고 복음을 받아들여 구원 얻는 것을 보면서 베드로는 "하나님께서는 사람을 외모로 판단하시지 않는다는 것을 깨달았다."고 말한다.

이 이야기를 통해서 우리는 무엇을 깨달을 수 있을까? 먼저 하나님 앞에서는 유대인과 이방인 사이에 차별이 없다는 것이다. 유대인들은 그들과 이방인들 사이에 건널 수 없는 장벽이 있다고 생각했다. 인종과 종교가 다르다고 주장했다. 그들만이 하나님의 택한 백성이고 구원받을 민족이라고 생각했다. 그러나 그것은 인간이 만들어 놓은 구분에 불과했다. 사도 바울은 갈라디아서 3 : 28에서 이렇게 교훈하고 있다 : "유대 사람도 그리스 사람도 없으며, 종도 자유인도 없으며, 남자와 여자가 없습니다. 여러분 모두가 그리스도 예수 안에서 하나이기 때문입니다"(새번역).

장애인이 가장 가슴 아프게 생각하는 것은 비장애인들이 동정 어린 눈으로 바라보면서 자신들을 별종 인간 취급하는 것이라고 한다. 외국인 노동자들이 가장 힘들어하는 것은 외국인 노동자들을 하류 문화와 하류 인간으로 취급하는 것이라고 한다. 가난한 사람들이 견디기 힘든 것은 가난 자체가 아니라 부자들의 무시와 교만 때문이라고 한다. 한국 사람들이 해외에서 아직 선진국으로 인정받지 못하는 것은 교양 있게 처신하지 못하고 다른 나라 사람들의 문화를 이해하려 들지 않으며 지구촌 시대에 걸맞은 사람처럼 행동하지 못하기 때문이다.

고넬료 이야기에서 우리가 배울 수 있는 것은 정작 구원받아야 할 대상은 고넬료 이전에 베드로였다는 사실이다. 베드로는 수제자로서 하나님의 구원을 이방인에게까지 전하는 선구자의 역할을 해야 했다. 이방인들에 대한 편견은 베드로부터 깨어져야 했다. 베드로의 회심은 고넬료의 개종 이전에 일어나야 했다. 편견을 갖지 않고 사람을 대할 수 있는 것은 우리가 자신의 내면을 중요시하고 하나님의 마음을 진정으로 이해하는 데서 시작된다. 우리가 다른 사람을 무시하는 것은 결국 자신감이 없기 때문이다. 우리 모두 나 자신을 먼저 성찰하는 일로 돌아가야만 한다.

[10 : 36-38] 베드로의 설교는 예수 그리스도를 통하여 선해신 화평의 복음에 대한 소개로 시작한다. '화평의 복음'을 말한 것은 이방인과 유대인 모두에게 전파된 보편적인 복음의 성격을 나타낸 것이다. 그리고 예수 그리스도의 말씀은 세례자 요한을 선구자로 하여 갈릴리로부터 온 유대에 전파되었다고 증언한다. 하나님께서는 나사렛 예수(인성 강조)에게 성령과 능력을 부어 주심으로써(신적 권위 강조) 귀신을 쫓아내고 질병을 치유하는 역사를 이루셨다고 말한다. 이 같은 설명은 비록 간단하지만 예수의 사역을 말씀과 행위로 나누어 요약하고 있다고 볼 수 있다.

[10 : 39-43] 베드로의 설교는 예수 그리스도의 일반적인 지상 사역에서부터

복음의 내용 중 가장 중요한 그의 죽음과 부활로 초점이 이동하고 있다. 유대인들이 하나님이 보내신 예수를 나무에 달아 죄인처럼 죽였지만, 하나님께서 사흘 만에 다시 살리셨다고 증언한다. 예수의 부활은 이방인 청중에게 믿기지 않는 일일 수 있었기 때문에 조금 더 자세하게 설명을 덧붙이고 있다. 예수께서 부활 후 제자들에게만 제한적으로 나타나셨다고 함으로써, 제자들이 가진 증인으로서의 사명과 결부시키고 있다. 그러므로 베드로를 위시한 제자들이 하는 역할은 하나님께서 산 자와 죽은 자를 심판할 예수를 증언하게 하신 일임을 밝힌다. 그리고 이것은 모든 선지자들도 증언한 사실이며, 예수를 믿으면 그의 이름으로 인하여 죄를 용서받게 된다고 증언하고 있다. 35절과 다르게 여기에서는 예수 그리스도를 믿어야 죄 사함을 받고 구원에 이르게 된다는 점을 강조하고 있다. 그러므로 35절에서 행위를 강조한 것이 믿음이 필요 없음을 말하려고 한 것은 아니다.

> [44] 베드로가 이 말을 할 때에 성령이 말씀 듣는 모든 사람에게 내려오시니 [45] 베드로와 함께 온 할례받은 신자들이 이방인들에게도 성령 부어 주심으로 말미암아 놀라니 [46] 이는 방언을 말하며 하나님 높임을 들음이러라 [47] 이에 베드로가 이르되 이 사람들이 우리와 같이 성령을 받았으니 누가 능히 물로 세례 베풂을 금하리요 하고 [48] 명하여 예수 그리스도의 이름으로 세례를 베풀라 하니라 그들이 베드로에게 며칠 더 머물기를 청하니라

[10 : 44-48] 베드로의 설교가 진행되는 도중에 성령의 강림 사건이 일어났다. 베드로가 이미 복음의 주된 내용을 거의 선포한 것은 사실이다. 아마 설교를 계속했다면, 구약을 인용하였거나(이곳 베드로의 설교 중에는 아직 구약에 대한 직접 인용이 없기 때문에), 재림에 관해서 말했거나, 회개하고 그리스도를 믿으라는 권고를 했을 것이다. 성령강림은 이방인 청중이나 베드로가 간구한 바가 아니었다. 그들은 성령이 강림할 줄을 기대하지 않고 있었을 것이다. 그

럼에도 불구하고 성령이 스스로 임한 것이다.

베드로와 또 함께 온 유대인 여섯 형제들(11 : 12 참조)은 이방인들도 성령을 받는 것을 보고 정신이 번쩍 들 정도로 크게 놀랐다(헬라어로 동사 '엑시스테미'를 사용함). 이방인들도 방언을 하면서 하나님을 찬양하였기 때문이다. 베드로는 이 시점에서 왜 하나님께서 그를 고넬료에게로 부르셨는지 그 구체적인 목적을 알아챘을 것이다. 고넬료 역시 왜 하나님께서 베드로를 초청하라고 했는지 알게 되었을 것이다. 이방인들이 성령을 받았다는 것은 의심할 여지없이 그들도 하나님의 구원에 동참한 믿음의 백성이 되었음을 증명하는 것이기 때문이다.

고넬료와 그의 집안, 친척, 친구들이 성령을 받았다는 것은 놀라운 사건이다. 이것은 유대 땅 가이사랴에서 유대인들이 지켜보는 가운데(적어도 베드로를 포함한 7명이 증인이었다.) 일어난 일이었다. 10장의 성령강림은 사도행전에서 일어난 네 번째(2 : 1-4 ; 4 : 31 ; 8 : 17에 이어) 성령강림 사건이었다. 2장과 4장은 유대인들에게 임한 성령강림이었고, 8장은 사마리아인들에게 임한 성령강림이었다. 10장에서의 성령강림은 순수한 이방인에게 임한 사건이다. 10장의 성령강림 사건을 '이방인의 성령강림 사건'으로 칭하면서, 2장의 오순절 성령강림 사건과 같은 것으로 보기도 한다. 그러나 10장에서는 2장처럼 외국어 방언을 하지는 않았다.

베드로는 이방인들도 하나님의 백성이 된 것에 감동하여 주도적으로 이방인들에게 세례를 베풀고 있다. 이로써 고넬료를 비롯한 이방인들은 명실상부하게 믿음의 백성이 되었다. 이 모든 일이 마치자 고넬료는 베드로에게 며칠 더 함께 머물기를 청하고 있다. 베드로는 고넬료 집에 머물면서 함께 식사도 하고 함께 교제도 나누었다. 이방인과 유대인 간에 어떠한 장벽도 남지 않게 된 것으로 보인다. 이 사건을 통하여 대조적인 두 가지 종류의 회심이 동시에 일어났다. 고넬료가 예수 그리스도를 제대로 알고 믿는 회심을 하였다면, 베드로 역시 이방인에 대한 편견을 벗어 버리고 하나님의 관점으로 새롭게 보는 회심을 하게 되었다. 이로 보건대, 이방인 선교의 선구자는 바로 베드로였다고 해도 과언이 아니다. 실제로 베드로는 이방인에게 행한 이 설교를 마지막으로 사도행전에서 더 이상 설교자로 등장하지 않고 있다.

> [1]유대에 있는 사도들과 형제들이 이방인들도 하나님의 말씀을 받았다 함을 들었더니 [2]베드로가 예루살렘에 올라갔을 때에 할례자들이 비난하여 [3]이르되 네가 무할례자의 집에 들어가 함께 먹었다 하니 [4]베드로가 그들에게 이 일을 차례로 설명하여 [5]이르되 내가 욥바 시에서 기도할 때에 황홀한 중에 환상을 보니 큰 보자기 같은 그릇이 네 귀에 매어 하늘로부터 내리어 내 앞에까지 드리워지거늘 [6]이것을 주목하여 보니 땅에 네 발 가진 것과 들짐승과 기는 것과 공중에 나는 것들이 보이더라 [7]또 들으니 소리 있어 내게 이르되 베드로야 일어나 잡아 먹으라 하거늘 [8]내가 이르되 주님 그럴 수 없나이다 속되거나 깨끗하지 아니한 것은 결코 내 입에 들어간 일이 없나이다 하니 [9]또 하늘로부터 두 번째 소리 있어 내게 이르되 하나님이 깨끗하게 하신 것을 네가 속되다 하지 말라 하더라 [10]이런 일이 세 번 있은 후에 모든 것이 다시 하늘로 끌려 올라가더라

[11:1-3] 고넬료와 그의 사람들이 하나님의 말씀을 듣고 믿게 되었다는 것을 유대에 있던 사도들과 믿음의 형제들이 듣게 되었다. 놀랍게도 사도들은 아무도 베드로를 비난하지 않고 있다. 이방인들의 구원에 대한 소문을 그리스도인들뿐만 아니라 다른 유대인들도 알게 되었던 것 같다. 그래서 이 사건의 당사자인 베드로가 예루살렘에 갔을 때 할례자들(=유대인들)은 그를 비난하였다. 그들을 '할례자들'이라고 부른 것은 유대인 그리스도인들과 구별하려는 의도에서였을 것이다. 비난의 초점은 베드로가 "무할례자들(=이방인들)의 집에 들어가 함께 먹었다."는 데 모아지고 있다. 이방인들의 집에 들어간 것은 그들과 접촉했다는 것을 말하며, 함께 먹었다는 것은 그들과 친교를 나누었다는 것을 말한다. 그것은 분명히 율법에 어긋난 행동이라는 것이다.

[11 : 4-10] 유대인들의 비난에 직면하여 베드로는 스스로를 변호하여야 할 필요성을 느끼고 차례대로 설명하고 있다. 5절 이하의 내용은 10 : 9~16을 거의 반복하여 서술하고 있다. 벌써 세 번째 반복인 셈이다. 앞에서도 지적한 것처럼, 이러한 반복은 강조를 위한 기법이다. 같은 내용을 반복해서 읽게 하거나 듣게 함으로써 그 중요성을 몸소 느끼게 하고자 함이다.

> [11]마침 세 사람이 내가 유숙한 집 앞에 서 있으니 가이사랴에서 내게 보낸 사람이라 [12]성령이 내게 명하사 아무 의심 말고 함께 가라 하시매 이 여섯 형제도 나와 함께 가서 그 사람의 집에 들어가니 [13]그가 우리에게 말하기를 천사가 내 집에 서서 말하되 네가 사람을 욥바에 보내어 베드로라 하는 시몬을 청하라 [14]그가 너와 네 온 집이 구원받을 말씀을 네게 이르리라 함을 보았다 하거늘 [15]내가 말을 시작할 때에 성령이 그들에게 임하시기를 처음 우리에게 하신 것과 같이 하는지라 [16]내가 주의 말씀에 요한은 물로 세례를 베풀었으나 너희는 성령으로 세례를 받으리라 하신 것이 생각났노라 [17]그런즉 하나님이 우리가 주 예수 그리스도를 믿을 때에 주신 것과 같은 선물을 그들에게도 주셨으니 내가 누구이기에 하나님을 능히 막겠느냐 하더라 [18]그들이 이 말을 듣고 잠잠하여 하나님께 영광을 돌려 이르되 그러면 하나님께서 이방인에게도 생명 얻는 회개를 주셨도다 하니라

[11 : 11-18] 이 부분도 앞의 단락에 이어 반복적으로 재진술하고 있는 내용이다. 그러나 똑같이 반복하지 않고 요약하거나 수정, 보완하면서 반복하고 있다. 10 : 19에는 '두 사람'이 베드로의 집으로 찾아왔다고 되어 있는데 비해, 11 : 11에는 '세 사람'이 등장한다. 12절에서 처음 '여섯 형제'를 명시적으로 언급하는 것도 유의해 볼 일이다. 그리고 13~14절의 내용은 베드로가 고넬료의 집에 도착하여 그의 입을 통하여 언급되고 있는데, 10 : 22~23에서는 고넬료가 보낸 하인들이 전달하는 말로 나온다. 거기에 이 부분에서 고넬료의

이름이 거명되지 않고 있는 점도 특이한 일이다. 14절 이후 베드로의 설교가 반복되어야 할 것으로 기대되는 시점에서 설교가 생략되고 있다. 16~17절도 약간 수정하거나 보완되고 있다. 이러한 점들을 제외한다면 기본적으로 앞의 내용을 반복하는 성격은 유지되고 있는 셈이다.

이러한 베드로의 변증을 듣고 그를 비난하던 유대인들은 잠잠하고 아무 말을 하지 못하였다. 그리고 하나님께 영광을 돌리며 이방인들에게도 생명을 얻는 회개를 허락하셨다고 말한다. 이것은 의외의 결과다. 여전히 유대인들의 박해가 예상되는 가운데 있는데, 이렇게 기록하고 있는 것은 이 시점에서 유대인들을 향한 베드로의 사역이 긍정적인 결과를 가져왔다는 점을 부각시키려고 한 것 같다. 누가는 고넬료 회심 사건을 마무리하면서 이를 앞으로 전개될 새로운 이야기의 밑거름으로 삼으려 한다.

K. 안디옥 교회와 헤롯의 박해(11 : 19-12 : 24)

1. 바나바와 안디옥 교회의 구제 헌금(11 : 19-30)

[19]그때에 스데반의 일로 일어난 환난으로 말미암아 흩어진 자들이 베니게와 구브로와 안디옥까지 이르러 유대인에게만 말씀을 전하는데 [20]그중에 구브로와 구레네 몇 사람이 안디옥에 이르러 헬라인에게도 말하여 주 예수를 전파하니 [21]주의 손이 그들과 함께하시매 수많은 사람들이 믿고 주께로 돌아오더라

[11 : 19-21] 누가는 이제 새로운 국면으로 그의 이야기를 이끌어 가는 것 같다. 스데반의 순교로 흩어진 교회에 대한 언급은 8 : 1에서 이미 이루어지고 있기 때문에, 그때로부터 이곳까지 중간에 이루어진 일들(빌립의 사마리아 선교와

에디오피아 내시 전도, 사울의 회심과 전도활동, 베드로의 치유 사역, 고넬료의 회심)은 괄호 속에 넣을 수 있는 내용으로 볼 수 있다. 누가는 이러한 문학적 장치를 통해 스데반의 순교로 비롯된 흩어진 교회의 본격적 임무를 내비치고 있는 것이다.

스데반의 순교로 흩어진 사람들은 각각 여러 곳으로 전도활동을 펼쳐 나갔을 것이다. 그중에 어떤 사람들은 여기에서처럼 베니게와 구브로, 그리고 안디옥까지 진출하였다. 베니게는 해변의 가이사랴보다 더 위쪽에 위치하며, 두로와 시돈이 있는 지역이다. 구브로는 베니게 앞 지중해에 있는 섬이다. 그리고 안디옥은 시리아 지역의 수도로서, 로마와 알렉산드리아에 이어 로마 제국의 3대 도시 중 하나였다. 당시에 50만 정도의 인구를 가졌다고 하니 얼마나 큰 도시였는지 짐작할 수 있을 것이다. 안디옥은 사도행전에서 이방인 선교의 전초 기지 역할을 하게 되는데, 여기에서 처음으로 소개되고 있다.

이 지역에 흩어진 유대인 그리스도인들은 유대인들에게만 복음을 전했다. 안디옥은 큰 도시였기 때문에 유대인 공동체가 잘 정착하고 있었을 것이다. 유대인 회당을 중심으로 유대교에 관심을 가진 '하나님을 경외하는 사람들'(God-fearers)과 '개종자들'(proselytes)이 많이 있었을 것이다. 그래서 유대인들에게 복음을 전하는 것이 어렵지 않았을 것이다. 초대 교회는 유대인 그리스도인들이 중심에 있었고, 유대인들을 대상으로 복음을 전하는 것은 자연스럽고 당연한 것으로 생각하였다.

그런데 새로운 변화가 발생하게 되었다. 구브로와 구레네(아프리카 북부 해안 도시)에서 온 몇 사람이 안디옥에 와서 헬라인들에게도 복음을 전한 것이다. 이렇게 하는 데는 용기가 필요했을 것이다. 그들은 새로운 관점을 가지게 되었다. 하나님의 능력('주의 손')이 그들에게 임하므로 많은 사람들이 주 예수를 믿게 되는 역사가 일어났다. 이들의 이름이 거명되지는 않았지만, 이들의 존재는 베드로나 바울 이외에도 이방인 선교 초기에 많은 이름 모를 전도자들의 공헌이 있었음을 알게 해 준다.

²²예루살렘 교회가 이 사람들의 소문을 듣고 바나바를 안디옥까지 보내니 ²³그가 이르러 하나님의 은혜를 보고 기뻐하여 모든 사람에게 굳건한 마음으로 주와 함께 머물러 있으라 권하니 ²⁴바나바는 착한 사람이요 성령과 믿음이 충만한 사람이라 이에 큰 무리가 주께 더하여지더라 ²⁵바나바가 사울을 찾으러 다소에 가서 ²⁶만나매 안디옥에 데리고 와서 둘이 교회에 일 년간 모여 있어 큰 무리를 가르쳤고 제자들이 안디옥에서 비로소 그리스도인이라 일컬음을 받게 되었더라

[11 : 22-24] 예루살렘 교회는 여전히 모교회로서의 역할을 감당하고 있다. 다른 지역에서 의심할 만한 보고가 올라오면 예루살렘 교회는 교회의 대표자들을 파견하여 그 진상을 알아보고 적절한 조치를 취하는 것이 관례였던 것 같다. 사마리아에 복음이 전파되었다는 소식을 들었을 때 예루살렘 교회는 베드로와 요한을 파견한 바 있다(8 : 14). 여기에서는 헬라인에게 복음이 전파되었다는 소문을 듣고 바나바를 안디옥에 파견하고 있다. 바나바가 구브로 출신(4 : 36)이었기 때문에 이 지역에 파견할 적절한 사람으로 선택되었을 것이다.

바나바가 안디옥에 와서 살펴보니 하나님의 은혜가 이방인들에게도 임한 것을 확인할 수 있었다. 여기서 '하나님의 은혜'는 이방인들도 주 예수를 믿고 돌아올 수 있도록 하나님께서 허락하셨다는 것을 의미한다. 하나님의 역사를 확인한 바나바는 기뻐할 수밖에 없었다. 여기서 바나바가 안디옥에 온 목적이 전도자들을 책망하거나 그들의 메시지를 부정하려는 데 있었던 것이 아니었음을 알 수 있다. 오히려 바나바는 굳건한 마음으로 새로운 믿음에 충실하라고 권면하였다. 이렇게 '권면한'(헬, '파라칼레오') 것은 바나바('위로/권면의 아들'이라는 뜻을 가짐.)의 이름과도 부합하는 사역이었다. 바나바는 성정이 착한 사람이요, 중재자로서의 역할을 잘 감당할 만한 자질을 갖춘 사람이었다. 그는 또한 성령과 믿음이 충만한 사람이었기 때문에 그를 통하여 많은 사람이 주께 돌아오는 역사가 일어났다.

[11 : 25-26] 중재자로서 바나바의 사역은 사울을 찾아 나선 데서도 발견할 수 있다. 사울은 일찍이 다소로 보내진 후(9 : 30) 잠시 사도행전의 이야기에서 사라졌었다. 그런데 여기에서 다시 등장하고 있는 것이다. 누가는 여러 가지 복음 전파에 관한 이야기를 전개해 나가야 하기 때문에 한 사람이나 한 사건에만 치우칠 수 없었다. 그래서 어떤 인물이나 사건을 다 끝마치기 전에 다른 이야기를 전하다가 다시 이전의 이야기로 돌아오는 이러한 수법을 종종 사용한다. 이럴 경우 뒤의 이야기는 앞에 나온 이야기와 연결하여 이해할 필요가 있다.

바나바는 다소에서 사울을 만나 안디옥으로 데리고 왔다. 안디옥은 헬라식의 큰 도시였고 전략적인 곳이었기 때문에, 사울과 같이 교육을 받고 복음을 잘 변증해 줄 인물이 필요했었는지 모른다. 두 사람이 '일 년 동안'이나 함께하면서 큰 무리를 '가르쳤다'는 것은 이러한 사실을 입증해 준다. 이러한 사역은 주변 사람들의 주목을 받기에 충분했을 것이다. 그래서 믿는 자들이 비로소 '그리스도인'이라는 이름으로 불리게 되었다. 그리스도인이라는 이름은 믿는 자들이 스스로에게 붙인 이름이 아니었다. 믿지 않는 사람들에 의해서 붙여진 이름이었다. 유대인들을 비롯하여 이방인들이 그리스도를 따르는 사람들(유대인과 이방인 모두를 포함한)에게 새로운 이름을 부여한 것이다. 이것은 좋은 의미로 사용된 것은 아니었을 가능성이 너 많다. 소통까지는 아니더라도 특이한 사람들이라는 생각을 가지고 불렀을 것이다. 그들은 이제 유대교인과는 분명히 구별되는 정체성을 갖게 된 것이다.

■■ 설교를 위한 묵상 : "2인자 바나바"(11 : 22-26)

어느 교회나 창설 멤버가 있다. 가장 힘들 때 함께한 사람들이다. 어떻게 교회를 세워 가야 할지 모르며, 모험도 하고 희생도 많이 해야 할 때 동참했던 사람들이다.

그래서 나중에 교회가 성장한 이후에도 초창기 교인들을 잊지 않고 그 업적을 기리게 된다. 때로는 창설 멤버와 이후에 교회에 들어온 멤버들 사이에 알력이 생기기도 하지만, 이것과 창설 멤버의 헌신을 기억하는 것은 별개의 문제다.

바나바가 안디옥 교회를 세운 사람은 아니었다. 스데반의 순교 사건 이후 예루살렘 교회가 흩어져 베니게와 구브로, 안디옥까지 복음을 전하게 된 것이다. 안디옥은 로마와 알렉산드리아에 이어 로마 제국에서 세 번째로 큰 도시였다. 비록 안디옥에서도 처음에는 유대 사람만을 대상으로 복음이 전파되었지만(11 : 19), 이후 수많은 이방인들이 교회에 들어올 수 있는 토양을 만들게 된 것이다. 안디옥에 복음을 전한 사람들 중에 구브로 사람들이 있었기 때문에, 예루살렘 교회는 구브로 출신(4 : 36)인 바나바를 안디옥에 파송하였던 것이다.

바나바는 어떤 사람이었으며, 안디옥 교회를 위해 무슨 일을 한 사람이었는가? 첫째로, 바나바는 복음이 전해진 것을 확인하고 순전하게 기뻐한 사람이었고, 성정이 착한 사람이었다. 그는 성령과 믿음에 충만하여 신앙적으로 사람들을 권면하였고, 그의 전도로 인하여 많은 사람들이 주님을 믿게 되는 역사가 일어났다. 바나바는 신앙 이전에 먼저 인간적으로 인정을 받을 만했다. 요즈음 그리스도인들이 세상 사람들에게 인정을 받지 못하는 것은 신앙과 인격이 일치하지 못하기 때문이다. 바나바는 순수하고 착한 심성을 가지고 있었기 때문에 복음의 증인이 되는 데 큰 도움이 되었다.

둘째로, 그렇지만 바나바는 홀로 안디옥에서의 사역을 감당할 자신이 없었던 것 같다. 그래서 사울(=바울)을 데리러 그의 고향인 다소에까지 가서 그를 안디옥으로 데리고 왔다. 안디옥은 크고 중요한 도시이고, 이방인들에게까지 복음을 전하려면 바울과 같은 인물이 필요하다고 판단한 것이다. 바울은 유대 전통에도 투철하고 더 나아가 헬라적 지식과 교양이 풍부한 사람이었기 때문이다. 바나바는 자기중심으로 일하려 하지 않고 협력자를 구하는 데 주저하지 않았다. 개인보다 교회가 우선되어야 한다고 생각했기 때문이다. 그는 실제로 얼마 되지 않아(13 : 13 이후) 바울에게 복음 전파의 주도권을 넘겨주게 된다. 이것을 보면, 바나바는 2인자가 되더라도 교회와 복음 전파를 우선으로 생각한 지도자였음을 알 수 있다.

셋째로, 바나바는 바울과 더불어 일 년 동안 팀 사역을 성공적으로 수행하였다. 그들은 복음을 전하는 일 이외에도 새신자들에게 복음의 내용을 가르치는 일을 했다. 전도와 더불어 교육은 교회를 튼튼하게 세우는 두 기둥이 되었다. 많은 사람들이 새로운 신앙에 들어서게 되었고, 이것은 주변 사람들에게 주목을 받기에 이르렀다. 그래서 안디옥에서 비로소 믿는 사람들이 '그리스도인'이라는 이름을 얻게 되었다. 비록 이러한 새 이름이 사람들에게 냉소적으로 불린 이름이었을지 모르지만, 그것은 중요한 의미를 지닌다. 유대인과 이방인으로 구성된 안디옥의 신자들이 유대 사람들이나 헬라 사람들에게 유대교도와는 다른 정체성을 가진 집단으로 인식된 것을 의미하기 때문이다. 초대 교회의 역사에서 이같이 중요한 역할을 한 사람 중에 바나바가 있었다. 어느 교회든지 교회의 발전에는 헌신적이고 자기중심적이지 않은 사람들이 필요하다. 그런 사람들은 드러나지 않고 숨어서 제 몫을 다하는 사람일 경우가 많다. 오늘날 우리 교회에는 바나바와 같은 사람이 필요하다.

⸎

[27]그때에 선지자들이 예루살렘에서 안디옥에 이르니 [28]그중에 아가보라 하는 한 사람이 일어나 성령으로 말하되 천하에 큰 흉년이 들리라 하더니 글라우디오 때에 그렇게 되니라 [29]제자들이 각각 그 힘대로 유대에 사는 형제들에게 부조를 보내기로 작정하고 [30]이를 실행하여 바나바와 사울의 손으로 장로들에게 보내니라

[11 : 27-30] 이때에 여러 선지자들이 예루살렘에서 안디옥으로 왔다. 그중에 아가보라고 하는 선지자도 있었다. 본문만 가지고는 이들이 기독교 선지자들인지 판단하기가 쉽지 않다. 그렇지만 초대 교회에 기독교 선지자들이 있었던 것은 분명하다. 아가보는 바울의 박해를 예언하는 21 : 10에 다시 등장하고 있는데, 그곳에서는 확실히 기독교 선지자로서의 활약상을 보이고 있다. 이로 보건대 여기에 언급된 선지자들은 기독교 선지자들로 볼 수 있다.

아가보는 성령으로 천하에 큰 흉년이 들 것을 예언하고 있다. 그리고 이 흉년이 글라우디오 황제(41-54년 통치) 때에 발생할 것이라고 말한다. 이 흉

년은 헤롯 아그립바와 연관되어 보도되고 있다(12 : 1, 23, 25 참조). 헤롯 아그립바는 44년에 죽었으므로 아가보의 예언은 44년 이전으로 보아야 한다. 고대의 기록(예 : 요세푸스)을 종합하면 글라우디오 황제 통치 때인 45~46년경 큰 흉년이 있었다고 전한다. 흉년이 들면 많은 사람이 경제적 고통에 직면하게 되지만, 특히 가난한 사람들이나 피지배층이 큰 피해를 입게 된다. 예루살렘과 유대는 흉년으로 큰 피해를 보게 되었다. 이곳은 농산물이 나는 곳이 아니었다. 더군다나 47~48년경 유대 땅에 안식년이 온 것으로 본다면, 이미 발생한 흉년의 피해가 더욱 가중되었을 것이다.

안디옥 교회에 속한 제자들(=그리스도인들)은 이러한 상황을 직면하여 각각 능력에 맞게 힘을 보태어 유대에 사는 형제들에게 '부조'(=경제적 도움)를 보내기로 작정하였다. 여기에서 주목할 것은 이들이 교회의 결의로 전체적인 부조를 한 것이 아니라 개인별로 참여했다는 점이다. 안디옥 교회는 사울이 세운 교회가 아니었기 때문에 조직적으로 헌금을 하기가 어려웠는지 모른다. 헌금을 모아 바나바와 사울에게 주었고, 바나바와 사울은 예루살렘의 장로들에게 보냈다. 장로에 관한 언급은 사도행전에서 처음 등장하는데, 교회의 장로들은 재정 문제에 책임을 지고 있었던 것으로 보인다(6 : 1-6의 일곱 일꾼과 같이). 부조하는 일은 사울의 큰 관심사 중 하나였다(갈 2 : 10 참조). 아마 이러한 부조 활동을 통해 사울은 예루살렘 교회와의 관계를 원만하게 발전시키고자 하는 마음을 가지고 있었을지 모른다. 왜냐하면 아직도 예루살렘에서 바울은 환영받는 존재가 아니었기 때문이다.

2. 헤롯의 박해(12 : 1-19)

[1]그때에 헤롯 왕이 손을 들어 교회 중에서 몇 사람을 해하려 하여 [2]요한의 형제 야고보를 칼로 죽이니 [3]유대인들이 이 일을 기뻐하는 것을 보고 베드로도 잡으려 할새 때는 무교절 기간이라 [4]잡으매 옥에 가두어 군인 넷씩인 네 패에

게 맡겨 지키고 유월절 후에 백성 앞에 끌어내고자 하더라 ⁵이에 베드로는 옥에 갇혔고 교회는 그를 위하여 간절히 하나님께 기도하더라

[12 : 1-5] 그리스도인들의 숫자가 유대인과 이방인 사이에서 늘어나게 되자 사회적인 불안 요인으로 작용하게 된 것으로 보인다. 우선 유대인들이 좋아하지 않았다. 그리고 황제 숭배를 근간으로 하는 로마 제국에도 좋은 인상을 주지는 못했을 것이다. 헤롯 왕이 교회를 핍박하려고 결심한 것도 무리는 아닌 것 같다. 그는 요한의 형제인 세베대의 아들 야고보를 칼로 목을 베어 죽였다. 이렇게 죽이는 것은 로마인들의 처형 방식이었는데, 헤롯이 이를 따르고 있다. 여기에서 헤롯은 헤롯 아그립바 1세를 가리키는데, 그는 로마 황제인 칼리굴라, 글라우디오스와 친구 사이였고, 로마에서 공부를 했기 때문에 로마 방식에 익숙했다. 아그립바 1세의 재위 기간이 41~44년이었고, 바로 뒤에 그가 급작스런 죽음을 당한 것이 기록되어 있으며(12 : 23), 3~4월에 오는 무교절이 언급된 것으로 보아(12 : 3), 야고보의 죽음은 44년에 일어났을 가능성이 높다.

아그립바 1세는 유대인들이 야고보의 죽음을 기뻐하는 것을 보고 베드로까지 처형할 계획을 세웠다. 무교절은 유월절 이후 곧바로 시작하여 일주일 간 지내는 유대 절기였다. 출애굽을 기념하면서 유대교 전통을 중시하는 때이기 때문에 유대인들의 신앙심과 민족애가 더 고조되는 때였을 것이다. 아그립바 1세는 유월절과 무교절 축제가 끝나면 처형할 요량으로 일단 베드로를 체포한 뒤 감옥에 가두었다. 그리고 철저하게 지키도록 명령을 내렸다. 로마 군인들은 밤중에 3시간마다 근무 교대를 했기 때문에 4조가 필요했다. 그래서 한 조에 4명씩 4조가 번갈아 가며 베드로를 지키도록 한 것이다. 이제 유월절이 끝나면 끌어내어 백성들 앞에서 심문한 뒤 처형할 계획이었다. 체포, 심문, 판결에 이어 처형하는 절차는 로마법을 따르는 것이다. 베드로가 체포되어 구금된 이후 예루살렘 교회는 하나님께 간절히 기도하는 길밖에 다

른 도리가 없었다.

> ⁶헤롯이 잡아내려고 하는 그 전날 밤에 베드로가 두 군인 틈에서 두 쇠사슬에 매여 누워 자는데 파수꾼들이 문 밖에서 옥을 지키더니 ⁷홀연히 주의 사자가 나타나매 옥중에 광채가 빛나며 또 베드로의 옆구리를 쳐 깨워 이르되 급히 일어나라 하니 쇠사슬이 그 손에서 벗어지더라 ⁸천사가 이르되 띠를 띠고 신을 신으라 하거늘 베드로가 그대로 하니 천사가 또 이르되 겉옷을 입고 따라오라 한대 ⁹베드로가 나와서 따라갈새 천사가 하는 것이 생시인 줄 알지 못하고 환상을 보는가 하니라 ¹⁰이에 첫째와 둘째 파수를 지나 시내로 통한 쇠문에 이르니 문이 저절로 열리는지라 나와서 한 거리를 지나매 천사가 곧 떠나더라

[12 : 6] 하나님의 역사는 극적으로 일어난다. 헤롯 아그립바 1세가 베드로를 처형하기 전날 밤에 놀라운 기적이 일어난 것이다. 처형되기 전날이기 때문에 베드로는 더 철저하게 감시를 받았을 것이다. 베드로는 이중, 삼중의 감시를 받았다. 그는 두 군인 틈에서 잠을 잤다. 거기에다가 두 군인에게 각각 쇠사슬로 서로 묶은 채 옴짝달싹하지 못하게 만들었다. 그리고 문 밖에는 군인 둘이서 보초를 서고 있었다. 안팎으로 엄중하게 구금된 상황에서 베드로의 운명은 야고보와 같이 이미 정해진 것처럼 보였다.

[12 : 7-10] 그런 밤중에 갑자기 주의 천사가 나타났고 옥중에 광채가 빛났다. 주의 천사가 베드로의 옆구리를 쳐서 깨웠다. 베드로는 아직 아무것도 모르고 있다. "급히 일어나라."는 천사의 지시를 받고서야 비몽사몽간에 움직일 뿐이다. 그리고 쇠사슬이 저절로 벗어지는 희한한 일이 벌어지고 있다. 천사가 다시 지시를 내린다. "띠를 띠고 신을 신으라."고 하자 베드로는 그대로 따르고 있다. 베드로는 아직도 정신을 못 차린 상태다. "겉옷을 입고 따라오

라."는 마지막 지시를 받고서야 따라나서지만, 아직도 현실로 받아들이지 못하고 꿈을 꾸는가 하고 생각하고 있다.

베드로는 천사의 인도에 따라 삼엄한 경계를 세 번에 걸쳐 통과하고 있다. 보초가 있는 문을 아무 제지도 없이 통과한 것을 보면 천사가 파수꾼의 눈을 멀게 하였거나 그가 베드로를 보지 못하게 하였던 것으로 짐작할 수 있다. 그리고 마지막으로 시내로 통하는 쇠문을 지날 때는 쇠사슬처럼 쇠문이 저절로 열리고 있다. 이 모든 초월적인 사건은 천사를 통해 이루어졌다. 감옥을 나와 거리 하나를 지나 안전이 확보되자 천사는 곧 사라져 버린다.

이러한 이야기의 전개에는 흥미로운 요소가 많이 들어 있다. 천사의 등장과 구체적인 지시 장면, 저절로 풀리는 쇠사슬과 쇠문, 베드로의 어리둥절함과 이어지는 행동, 파수꾼들의 눈을 감쪽같이 벗어나는 것 등은 독자들의 흥미를 자아내기에 충분하다. 기적적인 이야기를 더욱 흥미 있게 만들고 있는 것이다. 이것은 궁지에 몰려 있는 베드로의 구출 이야기를 여유 있는 관점으로 바라보게 만든다.

[11]이에 베드로가 정신이 들어 이르되 내가 이제야 참으로 주께서 그의 천사를 보내어 나를 헤롯의 손과 유대 백성의 모든 기대에서 벗어나게 하신 줄 알겠노라 하여 [12]깨닫고 마가라 하는 요한의 어머니 마리아의 집에 가니 여러 사람이 거기에 모여 기도하고 있더라 [13]베드로가 대문을 두드린대 로데라 하는 여자아이가 영접하러 나왔다가 [14]베드로의 음성인 줄 알고 기뻐하여 문을 미처 열지 못하고 달려 들어가 말하되 베드로가 대문 밖에 섰더라 하니 [15]그들이 말하되 네가 미쳤다 하나 여자아이는 힘써 말하되 참말이라 하니 그들이 말하되 그러면 그의 천사라 하더라 [16]베드로가 문 두드리기를 그치지 아니하니 그들이 문을 열어 베드로를 보고 놀라는지라 [17]베드로가 그들에게 손짓하여 조용하게 하고 주께서 자기를 이끌어 옥에서 나오게 하던 일을 말하고 또 야고보와 형제들에게 이 말을 전하라 하고 떠나 다른 곳으로 가니라 [18]날이 새

매 군인들은 베드로가 어떻게 되었는지 알지 못하여 적지 않게 소동하니 [19]헤롯이 그를 찾아도 보지 못하매 파수꾼들을 심문하고 죽이라 명하니라 헤롯이 유대를 떠나 가이사랴로 내려가서 머무니라

[12 : 11-12] 천사가 떠나가자 베드로는 제정신이 들었다. 그리고 자신이 헤롯과 유대 백성의 손아귀에서 벗어난 것을 깨닫게 되었다. 그 후 베드로는 곧장 마가 요한의 어머니 마리아의 집으로 찾아갔다. 이것은 예루살렘 교인들이 어디에 모이는지를 이미 알고 있었다는 것을 방증한다. 베드로가 찾아갔을 때 교인들은 모여 기도하고 있었다. 마가 요한은 사도행전에서 곧 일정한 역할을 맡게 될 인물인데(12 : 25 ; 15 : 37-39), 여기에서 슬며시 소개하고 있다. 앞뒤 이야기의 연결 고리를 만드는 누가의 수법을 볼 수 있다.

예루살렘 교회가 모인 마가 요한의 어머니 마리아의 집은 오순절 성령강림 사건이 일어났던 장소를 떠올리게 만든다. 여성이 집의 주인이었다는 것은 그녀가 과부였을 가능성을 높여 준다. 그러나 두 장소가 같은 곳을 의미하는지는 확실하지 않다. 마리아의 집은 상당한 크기였던 것으로 보인다. '여러 사람'(12절)이 모일 수 있었고, 로데라는 하인이 있었으며(13절), 집과 대문 사이에 달려갈 공간(뜰)이 있었다는 것은(14절) 상당한 규모의 집이었다고 추측할 수 있다.

[12 : 13-17] 베드로가 대문을 두드리자 로데라고 하는 '여자아이'가 나왔다. '여자아이'로 번역된 헬라어 '파이디스케'는 신약성경에서 흔히 여자 하인(=노예/종)을 가리키는 말이다(마 26 : 69 ; 막 14 : 66 ; 눅 22 : 56 ; 요 18 : 17). 로데라는 이름을 남긴 것을 보면 보통 하인이 아니라 예루살렘 교회에서 중요한 역할을 한 것이 아닌가 생각된다. 로데가 마리아에 속한 하인이었는지, 아니면 해방된 노예였는지는 분명하지 않다. 어떤 경우든 베드로의 부름에 로데가 응하고 있다는 것은(베드로의 음성을 알아보았다.) 초대 교회 시대에 노예들도 기도나 예배에 참석하고 있었다는 것을 보여 주는 증거가 될 수 있다.

로데는 베드로가 살아난 것을 알고 기뻐하여 그에게 대문을 열어 주기 전에 먼저 기쁜 소식을 집 안에 있던 교우들에게 전하고자 하였다. 그러나 기도하고 있던 교우들은 로데의 말을 믿지 못했다. 기도는 하고 있었지만 베드로가 풀려날 것이라고는 기대하지 못했던 것 같다. 야고보처럼 죽임을 당했거나 당할 것이라고 생각하고 있었던 모양이다. 로데가 참말이라고 우겨도 이번에는 "그의 천사라."고 물리치고 있다. '베드로의 천사'라는 표현은 유대인들이 가지고 있었던 '수호천사'(guardian angel) 개념을 보여 준다. 유대인들은 사람이 죽으면 그의 영이나 그의 수호천사가 며칠 동안 주위를 맴돈다고 생각했기 때문에, 베드로가 죽은 후 이러한 일이 발생한 것으로 생각했을 가능성이 있다.

베드로는 이러한 와중에 문 밖에 서서 계속 문을 두드렸다. 그러자 교우들이 집 밖으로 나와 문을 열고 베드로가 서 있는 것을 보고 '크게 놀랐다'(헬, '엑시스테미'). 베드로가 놀란 그들을 안정시키고 자초지종을 설명하여 준다. 베드로는 야고보와 형제들에게 이 소식을 전하라고 한 뒤 '다른 곳'으로 떠났다. 여기에서 '야고보'는 주의 형제 야고보를 가리킨다. 야고보를 여기에서 슬쩍 흘리듯 소개한 것은 의미가 있다. 누가는 아마 예루살렘 교회의 지도력이 베드로에게서 야고보에게로 넘어간 것을 암시하고자 한 것인지도 모른다(갈 2 : 11-13 참조). 베드로가 다른 곳으로 떠났다고 하는 것도 이것을 뒷받침한다. 물론 베드로가 헤롯의 추적을 피해 피신할 목적으로 다른 곳으로 떠났을 수 있다. 그렇다면 어디로 떠났다는 말인가? 베드로는 예루살렘 사도회의 때에 잠시 다시 등장하기는 하지만(15 : 7-11), 12 : 17 이후 사도행전에서 사라지고 있다. 이러한 점들을 종합해 볼 때, 베드로의 중심적인 역할은 실질적으로 이곳에서 끝나고 있다고 볼 수 있다.

[12 : 18-19] 날이 샜을 때 군인들은 베드로가 사라진 것을 알게 되었고 크게 당황하였다. 이러한 사실이 헤롯에게 보고되었다. 헤롯은 직접 다시 찾아보도록 지시했지만 찾지 못하였다. 헤롯은 파수꾼들을 심문하여 보고 베드로에

대한 단서를 찾지 못한다면 죽이도록 명령하였다. 이것은 당시 로마 군법을 따르는 것으로서, 죄인이 탈출하면 파수꾼이 목숨으로써 그 값을 치러야 했음을 보여 준다. 헤롯은 더 이상 유대에 머물 필요를 느끼지 못하고 로마 총독과 함께 머물며 정사를 논하던 곳인 해변에 있는 가이사랴로 되돌아갔다.

3. 헤롯의 죽음(12 : 20-24)

[20]헤롯이 두로와 시돈 사람들을 대단히 노여워하니 그들의 지방이 왕국에서 나는 양식을 먹는 까닭에 한마음으로 그에게 나아와 왕의 침소 맡은 신하 블라스도를 설득하여 화목하기를 청한지라 [21]헤롯이 날을 택하여 왕복을 입고 단상에 앉아 백성에게 연설하니 [22]백성들이 크게 부르되 이것은 신의 소리요 사람의 소리가 아니라 하거늘 [23]헤롯이 영광을 하나님께로 돌리지 아니하므로 주의 사자가 곧 치니 벌레에게 먹혀 죽으니라 [24]하나님의 말씀은 흥왕하여 더하더라

[12 : 20-23] 이 부분은 독립적인 전승을 포함하고 있지만, 헤롯의 죽음에 대한 배경을 제공해 준다는 의미에서 가치가 있다. 헤롯이 두로와 시돈 사람들을 노엽게 생각한 이유는 언급되어 있지 않다. 문제는 헤롯의 노여움으로 인해 그곳 사람들이 유대 왕국에서 나는 양식을 공급받지 못했다는 것이다. 그래서 두로와 시돈의 사절단이 헤롯의 신하를 찾아와 그와 화해하기를 바랐다. 헤롯의 화가 풀려야 양식을 다시 공급받을 수 있기 때문이었다. 헤롯과의 화해를 주선한 사람은 헤롯의 침소를 책임지고 있던 신하인 블라스도였다.

헤롯은 한 날을 정하여 왕복을 입고 단상에 앉아 백성에게 연설을 행하였다. 이날이 두로와 시돈의 사절단을 만난 날과 어떤 연관성이 있는지는 알려지지 않고 있다. 아마 두 날이 일치했기 때문이 아닌가 생각된다. 두 사건은 헤롯이 왕의 권위를 높이 세울 수 있었다는 점에서 공통점이 있다. 헤롯의

연설 내용은 기록되어 있지 않은데, 여기에서의 초점이 헤롯의 죽음에 있기 때문이다.

　헤롯의 연설을 듣고 백성들은 "이것은 신의 소리요 사람의 소리가 아니다."라고 아부하면서 환호하였다. 헤롯은 이것을 당연하게 받아들이며 거만한 모습을 보였다. 이러한 말은 인간에게 적합한 것이 아니었다. 영광은 하나님만이 받으실 수 있는 것이다. 그럼에도 불구하고 헤롯은 백성들의 아부를 거부하거나 부인하지 않았다. 헤롯은 연설을 하고 난 뒤 "벌레에게 먹혀 죽었다". 누가는 헤롯의 죽음이 우연히 일어난 것이 아니라, 하나님의 영광을 가로챈 죄의 결과라고 해석하고 있다. 유대인 역사가 요세푸스에 의하면, 헤롯이 심한 복통으로 인하여 44년 8월 초 죽었다고 기록하고 있다. 누가는 좀 더 자세하게 '벌레에게 먹혀' 죽었다고 했는데, 이러한 죽음은 유대 중간시기 문헌에 폭군의 죽음을 묘사하는 데 사용되기도 했다. 누가의 설명은 좀 더 의학적인 상식을 보여 준다. 벌레에게 먹혔다는 것은 촌충에서부터 복막염까지 다양한 가능성을 포함한다. '복통'이나 '벌레에게 먹혔다'는 것은 같은 현상을 다르게 표현한 것일 뿐이다.

[12 : 24] 이 요약 구절은 베드로의 구출과 헤롯의 죽음을 말하는 앞의 이야기 (12 : 1~23)와 잘 부합하지 않는다. 오히려 11 : 30과 더 잘 연결된다. 이것은 12 : 1~23이 독립적인 전승으로서 괄호 속에 넣을 수 있는 성격을 가지고 있음을 보여 준다. 헤롯의 죽음이 44년에 일어나고, 예루살렘 교회를 돕는 부조가 47년 이후(아마 48년)에 일어난 것으로 본다면, 11 : 27~30과 12 : 1~23은 연대기적으로는 순서가 뒤바뀌어 있다고도 볼 수 있다. 결국 12 : 1~23은 베드로의 구출과 헤롯의 죽음에 관한 이야기를 사도행전의 전체 이야기의 흐름에 삽입한 것이라고 생각된다. 12 : 24을 앞의 이야기와 자연스럽게 연결된 것으로 본다면, 12 : 24는 헤롯의 급작스런 죽음과 달리 하나님의 역사는 크게 일어났다는 것을 대조시키는 기능을 하고 있다.

설교를 위한 묵상 : "헤롯의 교만과 죽음"(12 : 20-23)

헤롯 왕은 성정이 포악한 사람이었다. 여기에서 헤롯은 헤롯 아그립바 1세를 가리킨다. 그는 로마 황제인 칼리굴라, 글라우디오스와 친구 사이였다. 그는 유대인들이나 로마인들이 싫어하는 것은 하려고 하지 않았다. 헤롯은 그리스도인들의 숫자가 늘어나자 이를 탐탁하게 여기지 않았다. 그래서 그리스도인들에게 위협을 주어 이를 억제하려고 한 것 같다. 요한의 형제 야고보를 처형하자 유대인들이 기뻐하는 것을 보고 베드로까지 죽이려고 체포하기까지 하였다.

본문에서는 두로와 시돈 사람들에게 화가 난 헤롯에 대해 언급하고 있다. 그 이유가 무엇이었는지 우리는 알 수 없다. 두로와 시돈의 대표자들은 헤롯의 마음을 돌려보려고 애를 썼다. 그들이 먹을 양식을 유대 땅에서 조달하고 있었기 때문이었다. 이로 보건대 헤롯의 교만과 위세가 하늘을 찔렀을 것이다. 헤롯은 두로와 시돈의 대표자들을 만나 주지도 않았다. 그들은 의전비서관인 블라스도를 통해서만 화해할 수 있는 길을 모색하였던 것이다.

헤롯의 교만은 왕복을 입고 연설을 한 장면을 통해 다시 한번 확인할 수 있다. 헤롯의 연설에 대해 백성들이 "이것은 신의 소리요, 사람의 소리가 아니라."고 외쳤을 때, 그것을 거리낌 없이 받아들였다. 백성들이 한 말은 아부였지만 헤롯은 그것을 은근히 즐기고 있다. 누가는 헤롯의 죽음이 급작스럽게 일어났음을 보여 준다. 하나님의 정의로운 심판이 피할 수 없는 것이었음을 말하고 싶었던 것이다.

사람들은 일반적으로 높은 자리를 차지하게 되면 십중팔구 교만해지는 것 같다. 갑자기 태도를 돌변하기도 한다. 정치인들이 선거 때만 되면 허리를 90도로 숙이며 표를 달라고 하지만, 선거 후에는 얼굴 보기가 어려워진다. 어디 정치인뿐이랴? 왜 그럴까? 인격이 성숙하지 못하기 때문이다. 그러한 사람들이 오랫동안 존경을 받을 수는 없다. 잠언에서 '교만은 멸망의 선봉'이라고 교훈하고 있지 않은가!

헤롯은 막강한 권력을 가졌지만, 스스로 얻은 것도 아니고, 제대로 행사할 능력도 없었다. 그는 로마의 눈치를 보아야 했고, 유대인들의 마음을 얻고자 시류에 따라 움직였다. 헤롯은 오히려 권력을 가진 왕이었기 때문에 불행한 최후를 맞이했다. 교만은 당장 육체적인 죽음을 가져오지 않을지 모르지만, 인간을 그가 속한 사회에서 고립되는 사회적 죽음으로 몰아넣는 것은 분명하다. 우리가 살아가는 세상에도 작고 큰 권력에 취해 헤롯과 같이 사람들의 존경을 잃어버리고 마는 사람들이 많이 있다.

L. 제1차 선교여행(12 : 25-14 : 28)

1. 바나바와 바울의 파송(12 : 25-13 : 3)

²⁵바나바와 사울이 부조하는 일을 마치고 마가라 하는 요한을 데리고 예루살렘에서 돌아오니라 ¹안디옥 교회에 선지자들과 교사들이 있으니 곧 바나바와 니게르라 하는 시므온과 구레네 사람 루기오와 분봉 왕 헤롯의 젖동생 마나엔과 및 사울이라 ²주를 섬겨 금식할 때에 성령이 이르시되 내가 불러 시키는 일을 위하여 바나바와 사울을 따로 세우라 하시니 ³이에 금식하며 기도하고 두 사람에게 안수하여 보내니라

[12 : 25] 이 구절은 11 : 27~30과 연결된다. 아가보의 흉년 예언에서 말한 바와 같이 글라우디오 황제 때에 큰 흉년이 들었고, 예루살렘의 가난한 성도들을 돕기 위해 형제들이 부조한 것을 바나바와 사울이 전해 주기 위해 예루살렘으로 왔었는데(갈 2 : 10 참조), 이제 임무를 마치고 다시 예루살렘에서 안디옥으로 돌아온 것이다. 이때 마가라고 하는 요한을 데리고 왔다. 이 마가 요한은 예루살렘 교회에서 비중 있는 활동을 하던 사람이었는데(12 : 12 참조), 이제는 안디옥 교회에서 바나바와 사울을 도와 복음의 증인이 되려고 한다.

[13 : 1-3] 이 부분에서는 먼저 안디옥 교회의 지도자들에 대해 소개하고 있다. 안

디옥 교회에 적어도 다섯 명의 '선지자들과 교사들'이 있었다고 말한다. 11 : 26 에서 이미 바나바와 사울이 교사로서 가르친 사실에 관해 언급하고 있다. 그런데 교사의 역할을 하고 있던 사울이 13 : 9~11에서는 선지자의 모습으로 나타난다. 그렇다면 누가 교사였고 누가 선지자였는지 구분하는 것이 쉽지 않다. 어떤 사람은 두 가지 역할을 다한 것 같고, 어떤 사람은 한 가지 역할만 했는지도 모른다.

바나바가 가장 먼저 소개된 것은 바나바의 지도적 역할을 나타내려는 의도일 수 있다. 사울을 맨 나중에 소개한 것은 사울이 교회의 박해자였던 점을 고려한 것과 동시에 이후로는 가장 중요한 역할을 맡을 것을 암시하는지도 모른다. 바나바와 사울은 이미 소개된 적이 있기 때문에 독자들은 어느 정도 정보를 가지고 있지만, 나머지 세 사람에 대해서는 처음 접하는 것이다.

바나바에 이어 두 번째로 소개되는 시므온은 별명이 '니게르'인데, 이는 흑인을 의미하는 말이다. 그는 아프리카 출신으로 안디옥 교회의 지도자가 되었다. 누가복음에서 예수의 십자가를 대신 진 구레네 시몬과 이 시므온이 동일인물인지는 확실하지 않다. 만약 동일인물이라면, 구레네 시몬은 십 수 년 후 안디옥 교회의 지도자로 성장한 것이니 놀라운 일이다.

그런데 그 다음 지도자인 루기오를 소개하면서 구레네 사람이라고 한 것을 보면 위 설명의 설득력이 떨어진다. 만약 시므온이 구레네 사람이었다면 루기오를 별도로 구레네 사람이라고 소개하지는 않았을 것이기 때문이다. 이 루기오를 로마서 16 : 21에 소개된 누기오(개역 ; 새 번역은 '루기오'라 함.)나 골로새서 4 : 14의 의사 누가와 동일시할 수 있는지에 관해서 분분한 의견이 있다. 적어도 누가복음과 사도행전을 기록한 사람이 구레네 사람 루기오가 아니라는 점만은 분명하다. 자신이 저자이면서 제삼자처럼 루기오를 소개하지는 않을 것이기 때문이다.

마지막으로 마나엔을 분봉왕 헤롯의 젖동생이라고 소개하고 있다. 분봉왕이라고 한 것은 헤롯 안티파스를 가리킨다. 그렇다면 마나엔은 그와 함께 같은 유모 밑에서 자란 동생이다. 따라서 12장의 헤롯에 관한 정보는 마나엔이 알려 주었을 것이다. 그가 어떻게 안디옥 교회의 지도자가 되었는지 궁금하지만 더 이상의 정보는 없다. 다만 그를 교회의 지도자로 소개함으로써 초대 교회가 사회적 신분과 지위가 높은 사람도 구성원으로 있었다는 점을 부각시키고 있다. 이러한 사실은 수신자인 데오빌로에게 호소력이 있었음에 틀림없다.

바로 이어서 2절에 이들 지도자들이 금식하였다는 내용이 나온다. 무엇 때문에 금식하였는지는 밝히지 않고 있다. 사도행전에서 금식은 이곳과 14 : 23에 두 번만 나온다. 문맥을 보면 이곳에서는 선교의 방향에 관한 주의 뜻을 알기 위해 금식한 것이 아닌가 생각된다. 왜냐하면 성령이 "내가 불러 시키는 일을 위하여 바나바와 사울을 따로 세우라."고 명령하고 있기 때문이다. 다섯 명의 지도자들 가운데서 따로 바나바와 사울을 구별하여 특별한 임무를 맡기려고 하신 것이다. 이러한 명령을 받은 안디옥 교회는 지도자들과 같이 금식에 참여하여 기도하고 두 사람에게 안수하여 파송하고 있다. 이로써 바나바와 사울은 이제까지 개별적으로 하던 사역에서 처음으로 교회의 파송에 의한 선교를 수행하게 된다. 이로써 소위 바울의 1차 선교여행이 시작되고 있다. 여기에서 안수는 임직식을 위한 것은 아니었다. 왜냐하면 바나바와 사울은 이미 교사와 선지자로 인정을 받고 있었기 때문이다. 안수한 것은 하나님께서 맡기신 일을 교회가 인식하고 승인하는 절차에 불과했다.

2. 키프로스에서의 전도활동(13 : 4-12)

[4]두 사람이 성령의 보내심을 받아 실루기아에 내려가 거기서 배 타고 구브로에 가서 [5]살라미에 이르러 하나님의 말씀을 유대인의 여러 회당에서 전할새 요한을 수행원으로 두었더라 [6]온 섬 가운데로 지나서 바보에 이르러 바예수라 하는 유대인 거짓 선지자인 마술사를 만나니 [7]그가 총독 서기오 바울과

함께 있으니 서기오 바울은 지혜 있는 사람이라 바나바와 사울을 불러 하나님의 말씀을 듣고자 하더라

[13 : 4-7] 바나바와 사울이 맡게 된 새로운 차원의 선교 활동은 애초부터 성령의 인도에 의해 이루어졌다. 소명 받은 것도 그렇고 임지를 정한 것도 그렇다. 바나바와 사울에게는 안디옥 교회의 파송을 받은 것보다 성령의 파송을 받은 것이 중요하였다. 그들은 성령의 인도로 실루기아로 내려갔다. 실루기아는 안디옥에서 25km 정도 떨어져 있는 도시로 지중해로 연결해 주는 관문이었다. 거기서 배를 타고 바나바의 고향인 구브로로 갔다. 바나바와 사울이 이제까지 함께 사역을 했지만 항상 바나바의 이름이 먼저 나오고 있다. 이는 바나바가 더 중요한 인물이었던 것을 나타낸다. 그러나 바나바의 고향인 구브로 사역을 마친 후에는 바울의 이름이 먼저 나오는 것을 볼 수 있다(13 : 13, 43 참조).

바나바와 사울은 구브로의 옛 수도인 살라미에 이르러 유대인의 회당에 들어가 복음을 전했다. '여러' 회당에서 전했다고 한 것을 보면, 살라미에 유대인 공동체가 잘 자리 잡고 있었던 것을 알 수 있다. 그때 요한(=마가 요한)을 수행원으로 두었다고 하였다. 이것은 요한이 유대인들에게 전도할 때 유용했고 나름대로의 역할이 있었음을 암시하는 것이다.

두 사람은 살라미에서 구브로 섬을 가로질러 새 수도인 바보로 향했다. 거기에서 두 사람은 대적자를 만나게 된다. 그의 이름은 '바예수'였다. 그는 유대인이었고, 거짓 선지자였으며, 마술사였다. 유대인들은 당시 사람들에게 종교적인 능력을 인정받고 있었다. 그런데 거짓 선지자라고 한 것을 보면, 정상적인 방법은 아니지만 많은 사람들에게 적지 않은 영향력을 행사하였던 것 같다. 그는 다양하고 교묘한 방법으로 마술을 행함으로 사람들을 미혹하였던 것으로 판단된다. 바예수는 구브로 총독인 서기오 바울과 함께하였다. 이로 보건대, 바예수는 그의 마술로 총독 서기오 바울에게 잘못된 영향력을 행사

하였다. 바나바와 사울이 나타나기 전까지 서기오 바울은 바예수의 조언을 들으면서 많은 도움을 받았을 것이며 아무 문제없이 관계를 유지할 수 있었다. 그런데 바나바와 사울이 나타나자 서기오 바울은 호기심이 생겼다. 그는 지혜로운 사람이어서 두 사람을 불렀다. 그것은 그가 지성적이어서 새로운 사상이나 철학에 대해 알고 싶은 마음이 생겼음을 의미한다. 일단 복음이 그에게는 새로운 사상이나 철학으로 비쳐졌을 것이다.

> [8]이 마술사 엘루마는 (이 이름을 번역하면 마술사라) 그들을 대적하여 총독으로 믿지 못하게 힘쓰니 [9]바울이라고 하는 사울이 성령이 충만하여 그를 주목하고 [10]이르되 모든 거짓과 악행이 가득한 자요 마귀의 자식이요 모든 의의 원수여 주의 바른 길을 굽게 하기를 그치지 아니하겠느냐 [11]보라 이제 주의 손이 네 위에 있으니 네가 맹인이 되어 얼마 동안 해를 보지 못하리라 하니 즉시 안개와 어둠이 그를 덮어 인도할 사람을 두루 구하는지라 [12]이에 총독이 그렇게 된 것을 보고 믿으며 주의 가르침을 놀랍게 여기니라

[13:8-12] 바예수는 엘루마라는 단어로 다시 소개된다. 사실 '엘루마'는 마술사를 뜻하는 어떤 단어(아랍어 혹은 히브리어?)에서 온 것 같다. 그렇다면 '마술사 엘루마'는 동격으로 보아 '엘루마, 곧 마술사'라는 조합이 된다. 그러한 의미에서 엘루마가 바예수라는 이름을 번역한 말이라고 하는 것은 이해하기 어렵다. 어찌 되었든, 마술사 바예수는 바나바와 사울을 대적하여 총독인 서기오 바울이 믿지 못하도록 훼방을 놓았다.

이러한 상황에서 바울이라고 하는 사울이 성령에 충만하여 말하고 있다. 이 장면에서 처음으로 사울을 바울로 소개하고 있다. 누가는 세심하게 신경을 쓰고 있다. 서기오 '바울'과의 대조를 위해서, 그리고 이방인들에게 익숙한 이름이기 때문에, 그리고 무엇보다도 사울이 바울로 변화되듯이 서기오 바울이 믿어 회심하게 되는 상황에 어울리도록(13:12 참조), 이 시점에서 사

울이라는 이름을 바울로 바꾸고 있는 것이다.

바예수가 모든 거짓과 악행이 가득한 자인데 비해, 바울은 성령이 충만한 사람으로 대조되고 있다. 바울이 그를 주목한 것은 심판의 의미를 담고 있다. 그는 '바예수'(문자적으로 '예수의 아들'이라는 뜻)가 아니라 '사탄의 아들'('바사탄')일 뿐이다. 그는 거짓 선지자이기 때문에 바예수라는 이름을 가지고 자신을 숨겼을지 모르지만, 성령이 충만한 바울 앞에서 정체를 드러내고 만다.

그에게 저주와 심판이 임하고 있다. 참된 선지자인 바울을 통해 그가 얼마 동안 시각 장애인이 될 것이라고 예언한다. '얼마 동안'이라고 한 것은 회개할 기회가 있다는 것을 암시한다. 즉시 안개와 어둠이 그를 덮어 인도할 사람을 두루 구하였다고 한 것은 9장에서 사울의 회심 장면과 비교된다. 사울 역시 강한 빛으로 인하여 시각 장애인이 되었었고, 비늘 같은 것이 눈을 가려 아무것도 보지 못하였었으며, 사람의 손에 끌려 다메섹으로 들어갔기 때문이다. 그러나 두 사람의 운명은 너무나 달라졌다. 사울은 변하여 이방인의 사도가 되었지만, 엘루마 바예수는 저주를 받았다는 사실로 이야기가 끝나고 있다.

서기오 바울은 이 모든 일을 보고 믿었다고 했다. 그리고 복음을 놀랍게 여겼다. 이러한 언급은 그가 개종했다는 증거인가? 확실하게 그렇다고 말하기 어렵다. 비록 두 사도가 바보에서 행한 사역이 서기오 바울의 회심 하나에 집중되고 있지만, 그 결론을 내리기에는 자료가 부족하다. 오히려 성전 미문에서 고침을 받은 사람을 보고 모든 백성이 심히 놀랍게 여겼지만(3:10) 회심했다고 보기 어렵고, 마술사 시몬이 믿고 세례를 받으며 표적과 능력을 보고 놀랐다고 했으나(8:13) 회심했다고 말하기는 어렵기 때문이다. 서기오 바울이 믿었다고 기록한 것은 어쩌면 높은 지위에 있는 사람이 기독교에 지대한 관심을 가졌다고 하는 인상을 남기려고(일차적으로 수신자인 데오빌로에게) 한 것이 아니었나 생각된다.

3. 비시디아 안디옥에서의 전도활동(13 : 13-52)

¹³바울과 및 동행하는 사람들이 바보에서 배 타고 밤빌리아에 있는 버가에 이르니 요한은 그들에게서 떠나 예루살렘으로 돌아가고 ¹⁴그들은 버가에서 더 나아가 비시디아 안디옥에 이르러 안식일에 회당에 들어가 앉으니라 ¹⁵율법과 선지자의 글을 읽은 후에 회당장들이 사람을 보내어 물어 이르되 형제들아 만일 백성을 권할 말이 있거든 말하라 하니

[13 : 13-15] 사도행전에서 사울이라는 이름을 바울로 처음 소개한 다음(13 : 9), 이제 바울이 대표자로 처음 언급되고 있다. 바나바의 고향인 구브로 섬의 바보 항구를 떠나 밤빌리아의 버가로 향하는 선교여행에서 바울은 일행을 대표하는 지도자로 등장하고 있는 것이다. 바울은 명실공히 밤빌리아 사역에서부터 1차 선교여행의 주역을 맡게 된다.

이 시점에서 마가 요한이 바울 일행을 떠나 예루살렘으로 돌아갔다는 사실을 지나가듯 간단하게 언급하고 있다. 마가가 일행을 떠난 이유에 대해서 우리는 잘 알 수 없다. 요한은 그의 임무가 끝났기 때문에 돌아간 것인가? 구브로의 유대인만을 대상으로 하는 사역에 만족한 것일까? 그런데 그를 파송했던 안디옥으로 돌아가지 않고(12 : 25-13 : 3 참조) 왜 예루살렘으로 돌아갔을까? 이는 예루살렘이 그가 살던 곳이기 때문에(12 : 12) 당연하다고 생각할 수 있다. 그렇다면 마가 요한이 향수병이라도 걸렸다는 말인가? 요한이 바울 일행을 '떠난' 것을 배신으로 해석하려는 사람들도 있으나 이는 지나친 해석이라고 본다. 그랬다면 이유를 명시했을 것이다. 요한은 15 : 37~40에서 다시 등장하고 있는데, 바울이 그를 기피한 것은 배신보다는 불성실함 때문이었다고 보는 것이 좋을 듯하다.

바울 일행은 해안에 가까운 버가에서 더 내륙으로 들어가 비시디아 안디옥까지 나아갔다. 비시디아 안디옥은 11 : 19 ; 13 : 1에 나오는 시리아 안디옥과

구별된다. 비시디아 안디옥은 행정적으로는 갈라디아 남부의 도청 소재지에 해당되고, 지리적으로는 브루기아 지역에 속하였다. 비시디아 안디옥에는 많은 유대인들이 정착하여 살고 있었던 것으로 보인다(15절에 복수 '회당장들' 언급된 것 참조). 바울은 안식일을 맞아 유대인 회당에 들어가 말씀을 전할 기회를 가지게 되었다. 바울은 유대인들에게 먼저 복음을 전하는 것을 원칙으로 하고 있었다. 율법과 선지자의 글을 읽은 후 강론하는 것은 유대교 회당 예배의 순서였다. 회당장들은 바울을 "형제"라고 부르면서 그에게 강론할 기회를 허락하고 있다. '권면의 말'을 부탁하면서 아직은 우호적인 분위기 속에서 진행되고 있음을 알 수 있다. 회당장들이 바울의 설교를 '권면의 말'로 규정하고 있는 것은 바울에게 교리적인 것보다는 윤리적인 교훈을 부탁한 것으로 볼 수 있다.

[16]바울이 일어나 손짓하며 말하되 이스라엘 사람들과 및 하나님을 경외하는 사람들아 들으라 [17]이 이스라엘 백성의 하나님이 우리 조상들을 택하시고 애굽 땅에서 나그네 된 그 백성을 높여 큰 권능으로 인도하여 내사 [18]광야에서 약 사십 년간 그들의 소행을 참으시고 [19]가나안 땅 일곱 족속을 멸하사 그 땅을 기업으로 주시기까지 약 사백오십 년간이라 [20]그 후에 선지자 사무엘 때까지 사사를 주셨더니 [21]그 후에 그들이 왕을 구하거늘 하나님이 베냐민 지파 사람 기스의 아들 사울을 사십 년간 주셨다가 [22]폐하시고 다윗을 왕으로 세우시고 증언하여 이르시되 내가 이새의 아들 다윗을 만나니 내 마음에 맞는 사람이라 내 뜻을 다 이루리라 하시더니 [23]하나님이 약속하신 대로 이 사람의 후손에서 이스라엘을 위하여 구주를 세우셨으니 곧 예수라 [24]그가 오시기에 앞서 요한이 먼저 회개의 세례를 이스라엘 모든 백성에게 전파하니라 [25]요한이 그 달려갈 길을 마칠 때에 말하되 너희가 나를 누구로 생각하느냐 나는 그리스도가 아니라 내 뒤에 오시는 이가 있으니 나는 그 발의 신발끈을 풀기도 감당하지 못하리라 하였으니

[13 : 16] 이는 사도행전에 나오는 바울의 3대 설교(13 : 16-41 ; 17 : 22-31 ; 20 : 17-35) 중 첫 번째 설교의 서두에 해당된다. 먼저 바울은 설교하기 위해서 일어나 손짓하면서 친근감을 표현하고 있다. 그리고 청중을 두 부류로 인식하여 "이스라엘 사람들과 하나님을 경외하는 사람들아"라고 부르고 있다. 이 중 '하나님을 경외하는 사람들'은 누구를 가리키는가? '이스라엘 사람들'과 구별되는 이방인을 지칭하는 것일까? 바울은 지금 유대인 회당에서 설교하고 있는데, 이방인들이 함께 회당 예배에 참여하고 있다는 말인가? 13 : 43을 참고하여 볼 때, 이들은 유대교에 입교한 이방인들을 가리킨다고 보겠다. 보통 '하나님을 경외하는 사람들'은 이방인 중에서 신앙에 관심을 가지고 있는 사람들(God-fearers)을 가리키는 말이지만, 여기에서는 개종한 사람들(proselytes)까지를 포괄하는 것으로 볼 수 있다.

[13 : 17-23] 이 부분은 이스라엘 역사를 요약하여 서술하면서 예수 그리스도에게 연결시키고 있다. 바울의 설교는 아브라함(이름이 명시되지는 않았지만)에서부터 시작하여 출애굽 사건과 광야의 방황, 가나안 정착 시대를 거쳐 사사시대와 통일왕국시대로 이어지면서 시대 구분에 따라 차례대로 훑어 나간다. 스데반의 설교에서 핵심 주제였던 모세가 생략된 것은 의외로 보인다. 스데반에게는 성전모독의 혐의가 중요했지만, 바울에게는 그렇지 않았기 때문이었을 수 있다. 약속의 땅인 가나안에 정착하기까지 450년간의 기간을 말한 것은 애굽 체재 400년, 광야 40년, 그리고 가나안 정복기 10년을 합친 것으로 볼 수 있다.

역사를 구분하면서 설명한 것은 하나님의 구원의 섭리가 역사적으로 이루어져 왔음을 보여 주려 한 것이다. 그리고 이러한 설명은 구약의 예언대로 예수 그리스도가 오셨다는 것에 모아지고 있다. 사울 왕을 세웠다가 폐하고 하나님의 마음에 합한 다윗 왕을 세웠다는 것을 강조하고 있는데, 이는 예수가 '왕적 메시야'로 오셨음을 말하려고 한 것이다. 왕으로서 오신 예수의 모형은 다윗이었다. 22절에서 다윗은 (1) 하나님께서 만난 사람이고(시 89 : 20 참조), (2) 하나님의 마음에 맞는 사람이며(삼상 13 : 14 참조), (3) 하나님의 뜻을 이룰 사람으로 소개되어 있다. 다윗이 왕이 된 것이 전적으로 하나님의 선택에 의한 것이었던 것과 마찬가지로, 예수가 메시야(=그리스도)가 된 것 역시 하나님의 주권적인 선택 때문이었다. 그리고 여기에서 '이스라엘을 위하여' 구주 예수를 세우셨음을 강조한 점에 주목할 필요가 있다. 철저하게 이스라엘 백성의 관점에서 역사를 해석하고 있는 것이다. 이러한 바울의 설교에 반감을 가질 이유는 없었을 것이다.

[13 : 24-25] 이 부분에서 바울은 세례자 요한의 사역을 소개하고 있는데, 이는 연대기 순서로 보면 뒤바뀌어 있다. 그러나 세례자 요한은 여기에서 중심인물이 아니라 조연이기 때문에 뒤로 밀려나 있다고 보면 된다. 요한의 사역은 예수의 선구자의 역할을 감당하는 것이었기 때문이다. 여기에서 세례자 요한을 말하면서 "그리스도가 아니다."라는 것과 '내 뒤에 오시는 분'과 비교할 수 없는 존재라는 것을 강조하고 있다. 이는 사도행전이 기록될 그 당시까지 세례자 요한의 제자들이 소아시아 지방에서 활동하고 있었음을 염두에 둔 것이라고 볼 수 있을지 모른다(행 19 : 3-4 참조).

[26]형제들아 아브라함의 후손과 너희 중 하나님을 경외하는 사람들아 이 구원의 말씀을 우리에게 보내셨거늘 [27]예루살렘에 사는 자들과 그들 관리들이 예수 및 안식일마다 외우는 바 선지자들의 말을 알지 못하므로 예수를 정죄하여 선지자들의 말을 응하게 하였도다 [28]죽일 죄를 하나도 찾지 못하였으나 빌라도에게 죽여 달라 하였으니 [29]성경에 그를 가리켜 기록한 말씀을 다 응하게 한 것이라 후에 나무에서 내려다가 무덤에 두었으나 [30]하나님이 죽은 자 가운데서 그를 살리신지라 [31]갈릴리로부터 예루살렘에 함께 올라간 사람들에게 여러 날 보이셨으니 그들이 이제 백성 앞에서 그의 증인이라 [32]우리도 조

상들에게 주신 약속을 너희에게 전파하노니 ³³곧 하나님이 예수를 일으키사 우리 자녀들에게 이 약속을 이루게 하셨다 함이라 시편 둘째 편에 기록한 바와 같이 너는 내 아들이라 오늘 너를 낳았다 하셨고 ³⁴또 하나님께서 죽은 자 가운데서 그를 일으키사 다시 썩음을 당하지 않게 하실 것을 가르쳐 이르시되 내가 다윗의 거룩하고 미쁜 은사를 너희에게 주리라 하셨으며 ³⁵또 다른 시편에 일렀으되 주의 거룩한 자로 썩음을 당하지 않게 하시리라 하셨느니라 ³⁶다윗은 당시에 하나님의 뜻을 따라 섬기다가 잠들어 그 조상들과 함께 묻혀 썩음을 당하였으되 ³⁷하나님께서 살리신 이는 썩음을 당하지 아니하였나니

[13 : 26a] 바울은 청중들을 '형제들아'라고 부르면서 새로운 설교의 단계로 나아간다. 앞 단락에서 역사적 사실을 객관적으로 서술하는 데 그치고 있다면, 이제부터는 역사적 사건에 대한 부정적이고 비판적인 평가를 내리게 된다. 이 '형제들' 속에는 아브라함의 후손인 이스라엘 사람들과 '하나님을 경외하는 사람들'인 이방인들이 포함되어 있다. 바울의 보편적인 시각을 보여 주는 대목이다.

[13 : 26b–30] 바울은 하나님께서 이스라엘 백성('우리'로 지칭됨.)에게 '구원의 말씀'을 보내셨는데도 불구하고, 무지하므로 예수를 정죄하였다고 지적한다. 이제 본격적으로 책망의 어조로 바뀌고 있다. 예루살렘에 사는 사람들과 지도자들이 구약의 선지자들이 예언한 내용과 그것을 성취한 예수를 알지 못했기 때문에 잘못을 저지른 것임을 밝힌다. 이것까지는 그래도 정상 참작의 여지가 있어 보인다. 왜냐하면 무지가 의도적인 잘못은 아니기 때문이다. 그러나 예수를 죽일 죄를 전혀 찾지 못하였는데도 불구하고 빌라도에게 넘겨 죽이도록 한 것은 분명 중대한 잘못이 된다. 의도적인 범죄와 무지로 인한 실수는 구별되어야만 한다.

비록 이스라엘 백성과 지도자들이 의도적인 잘못을 저질렀지만, 그것도

하나님의 계획과 섭리 가운데 있었다. 성경에 예언된 대로 성취되었기 때문이다. 예수의 죽음으로 말미암아 하나님의 실패로 끝날 것 같았던 하나님의 구원 계획은 하나님의 결정적인 행동으로 반전되었다. 십자가('나무'로 지칭함.)에 달리셨다가 무덤에 장사 지냈지만 하나님께서 다시 살리심으로써 위대한 역전이 이루어지게 된 것이다. 인간의 죄가 하나님의 계획을 무산시킬 수는 없었다. 이로써 이스라엘의 죄는 더욱더 명백하게 드러나게 되었다.

[13 : 31-37] 이 단락은 부활의 증거와 그 의미에 대해서 말하고 있다. 예수는 부활한 후 제자들에게 40일 동안(1 : 3 참조) 나타나셨다. 이를 목격한 제자들은 부활의 증인이 되었다. 바울은 '우리'도 목격자들과 마찬가지로 부활의 증인으로서 그것을 증언한다고 강조한다. 바울은 여기에서 '그들'(=목격자들)과 '우리'(=부활의 제2세대)를 구별한다. 그들 사이에는 비연속성과 연속성이 함께 존재한다. 목격 여부로 인해 비연속성이 발생하며, 같은 부활의 증인이라는 점에서 연속성이 있다. 바울 자신에게 나타난 부활 현현(고전 15 : 8 참조)에 대한 직접적인 언급은 없다. 그러나 31절의 내용은 부활 현현을 전제하고 있거나 암시하고 있다고 볼 수 있다.

바울은 회당 설교에서 예수의 부활을 구약의 말씀을 인용하여 증명하고자 한다. 먼저 그는 "너는 내 아들이라. 오늘 내가 너를 낳았다."는 시편 2 : 7을 인용하여 예수의 부활과 연결시키고 있다. 원래 시편 2편은 제왕시로서 왕의 대관식과 관련이 있다. 왕을 하나님의 아들로 선포하려는 것을 목적으로 한다. 그 다음으로 바울은 이사야 55 : 3을 인용하여 썩지 않음(=부활)과 연결시킨다. 구약 본문에서 하나님께서 다윗에게 준 '거룩하고 미쁜 은사'는 다윗의 나라가 영원하리라는 하나님의 약속을 가리킨다. 그런데 여기에서 '영원한 나라'에 대한 약속을 예수가 살아나 영원히 썩지 않을 것을 나타낸다고 본 것이다. 마지막으로 바울은 시편 16 : 10을 인용하여 예수의 부활과 연결시킨다. "주의 거룩한 자로 썩음을 당하지 않게 하시리라."고 한 것은 시편 기자가 스올로 내려가지 않게 보호해 주실 것을 약속한 것인데, 여기에서는 '거룩한 자'가 예수 그리스도를 가리킨 것으로 보고 있다. 왜냐하면 다윗은 죽어 조상들과 함께 묻혀 썩음을 당한 것이 확실하기 때문에, '거룩한 자'는 다윗이 될 수 없고, 오직 부활하신 예수만이 이 예언에 합당한 자가 될 수 있다. 이러한 구약 인용 및 해석은 원래의 문맥과 일치하지 않는다. 그러나 구약의 예언을 당대(=예수 시대)에 연결시켜 재해석하는 것은 유대교의 구약 해석 전통에 부합한다. 소위 그리스도 중심적인 해석이 가능해지는 근거가 여기에 있다.

> [38]그러므로 형제들아 너희가 알 것은 이 사람을 힘입어 죄 사함을 너희에게 전하는 이것이며 [39]또 모세의 율법으로 너희가 의롭다 하심을 얻지 못하던 모든 일에도 이 사람을 힘입어 믿는 자마다 의롭다 하심을 얻는 이것이라 [40]그런즉 너희는 선지자들을 통하여 말씀하신 것이 너희에게 미칠까 삼가라 [41]일렀으되 보라 멸시하는 사람들아 너희는 놀라고 멸망하라 내가 너희 때를 당하여 한 일을 행할 것이니 사람이 너희에게 일러 줄지라도 도무지 믿지 못할 일이라 하였느니라 하니라

[13 : 38-41] 바울은 다시 '형제들아'라는 호칭을 사용하면서 청중의 주의를 환기시킨다. 이러한 장치는 바울의 설교가 또 다른 단계로 나아감을 의미한다. 바울은 앞에서 역사적 사실을 객관적으로 서술하고(16-25절), 이스라엘 백성들의 죄를 지적하고 복음의 핵심인 부활에 관해서 설명한 뒤에(26-37절), 이제 이스라엘 백성들이 어떠한 행동을 취해야 할 것인지에 관해서 '권면한다'(38-41절).

'죄 사함'과 '의롭다 하심을 얻음'은 오직 부활하신 예수를 힘입는 것으로만 가능하다고 천명한다. 이것은 모세와의 비교를 통해서도 확증된다. 모세

의 율법은 부분적으로만 하나님과의 관계를 정상화시켜 줄 수 있었지만(=의롭다 하심을 얻게 됨.), 예수의 복음은 모든 일에 있어서 하나님과의 관계를 정상화시켜 줄 수 있게 되었다. 이것은 모세의 율법이 일부 효력이 있었다는 점을 나타내려는 데 목적이 있었던 것이 아니라, 예수의 복음이 가진 탁월성을 부각시키려는 것이었다. 다만 모세의 율법을 거론한 것은 회당에 모인 청중이 유대교에 익숙한 사람들(즉, 유대인과 유대교에 입교한 이방인들)이었기 때문이었을 것이다.

40절은 권면의 내용을 한마디로 기록하고 있다. 여기에서 '삼가라'라는 명령형은 권면의 성격을 분명하게 드러내 준다. 선지자들이 말한 경고가 바울의 설교를 듣는 청중들에게 일어나지 않도록 삼가라는 것이다. 그러면서 하박국 선지자의 말(합 1:5)을 인용하고 있다. 하박국 선지자가 예언한 내용은 느부갓네살이 일어나 이스라엘을 침공하여 멸망시킬 것인데, 그것은 이스라엘이 하나님의 말씀을 멸시하고 듣지 않았기 때문이라는 것이다. 바울의 권면은 바로 이와 같은 일이 설교를 듣는 청중들에게 똑같이 발생하지 않도록 주의하라는 것이다. 이것으로 회당에서의 설교는 끝을 맺는다.

[42]그들이 나갈새 사람들이 청하되 다음 안식일에도 이 말씀을 하라 하더라 [43]회당의 모임이 끝난 후에 유대인과 유대교에 입교한 경건한 사람들이 많이 바울과 바나바를 따르니 두 사도가 더불어 말하고 항상 하나님의 은혜 가운데 있으라 권하니라 [44]그 다음 안식일에는 온 시민이 거의 다 하나님의 말씀을 듣고자 하여 모이니 [45]유대인들이 그 무리를 보고 시기가 가득하여 바울이 말한 것을 반박하고 비방하거늘 [46]바울과 바나바가 담대히 말하여 이르되 하나님의 말씀을 마땅히 먼저 너희에게 전할 것이로되 너희가 그것을 버리고 영생을 얻기에 합당하지 않은 자로 자처하기로 우리가 이방인에게로 향하노라 [47]주께서 이같이 우리에게 명하시되 내가 너를 이방의 빛으로 삼아 너로 땅끝까지 구원하게 하리라 하셨느니라 하니 [48]이방인들이 듣고 기뻐하여 하

나님의 말씀을 찬송하며 영생을 주시기로 작정된 자는 다 믿더라

[13 : 42-44] 청중들은 설교를 마치고 회당을 떠나는 바울 일행에게 다음 안식일에도 다시 강론해 줄 것을 요청한다. 바울의 설교가 청중들의 마음을 움직였기 때문이다. 그중에 유대인과 유대교에 입교한 경건한 이방인들이 바울과 바나바를 따랐다. 이들이 예수 그리스도에 대한 믿음을 가지는 데까지 발전했는지 확실하게 알 수 없지만, 복음에 대한 관심이 크게 증대되었다는 것은 분명하다. 두 사도는 그들과 함께 시간을 보내면서 복음을 증언하면서 하나님의 은혜 가운데 머물러 있으라고 권면하였다.

누가는 44절에서 과장법을 보여 준다. 그 다음 안식일에는 비시디아 안디옥의 온 시민이 거의 다 하나님의 말씀을 듣고자 모였다고 기록하고 있기 때문이다. 이렇게 과장법을 사용한 것은 복음이 많은 수의 사람들에게 전파되고 있다는 점을 드러내려는 데 있다. 바울은 적어도 세 안식일(참조. 13 : 14, 42, 44)을 비시디아 안디옥에 머물면서 많은 열매를 거둔 것으로 보인다.

[13 : 45-48] 여기에서는 바울 일행의 성공적인 전도활동을 더 이상 두고 볼 수 없게 된 유대인들의 반대가 비로소 기록되고 있다. 유대교를 따르는 유대인들은 많은 사람들이 바울이 전하는 말씀에 이끌리는 것을 보고 '시기'가 가득하게 되었다. 그들이 보인 반응은 두 가지로 나타났다.

첫째로 그들은 바울의 말을 반박하였다. 그것은 논리적으로 대응하는 것이었다. 구체적으로 어떻게 반박하였는지 알 수 없지만, 바울의 설교 내용으로 짐작해 보건대 구약을 인용하는 방식과 그것을 예수에게 적용하는 것이 잘못되었다는 것을 지적하는 것이었을지 모른다. 모세의 율법을 철저히 지키는 것으로 충분하다고 주장했을지도 모른다. 둘째로 그들은 바울이 말한 것을 비방하였다. 여기에서 '비방하다'라는 단어는 신성모독을 가리키는 것이다. 바울의 설교 중 핵심은 예수가 하나님의 아들이요 메시야라는 것과

부활로 그것이 증명되었다는 것, 그리고 그것에 근거하여 죄 사함과 의롭게 됨이 가능하게 되었다는 점이었다. 그렇다면 그들은 예수의 신성과 부활을 부정하고 저주하였을 것이다.

바울과 바나바는 이러한 유대인들의 반대에 기가 죽지 않았다. 그들은 오히려 담대하게 대응하였다. 하나님의 은혜와 능력이 그들과 함께함을 보았기 때문이었을 것이다. 바울은 하나님의 말씀을 먼저 유대 회당에서 유대인들에게 전하였다는 점을 강조한다. 유대인들에게 기회를 먼저 주었다는 것이다. 그럼에도 불구하고 유대인들이 복음을 거부하고 있다는 점을 분명하게 밝힌다. 유대인들이 그들에게 부여된 이러한 특권을 거부하기 때문에, 바울은 부득이 "이방인에게로 향한다."고 선언한다.

바울의 이러한 선언은 유대인들에게 영원한 복음 증거의 기회가 사라졌다는 것을 의미하지는 않는다. 예를 들어, 비시디아 안디옥 전도 이후 바울이 이고니온의 유대인 회당에 들어가서 복음을 전할 때 많은 유대인이 믿었다(14 : 1)고 말하고 있기 때문이다. 그렇다면 "이방인에게로 향한다."는 바울의 선언은 일차적으로 비시디아 안디옥에서의 전도가 유대인들의 반대에 막혀 끝나게 되었다는 것을 의미한다.

그렇지만 이러한 선언은 이후 바울의 선교가 주로 이방인들을 대상으로 하게 된다는 것을 상징적으로 보여 주기도 한다. 누가는 이러한 생각을 가지고 있었기 때문에, 이사야 49 : 6을 인용하여 바울이 이방의 빛이 되어 땅끝까지 복음을 전하게 될 것이라(행 1 : 8 참조)고 말하고 있는 것이다. 바울은 땅끝까지 복음을 전하여 부활하신 예수의 명령을 성취할 사람으로서 제시되고 있는 셈이다.

이방인에게도 구원이 임하게 되었다는 바울의 말에 이방인들은 크게 기뻐하였고, 이사야 49 : 6의 말씀을 칭송하면서 하나님께 찬양을 드렸다. 그리하여 하나님께서 영생을 주시기로 작정한 사람은 다 믿게 되었다고 말한다. 이러한 보도는 예정설을 말하기 위한 것이 아니라 결과적으로 많은 사람들이 예수를 믿고 구원을 얻게 되었다는 점을 강조하려는 것이었다.

> [49]주의 말씀이 그 지방에 두루 퍼지니라 [50]이에 유대인들이 경건한 귀부인들과 그 시내 유력자들을 선동하여 바울과 바나바를 박해하게 하여 그 지역에서 쫓아내니 [51]두 사람이 그들을 향하여 발의 티끌을 떨어 버리고 이고니온으로 가거늘 [52]제자들은 기쁨과 성령이 충만하니라

[13 : 49-52] 주의 말씀이 비시디아 안디옥이 속한 브루기아 지역에 두루 퍼지게 되었다. 그러나 항상 순탄한 일만 일어나는 것은 아니다. 유대인들은 바울에 대한 공격이 일차적으로 성공을 거두지 못하게 되자(45-46절 참조), 이번에는 유력한 사람들을 동원하여 이차적이고 결정적인 조치를 강구하고 있다. 그들은 유대교를 따르는 귀부인들과 비시디아 안디옥 시의 유력자들을 선동하여 공권력을 동원해 바울 일행을 쫓아내고자 하였다. 귀부인들과 시의 유력자들은 부와 권세를 가진 자들로서 시의 행정권을 발동하게 할 수 있도록 압력을 행사할 수 있었던 것 같다. 공적이고 조직적인 박해에 떠밀려 바울과 바나바는 그 지역에서 쫓겨날 수밖에 없었다.

  두 사람은 박해하는 자들을 향하여 발의 티끌을 떨어 버리고 이고니온으로 향했다. '발의 티끌을 떨어 버리는' 상징적인 행위는 복음을 거부함에 대한 책임 소재를 분명히 하려는 의도가 있다(눅 9 : 5 참조). 이고니온은 브루기아 지역의 동쪽 끝에 위치한 도시였다. 비시디아 안디옥으로부터 약 150km 떨어져 있었고, 헬라 전통이 많이 남아 있던 도시였다고 알려져 있다. 유대인들의 박해에도 불구하고, 비시디아 안디옥에 남아 있던 제자들은 기쁨과 성령이 충만하였다고 기록하고 있다. 여기에서 '제자들'은 새로 믿게 된 유대인과 이방인들로 볼 수 있다(43, 48절 참조). 사도행전에서 '기쁨과 성령에 충만하다'는 것은 온전한 회심이 이루어졌음을 나타내는 표지로 볼 수 있다(행 8 : 8 ; 10 : 44-45 ; 16 : 34 ; 19 : 6 참조).

설교를 위한 묵상 : "담대한 증인들"(13 : 44-52)

1970년대 초만 하더라도 그리스도인들은 신앙을 공개적으로 밝히는 것을 꺼렸다. 교회에 갈 때도 성경책을 떳떳하게 들고 다니지 못하고 책표지를 싸서 다녔던 기억이 있다. 그리스도인들은 소수였고, 기독교 신앙은 사회적으로 공인되지 못한 분위기였다. 오늘날은 어떠한가? 누가 뭐라고 하지도 않고, 박해하는 사람도 없다. 오히려 교회는 비대화되고 기득권층이 되어 버렸다. 옛날에는 어려웠어도 담대하게 많은 사람들이 모인 곳이나 거리에서 복음을 전하였지만, 오늘날 그렇게 하는 사람은 이상한(?) 사람으로 오해받는 사람들이나 이단들뿐인 것 같다.

초대 교회는 어떠했을까? 초대 교회는 그리스도인들이 소수에 불과했고 박해를 받던 시절이었다. 본문에도 보면, 복음이 전파되어 나갈수록 유대인들은 시기하고 비방하기에 혈안이 되어 있었다. 그런데 바울과 바나바는 그러한 상황 가운데서도 '담대하게' 복음을 전하고 있다. '담대하게'라는 이 단어는 명사(헬, '파레시아' ; παρρησια)와 동사(헬, 파레시아조마이 ; παρρησιαζομαι)의 형태로 나타나는데, 사도행전에서 모두 12번(2 : 29 ; 4 : 13, 29, 31 ; 9 : 27, 29 ; 13 : 46 ; 14 : 3 ; 18 : 26 ; 19 : 8 ; 26 : 26 ; 28 : 31) 나온다.

이 단어가 사용된 문맥을 보면, 설교나 복음 전도 사역과 관련하여 나타난다는 것을 알 수 있다. 구체적으로 보면, 12번 중 7번은 기도와 관련되어 나타나고(2 : 29 ; 4 : 29, 31 ; 9 : 27, 29 ; 13 : 46 ; 14 : 3), 8번은 성령의 충만과 연관되어 있으며(2 : 29 ; 4 : 29, 31 ; 9 : 27, 29 : 13 : 46 ; 14 : 3 ; 19 : 8), 9번은 표적과 기사와 더불어 나타난다(2 : 29 ; 4 : 13, 29, 31 ; 9 : 27, 29 ; 14 : 3 ; 19 : 8 ; 26 : 26). 다시 말해서, 사도행전의 설교자들은 기도를 통해 담대함을 얻고, 성령에 충만하여 담대하게 설교하며, 그 결과 표적과 기사가 나타났던 것이다. 결국 '담대함'은 성령 충만한 설교와 능력 있는 전도 사역을 나타내는 표지였던 것이다.

요즈음 전도가 어려워진 것은 사실이다. 그래도 교회마다 전도 왕들이 있는 것을 보면 비결이 있긴 있는 모양이다. 상황이 바뀌었기 때문에 옛날 방식의 노방전도는 더 이상 효과를 발휘하지 못한다. 그래서 생활 전도, 관계 전도라는 개념이 나오게 된 것이다. 이 모든 상황 변화에도 불구하고, 한 가지 변하지 않는 것이 있다면 그것은 성령에 충만하여야 '담대하게' 복음을 전할 수 있다는 것이다. 기도하지도 않고 성령에 충만하지도 못하면서 전도할 수 없다고 하는 것은 핑계에 불과하다. 오늘날에도 담대한 증인들은 필요하다.

∽

4. 이고니온에서의 전도활동(14 : 1-7)

¹이에 이고니온에서 두 사도가 함께 유대인의 회당에 들어가 말하니 유대와 헬라의 허다한 무리가 믿더라 ²그러나 순종하지 아니하는 유대인들이 이방인들의 마음을 선동하여 형제들에게 악감을 품게 하거늘 ³두 사도가 오래 있어 주를 힘입어 담대히 말하니 주께서 그들의 손으로 표적과 기사를 행하게 하여 주사 자기 은혜의 말씀을 증언하시니 ⁴그 시내의 무리가 나뉘어 유대인을 따르는 자도 있고 두 사도를 따르는 자도 있는지라 ⁵이방인과 유대인과 그 관리들이 두 사도를 모욕하며 돌로 치려고 달려드니 ⁶그들이 알고 도망하여 루가오니아의 두 성 루스드라와 더베와 그 근방으로 가서 ⁷거기서 복음을 전하니라

[14 : 1-4] 바울과 바나바는 이고니온에서도 유대인의 회당에 들어가 복음을 전하는 방식을 채택하고 있다. 유대인에게 먼저 복음을 전하는 것이 전도의 일차적인 순서였지만, 다른 한편으로 이것은 그들이 공개적으로 이방인들을 대상으로 연설하는 것이 쉽지 않았음을 시사하는 것이기도 하다. 바울 일행의 전도에 많은 유대인과 헬라인(=이방인 ; 1절 참조)이 믿게 되었다. 여기에서 믿게 된 헬라인은 일반 대중이 아니라 회당 주변에서 유대교 신앙에 관심을 가지고 있었던 '하나님을 경외하는 사람들'(God-fearers)이었다. 그들은 아직 개종은 하지 않았지만 신앙을 가질 준비가 되어 있었던 사람들이었다.

유대교와 초기 기독교는 이들을 대상으로 누가 먼저 전도하느냐 하는 쟁탈전을 벌이게 된 셈이다.

유대인들 가운데 '순종하지 아니하는' 유대인들이 있어서 두 사도의 성과를 시기하였다. 이 유대인들은 두 사도의 말을 믿지 않은 사람들을 말한다. 그들은 '이방인들'(=헬라인들)을 선동하여 새롭게 믿게 된 '형제들'에게 악감을 가지게 만들려고 시도하였다. 아직 굳은 신앙이 없는 새신자들은 위기에 처하게 되었다. 다시 유대교나 이교 신앙으로 되돌아갈 수도 있는 상황이었다. 이에 두 사도는 오랫동안 머물 필요를 느끼게 되었고, 더욱 담대하게 복음을 전하였다. 그러자 주께서 사도들에게 그들의 손으로 표적과 기사를 행하는 능력을 주어 은혜의 말씀을 전하도록 해 주셨다. '표적과 기사'를 행하는 것은 사도의 표지였다(5 : 12 참조).

여기에 개역개정판 번역에서 '자기'라고 번역한 것은 오해의 소지가 있다. 이 '자기'가 마치 두 사도를 가리킨다고 볼 수 있기 때문이다. 여기에서 '자기'는 '주'와 관련된 것으로 보아 '그의'로 번역하는 것이 적절하다. '그의 은혜의 말씀'은 주님께서 두 사도들에게 전하게 하신 복음을 의미한다.

바울과 바나바의 전도활동은 이고니온 시내의 무리를 두 편으로 갈라놓을 만한 소동을 일으켰다. 믿지 않는 유대인들의 선동에 의해 갈등이 심화되었다. 그래서 실제로 이고니온 사람들을 두고 쟁탈전을 벌이는 양상으로 전개되었다. 그 결과 유대인을 따르는 사람들과 두 사도를 따르는 사람들로 나뉘게 되었다. 바울과 바나바의 활동은 유대인 회당 안에서 이루어진 반공개적인 전도였는데, 유대인들의 선동으로 말미암아 이고니온 시내 사람들로 확대된 공개적인 사건이 되어 버렸다.

[14 : 5-7] 복음을 전하는 활동이 공적인 사건으로 비화되고 갈등을 유발하게 되면 박해를 피할 수가 없었다. 바울과 바나바의 전도활동을 싫어하는 사람들, 즉 이방인과 유대인과 그들의 관리들이 뭉쳐서 두 사도를 모욕하고 돌로 치려

고 달려들었다. 이는 말과 행동으로 극단적인 반대를 보여 준 것이다. 합리적인 설득이나 대화가 설 자리는 없다. 감정적이고 충동적인 행동만이 기세를 타고 있다. 바울과 바나바는 이미 이러한 박해를 경험하였기 때문에(9 : 23-25, 29 ; 13 : 45, 50-51), 사태의 심각성을 깨닫고 도망하기로 하였다.

그들은 브루기아 지역의 행정권에 속한 이고니온에서 벗어나 루가오니아 지역에 속한 루스드라와 더베 등지로 가서 거기에서 복음을 전하였다. 이 지역에서의 구체적인 활동은 바로 이어서 14 : 8~21에서 보도되고 있다. 루스드라와 더베는 이고니온의 남쪽으로 각각 약 30km와 115km 정도 떨어진 곳에 위치해 있었다. 이로 보건대, 바울 일행은 하룻길을 걸어 루스드라로 피신한 것을 알 수 있다. 바울의 선교여행은 이처럼 계획에 따라 체계적으로 진행된 것이 아니라 상황에 따라, 그리고 성령의 인도에 따라 변화에 적응하면서 이루어진 산물이었다.

5. 루스드라에서의 전도활동(14 : 8-20)

[8]루스드라에 발을 쓰지 못하는 한 사람이 앉아 있는데 나면서 걷지 못하게 되어 걸어 본 적이 없는 자라 [9]바울이 말하는 것을 듣거늘 바울이 주목하여 구원받을 만한 믿음이 그에게 있는 것을 보고 [10]큰 소리로 이르되 네 발로 바로 일어서라 하니 그 사람이 일어나 걷는지라 [11]무리가 바울이 한 일을 보고 루가오니아 방언으로 소리 질러 이르되 신들이 사람의 형상으로 우리 가운데 내려오셨다 하여 [12]바나바는 제우스라 하고 바울은 그중에 말하는 자이므로 헤르메스라 하더라 [13]시외 제우스 신당의 제사장이 소와 화환들을 가지고 대문 앞에 와서 무리와 함께 제사하고자 하니 [14]두 사도 바나바와 바울이 듣고 옷을 찢고 무리 가운데 뛰어 들어가서 소리 질러 [15]이르되 여러분이여 어찌하여 이러한 일을 하느냐 우리도 여러분과 같은 성정을 가진 사람이라 여러분에게 복음을 전하는 것은 이런 헛된 일을 버리고 천지와 바다와 그 가운데

만물을 지으시고 살아 계신 하나님께로 돌아오게 함이라 [16]하나님이 지나간 세대에는 모든 민족으로 자기들의 길들을 가게 방임하셨으나 [17]그러나 자기를 증언하지 아니하신 것이 아니니 곧 여러분에게 하늘로부터 비를 내리시며 결실기를 주시는 선한 일을 하사 음식과 기쁨으로 여러분의 마음에 만족하게 하셨느니라 하고 [18]이렇게 말하여 겨우 무리를 말려 자기들에게 제사를 못하게 하니라 [19]유대인들이 안디옥과 이고니온에서 와서 무리를 충동하니 그들이 돌로 바울을 쳐서 죽은 줄로 알고 시외로 끌어 내치니라 [20]제자들이 둘러 섰을 때에 바울이 일어나 그 성에 들어갔다가 이튿날 바나바와 함께 더베로 가서

[14 : 8-10] 이고니온에서는 먼저 말로 복음을 전하고 표적과 기사가 뒤따랐는데, 루스드라에서는 역순으로 전도활동이 일어나고 있다. 복음 선포와 기적은 상보적 관계에 놓여져 있음을 알 수 있다. 바울 일행은 루스드라에서 한 앉은뱅이를 만나게 되었다. 그는 나면서부터 걷지 못한 소아마비였다. 그가 바울이 말하는 현장에 와서 관심을 보였다. 바울이 그를 주목하여 바라보니 '구원받을 만한 믿음'이 그에게 있는 것을 꿰뚫어 보게 되었다. 여기에서 '구원'은 무엇을 가리킬까? 이 앉은뱅이에게 있어서 구원은 영적 구원보다는 신체적인 치유를 의미했다고 보인다. 실제로 그가 나은 후 믿고 제자가 되었다는 언급은 없다.

이 기적 이야기는 사도행전 3 : 1~8에 기록된 성전 미문의 앉은뱅이를 고친 기적과 유사하다. 하나는 베드로에 의해, 다른 하나는 바울에 의해 행해진 기적이었다. 둘 다 나면서부터 걷지 못한 사람이었고, 주목하여 고치고 있다. 고침을 받은 후에는 일어나 걸었다. 다른 점이 있다면, 한 사람은 유대인이고 다른 하나는 이방인이라는 점이다. 그리고 한 사람은 구원받을 만한 믿음에 대한 언급이 없다는 것이다. 두 기적 이야기는 이처럼 여러 면에서 평행을 이루고 있다.

[14 : 11-14] 이 기적 이야기는 기적의 배경이나 필요에 대한 설명(8-9절), 기적 행위 보도(10a절), 기적의 결과나 반응(10b-13절)이라는 기적 이야기의 양식에 맞는 요소들을 보여 주고 있다. 여기에서는 기적에 대한 특별한 반응과 그에 따른 바울의 설교가 이어지고 있다는 점에서(행 3 : 11-26 참조) 주의를 끌고 있다.

루스드라에서 행한 바울의 기적은 그 성 사람들에게 큰 충격을 주었다. 이런 일은 신들이나 할 수 있는 일이었기 때문이다. 루스드라 사람들은 그들이 알고 있는 제우스와 헤르메스 신이 나타난 것으로 생각했다. 너무 놀란 나머지 루가오니아 방언으로 소리쳤다. 이는 사람들이 감당할 수 없는 충격을 받을 때 가장 원초적인 모습으로 돌아가는 것과 같다. 바울은 무슨 말인지 알아들을 수 없었지만, 격한 반응을 보이는 것은 분명해 보였다. 바나바는 나이가 더 많아서 제우스라 불린 것 같고, 바울은 말하는 자였기 때문에 헤르메스(신의 메신저 역할을 함.)로 불렸다.

이러한 반응은 매우 이례적이다. 아무리 놀라운 기적을 보았다 하더라도 그들이 믿는 최고신의 반열에 올린 것은 생각하기 쉽지 않기 때문이다. 이는 루스드라 성 밖에 있던 제우스 신당의 제사장이 취한 행동에 이르러 더욱 고조되고 있다. 살아 있는 존재에게 소와 화환을 가지고 와서 제사를 올리고자 했기 때문이다. 한편, 이러한 행동은 혹시 신들의 노여움을 살까 봐 두려움 때문에 취한 예방 조치로도 볼 수 있을지 모른다. 바나바와 바울은 이러한 이야기를 듣고 혼비백산하여 결연한 의지를 가지고 옷을 찢고 무리 속으로 뛰어들어 소리를 질러 제지하려고 하였다. 이러한 일이 발생하면 신성모독이 될 뿐만 아니라(막 14 : 63-64와 비교), 복음을 전하는 데 결코 도움이 되지 않을 것이기 때문이었다. 이 장면에서 바나바가 먼저 언급된 것은 이례적인데, 이는 바나바가 제우스로 먼저 인식되었기 때문에 그 영향을 받은 것으로 보인다.

14절은 바울과 바나바를 '사도'로 부르고 있는데, 서방본문(The Western text)은 이를 생략하고 있어서 본문비평적인 문제를 발생시키고 있다. 실제로 사도행전에서 바울을 '사도'로 지칭한 것은 4절과 14절이 전부이다. 개역개정판에서 '사도'로 번역하고 있는 다른 곳들(예 : 13 : 43 ; 14 : 1, 3, 5)은 헬라어 원문에는 없는 말이지만 문맥상 넣은 것뿐이다. 이렇게 바울(과 바나바)을 사도라고 부르는 것에 인색한 것은 무엇 때문인가? 누가가 바울의 동역자였다면 왜 존경하는 스승을 사도라고 부르지 않았을까? 그것은 첫째로 사도행전에서 '사도'라고 할 때는 '열두 제자'를 가리킬 때 사용하는 것이 관례였기 때문이며(1 : 2, 26 ; 2 : 42, 43 ; 15 : 2, 4, 6, 22-23 참조), 둘째로 사도행전의 중심인물이 바울이 아니라 성령이시라는 점을 고려했기 때문이 아닐까 짐작해 본다.

[14 : 15-18] 바울은 루스드라 설교(15-17절)에서 살아 계신 하나님을 소개함으로써 자신들에 대한 신성모독을 그치도록 설득하고 있다. 바울은 먼저 자신들이 같은 인간이라는 점을 강조한다. 그리고 나서 복음을 전하는 목적이 우상신을 섬기는 헛된 일을 버리고 참된 하나님께로 돌아오게 하기 위함이라는 점을 밝힌다. 이러한 설교의 논점은 데살로니가전서 1 : 9에 나타난 바울의 선교 케리그마와 유사하다. 데살로니가전서는 바울의 첫 번째 편지로 알려져 있는데, 데살로니가전서 1 : 9~10에서 바울 사도는 그가 전한 복음 전도의 내용을 요약해서 보여 주고 있다. 데살로니가전서에서 바울은 우상을 버리고 하나님께로 돌아와 살아 계시고 참되신 하나님을 섬겨야 한다는 점을 강조했다. 여기에서도 헛된 일(=우상을 섬기는 일)을 버리고 살아 계신 하나님께로 돌아오는 것이 중요함을 강조한다. 그러면서 참된 하나님은 창조주요 살아 계신 분이어야 한다는 점을 부각시키고 있다.

바울은 계속하여 말하기를, 지나간 세대에는 하나님을 알 수 없게 방임했었지만, 그런 가운데서도 하나님을 알 만한 증거를 주셨다고 설명한다. 비를 내리고 결실을 맺게 하셔서 생명을 보존하게 하신 분이 바로 하나님이시라는 것을 깨달아야 함을 말하고 있다. 이렇게 설명을 계속해 나가자 무리가 흥분을 가라앉히고 이성을 되찾게 된 것으로 보인다. 그래서 가까스로 무리가 신성모독을 범하지 않도록 제지할 수 있었다. 루스드라에서 일어난 상당히 이례적인 이 사건을 기록한 목적은 바울의 전도활동이 얼마나 큰 파급 효과를 낳았는지를 단적으로 보여 주기 때문일 것이다.

[14 : 19-20] 성공적인 전도는 자동적으로 박해를 불러온다. 바울을 반대했던 비시디아 안디옥(13 : 50-51 참조)과 이고니온(14 : 5 참조)의 유대인들이 루스드라까지 따라와서 무리를 충동질하고 있다. 루스드라의 청중은 이방인들이었던 것 같은데(제우스와 헤르메스를 언급한 것을 보면), 유대인들의 충동질에 넘어간 믿지 않은 루스드라의 다른 이방인들이 돌로 바울을 쳐서 죽이려고 하였다(바나바는 피해를 입지 않은 것 같다). 그들은 바울이 죽은 줄로 알고 성 밖으로 끌고 가서 버렸다. 루스드라의 '제자들'(=새신자들)이 둘러섰을 때에 (기도하기 위해서? 살펴보려고?) 바울이 깨어나 루스드라 성 안으로 들어가 몸을 숨겼다. 바울은 이튿날 바나바와 함께 더베로 피신하여 옮겨 갔다.

바울은 비시디아 안디옥에서 박해를 받았을 때 이고니온으로 피신을 했고, 이고니온에서 박해를 받게 되자 루스드라로 피신을 했으며, 루스드라에서 박해를 받자 이제는 더베로 피신하고 있다. 바울이 이렇게 자꾸 이동한 것은 단지 피신만을 목적으로 한 것이 아니라, 그런 가운데서도 복음을 전하는 것을 목적으로 한 것이었다.

6. 안디옥 교회로의 귀환(14 : 21-28)

[21]복음을 그 성에서 전하여 많은 사람을 제자로 삼고 루스드라와 이고니온과 안디옥으로 돌아가서 [22]제자들의 마음을 굳게 하여 이 믿음에 머물러 있으라 권하고 또 우리가 하나님의 나라에 들어가려면 많은 환난을 겪어야 할 것이라 하고 [23]각 교회에서 장로들을 택하여 금식 기도하며 그들이 믿는 주께 그

들을 위탁하고 ²⁴비시디아 가운데로 지나서 밤빌리아에 이르러 ²⁵말씀을 버가에서 전하고 앗달리아로 내려가서 ²⁶거기서 배 타고 안디옥에 이르니 이곳은 두 사도가 이룬 그 일을 위하여 전에 하나님의 은혜에 부탁하던 곳이라 ²⁷그들이 이르러 교회를 모아 하나님이 함께 행하신 모든 일과 이방인들에게 믿음의 문을 여신 것을 보고하고 ²⁸제자들과 함께 오래 있으니라

[14 : 21-23] 바울 일행은 더베에서 복음을 전하여 많은 사람을 제자로 삼는 성과를 올렸다. 피신해야 하는 신세였지만 피신하는 데 급급하지 않고 복음을 전하는 기회로 삼고 있음을 볼 수 있다. 여기에서 '제자'로 삼았다고 하는 말은 성숙한 신자를 의미하는 것이 아니라 신앙을 갖게 된 새신자를 가리킨다.

바울 일행은 더베에서 출발하여 지금까지 복음을 전한 도시들을 재차 방문하면서(더베 → 루스드라 → 이고니온 → 비시디아 안디옥) 자신들을 파송했던(13 : 3) 시리아 안디옥으로 되돌아오고자 하였다. 박해를 당했던 곳들로 다시 돌아간다는 것은 위험 부담이 컸을 것이다. 더베에서 바울의 고향인 다소를 거쳐 시리아 안디옥으로 갔다면 위험을 피할 수 있었을 것이다. 그래서 되돌아오는 길에는 복음을 전하기는 하였지만 유대인들을 자극할 만한 사건은 일으키지 않은 것 같다. 비교적 간략하게 그 일정을 보도하고 있기 때문이다.

그러나 실제로 바울이 위험을 감수하려고 했던 이유는 다른 데 있었다. 바울은 '제자들'(=새신자들)의 마음을 굳건하게 하고 믿음을 견고히 하려는 데 목적이 있었다. 바울은 제자들에게 유대인들의 박해와 같은 환난을 겪어야 하나님 나라에 들어갈 수 있다고 권면하였다. 그리고 각 교회에서 장로들을 택하여 금식 기도한 후 자신을 대신하여 교회를 돌볼 수 있도록 주께 위탁하였다. 새신자들이 많은 신생 교회에 장로가 될 만한 사람을 찾기는 쉽지 않았을 것이다. 그러나 어려운 상황을 책임질 수 있는 인물이 필요하였을 것이다.

그런데 바울친서에는 '장로'라는 직분 대신에 '감독'(빌 1 : 1)이라는 직분이 언급되고 있어서, '장로'라는 명칭은 유대교에서 사용하는 용어를 빌려온 것일지 모른다.

[14 : 24-28] 바울 일행은 비시디아를 통과해 밤빌리아로 내려왔다. 밤빌리아 지역에 있는 버가에서 복음을 전한 뒤 항구 도시인 앗달리아로 내려갔다. 그리고 앗달리아에서 배를 타고 목적지인 시리아 안디옥에 당도하게 되었다. 26절에는 이제까지 구별하지 않고 사용했던 두 도시(비시디아 안디옥과 시리아 안디옥)를 구별 짓고 있다. 시리아 안디옥은 바울과 바나바를 파송했던(13 : 2-3) 곳이라고 확인하여 준다.

바울과 바나바가 귀환한 후 교회 교우들이 함께 모여 선교 보고를 들었다. 하나님께서 함께 행하신 일에 대한 일반 보고와 이방인들에게 믿음의 문이 열리게 된 특별 보고를 하였다. 바울은 안디옥 교회에 오랫동안 머물며 휴식을 취하면서 편지를 쓰거나 다음 선교 전략을 수립하였던 것으로 보인다. 이로써 "……이 사람은 내 이름을 이방인과 임금들과 이스라엘 자손들에게 전하기 위하여 택한 나의 그릇이라 그가 내 이름을 위하여 얼마나 고난을 받아야 할 것을 내가 그에게 보이리라"(9 : 15-16)라고 바울에 대해 예언한 대로 성취된 것을 알 수 있다. 결론적으로, 바울은 1차 선교여행(13 : 1-14 : 28)을 통해 구브로, 밤빌리아, 비시디아, 루가오니아 지역(전체적으로 보면 구브로 섬과 남쪽 갈라디아 지방)에서 박해 중에서도 복음을 성공적으로 전하였다.

설교를 위한 묵상 : "은혜로운 선교 보고"(14 : 21-28)

바울의 1차 선교여행은 13 : 4부터 본격적으로 시작되고 있다. 바울은 일차적으로 유대 회당에서 유대인들을 대상으로 전도하였지만, 이방인 선교 역시 이미 시작되었다. 유대인들이 그의 전도활동을 시기하고 비방하였기 때문에, 바울은 이방인들에게 선교하기로 방향을 선회하게 되었던 것이다(13 : 46). 그래서 이방인들 다수가 믿게 되는 결과를 가져왔다(13 : 48 ; 14 : 1)

본문을 보면, 바울 일행은 안디옥 교회를 출발하여 남쪽 갈라디아 지방으로 선교여행을 갔던 경로를 되돌아오고 있음을 알 수 있다. 돌아올 때 바울은 제자들을 많이 얻게 되었다(14 : 21). 바울은 그가 선교했던 교회에 장로들을 임명하고 그들에게 새 신자들을 맡기고 있다(14 : 23). 바울과 바나바는 1차 선교여행을 통해 안디옥 교회가 맡긴 과제를 다 이루었다(14 : 26). 얼마나 뿌듯한 일이었을까?

바울이 안디옥 교회에 돌아와 기쁜 마음으로 선교 보고회를 가졌다. 선교사가 자신을 파송한 교회에 돌아와 은혜로운 선교 보고를 하게 되는 것처럼 기쁜 일이 또 있을까? 한국은 현재 세계에서 선교사를 가장 많이 보낸 나라로서 첫 번째, 두 번째를 다투고 있다. 그런데 한국 선교사들이 파송 교회에 돌아와 하는 선교 보고가 정말 은혜롭고 진실될까? 많은 선교사들이 헌신적으로 활동하고 있음에도 불구하고 그렇지 않은 몇몇 선교사들 때문에 불신을 받고 있지는 않은가?

바울의 선교 보고에서 다음과 같은 것들을 배울 수 있을 것이다. 첫째, 바울은 선교 보고를 하면서 자기 자랑을 하지 않았다. 둘째, 오직 선교의 주체는 '하나님'이었음을 드러내고 있다. 바울은 선교 보고를 하면서 '하나님께서 함께 행하신 모든 일'이라고 말하고 있다. 셋째, 바울은 현지인에게 복음을 전했다. 바울은 하나님께서 이방인들에게 믿음의 문을 열어 주신 것에 대해 감사하며 보고했다. 바울의 선교 보고는 오직 이방 지역에서 하나님께서 행하신 일에 대한 것이었기에 은혜로웠다. 그 결과 바울은 제자들과 함께 안디옥 교회에서 오랫동안 체류하면서 하나님의 은혜를 성도들과 나눌 수 있었다.

M. 예루살렘 사도회의와 사도편지(15 : 1-35)

1. 예루살렘 사도회의(15 : 1-21)

¹어떤 사람들이 유대로부터 내려와서 형제들을 가르치되 너희가 모세의 법대로 할례를 받지 아니하면 능히 구원을 받지 못하리라 하니 ²바울 및 바나바와 그들 사이에 적지 아니한 다툼과 변론이 일어난지라 형제들이 이 문제에 대하여 바울과 바나바와 및 그중의 몇 사람을 예루살렘에 있는 사도와 장로들에게 보내기로 작정하니라

[15 : 1-2] 바울의 선교에 있어서 언제나 문제가 된 것은 정체성의 위기와 관련된 것이었다. 다시 말해서, 그는 유대인이면서도 이방인에게 복음을 전해야 하는 이방인의 사도였다는 것이다. 이것은 동료 유대인으로부터 그가 민족 종교를 배신하였다는 비난을 받지 않을 수 없게 만들었다. 따라서 그는 유대교를 믿는 유대인과는 언제나 갈등 관계에 놓일 수밖에 없었다. 바울은 1차 선교여행을 하면서 먼저 유대인 회당에 들어가 일차적으로 유대인들을 대상으로 그가 믿는 기독교 신앙을 선포하고 유대인들과 논쟁을 벌였다. 이것은 많은 유대인들을 자극하는 결과를 낳았다.

거기에다가 유대인 회당을 중심으로 일찍이 유대교 신앙과 전통에 관심을 가지고 접근하던 '하나님을 경외하는' 이방인들을 대상으로 복음을 증언하게 됨으로써 또 다른 문제를 낳게 되었다. 이방인을 하나님의 백성으로 받아들이는 과정에서 어떤 조건을 부과해야 하는지에 관한 질문이 생기게 되었다. 이러한 문제를 해결하는 일은 초대 교회의 가장 중요한 이슈가 되었다.

사도행전 15장은 바울의 1차 선교여행을 통해서 이미 불거진 문제에 대한 해결책을 모색하는 사도회의에 대하여 기록하고 있다. 사도행전 15장이 사도행전의 구조나 신학에 있어서 중심적인 위치를 차지하고 있다고 해도 과언이

아니다. 지금까지 사도행전의 기록은 이 문제를 드러내는 과정을 보여 주며, 문제가 해결된 16장 이후로는 이방인 선교를 거침없이(신학적 갈등 없이) 수행해 나가는 모습을 보여 주게 된다. 다른 말로 하면, 15장까지는 예루살렘 교회의 지도력이 중요하지만, 15장 이후로는 안디옥 교회의 지도력이 독립적으로 행사되고 있다고 말할 수 있다. 15장 이후 예루살렘 교회와 베드로가 사도행전에서 자취를 감추게 되는 것에서도 이를 확인할 수 있다.

1절에 보면 유대로부터 수리아 안디옥까지 내려온 사람들이 있었음을 말하고 있다(비교. 14:19에는 비시디아 안디옥과 이고니온에서 파견된 유대교도들이 나온다). 이들은 예루살렘 교회로부터 온 유대인 그리스도인들이었을 것이다. 그들이 예루살렘 교회에서 공식적으로 파견된 이들이었는지는 알 수 없지만, 수리아 안디옥 교회에 와서 믿는 형제들에게 할례를 받지 않으면 구원을 받지 못한다고 가르치기 시작하였다. 다시 말해서, 바울이 전한 복음에 율법의 행위(=할례)가 더 필요하다는 것이었다.

이것은 이방인 선교를 주도하고 있던 사람들과 심각한 갈등을 일으키는 문제가 되었다. 바울 및 바나바와 유대인 그리스도인들 사이에 적지 않은 다툼과 변론이 일어났다. '다툼'은 바울의 복음으로 인해 갈등이 발생했음을 암시하고, '변론'은 바울의 복음과 유대교 신앙 사이에 신학적인 논쟁이 붙었음을 의미한다. '적지 않은'이라는 표현은 '아주 큰'을 의미한다. 즉, 큰 다툼과 변론은 교회의 일치를 흔들 수 있는 폭발력을 지니고 있었다. 쉽게 해결되지 않는 문제가 발생할 때 교회의 대표자들이 모여 해결하는 것이 상례였다. 그래서 안디옥 교회는 바울과 바나바를 포함하는 대표단을 예루살렘에 파견하여 예루살렘 교회의 의견을 구하고 해결책을 찾도록 결정하였다. 이는 여전히 사도들과 장로들이 있는 예루살렘 교회가 지도적인 위치에 있었음을 보여 준다.

사도행전 15:4~21에 나오는 예루살렘 사도회의는 바울 자신이 기록한 갈라디아서 2:1~10의 내용과 같은 것으로 볼 수 있다. 두 기록 사이에는 공통점도 있고 차이점도 있다. 두 기록을 비교해 보면, 같은 사람들이 같은 문제를 가지고 같은 결론을 낸 것을 찾을 수 있다. 그러나 바울이 어떤 절차에 따라(안디옥 교회의 파송 여부), 언제 예루살렘에 가서(2차 또는 3차 예루살렘 방문 여부), 어떤 역할을 했는가(바울의 주도 여부), 그리고 사도회의의 후속 조치(칙령 발송 여부)에 관하여 차이를 보이기도 한다. 이러한 차이는 대부분 누구의 관점으로 어떤 상황에서 어떤 목적으로 썼느냐에 따라 발생한 것이라고 판단된다. 그러므로 사도행전 15장과 갈라디아서 2장은 같은 사건을 다루고 있다고 보아도 좋을 것이다.

그런데 사도행전 11 : 27~30과 12 : 25에는 바울과 바나바가 부조를 전달하기 위해 예루살렘을 방문한 기록이 나오는데, 갈라디아서 2 : 10에도 부조에 대한 암시가 있다. 이에 비해 사도행전 15장에는 부조에 관한 언급은 없다. 사도행전 15장에는 할례가 주된 이슈 중의 하나였는데, 갈라디아서 2장에는 이방인에게 할례를 강제하는 것에 관한 언급은 없다(갈 2 : 3에 언급된 디도의 경우와는 다른 이슈다). 이러한 점 때문에 갈라디아서 2장을 사도행전 15장보다는 사도행전 11장과 12장의 내용과 일치하는 것으로 보려는 견해가 있다. 사도행전 15장이 단순히 한 사건을 기록한 것이 아니라 일련의 여러 가지 사건을 요약하여 설명하고 있다면, 사도행전 11장과 12장의 내용이 사도행전 15장에 다시 한번 요약되어 재진술되고 있다고 볼 수 있는 여지가 생긴다. 앞에서 말한 대로, 사도행전 15장은 이방인 그리스도인들을 믿음의 형제로 받아들이는 문제 때문에 생긴 갈등을 해결하여 일목요연하게 보여 주려는 것이 목적이기 때문이다. 따라서 사도행전 15장과 갈라디아서 2장이 같은 사건을 가리킨다고 보는 데 큰 문제는 없다.

[3]그들이 교회의 전송을 받고 베니게와 사마리아로 다니며 이방인들이 주께 돌아온 일을 말하여 형제들을 다 크게 기쁘게 하더라 [4]예루살렘에 이르러 교회와 사도와 장로들에게 영접을 받고 하나님이 자기들과 함께 계셔 행하신

모든 일을 말하매 ⁵바리새파 중에 어떤 믿는 사람들이 일어나 말하되 이방인에게 할례를 행하고 모세의 율법을 지키라 명하는 것이 마땅하다 하니라

[15 : 3-5] 바울과 바나바는 안디옥 교회의 파견으로 예루살렘으로 향하였다. 약 400km나 되는 먼 거리를 가야 했기 때문에 안디옥 교회로부터 소요 경비를 지원받아 떠났다고 볼 수 있다. 그들은 예루살렘으로 가는 길에 베니게와 사마리아 지역을 통과할 때 이방인들이 믿게 된 사실을 전했다. 이들 중에는 빌립이 사마리아 지역에서 전도한 사람들(8 : 5)이나 베드로가 가이사랴에서 전도한 사람들(10 : 44-48)이 있었을지 모른다. 믿는 형제들이 '이방인들이 주께 돌아온 일'을 말할 때 기뻐했다고 기록한 것은 예루살렘 교회를 방문하기 전부터 바울의 사역이 정당성을 가지고 있다는 것을 전제하고 있는 듯한 느낌을 준다.

바울 일행은 예루살렘에 도착하여 '교회'(=예루살렘 교회 교우들)와 사도들과 장로들에게 영접을 받았다. 바울은 그들에게 '하나님이 자기들과 함께 계셔 행하신 모든 일'을 보고했다. 바울의 이러한 보고에 대해 바리새파 중 믿는 자들이 일어나 이의를 제기하였다. 이방인들에게 할례를 행하고 모세의 율법을 지키라고 명령해야 한다고 한 것은 이방인들에게 유대교에 입교하라는 것과 마찬가지였다. 이러한 주장은 유대인 그리스도인들 중 유대주의자들이 제기한 내용을 대변하는 것이다. 바울의 보고와 바리새파의 주장이 맞붙은 상황에서 이것을 해결하기 위한 변론이 필요한 시점이다.

⁶사도와 장로들이 이 일을 의논하러 모여 ⁷많은 변론이 있은 후에 베드로가 일어나 말하되 형제들아 너희도 알거니와 하나님이 이방인들로 내 입에서 복음의 말씀을 들어 믿게 하시려고 오래 전부터 너희 가운데서 나를 택하시고 ⁸또 마음을 아시는 하나님이 우리에게와 같이 그들에게도 성령을 주어 증언하시고 ⁹믿음으로 그들의 마음을 깨끗이 하사 그들이나 우리나 차별하지 아

니하셨느니라 ¹⁰그런데 지금 너희가 어찌하여 하나님을 시험하여 우리 조상과 우리도 능히 메지 못하던 멍에를 제자들의 목에 두려느냐 ¹¹그러나 우리는 그들이 우리와 동일하게 주 예수의 은혜로 구원받는 줄을 믿노라 하니라

[15 : 6-11] 사도들과 장로들이 따로 모여 먼저 이 문제에 관한 의견을 모으려고 하였다. 많은 변론이 있었으나 쉽게 결론을 내리지 못하였던 것 같다. 사도단의 일원인 베드로가 변론을 제시하고 있다. 베드로는 그가 이방인들에게 복음을 전하게 하시려고 하나님께서 택한 사람이라고 말한다. 이는 바울을 '이방인의 사도'로 부르신 것과 상충되는 발언인 것처럼 보인다. 그러나 베드로가 이 말을 한 것은 고넬료의 회심 사건(10장)을 연상시키려는 것이었다. 하나님께서 우리에게와 마찬가지로 이방인들에게도 '성령을 주어' 믿음의 한 형제가 되게 하였다는 것을 일깨운다. 그리고 유대인들도 버거워하는 율법의 멍에를 '제자들'(=이방인들)에게 지우려하는 것은 잘못이라고 지적한다.

또한 베드로는 이방인들도 '믿음'(9절)과 '은혜'(11절)로 구원받을 수 있다고 주장한다. 이것은 바울이 전한 복음의 핵심이기도 하다. 베드로의 설교가 바울의 언어로 기록되어 있는 셈이다. 사도행전에서 베드로와 바울은 메시지나 신학에 있어서 큰 차이가 없다. 둘 사이에는 대결이나 분열의 모습이 보이지 않는다. 한 성령, 한 복음 안에서 통일된 견해를 보여 준다.

¹²온 무리가 가만히 있어 바나바와 바울이 하나님께서 자기들로 말미암아 이방인 중에서 행하신 표적과 기사에 관하여 말하는 것을 듣더니 ¹³말을 마치매 야고보가 대답하여 이르되 형제들아 내 말을 들으라 ¹⁴하나님이 처음으로 이방인 중에서 자기 이름을 위할 백성을 취하시려고 그들을 돌보신 것을 시므온이 말하였으니 ¹⁵선지자들의 말씀이 이와 일치하도다 기록된 바 ¹⁶이후에 내가 돌아와서 다윗의 무너진 장막을 다시 지으며 또 그 허물어진 것을 다시 지어 일으키니 ¹⁷이는 그 남은 사람들과 내 이름으로 일컬음을 받는 모든 이방

인들로 주를 찾게 하려 함이라 하셨으니 [18]즉 예로부터 이것을 알게 하시는 주의 말씀이라 함과 같으니라 [19]그러므로 내 의견에는 이방인 중에서 하나님께로 돌아오는 자들을 괴롭게 하지 말고 [20]다만 우상의 더러운 것과 음행과 목매어 죽인 것과 피를 멀리하라고 편지하는 것이 옳으니 [21]이는 예로부터 각 성에서 모세를 전하는 자가 있어 안식일마다 회당에서 그 글을 읽음이라 하더라

[15 : 12] 베드로의 변론이 끝나자 바나바와 바울이 말할 차례를 갖게 된다. 여기에서 바나바의 이름이 먼저 나오는 것은 이례적이다(14 : 14 ; 15 : 25-26 참조). 이것은 예루살렘 교회에 바나바가 연장자로서 팀을 이끈 사람으로 알려져 있었기 때문이거나, 안디옥 교회 전승을 반영했기 때문일 것이다. 온 무리는 조용히 바나바와 바울의 증언을 듣고 있다. 여기에서는 하나님께서 바울 일행을 통해 이방인 가운데서 행하신 '표적과 기사'를 강조하고 있다. 사도행전에서 '표적과 기사'에 대한 언급이 나오면(2 : 22, 43 ; 4 : 30 ; 6 : 8 ; 8 : 6, 13 ; 14 : 3 참조), 이는 하나님께서 사도들과 함께하시는 것을 나타내는 표지다. 바나바와 바울이 한 말은 간략하게 처리되어 있다. 이는 갈라디아서 2 : 1~10에서 바울이 주도하고 있는 것과 대조된다. 아마 사도행전에서는 예루살렘 교회의 권위를 부각시키기 위해 의도적으로 바울의 비중을 돋보이지 않게 하려고 한 것 같다.

[15 : 13-21] 이제 변론은 끝이 났다. 베드로에 이어 바나바 및 바울의 변론이 끝이 나기를 기다려 야고보가 나서고 있다. 야고보는 예루살렘 교회의 장로로서 예루살렘 교회의 수장 역할을 맡고 있었던 것으로 보인다. 그의 역할은 예루살렘 사도회의의 결론을 내리는 것이었다. 그는 변론가로서가 아니라 재판관으로서의 모습을 보이고 있다.

야고보는 "형제들아 내 말을 들으라."는 말로 입을 연다. 그리고 구약을 인용하여 판결의 정당성을 담보한 뒤에 바로 판결을 내리고 있다. 그는 구약

을 인용하기에 앞서 '시므온'을 거론한다. 이 시므온은 누가복음 2 : 25~35에 나오는 인물을 가리키는 듯하다. 그는 아기 예수를 가리켜 "내 눈이 주의 구원을 보았사오니 이는 만민 앞에 예비하신 것이요 이방을 비추는 빛이요"(눅 2 : 30-32a)라고 찬양하고 있다. 이 말씀에 근거하여 야고보는 시므온이 "하나님이 처음으로 이방인 중에서 자기 이름을 위할 백성을 취하시려고 그들을 돌보셨다."라고 말한 것 같다.

야고보는 이 시므온의 찬양을 선지자들의 예언과 일치한다고 말하면서, 아모스 선지자의 말(암 9 : 11-12)을 인용한다. 아모스서의 내용은 히브리어 원문과 헬라어 원문(칠십인역)이 조금 다르다. 히브리어 원문에는 "그날에 내가 다윗의 무너진 장막을 일으키고 그것들의 틈을 막으며 그 허물어진 것을 일으켜서 옛적과 같이 세우고 그들이 에돔의 남은 자와 내 이름으로 일컫는 만국을 기업으로 얻게 하리라 이 일을 행하시는 여호와의 말씀이니라"(개역개정판)고 되어 있다. 이에 비해 칠십인역을 반영하고 있는 사도행전 15 : 16~18은 몇 가지 차이점을 보여 준다. 히브리어 원문에 '에돔'이 칠십인역에는 '아담'(=인류)으로, 히브리어 원문에 '얻게'가 칠십인역에는 '찾게'로 바뀌어 있다. 히브리어 원문은 이스라엘 왕국이 에돔을 비롯한 만국을 차지할 것을 말하려는 것이 초점이라면, 칠십인역은 "인류의 남은 사람들과 이방인들이 주를 찾게 된다."는 것을 말하려는 것이 초점이다. 이와 같은 초점의 변화는 야고보의 입장으로 나타나 있지만, 실제로는 칠십인역을 택한 누가의 해석에서부터 비롯된 것이다. 독실한 유대인 그리스도인인 야고보가 칠십인역을 인용했을 리는 없다고 보기 때문이다.

성경을 인용하여 그의 주장의 근거로 삼은 뒤, 야고보는 토론 없이 즉시 판결을 내린다. 야고보는 이방인 중에서 예수를 믿어 하나님께로 돌아오는 자들에게 할례와 같은 율법의 의무를 지워(15 : 1 참조) 그들을 괴롭게 하지 않는 것이 좋겠다는 최종적인 의견을 제시한다. 그리하여 이방인들도 하나님의 백성이 될 수 있는 길을 활짝 열어 놓고 있다. 유대인들이 주장하는 대로 많은 율법의 의무를 지키는 것을 이방인들에게 똑같이 요구했다면, 이방인들이 하나님의 백성이 되기는 어려웠을 것이다. 바로 그러한 복잡함 때문에 많은 이방인들이 여전히 개종자가 되지 못하고 '하나님을 경외하는 사람들'에 머물러 있었던 것이 아닌가! 야고보는 유대인 그리스도인이었지만 극단적인 주장을 하지는 않았다. 이방인들에게 먼저 유대인이 되어야 한다고 하는 극단적인 주장을 한 사람들이 있었다. 그들은 유대주의자(Judaizers)라고 불리는 사람들이다.

야고보는 유대주의자와 같은 의견을 가지고 있지는 않았지만, 이방인 그리스도인들에게 몇 가지 최소한의 율법을 요구할 필요는 있다고 보았다. 그래서 "우상의 더러운 것과 음행과 목매어 죽인 것과 피"를 멀리하라는 판결 내용을 편지로 알리자고 하였다. 이와 같은 판결 내용은 이곳 말고도 사도행전에 두 번 더 나온다. 15:20과 나머지 두 곳은 서로 내용과 순서에 있어서 조금 차이를 보이고 있다.

    15:20-우상의 더러운 것, 음행, 목매어 죽인 것, 피
    15:29-우상의 제물, 피, 목매어 죽인 것, 음행
    21:25-우상의 제물, 피, 목매어 죽인 것, 음행

첫 번째 금지 조항인 '우상의 더러운 것'은 '우상의 제물'과 같은 것을 의미한다고 볼 수 있다. 우상의 제물은 '우상에게 바쳐진 고기'를 말한다. 15:20은 이 제물이 '더러운 것'이라고 규정하였다. 여기에서 더럽다는 것은 위생적인 의미가 아니라 제의적인 의미로 사용된 말이다. 그 당시 모든 고기는 일단 우상에게 바치고 난 뒤 시장에 내놓아 파는 것이 관습이었다. 그런데 유대인들은 음식을 먹는 데 매우 신중했다. 그들은 율법의 규정에 맞는 음식을 먹었다. 이것을 '코쉐르'라고 한다. 우상에게 바쳐진 고기는 '코쉐르' 음식이 될 수 없었다. 그것은 하나님이 인정할 수 없는 음식이었기 때문에 '더럽다'(=속

되다)고 말할 수 있었다. 또한 유대인들은 '하나님께 바친 것'을 '코르반'이라고 했다. 그렇다면 우상의 제물은 코르반과는 정반대로 '우상에게 바친 것'이 되는 셈이다. 유일신을 믿는 유대인들로서는 우상에게 바쳐진 고기는 더러운 제물이었다. 그래서 유대인 그리스도인들도 그 정도의 금지는 이방인들에게 필요하다고 본 것이다.

두 번째 금지 조항인 '음행'은 헬라어로 '포르네이아'라고 하는데, 이것은 혼잡한 성생활을 가리키는 말이다. 이는 특히 이교 신전에서 축제 중에 이루어지는 성창을 가리키고 있다. '우상의 더러운 것'도 이교 신전에서의 우상 숭배에서 비롯된 오염을 의미할 수 있기 때문에, 첫 번째와 두 번째 금지 사항 모두 이교 신전에서의 우상 숭배와 연관된 것으로 볼 수 있다. 우상 숭배와 부도덕한 행위는 이교 축제에 참석하는 사람에게 피할 수 없는 경우가 많았다. 상책은 이교 신전에서의 축제에 참석하지 않는 것이었다. 유대인들은 우상 숭배를 매우 경계했기 때문에 이교 신전 근처에도 가지 않을 것을 권했을 것이다. 마찬가지로 유대인 그리스도인들은 이방인 그리스도인들도 최소한 이러한 위험에 빠지지 않기를 바랐던 것이다.

세 번째 금지 조항은 '목매어 죽인 것'을 멀리하는 것이었다. 이교 신전에서는 희생 제사에 사용될 동물을 목을 졸라 죽이는 관습이 있었다고 한다. 그렇게 함으로써 우상에게 생기를 불어넣어 줄 수 있다고 생각했다. 예루살렘 성전에서는 희생 제물을 죽일 때 '안수하고'(레 1 : 4 ; 3 : 2 참조) 죽이기까지 하였다. 의식에 따라 죽이기는 하였지만, 잔인하게 죽이거나 미신적으로 죽이지는 않았다. 유대인들은 이교 신전에서 행해지는 이러한 동물 학대를 거부하였다. 짐승은 인간의 죄를 대신하는 희생 제물이기 때문에 소중하고 진지하게 다루어져야 했다. 그래서 이방인 그리스도인들도 이교 신전에서 행하는 그러한 행위에서 멀리하기를 바랐던 것이다.

네 번째 금지 조항은 '피'를 멀리하는 것이었다. 이는 일견 구약성경에서 피를 먹지 말라는 내용이 나오는 레위기 17 : 10~14의 내용과 같은 맥락으로 보인다. 그러나 레위기는 이스라엘에 사는 백성에게 준 규례인데 비해, 여기에서는 이방인에게 준 규례라는 점에서 차이가 있다. 그리고 여기에서의 '피'가 이교 신전에서의 제사 행위와 관계가 있다. 이교 신전에서는 짐승의 목을 졸라 죽이고 그 피를 제사장이 맛보거나 마시곤 했다. 이러한 행위는 목 졸라 죽인 짐승의 피가 부정하기 때문에 피해야만 할 행위로 보았다.

이렇게 네 가지 금지 조항은 모두 이교 신전에서의 우상 숭배 행위와 관련이 있다. 야고보는 이교 신전을 자주 드나들던 이방인 그리스도인들에게 최소한의 율법을 부과함으로써 그들을 이교로부터 지키고자 했다. 그들이 그리스도를 믿어 새사람이 되었음에도 불구하고 이교 신전에 가는 행위를 계속한다면 그들의 신앙 자체에 문제가 생길 수 있다고 보았다. 그래서 이교 신전에서 행해질 수 있는 네 가지 금지 조항을 구체적으로 제시한 것이다.

야고보는 이 네 가지 금지 조항을 편지로 써서 보내도록 조치하였다. 이 편지는 예루살렘 교회의 권위로 보내는 공적 결정문이었다. 이로써 안디옥, 수리아(=시리아), 길리기아의 교회들에게 이 판결을 따를 의무가 부과되었다. 이러한 편지가 당도하게 되면 그 내용은 회당을 통해서 잘 이해시킬 수 있었다. 왜냐하면 각 성의 회당에서는 안식일마다 모세의 율법서를 읽고 있었기 때문이다.

2. 사도 편지(15 : 22-35)

[22]이에 사도와 장로와 온 교회가 그중에서 사람들을 택하여 바울과 바나바와 함께 안디옥으로 보내기를 결정하니 곧 형제 중에 인도자인 바사바라 하는 유다와 실라더라 [23]그 편에 편지를 부쳐 이르되 사도와 장로 된 형제들은 안디옥과 수리아와 길리기아에 있는 이방인 형제들에게 문안하노라 [24]들은즉 우리 가운데서 어떤 사람들이 우리의 지시도 없이 나가서 말로 너희를 괴롭게 하고 마음을 혼란하게 한다 하기로 [25-26]사람을 택하여 우리 주 예수 그리스도의 이름을 위하여 생명을 아끼지 아니하는 자인 우리가 사랑하는 바나바

와 바울과 함께 너희에게 보내기를 만장일치로 결정하였노라 ²⁷그리하여 유다와 실라를 보내니 그들도 이 일을 말로 전하리라 ²⁸성령과 우리는 이 요긴한 것들 외에는 아무 짐도 너희에게 지우지 아니하는 것이 옳은 줄 알았노니 ²⁹우상의 제물과 피와 목매어 죽인 것과 음행을 멀리할지니라 이에 스스로 삼가면 잘되리라 평안함을 원하노라 하였더라

[15 : 22] 야고보의 판결을 편지로 써서 보내자는 결의가 있자, 예루살렘 교회의 사도들과 장로들과 온 교회 교우들이 대표단을 선발하여 안디옥으로 보내기로 하였다. 바울과 바나바를 동행할 대표로 교회의 지도자이며 선지자인 유다와 실라(32절)를 함께 보내기로 하였다. 바사바라고도 하는 유다에 관해서는 아는 바가 없다. 그러나 실라는 로마 시민이었고(16 : 25, 37 참조), 바울과 함께 선교여행을 하였으며, 후에 데살로니가전·후서의 공동 송신자이기도 하였다. 실라가 예루살렘 교회에서 중요한 역할을 맡은 사람이면서 동시에 신분이 높은 로마 시민인 것은 바울의 동역자로서 많은 도움을 줄 수 있는 위치에 있었다고 볼 수 있다.

[15 : 23-29] 이 부분은 편지의 내용을 먼저 싣고 있다. 네 사람 편에 보낸 사도 편지의 내용은 공식 서한의 형식을 보여 준다. 송신자는 '사도와 장로 된 형제들'이며, 수신자는 '안디옥과 수리아와 길리기아에 있는 이방인 형제들'이다('형제들'이라고 부른 것은 그리스도 안에서 하나 된 마음을 표현하고 있다). 예루살렘의 이스라엘 지도자들이 이방 여러 지역에 사는 이방인 그리스도인들에게 보낸 것이다. 그리고 헬라식 인사인 '카이레인'이라는 말로 문안한다. 이상은 편지의 서두에 해당된다.

편지의 본문은 편지를 쓰게 된 동기부터 서술한다. 예루살렘 교회에서 나간 어떤 사람들(=유대주의자들)이 사도들과 장로들의 지시도 없이 일방적으로 멀리 이방 지역에까지 쫓아가서 이방인 그리스도인들을 괴롭히고 혼란을 준

다는 소식을 들었기 때문에 문제를 인식하게 되었다고 말한다. 그래서 주 예수 그리스도를 위하여 생명을 아끼지 아니하고 헌신한 바나바와 바울을 보내기로 합의하였으며, 그들과 함께 유다와 실라를 보내어 말로 증언하도록 했다고 알려 준다. 바나바와 바울이 가져간 사도 편지 외에 유다와 실라가 전하는 말은 또 다른 중요성을 가지고 있었다. 고대 세계에는 편지를 위조할 수 있는 가능성 때문에 구두로 진실을 확인해 주는 것이 필요하였다.

예루살렘 지도자들은 그들의 편지를 '성령'과 함께 보내고 있다. 그들이 직접 갈 수 없지만 대신 성령이 임재할 것임을 내비치고 있다. 이제 제시할 네 가지 금지 조항들 외에는 아무 짐도 지우지 않을 것임을 밝힌다. 이방인들은 그들에게 익숙하지 않은 할례나 음식 규례, 안식일 규정 등 많은 율법의 조항들을 지키는 것이 불가능했다.

네 가지 금지 조항은 15 : 20에서 이미 언급된 것들이다. 우상의 제물, 피, 목매어 죽인 것, 그리고 음행은 모두 이교 신전에서 축제 때 행하거나 그것으로 인해 신앙에 나쁜 영향을 줄 수 있는 것들이었다. 유대인 그리스도인들은 이방인 그리스도인들에게도 꼭 멀리해야 할 것이라고 보고 지킬 것을 당부한다. 이상으로 편지 본문을 마무리한 후, '평안'을 비는 마지막 인사를 하고 편지를 끝마치고 있다.

> [30]그들이 작별하고 안디옥에 내려가 무리를 모은 후에 편지를 전하니 [31]읽고 그 위로한 말을 기뻐하더라 [32]유다와 실라도 선지자라 여러 말로 형제를 권면하여 굳게 하고 [33]얼마 있다가 평안히 가라는 전송을 형제들에게 받고 자기를 보내던 사람들에게로 돌아가되 [34](없음) [35]바울과 바나바는 안디옥에서 유하며 수다한 다른 사람들과 함께 주의 말씀을 가르치며 전파하니라

[15 : 30-35] 편지의 내용이 소개된 후에, 22절에 이어 안디옥에 내려간 이야기를 서술하여 준다. 네 사람은 예루살렘 교회와 작별하고 나서 시리아 안디

옥에 내려갔다. 안디옥 교회 교우들을 다 모이게 한 후 편지를 읽어서 전하였다. 공적으로 모인 자리에서 편지를 크게 읽는 것은 중요한 행사나 마찬가지였다. 안디옥 교회는 사도 편지의 내용을 '위로/권면'(헬, '파라칼레오' 동사)으로 받아들였다. 율법의 무거운 짐을 지우지 않고 누구에게나 상식적으로 받아들여야만 하는 네 가지 금지 조항만을 요구하였기 때문이다. 그래서 안디옥의 이방인 그리스도인들은 기뻐하였던 것이다.

유다와 실라도 안디옥의 형제들을 위로/권면하려고 노력하였다. 유다와 실라를 '선지자'라고 했는데, 이는 하나님의 영으로 형제들을 위로하고 권면할 수 있는 능력을 가지고 있었음을 나타낸다. 그들은 며칠 더 있다가 안디옥 교회의 전송을 받아 예루살렘 교회로 돌아갔다. 그들의 임무가 일단 끝났기 때문이다. 그러나 바울과 바나바는 안디옥 교회에 머물면서 많은 사람들과 함께 가르치는 일과 전도하는 일을 계속하였다. 이때에는 유대인 그리스도인들로부터 아무런 반대나 제재도 받지 않았을 것이다. 이방인을 향한 전도의 문이 실질적으로 활짝 열리게 되었던 것이다.

N. 제2차 선교여행(15 : 36-18 : 23)

1. 바울과 바나바의 갈등(15 : 36-41)

[36]며칠 후에 바울이 바나바더러 말하되 우리가 주의 말씀을 전한 각 성으로 다시 가서 형제들이 어떠한가 방문하자 하고 [37]바나바는 마가라 하는 요한도 데리고 가고자 하나 [38]바울은 밤빌리아에서 자기들을 떠나 함께 일하러 가지 아니한 자를 데리고 가는 것이 옳지 않다 하여 [39]서로 심히 다투어 피차 갈라서니 바나바는 마가를 데리고 배 타고 구브로로 가고 [40]바울은 실라를 택한

후에 형제들에게 주의 은혜에 부탁함을 받고 떠나 ⁴¹수리아와 길리기아로 다니며 교회들을 견고하게 하니라

[15 : 36–41] 바울은 안디옥에서 상당한 기간 동안 머물면서 안디옥 교회를 든든하게 세워 놓은 후, 1차 선교여행 때 복음을 전했던 도시를 방문하여 믿음의 형제들을 살펴볼 마음이 생겼다. 그래서 바나바에게 2차 선교여행을 같이 가자고 제안하였다. 이 둘 사이에는 함께 일하는 데 아무 문제도 없어 보였다.

그런데 문제가 발생하였다. 바나바는 마가 요한을 데리고 가기를 원했지만, 바울은 반대했다. 1차 선교여행 때 밤빌리아에서 바울 일행을 저버리고 예루살렘으로 돌아간 것(13 : 13)을 용납할 수 없었기 때문이다. 마가 요한은 단지 고향이 그리워 돌아간 것이 아니었다. 바울은 마가 요한의 행동을 선교 사역을 팽개친 것으로 보고 있다. 바울의 비타협적이고 논쟁적인 성격을 볼 수 있는 대목이다. 그러나 바울이 이렇게 철저했던 것은 복음 전도 사역을 일사분란하게 하고 싶은 열정의 표현이기도 했다.

바울과 바나바 사이에 생긴 심한 다툼은 끝내 타협점을 찾지 못하고 서로 결별하는 결과를 가져왔다. 이것은 불행한 일처럼 보였다. 바나바는 마가 요한을 데리고 그의 고향인 구브로로 갔다. 이후 사도행전에서 바나바의 모습을 더 이상 찾아볼 수 없다. 그러나 다행인 것은 바울이 마가 요한과 화해했다는 것이다. 후에 바울은 마가 요한을 영접하라고 명령하고 있으며(골 4 : 10), '나의 동역자'(몬 24절)라고 부르며, 바울에게 마가를 데리고 오라고 부탁하고(딤후 4 : 11) 있다.

바울은 실라를 데리고 수리아와 길리기아로 떠났다. 이것은 1차 선교여행 때 배를 타고 갈라디아 지방을 간 것과 다르게 육로를 택한 것을 의미했다. 바울은 길리기아 관문을 거쳐 자신의 고향인 길리기아 다소를 경유해서 갈라디아로 넘어갔을 것이다(16 : 6 참조). 바울의 여정은 안디옥 교회의 전송을 받았다. 바울이 하나님이 맡기신 선교 사명을 수행하는 자로 묘사되고 있는

것이다. 바울이 실라를 택한 것은 여러 가지 면에서 바울에게 도움이 되었을 것이다. 실라는 예루살렘 교회의 지도자였기 때문에 이방 지역을 다닐 때 다른 유대주의자들의 공격으로부터 바울을 변호해 줄 수 있었고, 신실한 증인으로서 사도 편지의 내용을 설명해 줄 수 있었을 것이다. 그가 로마 시민이었던 점도 바울의 든든한 후원자 역할을 감당하게 해 주었을 것이고, 데살로니가전·후서의 공동 송신자였던 점을 고려하면 지도자로서의 능력을 갖추고 있었을 것이다. 이제 바울은 오랜 동역자인 바나바와 헤어져 독자적인 사역을 시작하게 되었다. 그러나 바울의 선교 사역은 혼자서 한 것이 아니었다. 그것은 실라(15:40)와 디모데(16:1) 같은 동역자들과 함께한 사역이었음을 잊지 말아야 한다.

설교를 위한 묵상 : "선교의 기로에 서다"(15:36-41)

바울과 바나바는 훌륭한 선교의 동역자로 지내 왔다. 이처럼 아름다운 협력 관계도 보기 힘들 것이다. 바나바는 예루살렘 교회의 지도자로서 바울의 뛰어난 헌신과 자질을 알아보았으며, 다소에서 독자적인 활동을 하던 바울을 안디옥으로 데리고 왔고(11:25), 안디옥 교회에서 일 년 동안 미물면서 제자들을 교육시켜 교회의 터를 닦아 놓았다(11:26). 그리고 무엇보다 1차 선교여행을 함께 한 동역자였다. 끝까지 함께할 것 같았던 두 사람에게도 위기가 닥쳤다.

예루살렘 사도회의 후 2차 선교여행을 시작하려는 단계에서 두 사람 사이에 큰 다툼이 일어났다. 마가 요한을 데리고 갈 것이냐의 문제를 놓고 두 사람의 의견이 극명하게 갈린 것이다. 어떻게 보면 본질적인 문제가 아니라고 생각되는 일임에도 두 사람은 양보하지 않았다. 어떻게 이러한 일이 발생할 수 있을까? 바울의 강직한 성격 때문이었을까? 바나바가 2인자로 밀린 것을 마음에 두고 있었던 것일까? 선교의 중압감이나 피로감이 그들을 이렇게 내몰았을까? 어쨌든 바울은 마가 요한이 선교여행 도중에 예루살렘으로 되돌아간 것(13:13)을 명목적인 이유로 내세웠다. 그러나 그것이 참된 이유였을까?

다툼의 결과는 치명적일 수 있었다. 바나바는 마가 요한을 데리고 고향인 구브로로 돌아가 버렸다. 바나바와 마가 요한이 사도행전에서 더 이상 등장하지 않는 것으로 보아, 그들은 실망하거나 낙담하여 적어도 한동안 적극적인 선교활동을 하지 않았을 수도 있다. 물론 바울이 마가 요한과 후에 화해했다는 징후를 찾을 수는 있지만(골 4 : 10 ; 몬 24절 ; 딤후 4 : 11 참조), 바울의 충격은 컸을 것이다.

바울은 선교의 기로에 서게 되었다. 원래 계획했던 2차 선교여행을 계속할 것인가, 아니면 중단할 것인가 하는 문제가 대두되었다. 그러나 바울의 위대한 점은 이러한 위기 가운데서도 마음을 추스르고 바나바 없이 독자적으로 선교여행을 계속하였다는 것이다. 바울은 바나바 대신 실라를 동역자로 삼았다. 실라 역시 예루살렘 교회의 지도자였기 때문에, 바울이 적대적인 유대인들을 만날 때 큰 도움을 줄 수 있는 인물이었다. 바울이 가진 불굴의 정신 때문에, 복음은 더욱 확장 일로를 걷게 되었으며, 유럽에까지 복음이 전해지게 되는 전기를 마련할 수 있었다(16 : 6-10). 누구의 잘못이었든 바울은 비록 선교과정에서 갈등이 있었음에도 불구하고, 감정에 휘둘리지 않고 원래의 계획을 밀고 나갔던 것이다.

2. 더베와 루스드라에서의 전도활동(16 : 1-5)

¹바울이 더베와 루스드라에도 이르매 거기 디모데라 하는 제자가 있으니 그 어머니는 믿는 유대 여자요 아버지는 헬라인이라 ²디모데는 루스드라와 이고니온에 있는 형제들에게 칭찬받는 자니 ³바울이 그를 데리고 떠나고자 할새 그 지역에 있는 유대인으로 말미암아 그를 데려다가 할례를 행하니 이는 그 사람들이 그의 아버지는 헬라인인 줄 다 앎이러라 ⁴여러 성으로 다녀갈 때에 예루살렘에 있는 사도와 장로들이 작정한 규례를 그들에게 주어 지키게 하니 ⁵이에 여러 교회가 믿음이 더 굳건해지고 수가 날마다 늘어 가니라

[16 : 1-3] 바울은 더베를 거쳐 루스드라에 당도하였다. 더베에서의 전도활동에 대해서는 아무 언급이 없기 때문에, 여기에서는 루스드라(1절의 '거기'는 루스드라를 가리킴.)에 사는 디모데를 소개하는 것이 주목적으로 볼 수 있다. 디모데가 전면에 등장하기 때문인지 바울의 또 다른 동역자인 실라에 관한 언급은 없다. 디모데에 대한 첫 번째 소개는 그를 '제자'라고 부른 것이다. 그것은 디모데가 이미 그리스도인이 되었다는 것을 의미한다. 고린도전서 4 : 17에 보면, 바울 사도가 디모데를 '주 안에서 내 사랑하고 신실한 아들'이라고 부르고 있다. 이로 보건대, 디모데는 바울이 1차 선교여행을 하며 루스드라를 지날 때 전도한 인물로 추정할 수 있을 것이다.

디모데에 대한 두 번째 소개는 혈통에 대한 것이다. 그는 유대인 어머니와 헬라인 아버지 사이에 태어난 혼혈이었다. 이럴 경우 디모데를 유대인으로 보아야 하는지 아니면 헬라인으로 보아야 하는지 확실하지 않다. 비록 모계 혈통을 따르는 것이 주후 2세기 이후 정착되기 시작했다는 주장이 있기는 하지만, 디모데를 이방인으로 보는 데는 문제가 있다. 3절에 보면 바울이 유대인들의 눈 때문에 디모데에게 할례를 행한 것으로 기록하고 있기 때문이다. 그러나 디모데가 난 지 팔일 만에 할례를 받아야 하는 율법을 따르지 않은 것을 보면, 그 당시 혼혈의 경우 정확한 규례가 정해지지 않았던 것인지 모른다.

디모데에 대한 세 번째 소개는 그의 평판에 대한 것이다. 그는 자기 고향 루스드라는 물론 인근 도시 이고니온에 사는 그리스도인 형제들에게도 칭찬을 받는 사람이었다. 바울은 믿음과 인격에 있어 다른 사람들의 모범이 되고 있는 디모데를 동역자로 삼아 그 지역을 선교하는 것이 필요하다고 판단하고 그를 동행시키고자 하였다. 그런데 문제는 유대인들의 시각이었다. 디모데를 동반하는 주된 이유가 일단 루스드라와 이고니온에 사는 유대인들에게 선교할 때 유익할 것으로 판단했기 때문인데, 유대인들이 할례 받지 않은 디모데를 문제 삼아 복음을 전할 기회조차 갖지 못할 수 있었기 때문이다. 그래서 바울은 디모데에게 할례를 행하였다(21 : 17-26 참조).

사도 바울이 디모데에게 할례를 행한 것이 그의 소신이나 선교 방침과 어긋나는 것은 아닌가 하는 의문이 제기될 수 있다. 특히 그가 친히 쓴 서신에서 바울은 할례를 행하는 것이나 율법을 지키는 문제가 그리스도인이 되는 데 장애가 되어서는 안 된다고 강력하게 주장하지 않았던가?(갈 5 : 2-6, 10-11 ; 롬 4 : 9-12 참고) 그러나 바울의 이러한 주장은 이방인들을 주된 대상으로 삼고 한 말임을 인지할 필요가 있다. 또한 바울은 복음 전도를 통한 열매를 얻는 것을 최고의 가치로 생각하고 있었으며, 그 원칙에 따라 행동을 유연하게 하기도 하였음을 알고 있다(고전 9 : 19-23 참고). 바울은 디모데에게 할례를 행하여 유대인들에게 복음을 전하는 데 도움이 된다면 기꺼이 그렇게 할 수 있는 사람이었다. 바울에게는 "할례 받는 것도 아무것도 아니요 할례 받지 아니하는 것도 아무것도 아니었다"(고전 7 : 19).

[16 : 4-5] 바울 일행은 그 지역의 여러 도시들을 방문하면서 전도할 때 유대인들만을 대상으로 하지는 않았던 것 같다. 물론 일차적으로 유대인들에게 복음을 전하는 원칙은 지켰을 것이다. 그러나 전도하는 과정에서 사도편지의 내용을 전한 것을 볼 때 이방인 그리스도인들을 많이 만난 것을 짐작하게 한다. 바울의 이러한 전도활동은 유대인 그리스도인들과 이방인 그리스도인들을 다 같이 만족시키는 결과를 가져온 것 같다. 여러 교회가 믿음이 더 굳건해지고 믿는 사람의 숫자가 많이 늘어났기 때문이다. 이방인 그리스도인들이 네 가지 금지 조항(15 : 29)을 잘 지키기만 하면 유대인 그리스도인들과 함께 친교하는 데 아무런 거리낌이 없었음을 알 수 있다.

3. 마게도냐 사람의 환상(16 : 6-10)

[6]성령이 아시아에서 말씀을 전하지 못하게 하시거늘 그들이 브루기아와 갈라디아 땅으로 다녀가 [7]무시아 앞에 이르러 비두니아로 가고자 애쓰되 예수의

영이 허락하지 아니하시는지라 ^{8}무시아를 지나 드로아로 내려갔는데 ^{9}밤에 환상이 바울에게 보이니 마게도냐 사람 하나가 서서 그에게 청하여 이르되 마게도냐로 건너와서 우리를 도우라 하거늘 ^{10}바울이 그 환상을 보았을 때 우리가 곧 마게도냐로 떠나기를 힘쓰니 이는 하나님이 저 사람들에게 복음을 전하라고 우리를 부르신 줄로 인정함이러라

[16 : 6-7] 바울 일행은 이고니온을 지나 서쪽 방향으로 진행하여 아시아로 들어가고자 하는 계획을 세웠던 것 같다. 그런데 성령이 아시아에서 복음을 전할 기회를 허락하지 않았다. 그들은 브루기아와 갈라디아 지방을 통과하여 아시아에 속한 무시아까지 여행을 계속하였다. 그리고 아시아에 속한 비두니아로 가려고 노력하였으나 예수의 영이 허락하지 않았다. '성령'이나 '예수의 영'(신약성경에 오직 이곳에만 나오는 표현임.)이 허락하지 않았다는 것은 결과적으로 복음을 증언할 기회를 얻지 못했다는 것을 가리킨다. 특히 '예수의 영'이라는 표현을 쓴 것은 예수를 증언할 수 있는 기회가 없었다는 것을 강조하기 위한 것이다. 이것은 바울의 계획과는 다른 계획이 하나님께 있었음을 부각시키려는 의도에서 비롯된 것이다.

[16 : 8-10] 바울 일행은 무시아를 통과해 지나갈 수밖에 없었다. 그들이 결국 다다르게 된 곳은 드로아였다. 드로아는 아시아 서북쪽에 위치한 항구 도시로서 마게도냐로 건너갈 수 있는 곳이었다. 이처럼 하나님께서 아시아 지역을 통과하여 드로아까지 인도한 것은 중요하고 급한 일이 있었기 때문이었다.

　바울이 드로아에서 밤에 잠을 자는 도중 한 환상을 보게 된다. 그것은 마게도냐 사람 하나가 마게도냐로 건너와 도와 달라는 요청을 하는 것이었다. 그 환상을 본 바울과 그의 일행이 즉시 마게도냐로 건너갈 생각을 하고 행동에 옮긴 것을 보면, 바울이 본 환상이 매우 강력하고 인상적이었다는 것을 알 수 있다. 그리고 그 환상의 의미는 이제까지와는 다른 차원에서 복음을

전할 기회를 얻게 된다는 것이었다.

　10절에서 처음으로 소위 '우리' 단락을 만나게 된다. '우리' 단락은 사도행전에서 네 군데(16 : 10-17 ; 20 : 5-15 ; 21 : 1-18 ; 27 : 1-28 : 16)에 나타나고 있는데, 모두 배를 타고 전도여행을 하는 항해와 관련이 있다는 특징이 있다. 모든 항해 이야기가 '우리' 단락은 아니지만, 모든 '우리' 단락은 항해 이야기인 것이다. 이것은 저자인 누가가 바울을 따라 배를 타고 선교여행을 하였음을 말해 주거나, 그가 선교에 관한 일기 같은 자료에 의존해 사도행전을 기록하고 있음을 보여 주는 증거일 수 있다.

　바울이 드로아에서 마게도냐 지방으로 건너간 것을 아시아에서 '유럽'으로 복음이 전해진 중요한 사건으로 보는 견해가 있다. 이것은 한편으로는 맞고 다른 한편으로는 맞지 않는 생각이다. 마게도냐가 인종적으로나 지리적으로 아시아와 달랐다는 점에서 이 사건은 중요한 사건이며 의미 있는 사건이다. 그러나 아시아나 마게도냐 모두 헬라 문화가 지배하고 있는 로마 제국에 속한 지역이었기 때문에, 문화적으로나 정치적으로 두 지역을 서로 구별하는 것은 무리가 있다. 그러나 만약 환상 속의 마게도냐 사람이 매우 비중 있는 인물(예. 알렉산더 대왕)이었다면, 이 사건은 더욱 큰 의미를 지니게 될 것이다. 그렇지만 이러한 주장은 근거가 미약하다. 오히려 이 사건 이후 바울이 주도하는 선교여행이 주로 그리스와 로마 지역에서 이루어지고 있다는 점에서(에베소 사역을 주로 다루고 있는 18 : 18-19 : 41 ; 20 : 17-38 제외) 중요한 의미가 배가되고 있다.

4. 빌립보에서의 전도활동(16 : 11-40)

[11]우리가 드로아에서 배로 떠나 사모드라게로 직행하여 이튿날 네압볼리로 가고 [12]거기서 빌립보에 이르니 이는 마게도냐 지방의 첫 성이요 또 로마의 식민지라 이 성에서 수일을 유하다가 [13]안식일에 우리가 기도할 곳이 있을까 하여

문 밖 강가에 나가 거기 앉아서 모인 여자들에게 말하는데 [14]두아디라 시에 있는 자색 옷감 장사로서 하나님을 섬기는 루디아라 하는 한 여자가 말을 듣고 있을 때 주께서 그 마음을 열어 바울의 말을 따르게 하신지라 [15]그와 그 집이 다 세례를 받고 우리에게 청하여 이르되 만일 나를 주 믿는 자로 알거든 내 집에 들어와 유하라 하고 강권하여 머물게 하니라

[16 : 11-13] '우리 단락'이 주로 마게도냐와 그리스 지역을 비롯한 바다 항해에서 주로 나타나고 있는 것은 저자인 누가가 이 지방 사람임을 짐작하게 한다. 누가는 '우리 단락'을 통해 바울의 동행자로서의 경험을 드러내는 동시에, 이 지역에 대한 자세한 지리 및 기후 정보를 알려 준다. 특히 누가가 빌립보에 대한 자부심을 많이 보여 주고 있어서 그의 고향이 아닌가 하는 생각을 하게 만들기도 한다.

바울 일행은 드로아에서 배를 타고 사모드라게 섬을 통과하여 이튿날 빌립보의 관문인 네압볼리에 도착했다. 네압볼리에서 빌립보까지는 약 15km 정도 떨어진 가까운 거리다. 누가는 빌립보에 도착하기까지의 여정을 간단하지만 정확하게, 그리고 빨리 언급하고 지나간다. 빌립보가 중요한 목적지이기 때문이다. 누가는 빌립보를 마게도냐 지방의 '첫 성'이라고 소개한다. 그것은 옥타비아누스 황제가 이태리의 일부로 인정하여 명예롭게 했기 때문이었다. 빌립보는 다른 어떤 로마의 식민지보다 로마적이었다. 빌립보는 원로원 속주였으며 인두세와 토지세를 면제받는 특권도 누리고 있었다. 빌립보는 마게도냐를 통과하는 동서 도로인 '비아 에그나티아'(Via Egnatia) 상에 있었기 때문에 교통의 요충지였다.

바울 일행은 안식일이 되어 기도할 곳을 물색하게 되었다. 그러나 쉽게 찾지 못했던 것 같다. 그들은 빌립보 시 경계 밖에 있는 강가지 나아가게 되었다. 마땅한 곳을 찾지 못하여 강가에 이르렀다면, 그것은 시내에서 공인되지 않은 종교를 전하는 것이 허락되지 않아 어쩔 수 없이 가게 된 것이라고

보아야 할 것이다. 그러나 만약 의도적으로 강가로 나아갔다면, 그곳에서 유대인들이 모여 예배를 드린다는 것을 알고 찾아갔을 것이다. 바울은 그곳에서 모인 여자들에게 말씀을 전하였다. 남자들의 언급이 없는 것으로 보아, 바울의 전도는 아직 여러 사람들의 관심을 크게 받지 못하였음을 알 수 있다.

[16 : 14-15] 바울이 전도하고 있을 때 그의 말을 듣던 사람 중에 루디아라는 사람이 있었다. 누가는 바울이 한 지역에 전도여행을 갔을 때, 대표적인 전도의 사례를 종종 들곤 한다. 빌립보에서의 주인공은 바로 루디아였다. 루디아에 대한 소개를 보면, 그녀는 소아시아 지방에 속한 두아디라 사람으로서 자색 옷감 장사를 하는 하나님을 섬기는 사람이었다. 그 당시 여성으로서 자유롭게 여행을 하며 장사를 하였다는 것은 그녀가 개방적인 사고를 하는 진취적인 여성이었음을 보여 준다. 거기에다가 '자색 옷감'을 팔았다는 것은 귀족층을 상대로 장사한 부유한 사람이었고, 사회적으로 신분이 있는 사람이었을 가능성을 높여 준다. 자색 옷은 아무나 입을 수 없었기 때문에, 독점적으로 공급하는 별도의 장사꾼이 있었다고 한다. 그녀의 이름이 소개되고 있는 것을 보더라도 사회적 신분이 있는 사람이었음을 시사한다. 또한 그리스-로마 시대에 여성들이 사회적 진출을 통해 정치, 경제, 종교 등 여러 분야에서 중요한 역할을 하였다는 것은 공지의 사실이다.

하나님께서 그녀의 마음을 열어 바울이 하는 말을 받아들이도록 역사하였다. 그녀는 이미 '하나님을 섬기는 사람'이었다. 이를 보건대, 루디아는 유대교에 대해 깊은 관심을 가지고 있었던 경건한 이방 여인이었다고 판단된다. 이런 그녀가 바울의 말을 믿고 그녀와 그녀의 집안이 모두 세례를 받고 그리스도인이 되었다. 그리고 나서 바울 일행을 초청하여 그녀의 집에 머물도록 강권하고 있다. 고대 사회에서 이러한 초청을 거절하는 것은 큰 실례를 범하는 것이 될 뿐만 아니라, 그녀의 신앙을 인정하지 않는 것이 될 수 있었다. 바울은 관례를 따라, 그리고 그녀의 신앙을 돈독히 하고자 그녀의 집에 머물게 되었다. 바울이 이렇게 하여 빌립보에서 부유하고 영향력이 있는 여성 신도를 제자로 두게 된 것은 한 사람의 신도를 얻은 것 이상의 의미가 있다. 사실상 루디아를 통해 자유로운 예배 처소를 가지게 됨으로써 그 지역의 교회를 굳건하게 세워 갈 수 있는 전진기지를 보유하게 된 것이다.

설교를 위한 묵상 : "마음을 연 사람"(16 : 11-15)

바울이 드로아에서 환상을 보고 마게도냐로 건너오게 되었고, 마게도냐 지방의 첫 성인 빌립보에서 전도활동을 개시하게 되었다. 바울은 아는 사람도 없고 사정을 몰라 처음에는 여러 날 동안 관망만 하고 있었다. 그러다가 안식일이 되어 기도할 곳을 알아보게 되고, 아마 유대인들이 모여 예배드린다는 소문을 듣고 강가로 나가 보게 되었던 것 같다. 남자들은 만날 수 없었거나 아마 바울의 말을 들어주려고 하지 않아서, 바울은 강가에 앉아 여자들에게 전도할 수밖에 없었다. 바울은 하나님께서 환상을 통해 인도한 지역에서 환영받지 못하고 길이 열리지 않는 것을 실망스럽게 생각했을 수도 있었을 것이다.

바울은 그러한 상황에서 한 유력한 여자를 만나게 된다. 그는 자색 옷감을 파는 여자 상인이었다. 부자들을 상대로 독섬적으로 장사하는 루디아는 멀리 두아디라에서 온 타향 사람이었다. 비록 여러 지방을 다니면서 장사하는 사람이었지만, 루디아는 하나님을 섬기는 경건한 이방인이었다. 그러나 루디아는 아직 예수님을 알지 못했다. 루디아가 바울의 말을 경청하고 있을 때, 하나님께서 그의 마음을 열어 주었다. 루디아는 준비된 사람이었다. 하나님께서 예비한 사람이었다. 우리가 전도할 때 성과가 없다고 지레 실망할 필요는 없다. "나만 남았다."고 말하는 엘리야에게 하나님은 "바알에게 무릎을 꿇지 않은 칠천 명을 남겨놓았다."고 대답하지 않으셨던가! 루디아는 그의 집안사람들과 함께 모두 세례를 받고 그리스도인이 되었다. 더 나아가서 루디아는 바울에게 거처를 제공하고 전도의 전진기지로 삼을 수 있게 해 주었다. 바울에게 이것이 얼마나 큰 힘이 되었을 것인지 짐작할 수 있다. 한 사람이 마음을 열게 됨으로써 한 지역의 선교가 성공적으로 진척을 보게 된 예를 여기에서 보게 된다. 사도행전은 전도한 지역마다 대표적인 개종자를 예로 들어 소개하고 있다. 에배네도(롬 16 : 5)가 바울이 아시아에서 처음 맺은 열매라면, 루디아는 유럽 지방인 그리스에서 처음 맺은 열매였다. 루디아야말로 기독교 역사상 큰 공헌을 한 인물 중 하나였다. 오늘도 하나님은 마음을 열고 하나님의 뜻을 받아들이는 사람을 찾고 계신다.

∽

[16]우리가 기도하는 곳에 가다가 점치는 귀신 들린 여종 하나를 만나니 점으로 그 주인들에게 큰 이익을 주는 자라 [17]그가 바울과 우리를 따라와 소리 질러 이르되 이 사람들은 지극히 높은 하나님의 종으로서 구원의 길을 너희에게 전하는 자라 하며 [18]이같이 여러 날을 하는지라 바울이 심히 괴로워하여 돌이켜 그 귀신에게 이르되 예수 그리스도의 이름으로 내가 네게 명하노니 그에게서 나오라 하니 귀신이 즉시 나오니라

[16 : 16-18] 바울은 빌립보에 상당한 기간을 머물렀던 것 같다. 바울은 전도활동을 하다가 마침 기도하는 장소로 이동 중이었다. 아마 안식일이었는지도 모른다. 여기에서 기도하는 장소는 루디아의 집이었을 가능성이 높다. 바울 일행이 길을 가다가 귀신 들린 여자를 만나게 되었다. 이 여자는 점을 치는 여자 노예였다. 이 여자의 점은 효험이 있는 것으로 알려져 많은 사람들이 찾았던 것 같다. 그녀는 점으로 그녀의 '주인들'에게 많은 경제적 이익을 가져다주었다. 여러 '주인들'이 언급된 것을 보면 그녀의 쓸모 때문에 그녀를 공동으로 소유하려는 사람들이 많았음을 알 수 있다.

그녀가 바울 일행을 따라와서 소리를 지르며 "이 사람들은 지극히 높은 하나님의 종으로서 구원의 길을 너희에게 전하는 자라."고 하였다. 귀신이 바울 일행의 정체를 폭로하고 있다. 이러한 현상은 성경에 종종 나타나기도 한

다(눅 8 : 28 참조). 그 당시 이방인들은 '지극히 높은 하나님'이라는 말을 들을 때, 유대교나 기독교의 유일신 하나님을 떠올리지 않았을 수도 있다. 왜냐하면 이방 종교에서도 최고신을 '지극히 높은 신'으로 불렀기 때문이다. 또한 '구원'이라는 말도 병에서 치유되는 것으로 받아들일 수 있었다. 그러나 어떠한 의미로 그런 말을 하였든지 간에, 누가의 독자들은 이것을 유일신 하나님과 영적인 의미의 구원으로 이해했을 것이다. 왜냐하면 사도행전은 믿는 사람들을 대상으로 기록하였기 때문이다.

바울은 귀신 들린 여자가 여러 날을 계속하여 소리를 지르는 것 때문에 괴로움을 많이 겪었다. 그녀의 말이 사실이긴 하지만 거짓된 영에 의해 증언하는 말이었기 때문이다. 그리고 그러한 말을 하는 것이 그녀가 아니라 그녀를 사로잡고 있는 귀신이었기 때문이다. 그래서 바울은 그 여자를 보면서 귀신에게 "예수 그리스도의 이름으로 내가 네게 명하노니 그에게서 나오라!"고 소리쳤다. 그러자 귀신이 즉시 그 여자에게서 나오는 놀라운 일이 발생하였다. 예수 그리스도의 이름이 능력이요 권세였다(3 : 6 참조).

[19]여종의 주인들은 자기 수익의 소망이 끊어진 것을 보고 바울과 실라를 붙잡아 장터로 관리들에게 끌어갔다가 [20]상관들 앞에 데리고 가서 말하되 이 사람들이 유대인인데 우리 성을 심히 요란하게 하여 [21]로마 사람인 우리가 받지도 못하고 행하지도 못할 풍속을 전한다 하거늘 [22]무리가 일제히 일어나 고발하니 상관들이 옷을 찢어 벗기고 매로 치라 하여 [23]많이 친 후에 옥에 가두고 간수에게 명하여 든든히 지키라 하니 [24]그가 이러한 명령을 받아 그들을 깊은 옥에 가두고 그 발을 차꼬에 든든히 채웠더니 [25]한밤중에 바울과 실라가 기도하고 하나님을 찬송하매 죄수들이 듣더라 [26]이에 갑자기 큰 지진이 나서 옥터가 움직이고 문이 곧 다 열리며 모든 사람의 매인 것이 다 벗어진지라 [27]간수가 자다가 깨어 옥문들이 열린 것을 보고 죄수들이 도망한 줄 생각하고 칼을 빼어 자결하려 하거늘 [28]바울이 크게 소리 질러 이르되 네 몸을 상하지 말

라 우리가 다 여기 있노라 하니 ²⁹간수가 등불을 달라고 하며 뛰어 들어가 무서워 떨며 바울과 실라 앞에 엎드리고 ³⁰그들을 데리고 나가 이르되 선생들이여 내가 어떻게 하여야 구원을 받으리이까 하거늘 ³¹이르되 주 예수를 믿으라 그리하면 너와 네 집이 구원을 받으리라 하고 ³²주의 말씀을 그 사람과 그 집에 있는 모든 사람에게 전하더라 ³³그 밤 그 시각에 간수가 그들을 데려다가 그 맞은 자리를 씻어 주고 자기와 그 온 가족이 다 세례를 받은 후 ³⁴그들을 데리고 자기 집에 올라가서 음식을 차려 주고 그와 온 집안이 하나님을 믿으므로 크게 기뻐하니라

[16 : 19-25] 여종의 주인들은 바울의 놀라운 기적에도 불구하고 도전을 받기는커녕 자기들의 수익이 끊어진 것 때문에 바울과 실라를 붙잡아 장터로 데리고 갔다. 여기에서 장터는 '아고라'(agora) 광장을 가리킨다. 아고라에는 민사 사건을 재판할 수 있는 곳도 마련되어 있었다. 주인들은 바울과 실라를 붙잡아 관리들에게 넘기고, 관리들은 재판을 맡은 상관들에게 넘겨 사건을 다루도록 조치하고 있다.

고발의 내용은 두 가지였다. 하나는 유대인으로서 성을 혼란하게 한다는 것과, 또 하나는 로마인에게 적합하지 않은 새로운 풍속을 전파한다는 것이었다. 이것은 유대인들에 대한 일반적인 혐오감에 호소하면서 로마인들의 자긍심을 자극하는 감정적인 요소를 다분히 포함하고 있다. 또한 유대인들이 소요를 일으킬 수도 있다는 경계심을 자극하는 수법도 사용하고 있다.

이에 무리가 일제히 벌 떼같이 일어나 동조하자, 법 집행을 맡은 상관들이 "옷을 찢어 벗기고 매로 치라!"는 판결을 내린다. 바울의 입장을 들어보지 않고 변명할 기회를 빼앗고 있다. 로마법에서는 가벼운 죄에 대하여 매로 치는 것이 상례였다. 이렇게 함으로써 바울의 활동을 제한하고 무리의 흥분을 가라앉힐 수 있다고 판단했기 때문인 듯하다. 매로 많이 친 후(살전 2 : 2 ; 고후 11 : 24-25 참고) 옥에 가두게 하고 간수에게 단단히 지키도록 명을 내리

고 있다. 이러한 조치는 로마인이 아닌 외국인들에게는 흔히 있는 일이었다. 그래서 바울과 실라는 깊은 감옥에 갇히게 되고 발을 차꼬에 채워 꼼짝할 수 없게 되었다. 바울과 실라는 매를 맞고 옥에 갇히는 억울한 일을 당하였지만, 기도하고 찬송하며 밤을 지새고 있었다.

[16 : 26-32] 그런데 한밤중에 갑자기 큰 지진이 일어났다. 그 지진은 옥 터가 움직이고 문이 다 열릴 만큼 강력한 것이었다. 그뿐만이 아니었다. 차꼬에 매인 모든 죄수의 발이 다 풀린 것이다. 간수는 한밤중이라 잠에 빠져 있었다. 모든 조치를 다 취해 놓은 상태라고 생각하여 선잠이 들었을 수 있다. 간수가 깨어나 옥문이 열린 것을 보고 죄수들이 다 도망한 줄 착각하여 칼을 빼어 자결하려고 하였다. 그 당시 죄수를 잘 지키지 못하면 간수의 목숨을 내놓아야 하는 법이 있었다.

바울과 실라가 긴급히 제지함으로써 자결하지 못하도록 하였다. 간수도 그들이 도망하지 않은 것을 알게 되었다. 바울과 실라를 제외한 다른 죄수들이 탈출할 호기를 이용하지 않고 그대로 남아 있었다는 것도 놀라운 일이다. 아마 지진으로 인한 충격에서 헤어 나오지 못한 상태에 있었던 것 같다. 간수는 이 지진을 단순하게 자연 재해로 생각하지 않고 하나님의 역사로 이해했던 것으로 보인다. 무서워 떨며 바울과 실라 앞에 무릎을 꿇고 엎드리며, 어떻게 해야 구원을 얻을 수 있는지 묻고 있기 때문이다. 여기에서 간수는 구원(=구출)을 받아야 할 사람인 바울과 실라에게 오히려 구원을 받을 수 있는 길을 묻고 있다. 이에 바울은 다른 차원의 구원을 선포한다. "주 예수를 믿으라."는 것이었다. 그렇게 되면 "너와 네 집이 구원을 받으리라."고 약속하고 있다. 바울은 주의 구원을 사모하는 간수와 그 집 사람들에게 복음을 전파할 기회를 얻게 되었다.

[16 : 33-34] 간수의 집이 감옥에서 멀지 않은 곳에 있었던 것 같다. '그 밤 그

시각에' 간수가 바울과 실라를 데려다가 맞은 자리를 씻어 주고 자기와 온 가족이 다 세례를 받았다. 간수는 바울과 실라를 물로 육체적인 상처를 씻어 주었지만, 바울과 실라는 간수와 그의 집안사람들을 물로 세례를 주어 영적인 구원을 얻게 하였다. 세례 후 바울과 실라를 집으로 데리고 가 음식을 대접하면서 하나님을 믿게 된 것을 크게 기뻐하였다. 세례와 기쁨은 그리스도인이 된 표지다(8 : 8, 13 ; 10 : 48 ; 19 : 5-6 참조).

> [35]날이 새매 상관들이 부하를 보내어 이 사람들을 놓으라 하니 [36]간수가 그 말대로 바울에게 말하되 상관들이 사람을 보내어 너희를 놓으라 하였으니 이제는 나가서 평안히 가라 하거늘 [37]바울이 이르되 로마 사람인 우리를 죄도 정하지 아니하고 공중 앞에서 때리고 옥에 가두었다가 이제는 가만히 내보내고자 하느냐 아니라 그들이 친히 와서 우리를 데리고 나가야 하리라 한대 [38]부하들이 이 말을 상관들에게 보고하니 그들이 로마 사람이라 하는 말을 듣고 두려워하여 [39]와서 권하여 데리고 나가 그 성에서 떠나기를 청하니 [40]두 사람이 옥에서 나와 루디아의 집에 들어가서 형제들을 만나 보고 위로하고 가니라

[16 : 35-40] 날이 새자 상관들이 부하를 보내어 바울과 실라를 방면하도록 조치하였다. 원래 큰 죄가 아니라는 것을 알고 있었다는 것을 말해 주고 있다. 무리의 흥분을 진정시키고 바울 일행을 떠나도록 하면 사태가 해결될 것이라고 생각하였던 듯하다. 바울은 그제서야 그와 실라가 로마 시민권을 가진 사람인 것을 밝히면서 로마인에게 부당한 짓을 한 것에 대해 항의하고 있다. 정식 재판의 절차도 거치지 않고 매로 치고 구금한 것은 로마인에게 있을 수 없는 일이었다. 상관들은 그들이 로마 시민권자라는 말을 전해 듣고 두려워하여 찾아왔다. 지방 관리가 로마 시민을 부당하게 대하는 것은 자신에게 큰 책임으로 돌아올 수 있는 일이었기 때문이다. 그래서 사정하여 빌립보 성에

서 떠나 주기를 정중히 부탁하고 있다. 두 사람은 옥에서 나온 후 바로 떠나지 않고 루디아의 집에 가서 형제들을 위로한 후에 다음 행선지인 데살로니가로 향하였다.

그렇다면 왜 바울과 실라는 그들이 로마의 시민권자라는 사실을 처음부터 밝히지 않았던 것일까? 그랬다면 부당하게 매를 맞거나 감옥에 갇히는 일은 애초에 없었을 것이 아닌가? 바울은 아마 로마 시민권을 가졌다는 것을 과시하여 개인적인 혜택을 보는 것보다 그것이 복음을 전하는 데 유익한가를 우선적으로 고려한 듯하다. 혹시라도 먼저 로마 시민권을 내세우게 되면 복음을 진실하게 대하지 않을 수 있음을 우려하였을 것이다. 그리고 더 나아가서 로마 시민권을 가지지 못한 많은 다른 그리스도인들과 위화감을 조성할 수 있음도 걱정했을 수 있다. 바울은 다른 그리스도인들이 시민권이 없어서 박해를 받는 것을 보면서 자신만 안전하게 보호받는 길은 택하지 않을 사람이었다. 그에게는 로마 시민권자보다 그리스도인으로서의 정체성이 더 중요하였다.

5. 데살로니가에서의 전도활동(17 : 1-9)

[1]그들이 암비볼리와 아볼로니아로 다녀가 데살로니가에 이르니 거기 유대인의 회당이 있는지라 [2]바울이 자기의 관례대로 그들에게로 들어가서 세 안식일에 성경을 가지고 강론하며 [3]뜻을 풀어 그리스도가 해를 받고 죽은 자 가운데서 다시 살아나야 할 것을 증언하고 이르되 내가 너희에게 전하는 이 예수가 곧 그리스도라 하니 [4]그중의 어떤 사람 곧 경건한 헬라인의 큰 무리와 적지 않은 귀부인도 권함을 받고 바울과 실라를 따르나 [5]그러나 유대인들은 시기하여 저자의 어떤 불량한 사람들을 데리고 떼를 지어 성을 소동하게 하여 야손의 집에 침입하여 그들을 백성에게 끌어내려고 찾았으나 [6]발견하지 못하매 야손과 몇 형제들을 끌고 읍장들 앞에 가서 소리 질러 이르되 천하를 어지

럽게 하던 이 사람들이 여기도 이르매 ⁷야손이 그들을 맞아들였도다 이 사람들이 다 가이사의 명을 거역하여 말하되 다른 임금 곧 예수라 하는 이가 있다 하더이다 하니 ⁸무리와 읍장들이 이 말을 듣고 소동하여 ⁹야손과 그 나머지 사람들에게 보석금을 받고 놓아 주니라

[17 : 1-4] 바울 일행은 박해를 받고 빌립보를 떠나 데살로니가로 향하였다. 그 도중에 암비볼리와 아볼로니아를 통과하였다. 빌립보에서 데살로니가까지 약 160km가 되는 거리여서 하루에 가기는 어려웠을 것이고, 암비볼리와 아볼로니아에서 하룻밤씩 머물고 삼 일째 당도했을 가능성이 있다. 데살로니가는 마게도냐의 수도로서 중요한 도시였다. 데살로니가는 옥타비아누스 황제에 의해 주전 42년 자유도시가 된 후 식민지로 전락하지 않았다. 그래서 로마 황제를 은인으로 생각하고 충성을 바쳤다.

　바울은 그의 선교 방식을 따라 먼저 유대인의 회당을 찾았다. 3주 동안 안식일에 회당에서 성경을 강론하였는데, 구약성경을 풀어 예수 그리스도에 대한 예언으로 해석하였다. 구약성경에 그리스도는 고난을 받고 죽었다가 다시 살아난다고 증언하고 있는데, 이 예수가 바로 구약에서 예언한 그리스도라고 해석한 것이다. 이러한 강론은 논쟁을 불러오기에 충분한 것이었다. 그래서 청중 가운데 어떤 이들은 받아들였고 어떤 이들은 반대하였다. 받아들인 사람들은 경건한 헬라인들의 큰 무리와 적지 않은 귀부인들이었다. 믿음을 가지게 된 헬라인과 귀부인들은 모두 이방인들로 볼 수 있는데, 이들이 회당에 들어와 바울의 강론을 들은 것을 보면 그들이 '하나님을 경외하는 사람들'(God-fearers)이었음을 알 수 있다. 경건한 이방인들 가운데 이렇게 열린 마음을 가지고 복음을 받아들인 사람들이 있었다.

[17 : 5-9] 그러나 유대인들은 바울의 말을 믿지 않았고, 오히려 이방인들이 믿는 것을 보고 시기심이 일어나서 바울을 박해하였다. 유대인들은 아고라로

가서 거기에서 불량한 사람들, 아마도 노동 시장에 나와서 빈둥거리고 있는 노동자들을 부추겨서 소동을 벌였다. 유대인들이 문제에 접근하는 방식을 보면, 자기들의 마음에 맞지 않으면 사람들을 선동하여 소동을 일으키는 식이다. 누가는 유대인들이 불량한 사람들을 동원한 것으로 묘사함으로써, 바울이 전하는 복음이 옳다는 것을 반증해 주는 효과를 보여 준다.

유대인들은 바울을 색출하려고 바울이 체류하고 있다고 생각한 야손이라는 사람의 집에 침입하였다. 바울 일행을 백성들 앞에 끌어내어 군중심리에 호소하는 재판을 벌이겠다는 속셈이었다. 바울 일행을 발견하지 못하자, 대신에 야손과 몇 명의 믿음의 형제들을 끌고 가서 읍장들 앞에 세웠다. 야손에 대한 정보는 없지만, 바울에게 자신의 집을 제공하여 모임을 가질 수 있게 한 인물이었다. 여기에서 '읍장'은 데살로니가 시의 관리로서 아고라 재판정에서 판결을 내릴 수 있는 공회원이었다.

유대인들이 고발하는 내용은 두 가지다. 하나는 천하를 어지럽게 하던 순회 전도자들이 데살로니가에 와서 똑같은 일을 한다는 것이고, 다른 하나는 로마 황제(=가이사) 대신에 다른 왕 예수를 섬긴다는 것이다(살전 1 : 9 참조). 특히 두 번째 혐의는 왕권이 바뀌는 것 등을 예언하지 못하게 한 가이사의 칙령을 어기는 것이라고 비난하였다. 이 두 가지 혐의는 모두 다 정치적인 성격을 가지고 있다. 유대인들은 바울 일행이 소동을 일으킬 수 있는 위험한 인물들이라는 점과, 로마 황제를 섬기지 않고 다른 왕인 예수라는 사람에게 충성을 바치고 있다는 점을 부각시키려고 노력하고 있다. 이러한 비난은 내용의 진위 여부를 가려보기 전에 그 내용이 함유하고 있는 정치적인 색채 때문에 감정적으로 처리될 공산이 컸다. 유대인들은 바로 이러한 점을 노린 것이다. 유대인들과 그들이 동원한 불량배가 이러한 고발 내용을 말하자 읍장들(=공회원들)도 맞장구를 치며 소란을 피웠다. 그리고 야손 일행에게 보석금을 내라는 판결을 부과하였다. 그들은 제대로 재판을 받아보지도 못했고, 풀려나기 위해서는 보석금을 내지 않을 수 없었다.

6. 베뢰아에서의 전도활동(17 : 10-15)

¹⁰밤에 형제들이 곧 바울과 실라를 베뢰아로 보내니 그들이 이르러 유대인의 회당에 들어가니라 ¹¹베뢰아에 있는 사람들은 데살로니가에 있는 사람들보다 더 너그러워서 간절한 마음으로 말씀을 받고 이것이 그러한가 하여 날마다 성경을 상고하므로 ¹²그중에 믿는 사람이 많고 또 헬라의 귀부인과 남자가 적지 아니하나 ¹³데살로니가에 있는 유대인들은 바울이 하나님의 말씀을 베뢰아에서도 전하는 줄을 알고 거기도 가서 무리를 움직여 소동하게 하거늘 ¹⁴형제들이 곧 바울을 내보내어 바다까지 가게 하되 실라와 디모데는 아직 거기 머물더라 ¹⁵바울을 인도하는 사람들이 그를 데리고 아덴까지 이르러 그에게서 실라와 디모데를 자기에게로 속히 오게 하라는 명령을 받고 떠나니라

[17 : 10-12] 바울은 박해를 받으면 다른 곳으로 가서 복음을 전했다. 이것은 현실적으로 어쩔 수 없는 선택이었지만, 또한 하나님의 인도로 받아들였다. 데살로니가에서 유대인의 박해를 받자 그곳 믿음의 형제들이 밤중에 사람들의 눈을 피하여 80km 정도 떨어진 베뢰아로 피신을 시켰다. 그런데 바울 일행의 명단에 디모데는 계속 빠져 있고 실라만 등장한다. 이것은 아마 디모데가 아직 지도자로서 인정받지 못한 측면이 있고, 유대인들의 칭찬을 받는 사람이어서(16 : 2) 박해 대상에서 제외되었기 때문이라고 생각된다. 바울 일행은 베뢰아에 도착해서도 유대인의 회당을 먼저 찾고 있다. 방금 유대인들의 박해를 받고 베뢰아로 쫓겨 왔음에도 불구하고 유대인을 기피하지 않고 있다. 그것은 모든 유대인들이 다 바울을 반대하고 박해한 것은 아니었기 때문이다.

실제로 베뢰아의 유대인들은 데살로니가의 유대인들과 달랐다. 베뢰아에 있는 사람들은 데살로니가 사람들보다 더 너그러웠다. 여기에서 '너그럽다'는 것은 성품이 고상하다는 것을 의미한다. 그들은 마음이 더 부드럽고 개방적이었다. 다른 사람들을 배려할 줄 알고 남의 말을 들어주는 태도를 가졌던

것 같다. 바울의 말을 간절하게 받아들였고 성경을 더 깊이 고찰해 보고자 하였다. 그 결과 많은 유대인들이 믿게 되었고, 헬라의 귀부인과 남자들도 적지 않게 믿음을 가지게 되었다. 유대인들과 이방인들이 함께 믿었다는 것이 중요하다.

[17 : 13-15] 이러한 소문을 들은 데살로니가에 있는 유대인들이 베뢰아까지 와서 데살로니가에서 한 행동과 똑같은 행동을 하였다. 무리를 선동하여 바울 일행을 박해한 것이다. 데살로니가 유대인들의 등살에 베뢰아의 믿음의 형제들은 급한 나머지 먼저 바울을 빨리 바다까지 인도하여 아덴으로 피신시켰다. 바울이 그들의 목표였기 때문이다.

실라와 디모데(16 : 2 이후 오랜만에 등장하고 있다.)는 아직 베뢰아에 머물러 있었다. 바울은 아덴에 도착하고 난 후, 그를 인도했던 사람들에게 실라와 디모데를 아덴으로 보내 줄 것을 부탁하고 있다. 그러나 실라와 디모데는 바울을 아덴에서 만나지 못하고 고린도에서 다시 만나게 된다(18 : 5 ; 살전 3 : 6 참조).

설교를 위한 묵상 : "너그러운 마음"(17 : 10-15)

바울의 선교 여정은 험난하기 그지없었다. 데살로니가에서의 전도활동도 순탄하지 못했다. 유대인들이 바울 일행을 시기하여 그들이 천하를 어지럽히며 예수를 주권자라고 선동한다며 박해하였다. 바울과 실라는 하는 수 없이 80km나 떨어진 베뢰아로 밤에 피신을 갈 수밖에 없었다. 어디에 가도 마음 편하게 전도하며 지낼 수 없었던 바울을 생각해 보면 그 처지가 처량하기까지 하다.

본문에서는 데살로니가의 유대인들과 베뢰아의 유대인들을 비교해 주고 있다. 데살로니가의 유대인들이 바울을 시기하고 박해했다면, 베뢰아의 유대인들은 바울의 복음에 대해 마음이 너그럽고 간절하였다. 데살로니가의 유대인들이 마음이 좁고 시기심에 불탔다면, 베뢰아의 유대인들은 마음이 개방적이고 부드러웠다. 데살로니가의 유대인들이 그들의 전통적 해석에 따라 성경을 무비판적으로 받아들였다면, 베뢰아의 유대인들은 자신들의 생각과 판단대로 날마다 열심히 공부하였다. 그 결과 데살로니가의 유대인들 중에 믿게 된 사람들이 적었던 반면에, 베뢰아의 유대인들 중에는 믿는 사람들이 많이 나오게 되었다.

우리가 인생을 살아나가는 데 있어서 태도가 중요하다. 성공하기 위해서는 태도가 가장 중요하다고 말하는 사람들도 있다. "할 수 있다고 생각하는 것은 태도이며, 실제로 해내는 것은 실력이다. 성공을 위해서는 태도와 실력이 모두 필요하다. 그중 하나를 꼽으라면 태도다. 태도가 좋으면 언젠가 실력도 좋아질 수 있기 때문이다." 그렇다. 태도는 모든 것의 기본이 된다. 개방적이고 긍정적인 태도를 가진 사람은 그렇지 않은 사람에 비해서 훨씬 유연성이 높고 성공할 가능성이 많다. 일반적인 삶에 있어서만 그런 것은 아니다. 신앙생활에 있어서도 너그러운 마음의 태도는 중요하다. 그만큼 마음을 열어 놓고 하나님과 세상을 대하게 만들기 때문이다.

7. 아덴에서의 전도활동(17 : 16-34)

[16]바울이 아덴에서 그들을 기다리다가 그 성에 우상이 가득한 것을 보고 마음에 격분하여 [17]회당에서는 유대인과 경건한 사람들과 또 장터에서는 날마다 만나는 사람들과 변론하니 [18]어떤 에피쿠로스와 스토아 철학자들도 바울과 쟁론할새 어떤 사람은 이르되 이 말쟁이가 무슨 말을 하고자 하느냐 하고 어떤 사람은 이르되 이방 신들을 전하는 사람인가보다 하니 이는 바울이 예수와 부활을 전하기 때문이러라 [19]그를 붙들어 아레오바고로 가며 말하기를 네가 말하는 이 새로운 가르침이 무엇인지 우리가 알 수 있겠느냐 [20]네가 어떤 이상한 것을 우리 귀에 들려주니 그 무슨 뜻인지 알고자 하노라 하니 [21]모든 아덴 사람과 거기서 나그네 된 외국인들이 가장 새로운 것을 말하고 듣는 것

이외에는 달리 시간을 쓰지 않음이더라

[17 : 16-18] 바울은 아덴(=아테네)에 도착해서 실라와 디모데가 속히 오기를 기다리고 있었다. 그러는 동안 아덴의 거리를 돌아보는 기회를 많이 가지게 되었다. 아덴의 거리에는 신들과 황제들의 전신상이나 반신상 등 여러 조각품들이 넘쳐나고 있었다. 바울은 이러한 조각품들을 우상으로 보았다. 그래서 우상을 섬기는 아덴 사람들에 대하여 격분하게 된 것이다. 바울은 만나는 사람들과 그가 생각하는 바를 가지고 변론하였다. 회당에서는 유대인들, 그리고 하나님을 경외하는 이방인들과 변론을 하였고, 아고라 장터에서는 여러 이방인들과 날마다 변론하면서 시간을 보냈다.

아고라에서 바울은 에피쿠로스 철학자들(Epicureans)과 스토아 철학자들(Stoics)을 만났다. 아고라는 새로운 사상과 철학을 가진 사람들이 만나서 변론하기에 좋은 장소였다. 바울이 말하는 기독교도 사람들이 보기에는 "새로운 가르침"(19절)으로 비쳐졌다. 에피쿠로스 철학은 마음의 평정을 최고의 가치로 삼는 철학이었다. 그래서 열정이나 미신적 공포로부터 자유롭게 되기를 원했다. 스토아 철학은 합리적인 보편 원리를 추구하였기 때문에 본성에 충실한 삶을 원했다. 자율과 시민으로서의 의무를 중요시했다. 누가는 바울을 이러한 당대의 철학과 대등하게 겨룰 수 있는 지성을 갖추고 있는 인물로 그리고자 하였다.

아덴 사람들에게는 바울은 말 잘하는 말쟁이로 보였다. 그가 말하는 내용은 그들에게 새로운 것이었다. 그래서 어떤 사람들은 바울이 이방 신들에 관해 말하는 것으로 받아들였다. 이는 바울이 '예수와 부활'('예수의 부활'이 아니라)을 전하였기 때문이다. 그들은 '부활'(헬, '아나스타시스'; 라틴어, '아나스타시아')을 여성신의 이름으로 생각했던 것 같다. 로마 사람들에게는 죽은 자의 부활이 생소하였기 때문에, 부활을 개념이나 사건이 아닌 인격이나 이름으로 생각했을 가능성이 크다. 여기에서 '이방 (신들)'이라고 한 것은 '이상한/외국의/별난 (신들)'을 의미한다. 아덴 사람들이 바울이 전하는 신을 이상하게 본 것에는 폄하하는 뜻이 담겨 있었다. 또한 이상한 신을 전하는 것은 위험한 일이기도 하였다. 이상한 사상을 전한다고 해서 소크라테스도 죽음을 당하였다. 바울의 복음 전도는 소크라테스의 그것과 비견될 수 있는 사상으로 비쳐지면서 동시에 위험에도 빠지게 되었다.

[17 : 19-21] 아덴 사람들은 바울(그는 아직 혼자다.)을 붙들고 아레오바고로 갔다. 아레오바고는 마르스 신의 언덕이 있는 장소를 뜻하기도 하고 재판을 받는 공회를 의미하기도 한다. 무슨 문제가 생기면 아레오바고에 가서 심문을 하고 판결을 받아야 했다. 아덴 사람들이 바울을 붙들고 간 것은 이러한 목적에서였을 것이다. 그들은 바울의 이상하고 새로운 가르침을 알고 싶어했다. 아덴은 원래 학문적 중심지로서 명성이 높았다. 그리고 아덴 사람들은 새로운 것이면 무엇이든지 듣고 싶어했다. 아덴 사람들은 귀를 즐겁게 하는 것이면 어느 것에나 귀를 기울일 준비가 되어 있었다. 그러나 그들은 올바른 것보다는 새로운 것에만 관심을 기울일 뿐이었다.

> [22]바울이 아레오바고 가운데 서서 말하되 아덴 사람들아 너희를 보니 범사에 종교심이 많도다 [23]내가 두루 다니며 너희가 위하는 것들을 보다가 알지 못하는 신에게라고 새긴 단도 보았으니 그런즉 너희가 알지 못하고 위하는 그것을 내가 너희에게 알게 하리라 [24]우주와 그 가운데 있는 만물을 지으신 하나님께서는 천지의 주재시니 손으로 지은 전에 계시지 아니하시고 [25]또 무엇이 부족한 것처럼 사람의 손으로 섬김을 받으시는 것이 아니니 이는 만민에게 생명과 호흡과 만물을 친히 주시는 이심이라 [26]인류의 모든 족속을 한 혈통으로 만드사 온 땅에 살게 하시고 그들의 연대를 정하시며 거주의 경계를 한정하셨으니 [27]이는 사람으로 혹 하나님을 더듬어 찾아 발견하게 하려 하심이로되 그는 우리 각 사람에게서 멀리 계시지 아니하도다 [28]우리가 그를 힘입어

살며 기동하며 존재하느니라 너희 시인 중 어떤 사람들의 말과 같이 우리가 그의 소생이라 하니 [29]이와 같이 하나님의 소생이 되었은즉 하나님을 금이나 은이나 돌에다 사람의 기술과 고안으로 새긴 것들과 같이 여길 것이 아니니라 [30]알지 못하던 시대에는 하나님이 간과하셨거니와 이제는 어디든지 사람에게 다 명하사 회개하라 하셨으니 [31]이는 정하신 사람으로 하여금 천하를 공의로 심판할 날을 작정하시고 이에 그를 죽은 자 가운데서 다시 살리신 것으로 모든 사람에게 믿을 만한 증거를 주셨음이라 하니라

[17 : 22-23] 바울은 이제 그 유명한 아레오바고 설교를 시작하고 있다. 그가 아레오바고 '가운데' 섰다고 하는 것은 공회 앞에서 심문을 받는 것을 연상하게 한다. 바울은 아덴 사람들을 정중히 부르면서 분위기를 형성하고 난 뒤, 그들의 종교심이 많다는 것에서부터 실마리를 풀어 나가고 있다. 바울 설교의 초반 초점은 '알지 못하는 신'에게 모아지고 있다. 바울의 설교는 사뭇 공격적이다. 바울은 두루 다니며 많은 신들을 보았다고 하면서 그중에 알지 못하는 신이라고 새긴 단도 보았다고 청중을 자극한다. 그렇게 많은 신을 섬기면서 알지 못하는 신도 섬기느냐는 말은 조롱과 같이 들린다. 바울은 그들에게 알지 못하는 신을 알려 주겠다고 선언한다.

[17 : 24-29] 바울이 아덴 사람들의 '알지 못하는 신'을 대신하여 설명하고 있는 분은 유일신 하나님이다. 고고학적 발견에 의하면, 아덴에는 '알지 못하는 신들의 제단'이 있었다고 한다. 여기에서 복수를 단수로 바꾼 것은 유일신 하나님을 강조하기 위한 의도였을 것으로 본다. 그런데 여기에서 바울은 헬라 철학의 용어와 개념을 사용하여 유일신 하나님을 설명하려고 한다. 그러나 이것은 로마 사람들에게 결국 난관을 제공하게 된다. 왜냐하면 로마 사람들은 근본적으로 많은 신들을 섬겼기 때문이다.

바울은 하나님을 소개하면서 두 가지 내용을 강조한다. 첫째로, 하나님은

만물의 창조주임을 강조한다. 둘째로, 하나님은 사람의 손으로 지은 전에 계시지 않음을 강조한다. 이러한 사상은 유대 사람들만 가진 것이 아니었다. 비록 인격적이고 유일하신 하나님은 아니었지만, 이방인들도 이와 비슷한 생각을 가지고 있었다.

또한 하나님(신)이 생명과 호흡과 만물을 주시는 분이라는 생각은 에피쿠로스 철학자나 스토아 철학자들도 가지고 있었다. 이러한 점들을 볼 때, 누가는 헬라적인 개념을 기독교적 문맥에 활용하여 하나님을 설명하고 있음을 알 수 있다. 가히 이방인들을 대상으로 표준적인 설교를 하고 있다고 말할 수 있다.

바울은 스토아 학파와 마찬가지로 인류가 한 혈통으로부터 왔음을 말한다. 사도행전의 자매편을 쓴 누가는 복음서에서 예수의 족보를 아담까지 올라감으로써(눅 3 : 38) 이를 확인해 주고 있다. 한 혈통으로부터 시작된 인류가 지금은 하나님의 섭리로 시간(연대)과 장소(거주의 경계 ; 신 32 : 8 참조)를 달리하여 온 땅에 흩어져 살게 되었다. 이렇게 하신 목적은 결국 하나님을 더듬어 찾아 발견하게 하시려는 것이었다. 그렇다고 해서 이방인들이 하나님을 자연 세계 속에서 찾을 수 있다고 한 것은 아니다(롬 1 : 19-23 참조). 실제로 아덴 사람들이 '더듬어 찾은 것'은 결국 우상뿐이지 않았는가! 바울은 여기에서 다만 하나님은 우리 인류와 멀리 계시지 않는다고 말할 뿐이다. 그것에 대한 해답은 설교의 결론(30-31절)에 가서야 분명하게 알 수 있다. 여기에서는 다만 바울이 이방인들에게 하나님을 만날 가능성에 대해 열어 놓고 있다. 흩어져 살고 있는 모든 인류가 이제 다시 하나가 될 수 있다는 점을 말하려고 한다.

바울은 모든 사람들이 살아가고 있는 것은 하나님을 힘입기 때문에 가능하다고 말한다. 이것은 당대의 시인이었던 아라투스(Aratus)가 "우리는 그의 소생이다."라고 쓴 시구에 나타나 있다고 바울은 인용하고 있다. 아라투스는 바울의 고향인 길리기아 사람이었기 때문에 바울이 잘 알고 있었을 것이다.

그렇기 때문에, 바울은 우리가 '하나님의 소생/가족'이라면, 하나님을 손으로 만든 우상과 같이 여기는 것은 부당하다고 주장한다. 하나님이 우리를 창조한 것이지 우리 인간이 하나님을 창조하는 것이 아니며, 하나님이 그의 형상대로 우리를 창조한 것이지 우리 인간이 우리의 형상대로 하나님을 창조하는 것이 아니기 때문이다. 그런데도 우상을 만들어 섬긴다면 그것은 잘못된 것이다.

[17 : 30-31] 이제 결론에 다다르게 되었다. 22~29절까지의 설교가 헬라적인 개념과 용어로 하나님을 설명한 것이라면, 30~31절에서는 비로소 기독교적인 요소가 강하게 개입되어 있다. 그렇다고 해서 앞부분의 설교가 불필요하거나 부가적이라는 의미는 아니다. 바울은 아덴 사람들이 하나님에 대한 지식을 가지고 있으며, 결국 그 지식으로 하나님을 알게 될 것이라고 말하지 않는다. 또는 스토아 철학자들처럼 한때는 하나님에 대한 지식을 가지고 있었는데 지금은 그것을 잃어버렸다고 말하지도 않는다. 그들이 구원을 얻으려면 헬라적인 지식에 부가적인 지식을 더하는 것이 아니라 새로운 지식, 즉 그리스도에 대한 믿음을 가지지 않으면 안 된다.

바울은 '알지 못하던 시대'에는 하나님께서 책임을 묻지 않으시지만, 이제는 회개하지 않으면 안 된다고 정색하며 말한다. 이는 하나님이 정하신 사람인 예수 그리스도의 부활로 인하여 심판이 있을 것이기 때문이다. 심판이 있을 것이기 때문에 회개하지 않으면 안 된다는 것이다. 그리고 그 심판은 예수 그리스도의 부활로 말미암아 근거를 갖게 되었다. 부활 사상은 아덴 사람들에게 받아들이기 어려웠을 것이다. 왜냐하면 그들은 "죽은 후에는 부활이 없다."라는 아폴로의 가르침을 알고 있었기 때문이다.

바울의 설교는 다른 설교와 달리 서술형으로 끝나고 있다. 사도행전에서 모든 설교는 직접적인 회개를 촉구하는 명령형을 동반하는 것이 보통이다. 그런데 아레오바고 설교에서는 회개하라는 호소가 간접적으로 서술되어 있다. 이는 바울의 설교가 법적인 증언의 성격을 가지고 있었기 때문일 것이다.

그렇지만 회개를 촉구하는 의미가 강조되고 있는 것만큼은 분명하다.

> ³²그들이 죽은 자의 부활을 듣고 어떤 사람은 조롱도 하고 어떤 사람은 이 일에 대하여 네 말을 다시 듣겠다 하니 ³³이에 바울이 그들 가운데서 떠나매 ³⁴몇 사람이 그를 가까이하여 믿으니 그중에는 아레오바고 관리 디오누시오와 다마리라 하는 여자와 또 다른 사람들도 있었더라

[17 : 32-34] 바울의 아레오바고 설교는 흔히 생각하는 것처럼 실패한 설교가 아니다. 사람들은 바울이 아덴에서의 실패를 교훈 삼아 고린도에서는 십자가만을 전하는 설교로 바뀌게 되었다고 말하기도 한다(고전 2 : 1-5 참조). 그러나 이러한 생각은 잘못된 것이다. 바울은 상황과 대상에 따라 다르게 접근했을 뿐이다(고전 9 : 19-20 참조). 바울의 부활에 관한 설교에 대해 어떤 사람들은 조롱하기도 하고 어떤 사람들은 더 관심을 보이기도 하였다. 이것을 보더라도 성과가 없었던 것은 아니다. 바울이 아레오바고를 떠나가자 (여기에서는 박해로 인하여 쫓겨난 것이 아니었다! 아덴 사람들은 유대인과는 달리 조롱은 할지언정 박해는 하지 않았다.) 몇 사람이 따라와 믿음을 가지게 된 사람들도 있었다.

그중에 아레오바고 공회원인 디오누시오와 다마리라고 하는 여자가 있었다. 디오누시오는 공회원으로서 사회적 지위가 있었던 사람이었다. 다마리 역시 이름을 밝히고 있는 것을 보면 사회적 신분이 알려져 있던 사람이었다고 볼 수 있다. 그 밖에도 여러 사람들이 있었다. 그중에는 아마 스데바나와 그의 집안사람들이 있었을 것이다(고전 16 : 15 참조). 바울의 아덴 전도 역시 믿음의 열매를 거두는 성과가 있었다.

8. 고린도에서의 전도활동(18 : 1-17)

> ¹그 후에 바울이 아덴을 떠나 고린도에 이르러 ²아굴라라 하는 본도에서 난

유대인 한 사람을 만나니 글라우디오가 모든 유대인을 명하여 로마에서 떠나라 한 고로 그가 그 아내 브리스길라와 함께 이달리야로부터 새로 온지라 바울이 그들에게 가매 ³생업이 같으므로 함께 살며 일을 하니 그 생업은 천막을 만드는 것이더라 ⁴안식일마다 바울이 회당에서 강론하고 유대인과 헬라인을 권면하니라

[18 : 1-4] 바울은 아덴을 자발적으로 떠나 고린도로 오게 된다. 고린도는 당시 그리스에서 가장 큰 도시로 발전하고 있었다. 빌립보와 마찬가지로 상당히 로마 문화(언어, 건축 등)가 지배하고 있었으며, 이쓰무스(Isthmus) 해협을 중심으로 지중해를 동서로 연결하는 교차점에 위치하고 있었다. 고린도에는 2년마다 열리는 이쓰무스 경기(올림피아에서 열렸던 올림픽 게임 전후로 경쟁적으로 개최됨.)가 유명하였고, 많은 사람들이 구경하러 왔기 때문에 천막이 많이 필요하였다. 종교적으로는 그리스 신들을 섬기고 로마의 제의를 행하는 등 다신교적 배경을 가지고 있었다.

바울은 고린도에 1년 6개월을 머물 만큼(18 : 11) 전도하기에 적합한 환경에 놓여 있었던 것 같다. 고린도 체류 기간은 에베소에 적어도 2년 3개월 이상(19 : 8, 10 참고) 체류한 것을 제외하면, 두 번째로 긴 시간이었다. 그가 고린도에 오래 머물 수 있었던 것은 생업을 지속하면서 전도할 수 있었기 때문이었던 것으로 보인다.

또한 바울이 고린도에서 같은 생업을 가진 동족인 아굴라를 만났던 것도 오래 머물 수 있는 조건이 되었다. 본도 출신인 아굴라와 그의 아내 브리스길라(=브리스가)는 글라우디오(Claudius) 황제가 내린 칙령(주후 49년)에 의해 로마에서 추방되어 고린도로 쫓겨 온 부부였다. 이 추방령은 유대교와 기독교를 불문하고 유대인의 경우에는 다 해당되는 것이었다. 아굴라 부부가 고린도에 오기 전에 로마에서 이미 기독교인이 된 것으로 보이는데, 이는 아마도 오순절 성령강림 사건에 의해 직간접적으로 영향을 받은 결과일 것이다.

실라와 디모데가 아직 베뢰아에서 오기 전이어서(17 : 14 참고), 바울은 혼자서 전도활동을 하고 있었을 것이다. 이때에 같은 생업을 가진 동족인 유대인 부부를 만난 것은 바울에게 큰 힘이 되었다. 천막을 만드는 일은 조용하게 일하면서 찾아오는 다양한 신분을 가진 고객들과 이야기를 나눌 수 있는 환경을 제공해 주었다. 그래서 바울은 자연스럽게 전도할 수 있었다. 천막 일이 힘들고 천한 일일 수 있었음에도 불구하고, 바울은 복음을 전할 수 있는 기회가 되었기 때문에 그것을 개의치 않았다. 바울은 당시 강론을 통하여 경제적인 보상을 요구하는 다른 철학자들과는 달리, 스스로 일하며 복음을 전하는 편을 택했다(살전 2 : 9 참조). 바울은 안식일에는 회당에 들어가서 강론하였다. 바울에게 회당은 자연스럽게 유대인과 경건한 헬라인들을 만날 수 있는 장소였다. 바울은 그러한 기회를 놓치지 않고 활용하는 것을 주저하지 않았다.

> [5]실라와 디모데가 마게도냐로부터 내려오매 바울이 하나님의 말씀에 붙잡혀 유대인들에게 예수는 그리스도라 밝히 증언하니 [6]그들이 대적하여 비방하거늘 바울이 옷을 털면서 이르되 너희 피가 너희 머리로 돌아갈 것이요 나는 깨끗하니라 이후에는 이방인에게로 가리라 하고 [7]거기서 옮겨 하나님을 경외하는 디도 유스도라 하는 사람의 집에 들어가니 그 집은 회당 옆이라 [8]또 회당장 그리스보가 온 집안과 더불어 주를 믿으며 수많은 고린도 사람도 듣고 믿어 세례를 받더라 [9]밤에 주께서 환상 가운데 바울에게 말씀하시되 두려워하지 말며 침묵하지 말고 말하라 [10]내가 너와 함께 있으매 어떤 사람도 너를 대적하여 해롭게 할 자가 없을 것이니 이는 이 성중에 내 백성이 많음이라 하시더라 [11]일 년 육 개월을 머물며 그들 가운데서 하나님의 말씀을 가르치니라

[18 : 5-8] 실라와 디모데가 마게도냐(베뢰아)로부터 고린도로 와서 바울과 합류하게 되자, 바울의 전도활동은 더욱 활기를 띠게 되었다. 바울이 더욱 성령

에 충만하여 유대인들에게 예수를 그리스도라고 공개적으로 증언하였다. 그러자 유대인들은 바울을 대적하면서 비방하였다. 비방하였다는 것은 모욕을 주면서 강한 말로 대적하였음을 의미한다. 바울이 강력하게 말씀을 전하게 되면, 그에 상응하는 반대가 일어난 것을 여기에서도 볼 수 있다.

유대인들의 비방에 대하여 바울 역시 격렬하게 반응을 보인다. 바울은 옷을 털면서 말을 하기 시작한다. 옷을 터는 행위는 선교지를 떠나는 것을 상징하는 발에 먼지를 터는 행위(13 : 51 ; 눅 9 : 5)와 달리, 바울의 경고를 나타내는 행위로 볼 수 있다. 바울은 복음을 받아들이지 않는 책임을 유대인들에게 돌리면서("너희 피가 너희 머리로 돌아갈 것이요"), 이방인에게 가서 머물지라도 부정하게 되지 않을 것임을("나는 깨끗하니라") 확실히 하고자 한다. 바울은 유대인들이 회당 안팎에서 대적하는데도 불구하고 그들에게 전도하는 것을 결코 멈추지 않고 있다. 그것은 "이방인(7절의 디도 유스도?)에게로 간다."고 말한 이후에도 계속 유대인들에게 전도하고 있는 데서도 알 수 있다(18 : 7-10, 19 등).

바울은 잠시 대적하는 유대인들을 떠나 하나님을 경외하는 이방인인 디도 유스도라 하는 사람의 집으로 옮겨 갔다. '유스도'라는 이름은 로마 이름이다. 그는 유대인 회당 옆에 살고 있어서 유대교에 대해 관심을 가지게 되었거나, 관심이 있어서 회당 옆으로 이사를 왔을 것이다. 그는 '하나님을 경외하는 사람'(God-fearer)이었다. 때가 되면 개종할 가능성이 많은 사람이었다.

바울이 회당 옆에서 거주하게 되자 회당장 그리스보와 접촉을 하게 되었던 것 같다. 회당장인 그리스보가 그의 온 집안과 더불어 예수 그리스도를 믿는 큰 역사가 일어났다. 이것은 놀라운 일이었다. 많은 유대인들이 반대하는 입장에서 유대교의 지도자 중 한 사람이 기독교로 개종한 것은 폭발력이 있는 사건이었음에 틀림없다. 디도 유스도를 비롯한 많은 고린도의 이방인들이 믿고 세례를 받게 되는 결과로 나타났다. 그리스보의 세례에 관해서는 바울 자신도 증언하고 있다(고전 1 : 14).

[18 : 9-11] 회당장인 그리스보가 개종한 사건은 바울에게 위기감을 조성한 것처럼 보인다. 왜냐하면 주께서 밤에 환상 가운데 나타나서 바울에게 두려워하지 말라고 격려하고 있기 때문이다. 그렇다고 해서 복음을 전하는 것을 멈추라고 하지는 않았다. "침묵하지 말고 말하라."고 용기를 북돋아 주고 있다. 주님은 바울에게 삼중으로 격려하신다. 첫째로, 바울과 동행할 것을 약속하신다. 둘째로, 아무도 육체적으로 고난을 끼치지 못할 것이라고 예언하신다. 셋째로, 성내에 주를 믿는 백성이 많이 있음을 상기시키신다. 바울이 알지 못하는 새로운 믿음의 식구들(15 : 14 참조)이 많이 있어서 여러 가지로 도움을 줄 것이라고 깨우치고 있는 것이다.

바울은 고린도에 일 년 육 개월, 즉 18개월을 체류하였다. 이 기간을 대체로 50년 가을에서 52년 봄 사이로 보고 있다. 그렇게 보는 이유는 갈리오 총독이 아가야 지방에 부임한 것이 51년 5월쯤인 것으로 짐작하게 할 만한 비문이 발견되었기 때문이다. 바울은 주를 새롭게 믿게 된 사람들을 오랜 기간 동안 고린도에 머물면서 가르치고 교회를 굳게 세우는 일을 하였다.

> [12]갈리오가 아가야 총독 되었을 때에 유대인이 일제히 일어나 바울을 대적하여 법정으로 데리고 가서 [13]말하되 이 사람이 율법을 어기면서 하나님을 경외하라고 사람들을 권한다 하거늘 [14]바울이 입을 열고자 할 때에 갈리오가 유대인들에게 이르되 너희 유대인들아 만일 이것이 무슨 부정한 일이나 불량한 행동이었으면 내가 너희 말을 들어 주는 것이 옳거니와 [15]만일 문제가 언어와 명칭과 너희 법에 관한 것이면 너희가 스스로 처리하라 나는 이러한 일에 재판장 되기를 원하지 아니하노라 하고 [16]그들을 법정에서 쫓아내니 [17]모든 사람이 회당장 소스데네를 잡아 법정 앞에서 때리되 갈리오가 이 일을 상관하지 아니하니라

[18 : 12-17] 갈리오가 아가야 총독으로 부임해 오자 유대인들이 일제히 일어나

바울을 고소하였다. 총독이 새롭게 부임해 올 때 강력하게 민원을 제기하면, 소요가 날 것을 염려하는 총독들이 대체로 쉽게 그것을 들어줄 것임을 알고서 이 기회를 이용한 것이다. 갈리오는 철학자 세네카의 동생으로서 황제의 신임이 두터운 사람이었다. 그는 로마 제국에 충성을 바치고 있었고 유대 민족에 대해서 호의적이지는 않았다. 유대인들은 갈리오 앞에 나아가 바울을 끌고 법정으로 데리고 가서 고소하였다. 여기에서 '법정'(헬, '베마')은 판결을 내리기 위해 마련된 재판석을 의미했다(고후 5 : 10 참조). 유대인들이 갈리오에게 고소한 내용은 주로 종교적인 성격을 보여 준다. 바울이 "율법을 어기면서 하나님을 경외하라고 사람들을 권한다."는 것이 죄목이었다.

    바울은 이러한 부당한 고소에 대해 할 말이 많았을 것이다. 그가 입을 열어 변호하려고 하자 갈리오가 이를 막고 나섰다. 그는 바울의 변호로 인하여 사건이 길어지는 것을 원치 않았던 것 같다. 갈리오는 단도직입적으로 유대인들에게 묻는다. 그들을 "너희 유대인들아."라고 부르고 있는 것은 객관적으로 사건을 대한다는 인상을 준다. 적어도 호의적이지 않다는 뉘앙스를 풍기고 있다. 갈리오의 요점은 바울이 범죄적인 행동(정치–사회적 사안)을 했다면 개입할 것이지만, 종교적인 문제(언어와 명칭과 유대 율법에 관한)라면 개입할 의사가 없다는 것이다. 정치- 사회적인 문제인데도 판결을 내리지 않는다면 직무를 소홀히 하는 것이겠지만, 내부적인 종교 문제에까지 재판장의 역할을 하는 것은 타당하지 않다고 분명히 선을 긋고 있다. 여기에서 갈리오는 누구의 편도 든 것이 아니다. 유대인들을 거부한 것도 아니고, 바울을 환영한 것도 아니다. 그는 정치인이자 행정 책임자로서 그가 해야 할 일과 하지 않아도 될 일에 대해서 분명한 입장을 표명한 것일 뿐이다. 그러나 결과적으로 유대인들의 부당한 요구를 일축함으로써 바울에게 도움을 준 것은 사실이다. 이로써 주님께서 바울에게 "어떤 사람도 너를 대적하여 해롭게 할 자가 없을 것"(10절)이라고 한 약속이 지켜졌다.

    갈리오는 그를 괴롭게 하는 유대인들을 법정에서 쫓아내었다. 이후에 유대인들은 회당장 소스데네를 법정 앞에서 때렸다. 그러나 갈리오는 이 일에도 상관하지 않았다. 종교적인 문제에 개입하지 않는 갈리오의 행동은 일관된 것이었다. 그렇다면 왜 유대인들이 회당장 소스데네를 때린 것일까? 그것은 아마도 소스데네 역시 기독교에 호의적이었기 때문이었던 것 같다. 유대인들은 회당장 그리스보가 예수 그리스도를 믿고 세례를 받은 것에 매우 격앙되어 있었다. 이 문제를 초장에 엄하게 다루고자 갈리오 총독에게 고소했지만 뜻을 이루지 못했던 차에, 또 다른 회당장인 소스데네조차 바울의 전도에 넘어간 것처럼 보이자 그를 때려 경고하고자 한 것으로 보인다. 이러한 내부적인 종교 문제에 관해서는 갈리오가 유대교 내에서 자치적으로 처리할 것을 허락하였기 때문에 그들의 행동은 제지를 받지 않았다.

9. 안디옥 교회로의 귀환(18 : 18-23)

> [18]바울은 더 여러 날 머물다가 형제들과 작별하고 배 타고 수리아로 떠나갈새 브리스길라와 아굴라도 함께하더라 바울이 일찍이 서원이 있었으므로 겐그레아에서 머리를 깎았더라 [19]에베소에 와서 그들을 거기 머물게 하고 자기는 회당에 들어가서 유대인들과 변론하니 [20]여러 사람이 더 오래 있기를 청하되 허락하지 아니하고 [21]작별하여 이르되 만일 하나님의 뜻이면 너희에게 돌아오리라 하고 배를 타고 에베소를 떠나 [22]가이사랴에 상륙하여 올라가 교회의 안부를 물은 후에 안디옥으로 내려가서 [23]얼마 있다가 떠나 갈라디아와 브루기아 땅을 차례로 다니며 모든 제자를 굳건하게 하니라

[18 : 18] 바울이 일 년 육 개월(11절) 이상을 고린도에 머물렀던 것은 분명한데, 이후 얼마나 더 있었는지는 잘 모른다. 바울은 아가야 총독과의 만남 이후에도 고린도에 여러 날 더 머무른 뒤 형제들과 작별하고 배를 타고 수리아로 건너가기로 하였다. 그 여행에는 브리스길라와 아굴라도 함께 동행하였

다. 브리스길라의 이름이 먼저 언급된 것으로 보아(18 : 26 ; 롬 16 : 3 참조), 아내인 브리스길라(=브리스가)의 신분이나 재력이 더 영향력이 컸을 것으로 짐작하게 된다.

바울은 수리아로 가기 전에 고린도의 외항인 겐그레아에서 머리를 깎았다. 머리를 깎은 이유는 단지 서원(맹세)을 하였었기 때문이라고만 밝히고 있다. 그리스도인이 된 바울이 서원을 하고 있는 것을 보면 그가 아직도 유대교의 관습을 따르고 있는 것을 알 수 있다. 그러나 그가 무슨 서원을 했는지는 말하고 있지 않다. 서원을 할 때는 꼭 성취해야 하는 무슨 결심이 있을 때 하는 것이 보통이다. 나실인의 서원이 그 예가 될 것이다(민 6 : 1-21 참고). 그렇다면 머리를 서원을 시작할 때에 깎았는가, 아니면 서원을 끝냈을 때 깎았는가 하는 문제가 제기된다. 나실인으로 서원할 때는 그 기간을 마칠 때 머리털을 밀었다(민 6 : 18). 여기에서는 불분명하기는 하지만 시작할 때 서원을 한 것처럼 비쳐진다. 그러나 앞뒤 문맥에서 서원의 내용이 나오지 않기 때문에 이러한 논의는 거의 무의미하다. 그래서 머리를 깎은 것이 어떤 행동을 결심하는 의미에서의 서원이 아니라, 이미 바울에게 베풀어 주신 하나님의 은혜에 감사하기 위한 표현이었다고 보기도 한다. 어쨌든 이 부분은 전후 문맥에 대한 설명이 없이 간단하게 언급하고 있어서 그 의미를 분명하게 아는 것이 어렵다.

[18 : 19-21] 바울 일행은 에베소에 도착하였다. 바울은 브리스길라와 아굴라를 수리아까지 데려가지 않고 에베소에 남겨 놓고자 하였다. 바울은 에베소의 유대인 회당에 들어가 유대인들과 복음에 대해 증언하며 그들과 변론하였다. 그러자 여러 유대인들이 바울에게 더 머물도록 호의적으로 요청하였는데 바울은 그러한 제안을 받아들이지 않았다. 그 이유를 항해 일정에서 찾기도 한다. 왜냐하면 봄(3월 초)이 되면 해동이 되어 출항을 서두르는 것이 보통이었기 때문이다. 더군다나 유월절(3월 말에서 4월 초에 오는)이 가까워 오기 때

문에 더 이상 출항을 미룰 수가 없었을지 모른다. 바울은 '하나님의 뜻이면' 다시 에베소로 돌아오겠다고 약속하고 이번에는 짧게 방문한 뒤 떠나 수리아로 향하였다.

[18 : 22-23] 바울 일행이 항해 후 도착한 항구는 가이사랴였다. 가이사랴는 행정적으로 수리아에 속한 도시이긴 하지만, 바울이 원래 목적한 곳은 그를 파송한 교회가 있는 수리아 안디옥이었을 것이다. 북동풍이 강하게 불어 가이사랴까지 가게 된 것인지도 모른다. 그러나 설명이 없기 때문에 정확하게 알 수는 없다.

바울은 가이사랴에 상륙한 후 '올라가' 교회의 안부를 물었다고 기록하고 있다. 어디로 올라갔다는 말인가? 또한 어느 교회의 안부를 물었다는 말인가? 그것은 뒤이어 나오는 '안디옥으로 내려가서'와 더불어 생각해 보는 것이 좋을 것이다. '올라간' 도시가 가이사랴일 수는 없다. 왜냐하면 가이사랴는 해안도시이기 때문에 안디옥으로 '내려간다'는 표현을 쓰기가 어렵기 때문이다. 그래서 가이사랴에서 올라간 도시가 예루살렘이 아닌가 하는 강한 추측을 하게 된다. 예루살렘이 높은 곳에 위치하고 있기도 하지만, 종교의 중심지 역할을 하였기 때문에, 안디옥으로 '내려간다'는 표현을 하기에도 적합하다. 그렇다면 왜 예루살렘을 명시적으로 언급하지 않았을까? 많은 추측이 가능하지만, 아마도 예루살렘이 최종 목적지가 아니고 다만 서원을 마친 것을 예루살렘 교회에 보고하고 곧바로 안디옥으로 출발하였기 때문이 아닐까?

바울은 안디옥에서 얼마 동안 머물렀다가 곧 갈라디아와 브루기아 지방을 차례로 다니며 제자들을 굳건하게 하며 복음을 전하였다. 안디옥을 떠난 순간 제3차 선교여행이 실질적으로 시작된 것이다. 이처럼 2차와 3차 선교여행은 곧바로 이어지는 특징을 보여 준다. 3차 선교여행에는 배를 타고 출발했다는 기록이 없는 것으로 보아, 바울은 육로를 따라 그의 고향인 길리기아 다소 지방을 지나 내륙으로 긴 여행길에 올랐던 것으로 보인다. 그는 1차 선교여행 때 교회를 세웠던 갈라디아 지방(남쪽 지역)을 지나 서쪽으로 더 전진하여 브루기아 지방으로 나아갔다. 브루기아는 갈라디아와 아시아 지방 중간에 위치하고 있으며, 중요한 기착지인 에베소로 가는 길에 자리 잡고 있었다. 에베소 사역을 본격적으로 다루는 것이 주목적이었기 때문에, 갈라디아와 브루기아 지방의 사역은 간단하게 취급되고 있다.

O. 제3차 선교여행(18 : 24-21 : 26)

1. 아볼로의 전도활동(18 : 24-28)

[24]알렉산드리아에서 난 아볼로라 하는 유대인이 에베소에 이르니 이 사람은 언변이 좋고 성경에 능통한 자라 [25]그가 일찍이 주의 도를 배워 열심으로 예수에 관한 것을 자세히 말하며 가르치나 요한의 세례만 알 따름이라 [26]그가 회당에서 담대히 말하기 시작하거늘 브리스길라와 아굴라가 듣고 데려다가 하나님의 도를 더 정확하게 풀어 이르더라 [27]아볼로가 아가야로 건너가고자 함으로 형제들이 그를 격려하며 제자들에게 편지를 써 영접하라 하였더니 그가 가매 은혜로 말미암아 믿은 자들에게 많은 유익을 주니 [28]이는 성경으로써 예수는 그리스도라고 증언하여 공중 앞에서 힘 있게 유대인의 말을 이김이라

[18 : 24-26] 이 부분은 바울의 에베소 사역을 기록하기 위한 사전 작업을 위해 아볼로의 사역을 소개하고 있다. 3차 선교여행은 에베소 사역이 주로 차지하고 있어서 1, 2차 선교여행과 달리 선교여행이라는 이름이 어울리지 않는다고도 볼 수 있다. 에베소는 로마의 식민지가 아니라 자유도시로서 문화와 상업의 중심지였으며 교통의 요충지이기도 하였다. 이러한 도시는 복음 전파를

위해 전략적으로 중요하였다. 에베소는 소아시아 지방의 수도였고 총독이 거주하던 곳이었다. 에베소는 알렉산드리아 다음으로 큰 도시로서 당시 20만에서 25만 명이 거주하고 있었다. 아데미 신전을 보기 위해 많은 관광객들이 몰려들었고, 또한 많은 여행객들이 통과하던 도시였다. 에베소에도 유대인 공동체가 상당히 컸다.

아볼로는 아프리카 북부 알렉산드리아 출신의 유대인이었다. 알렉산드리아는 로마 제국의 도시 중에서 로마 다음으로 인구가 많았고, 유대인 공동체가 발달한 곳이었다. 어떤 목적이었는지 모르지만 아볼로는 에베소로 와서 거주하게 되었다. 아볼로는 언변이 좋은 사람이었다. 이것은 그가 학식이 있고 말을 조리 있게 잘하였다는 것을 말해 준다. 말이 시원찮았던 바울과 대조되는 특징을 보여 준다(고후 10 : 10 참조). 아볼로는 또한 구약성경에 능통하였다. 성경의 내용을 잘 알았기 때문에 적절하게 인용하거나 해석하는 데 남다른 솜씨가 있었던 것 같다.

아볼로가 언제 어디에서 누구로부터 주의 도를 배웠는지 모르지만, 열심으로 예수에 관한 것을 자세히 말하며 가르쳤다. 그는 배워서 가르치는 은사가 있었다. 그에게 한 가지 부족한 점은 요한의 세례만 알고 있었다는 것이다. 이것이 의미하는 바는 무엇일까? 그가 아직 온전한 그리스도인이 되지 못하였다는 것일까? 또는 그가 세례자 요한의 제자라는 것일까? 예수에 관해서 듣기는 했지만 유대교의 틀 안에서 이해하고 그것을 전파하고자 한 것일까? 이 모든 질문은 물세례만 받고 성령을 받지 않으면(19 : 2 참조) 참된 그리스도인이 될 수 없다는 전제를 가지고 있다. 그러나 초대 교회에는 아직 참된 그리스도인이 되는 것에 대한 기준이 확립되어 있었다고 볼 수 없다. 아볼로 역시 구약성경과 세례자 요한의 가르침을 기독교에 접목시킨 기독교 신앙을 가지고 있었던 사람이었다.

아볼로는 그의 확신의 범위 안에서 담대하게 회당에서 예수에 관해 가르치려고 하였다. 그러던 중 브리스길라와 아굴라가 그의 말을 듣고 더 가르칠 필요가 있다고 판단하였던 것 같다. 그래서 아볼로를 따로 데려다가 하나님의 도를 더 정확하게 풀어 가르쳐 주었다. 유력한 여인이었던 브리스길라가 여기에 가르치는 자로 등장하고 있는 점을 유의할 필요가 있다. 이는 초대교회에서 여성의 역할이 폭넓게 나타나고 있었던 증거로 볼 수 있다. 브리스길라와 아굴라가 아볼로에게 세례를 베풀지 않은 것을 보면, 아볼로가 이미 물세례를 받은 것으로 보인다. 혹시 세례를 받지 않았다 하더라도 그것이 그리스도인이 되는 데 필수적인 요소는 아니었던 것으로 보아야 할지 모른다(고전 1 : 14-17 참조).

[18 : 27-28] 아볼로는 에베소에서 그가 할 사역이 더 이상 없다고 생각했던지(브리스길라와 아굴라의 등장으로?), 아가야 지방으로 건너가기를 원했다. 그러자 그리스도인 형제들이 아볼로를 격려하면서 아가야의 고린도로(19 : 1 참조) 추천서를 써서 보냈다. 아볼로는 그를 알지 못하는 고린도 교회를 방문하게 되었기 때문에 이러한 추천서가 필요했을 것이다. 아볼로가 고린도에 갔을 때에 하나님의 은혜가 함께함으로 믿는 형제들이 많은 유익을 얻게 되었다. 더 나아가서 아볼로는 유대인들을 대상으로 구약성경을 풀어 예수가 그리스도임을 확실히 증명함으로써 유대인들의 변론을 잠재우기도 하였다. 이로 보건대, 아볼로는 단지 말만 잘한 것이 아니라, 성경 지식을 논리적으로 풀어냄으로써 설득하는 기술이 있었던 것 같다.

2. 에베소에서의 전도활동(19 : 1-20)

[1]아볼로가 고린도에 있을 때에 바울이 윗지방으로 다녀 에베소에 와서 어떤 제자들을 만나 [2]이르되 너희가 믿을 때에 성령을 받았느냐 이르되 아니라 우리는 성령이 계심도 듣지 못하였노라 [3]바울이 이르되 그러면 너희가 무슨 세례를 받았느냐 대답하되 요한의 세례니라 [4]바울이 이르되 요한이 회개의 세

례를 베풀며 백성에게 말하되 내 뒤에 오시는 이를 믿으라 하였으니 이는 곧 예수라 하거늘 [5]그들이 듣고 주 예수의 이름으로 세례를 받으니 [6]바울이 그들에게 안수하매 성령이 그들에게 임하시므로 방언도 하고 예언도 하니 [7]모두 열두 사람쯤 되니라

[19 : 1–7] 아볼로는 고린도로 갔고 바울은 에베소로 왔다. 바울의 에베소 방문은 다시 돌아오리라고 한 약속(18 : 21)을 지킨 것이었다. 바울은 대체로 그가 세운 교회를 재차 방문하여 믿음을 굳건하게 하는 일을 하였다. 이로써 그의 사역이 어느 정도 완결된 것으로 보는 경향이 있었다. 바울은 에베소의 위쪽에 위치한 브루기아 지방을 거쳐서 에베소에 왔다. 에베소에서 어떤 제자들을 만났다고 하였다. 이들이 요한의 세례만 받았다고 한 것을 보면, 아직 그리스도인이 되지 못한 요한의 제자들이었다고 볼 수 있다. 요한의 세례는 그리스도가 오심을 준비한 것이기 때문에 완전히 비기독교적인 것이라고는 할 수 없지만, 그들이 세례자 요한을 따랐다고 한다면(제자라고 한 것이 이를 뒷받침한다.) 기독교와는 구별되는 사람들로 판단된다. 그들은 또한 성령이 계심도 듣지 못했다. 이는 그들이 아직 그리스도인이 아니었음을 보여 준다.

바울은 요한의 세례가 가진 가치와 한계점을 밝혀 준다. 요한의 세례가 회개를 촉구한 것은 의미 있는 사역이었지만, 요한은 그의 뒤에 오시는 이인 예수를 증언한 사람이었다고 분명히 선을 긋는다. 이 모든 것을 자세하게 듣고 난 요한의 제자들은 주 예수의 이름으로 세례를 받았다. 요한의 세례를 받았음에도 불구하고 다시 세례를 받은 것이다. 이러한 재세례에 관한 내용은 여기에만 나온다. 요한의 세례가 나름대로 의미는 있었지만, 기독교적 세례는 아니었기 때문이다. 재세례가 언급된 것은 요한의 제자들과 예수의 제자들 사이에 갈등이 있어 이를 분명히 구별할 필요성이 있었음을 보여 주는 예라고 할 수 있다. 실제로 세례자 요한을 따르는 세례파 운동은 주후 4세기까지 이어졌다고 한다.

바울이 그들에게 안수하자 성령이 그들에게 임하심으로 방언과 예언을 하였다. 이것은 베드로가 사마리아 사람들에게 안수하자 성령이 임한 것과 비슷하다(8 : 17 참조). 방언이나 예언은 성령이 임한 증거로 소개된다. 세례자 요한의 제자 중 주 예수의 이름으로 세례를 받고 그리스도인이 된 사람은 열둘쯤 되었다. 이로써 요한의 세례만 전파하던 아볼로와 성령의 세례를 베푼 바울의 차이가 확연하게 드러났다. 이제 아볼로가 영향력을 발휘하던 에베소에서 바울이 사역을 펼칠 기회가 명실공히 마련되었다.

설교를 위한 묵상 : "성령세례"(18 : 24-19 : 7)

사도행전만큼 성령의 역사가 강력하게 일어나는 곳은 없다. 사도행전이야말로 부흥의 문서다. 부흥은 성령의 충만한 부으심, 곧 성령세례와 관련이 있다. 성령세례는 효과적이고 능력 있는 신앙생활과 복음 전파를 위해 꼭 필요한 것이었다. 선교의 결정적인 단계마다 성령의 인도와 역사가 일어났다. 예루살렘에서 교회를 설립할 때(2 : 4), 이방인들에 대한 선교를 시작할 때(10 : 45), 그리고 그리스(유럽)에서의 선교를 시작할 때(16 : 6-7) 성령의 강력한 간섭이 있었다.

사도행전에서 성령세례, 즉 성령의 충만함은 계속하여 반복적으로 일어난 현싱이며 사건이었다. 먼저 성령은 개인들에게 충만하게 임하였다. 베드로(4 : 8), 일곱 일꾼(6 : 3), 스데반(7 : 55), 빌립(8 : 39 참조), 바울(9 : 17 ; 13 : 9), 바나바(11 : 24), 그리고 제자들(13 : 52)이 성령의 충만함을 받았다. 또한 사도행전에서 다수의 사람들에게 임한 성령강림 사건은 적어도 다섯 번 나온다(2 : 2-4 ; 4 : 31 ; 8 : 15-17 ; 10 : 44-46 ; 19 : 5-7). 이 모든 경우가 항상 같은 패턴('회심 → 세례 → 성령의 선물'의 순서)을 보이는 것은 아니지만, 성령과 복음이 전파되는 일이 항상 밀접하게 연결되어 나타나고 있다. 하나님은 복음이 전파될 때 그의 택한 사람들에게 성령을 부어 주셨다 : (1) 성령강림은 하나님의 복음이 널리 전파되어야 할 필요가 있을 때 주어졌다(2 : 4-11) ; (2) 성령강림은 기도할 때 주어졌고, 그 후 담대히 하나님의 말씀을 전하도록 역사했다(4 : 24-31) ; (3) 세례 받을 때 안수하자 성령이 강림

했다(8 : 15-17 ; 19 : 4-7) ; (4) 설교할 때 성령이 강림했다(10 : 44). 이 모든 것은 땅끝까지 이르러 복음을 전하며 이방인들도 구원하려는 하나님의 계획을 이루려는 것을 목적으로 하는 것이었다.

오늘 본문은 아볼로의 사역과 관련되어 있다. 아볼로는 언변이 좋고 성경에 능통한 사람이었다. 그는 아가야 지방의 고린도로 건너가 그가 가진 성경 지식을 이용해 많은 유대인들에게 설득력 있게 복음을 증거하였다. 뛰어난 설득력으로 무장된 성경 지식은 큰 힘이 되었다. 고린도 교회에 아볼로파가 생기고(고전 1 : 12) 아볼로가 고린도로 돌아오기를 간절하게 소원하였던 것을 보면(고전 16 : 12), 고린도 교회에서 아볼로의 영향력이 어떠했는지를 짐작할 수 있다.

그러나 아볼로는 처음에는 요한의 세례만 알고 있었고 성령의 세례를 받지 못했다. 그래서 지식적으로만 성경을 알았을 뿐 그 핵심을 꿰뚫지 못하고 있었다. 열심은 있었으나 능력은 부족했다. 아볼로가 성령세례를 받았다는 직접적인 언급은 없지만, 브리스길라와 아굴라를 통해 하나님의 도에 관해 더 정확하게 이해할 수 있었다. 그리고 후에 바울이 고린도에 방문하여 그곳 사람들에게 성령세례를 받게 했을 때 함께했을 것으로 본다. 바울이 안수할 때 성령이 그들에게 임하여 방언과 예언을 한 것을 알 수 있다. 이제 고린도 교인들은 능력을 받아 힘들여 노력하지 않고도 복음을 전할 수 있게 되었다. 우리가 하나님의 일을 하는 데 인간의 지식과 노력만으로 하면 힘이 든다. 그러나 우리가 하나님의 능력으로 무장하면 복음의 역사가 놀랍게 일어나게 된다.

⸻

[8]바울이 회당에 들어가 석 달 동안 담대히 하나님 나라에 관하여 강론하며 권면하되 [9]어떤 사람들은 마음이 굳어 순종하지 않고 무리 앞에서 이 도를 비방하거늘 바울이 그들을 떠나 제자들을 따로 세우고 두란노 서원에서 날마다 강론하니라 [10]두 해 동안 이같이 하니 아시아에 사는 자는 유대인이나 헬라인이나 다 주의 말씀을 듣더라 [11]하나님이 바울의 손으로 놀라운 능력을 행

하게 하시니 [12]심지어 사람들이 바울의 몸에서 손수건이나 앞치마를 가져다가 병든 사람에게 얹으면 그 병이 떠나고 악귀도 나가더라 [13]이에 돌아다니며 마술하는 어떤 유대인들이 시험 삼아 악귀 들린 자들에게 주 예수의 이름을 불러 말하되 내가 바울이 전파하는 예수를 의지하여 너희에게 명하노라 하더라 [14]유대의 한 제사장 스게와의 일곱 아들도 이 일을 행하더니 [15]악귀가 대답하여 이르되 내가 예수도 알고 바울도 알거니와 너희는 누구냐 하며 [16]악귀 들린 사람이 그들에게 뛰어올라 눌러 이기니 그들이 상하여 벗은 몸으로 그 집에서 도망하는지라 [17]에베소에 사는 유대인과 헬라인들이 다 이 일을 알고 두려워하며 주 예수의 이름을 높이고 [18]믿은 사람들이 많이 와서 자복하여 행한 일을 알리며 [19]또 마술을 행하던 많은 사람이 그 책을 모아 가지고 와서 모든 사람 앞에서 불사르니 그 책값을 계산한즉 은 오만이나 되더라 [20]이와 같이 주의 말씀이 힘이 있어 흥왕하여 세력을 얻으니라

[19 : 8-10] 바울은 세례자 요한의 추종자들에게 복음을 전한 뒤, 에베소에 있는 유대인의 회당에 들어가 유대인들에게 하나님의 나라에 관해서 석 달 동안 강론하였다. 에베소에는 유대인 공동체가 크게 자리 잡고 있어서 회당도 많이 있었을 것이다. 그가 어디에 가든지 유대인들에게 먼저 복음을 전하려고 하는 모습을 여기에서도 찾아볼 수 있다. '하나님의 나라'는 유대인들이 오랫동안 관심을 가지고 있었던 주제이기 때문에 유대인들을 대상으로 복음을 전하는 좋은 출발점이 되었을 것이다.

바울의 전도에 대하여 유대인들의 반응은 차가웠다. 그들의 마음은 굳어서 순종하지 않을 뿐 아니라 심한 말로 비방하기를 서슴지 않았다. 사도행전에는 기독교를 '도'(the way)로 표현하는 곳이 몇 군데 나온다(9 : 2 ; 19 : 9, 23 ; 22 : 4 ; 24 : 14, 22). 이것은 사도행전 후반부 중 바울의 에베소 사역에 주로 나타나며, 주로 유대인과의 연관 속에서 사용되고 있다. 유대인들이 기독교를 '도'라고 표현한 것은 전통적이고 합법적인 유대교와 달리 신뢰할 수 없는

새로운 종교라는 의미로서 사용한 것처럼 보인다. 그러나 바울/누가는 설령 유대인들이 비하하는 의미로 사용하였다고 하더라도 유대교나 다른 종교를 능가하는 새로운 진리라는 의미로 승화시키고 있다.

유대인들의 냉소적이고 적대적인 반응 때문에 바울은 유대인들을 떠나 기독교를 믿는 제자들(=새신자들)을 따로 모아서 두란노 서원에서 날마다 강론하게 되었다. 여기에서 '서원'으로 번역된 헬라어 '스콜'이라는 단어는 '강연장'을 의미한다. 두란노라는 사람이 후원하는 강연장을 빌려 복음을 전하게 된 것으로 보인다. 그러나 바울이 2년 동안이나 두란노 강연장을 임대하여 사용할 만큼 경제적 여유가 없었을 것이기 때문에, 두란노가 기독교에 관심을 가졌거나 이미 기독교인으로 개종한 사람이 아니었을까 추측하게 된다. 아니면 공식적인 행사가 끝나고 나서 오후 늦게나 저녁 시간을 이용할 수 있도록 편의를 제공했는지 모른다. 바울은 회당에서 3개월, 그리고 두란노 강연장에서 2년 동안 복음을 강론함으로써 많은 사람들에게 복음을 증언하였다. 그래서 에베소 주변의 아시아 여러 지역에서 유대인들과 헬라인들(=이방인들)에게 다 복음을 들을 기회를 제공할 수 있었다. 에베소 사역은 바울이 가장 오랫동안 체류하면서 복음을 전한 곳이었다. 바울은 이곳에서 전도하면서 박해를 받기는 했지만 심문을 받거나 추방을 당하지는 않았다. 그랬기 때문에 바울은 에베소에서 비교적으로 안정적인 전도를 통해 많은 열매를 맺을 수 있었다.

[19 : 11-13] 하나님은 바울로 하여금 담대하게 말씀을 전파하도록 하셨을 뿐 아니라, 바울의 '손'으로 놀라운 능력을 행하게 하셨다. 여기에서 '손'은 기적을 행하는 능력을 의미한다. 그런데 바울의 능력이 너무나 강력하게 나타나자, 사람들이 바울의 몸에서 손수건이나 앞치마를 가져다 병든 사람에게 얹으면 병이 낫는 역사가 일어나기도 하였다. 여기에서 '손수건'과 '앞치마'는 바울 사도가 천막을 만드는 일을 할 때 땀을 닦는 데 사용하였던 것으로 보인

다. 손수건은 머리에 두른 것이며, 앞치마는 허리에 두른 수건으로 생각하면 될 것이다. 그렇다면 '손수건'은 '수건'으로 번역하는 것이 적절하다.

비록 고대 세계에서 치유의 능력을 가진 사람의 몸이나 그 물건이 병에 효력이 있다고 생각했다고는 하지만, 이것은 현대인들에게 미신이나 마술과 같은 느낌을 주기도 한다. 누가는 사도행전에서 기독교 복음을 마술과 구별하려고 한 점을 볼 때(마술사 시몬에 관한 8 : 18-24의 언급 참조), 이곳에서 누가가 서술한 내용은 서로 배치되는 듯하다. 그러나 바울이 마술이나 미신을 조장한 것은 아니다. 마술사 시몬의 경우에서 보는 것처럼 마술과 참된 종교는 구별되어야 한다. 마술이 이득을 얻을 목적으로 복잡한 제의나 주문을 외우는 행위를 통해 신들을 조종하여 기적을 일으키려는 것이라면, 참된 종교는 기적을 주도적으로 행하시는 분이 하나님이라는 점을 분명히 한다. 또한 여기에서 바울에게 속한 물건을 가지고 치유 기적을 도모한 사람은 바울이 아니라 다른 사람들이었다는 점에 유의할 필요가 있다. 바울이 그렇게 하라고 말하거나 허락했다는 증거는 없다. 그럼에도 불구하고 치유의 역사가 일어남으로써 바울을 통해 나타난 하나님의 기적이 더욱 부각되는 결과를 가져왔다.

심지어는 여기저기 돌아다니는 유대인 마술사들이 시험 삼아 예수의 이름을 주문처럼 사용하여도 악귀가 나가는 일이 발생하기도 하였다. 여기에서 '마술사'는 귀신을 쫓아내는 심령술사(exorcist)를 가리킨다. 고대 세계에 유대인들은 악귀를 쫓아내는 마술을 행하는 것으로 유명했다. 순회 유대인 심령술사들이 예수의 이름을 불러 악귀를 쫓아낸 것을 보면, 마술의 혼합주의적 성격을 알 수가 있다. 또한 유대인 심령술사들은 기독교를 유대교와 다른 종교로 인식하지 않고 유대교 중의 하나의 분파 정도로 인식하고 있었던 것으로 보인다.

[19 : 14-16] 예수의 이름을 주문처럼 사용하여 악귀를 쫓아내는 마술 행위는

많은 사람들의 호기심과 관심을 끌게 되었다. 그래서 유대교 제사장 중 하나인 스게와의 일곱 아들들도 이러한 행위에 가담하였다. 스게와의 일곱 아들들도 순회 심령술사였던 것 같다. 여기에서 스게와라는 제사장을 언급한 목적은 제사장이 악귀를 쫓아내는 데 하나님의 이름을 사용한 사람들이었기 때문에 문맥에 잘 어울린다고 보았기 때문인 것 같다.

15~16절에 묘사된 악귀의 행동은 예수의 이름을 함부로 사용하는 것을 경계하면서 기독교를 마술과 구별시키는 데 기여하고 있다. 악귀가 "내가 예수도 알고 바울도 알거니와 너희는 누구냐?"라고 말한 것을 통해, 예수의 이름 자체도 중요하지만 예수의 이름을 '누가' 사용하느냐가 중요함을 깨닫게 해 준다. 예수의 이름을 사용할 만한 자격이 있는 사람들이라야 사용할 수 있는 것이다. 그래서 악귀 들린 사람이 자격이 없는 스게와의 일곱 아들들에게 뛰어올라 그들을 힘으로 제압하였다. 그들은 몸을 다치게 되고 옷이 벗겨지는 수치를 당한 채 도망쳐 나올 수밖에 없었다.

[19 : 17-20] 이 사건은 에베소의 모든 유대인들과 헬라인들에게 알려지게 되었다. 그리하여 모든 유대인과 이방인이 다 하나님을 두려워하게 되고 주 예수의 이름을 높이게 되었다. 이들이 다 회개하고 복음을 믿은 것은 아니었다. 그러나 그들 중 믿는 사람들이 많이 생겨났다. 이들이 그들의 행위, 즉 마술/심령술 행위를 자복하였다. 이럼으로써 그들의 마술적 능력이 힘을 잃게 되었다. 왜냐하면 마술은 비밀스러운 주술 행위에서 그 힘이 나왔기 때문이다.

이 사람들은 말로만 자복한 것이 아니라 그들의 행위를 뉘우치는 증거로 마술에 관한 책들을 모아 가지고 와서 공개적으로 불살랐다. 고대 세계에는 위험하거나 불량한 책들을 이렇게 불사르는 관례가 있었다. 여기에 불사른 책의 값이 은 오만이라고 밝히고 있다. 이것을 오만 일의 품삯에 해당된다고 볼 때 엄청난 액수에 해당된다. 대략적으로 계산해도 한 사람이 150년을 일해야 되는 액수다. 이렇게 엄청난 액수에 해당되는 책들을 불사름으로써 복음을 전하는 앞길이 평탄하게 되었다. 사람들의 삶을 지배하던 마술/심령술이 세력을 잃고 이제 주의 말씀이 큰 세력을 얻어 흥왕하게 된 것이다.

3. 에베소에서 일어난 소동(19 : 21-41)

> [21] 이 일이 있은 후에 바울이 마게도냐와 아가야를 거쳐 예루살렘에 가기로 작정하여 이르되 내가 거기 갔다가 후에 로마도 보아야 하리라 하고 [22] 자기를 돕는 사람 중에서 디모데와 에라스도 두 사람을 마게도냐로 보내고 자기는 아시아에 얼마 동안 더 있으니라

[19 : 21-22] 바울이 2년 3개월 이상(19 : 8, 10 참조) 에베소에 머물면서 성공적인 전도활동을 하였고, 또 기적을 많이 행하여 마술사/심령술사들을 굴복시킴으로써 그의 명성이 그 지역에 널리 알려지게 되었다. 에베소 사람들은 제사장도, 희생제사도, 신전도 없는 새로운 '도'에 대해 알게 됨으로써 유대교나 다른 이방 종교와의 차별성을 분명히 깨달을 수 있었을 것이다. 이제 바울은 에베소 사역을 마친 후 마게도냐와 아가야를 거쳐 예루살렘으로 가기 위한 계획을 세운다. 본문에서는 이 여행의 목적에 관해서 언급하고 있지 않지만, 바울서신을 보면 그가 예루살렘의 가난한 성도들을 위한 헌금을 전달하려고 했다는 것을 알 수 있다(롬 15 : 22-26 참조).

바울은 이 여행에 앞서 선발대로 디모데와 에라스도를 마게도냐로 먼저 보낸다. 이들을 바울을 '돕는' 사람으로 소개하고 있다. 이 말은 '부조하는 일'(11 : 29 ; 12 : 25)을 가리킬 때 사용했던 헬라어 '디아코니아'와 같은 어원을 가진 단어이기 때문에 유의할 필요가 있다. '디아코니아'는 바울서신의 다른 곳에서는 '섬기는 일'(롬 15 : 31 ; 고후 8 : 4 ; 9 : 1)로 표현되어 있기도 하다. 바울의 여행 목적은 예루살렘의 성도들을 섬기기 위한 것이었다. 바울은 디모데와 에라스도(롬 16 : 23 참조)를 먼저 보내 구제 헌금을 미리 준비하게

한 것은 그가 방문했을 때 마게도냐와 아가야 사람들이 부끄러움을 당하지 않게 하도록 배려한 조치였을 것이다(고후 8 : 22-23 ; 9 : 1-5 참조). 이러한 조치를 취한 후, 바울은 에베소에 남아 얼마 동안 전도활동을 계속하고자 하였다. 바울은 예루살렘을 거쳐 로마까지 가려고 결심하였다. 바울의 이러한 결심은 그 자신이 계획한 것보다는 하나님께서 그에게 맡기신 사명에서 비롯된 것이다("〈보아야〉 하리라"라는 표현 참조).

> [23] 그때쯤 되어 이 도로 말미암아 적지 않은 소동이 있었으니 [24] 즉 데메드리오라 하는 어떤 은장색이 은으로 아데미의 신상 모형을 만들어 직공들에게 적지 않은 벌이를 하게 하더니 [25] 그가 그 직공들과 이러한 영업하는 자들을 모아 이르되 여러분도 알거니와 우리의 풍족한 생활이 이 생업에 있는데 [26] 이 바울이 에베소뿐 아니라 거의 전 아시아를 통하여 수많은 사람을 권유하여 말하되 사람의 손으로 만든 것들은 신이 아니라 하니 이는 그대들도 보고 들은 것이라 [27] 우리의 이 영업이 천하여질 위험이 있을 뿐 아니라 큰 여신 아데미의 신전도 무시당하게 되고 온 아시아와 천하가 위하는 그의 위엄도 떨어질까 하노라 하더라 [28] 그들이 이 말을 듣고 분노가 가득하여 외쳐 이르되 크다 에베소 사람의 아데미여 하니 [29] 온 시내가 요란하여 바울과 같이 다니는 마게도냐 사람 가이오와 아리스다고를 붙들어 일제히 연극장으로 달려들어 가는지라 [30] 바울이 백성 가운데로 들어가고자 하나 제자들이 말리고 [31] 또 아시아 관리 중에 바울의 친구 된 어떤 이들이 그에게 통지하여 연극장에 들어가지 말라 권하더라 [32] 사람들이 외쳐 어떤 이는 이런 말을, 어떤 이는 저런 말을 하니 모인 무리가 분란하여 태반이나 어찌하여 모였는지 알지 못하더라

[19 : 23-27] 이러한 상황 속에서 에베소에서 적지 않은 소동이 일어났다. '적지 않은' 소동이라는 표현은 '큰' 소동이 있었다는 것을 가리킨다. 이 소동은 데메드리오가 주동이 되어 일으킨 것이다. 데메드리오는 은장색이었는데, 그

가 하는 일은 은으로 아데미의 신상 모형을 만들어 파는 일이었다. 아데미는 에베소를 비롯한 로마 제국 전역에서 풍요와 순결의 여신으로 추앙받고 있었다. 특히 에베소에는 매우 큰(500m×250m 이상) 아데미 신전이 있어서 축제 때 많은 순례객들이 찾아오곤 했다. 이때는 장사를 하는 사람들이 '적지 않은' 돈을 벌 수 있는 대목이었다. 소동은 은장색들이 생업에 위협을 받게 됨으로써 발생하였다.

데메드리오는 동업자들을 모아서 이들을 선동하는 연설을 하고 있다. 그의 연설은 단도직입적으로 가장 예민하게 느끼는 경제적인 손실 부분을 언급하고 나선다. 풍족한 생활이 더 이상 가능하지 않게 되었다는 위기감을 조성한다. 그리고 이러한 상태가 지속되고 악화될 수 있는 근거를 제시한다. "사람의 손으로 만든 것은 신이 아니다."라는 선언은 에베소를 비롯한 전 아시아 사람들의 신념을 허물 수 있는 파괴력을 가진 것이었다고 본 것이다.

데메드리오는 고대 세계의 사람들이 가장 민감하게 받아들일 수 있는 '수치-명예'의 가치를 가지고 공략한다. 바울의 전도활동으로 인하여 은장색 업이 천하게 될 것뿐만 아니라 아데미 여신과 아데미의 신전도 무시를 당하고 위엄이 손상될 것이라는 점을 부각시킨다. 데메드리오와 그의 동업자들은 경제적 손실뿐만 아니라, 명예와 수치를 중요시하는 문화에서 공개적으로 망신을 당한 것을 더 중대하게 생각하여 강하게 반발하고 있는 것이다. 또한 이러한 접근은 아데미 여신을 숭배하는 에베소 사람들을 자극하기에 충분하였기에 효과적이었다.

[19:28-32] 동료 은장색 업자들은 데메드리오의 연설을 듣고 크게 분노하여 "크다! 에베소 사람의 아데미여!" 하고 외쳤다. 큰 소리로 외쳤기 때문에 에베소 시내의 사람들이 듣게 되었고, 바울을 따라다니던 마게도냐 사람인 가이오와 아리스다고를 붙잡아 급하게 연극장으로 달려 들어갔다. 가이오는 아마 바울이 고린도에서 세례를 준 사람(고전 1:14)을 가리키는 것 같다. 아리스다

고는 바울의 동역자(몬 24절)이며, 감옥에 같이 갇힌 적이 있던 사람(골 4 : 10)을 가리키는 것이 틀림없다. 흥분한 에베소 사람들은 바울을 붙잡을 시간이 충분하지 않았기 때문인지 우선 그의 동역자인 가이오와 아리스다고를 엄습하여 공개 재판에 부치고자 연극장으로 데려간 것이다. 여기에서 말하는 연극장은 피온산(Mount Pion)을 깎아 만든 대형 야외극장을 가리키는 것 같다. 이 극장은 직경이 150m에 이르고 25,000명을 수용할 수 있었던 큰 극장이었다.

바울은 백성 가운데로 들어가고자 하였지만 제자들과 바울의 친구인 아시아 관리들의 만류로 들어가지 못하였다. 여기에서 '백성'(헬, '데모스')은 많은 사람들이 모인 공의회를 가리키기도 한다. 에베소 사람들은 기독교인들이 제기한 문제를 다루려고 모여들었던 것이다. '아시아 관리'라는 직책은 아시아 지역에서 봉직한 전현직 고위 관료로서 부유하고 권세 있는 가문에 속한 지도자들을 가리킨다. 그들의 주요 임무는 황제 숭배 제의를 진작시키는 일이었다. 이들이 어떻게 바울의 친구이자 후원자가 되었는지 잘 알 수 없지만, 아마 바울이 두란노 강연장에서 2년을 보내는 동안 알게 된 사람들인 것으로 보인다.

에베소 극장에 모여든 많은 사람들은 중구난방으로 말을 하며 어떤 이유로 모였는지도 잘 알지 못하였다. 이것은 그들이 군중심리에 따라 엉겁결에 모여든 사람들이었다는 것을 보여 주고 있다. 또한 이것은 바울 일행을 재판하려는 그들의 처사가 잘못된 것임을 폭로하는 것이기도 하다. 누가는 이들에게 냉소적인 시선을 보내고 있다.

> [33]유대인들이 무리 가운데서 알렉산더를 권하여 앞으로 밀어내니 알렉산더가 손짓하며 백성에게 변명하려 하나 [34]그들은 그가 유대인인 줄 알고 다 한 소리로 외쳐 이르되 크다 에베소 사람의 아데미여 하기를 두 시간이나 하더니 [35]서기장이 무리를 진정시키고 이르되 에베소 사람들아 에베소 시가 큰 아데미와 제우스에게서 내려온 우상의 신전지기가 된 줄을 누가 알지 못하겠느냐

³⁶이 일이 그렇지 않다 할 수 없으니 너희가 가만히 있어서 무엇이든지 경솔히 아니하여야 하리라 ³⁷신전의 물건을 도둑질하지도 아니하였고 우리 여신을 비방하지도 아니한 이 사람들을 너희가 붙잡아 왔으니 ³⁸만일 데메드리오와 그와 함께 있는 직공들이 누구에게 고발할 것이 있으면 재판 날도 있고 총독들도 있으니 피차 고소할 것이요 ³⁹만일 그 외에 무엇을 원하면 정식으로 민회에서 결정할지라 ⁴⁰오늘 아무 까닭도 없는 이 일에 우리가 소요 사건으로 책망 받을 위험이 있고 우리는 이 불법 집회에 관하여 보고할 자료가 없다 하고 ⁴¹이에 그 모임을 흩어지게 하니라

[19 : 33-34] 사람들이 왜 모인 줄도 알지 못하고 우왕좌왕하자 유대인들이 이 기회를 이용하고자 하였다. 그래서 그들 중 에베소 사람들에게 알렉산더라는 사람을 내세워 연설을 시도하였다. 알렉산더는 그를 소개하지도 않았는데 '손짓'만으로 연설을 시작하려고 한 것을 보면 에베소 사람들 가운데 잘 알려져 있던 인물인 것으로 보인다. 그가 어떤 말을 하려고 한 것인지는 분명하지 않다. 그러나 바울 일행에게 호의적인 발언을 하려고 한 것은 아닐 것이다. 방어적으로는 유대인들이 바울과 관계없다는 것을 말하려고 했거나, 공세적으로는 바울을 공격하는 말을 함으로써 바울을 궁지에 몰아넣으려고 했을 것으로 보인다.

그러나 알렉산더의 연설은 시작조차 하지 못했다. 왜냐하면 에베소 사람들은 유대인들도 좋아하지 않았기 때문이었다. 에베소 사람들은 알렉산더가 유대인인 줄 알고 있었기 때문에, 큰 소리로 "크다! 에베소 사람의 아데미여!" 하고 외치기를 두 시간 동안이나 계속하였다. 그야말로 큰 소동이 벌어진 것이다. 이것은 벌써 단순히 종교적인 문제로 끝나지 않을 조짐을 나타냈다. 이러한 소동은 사회적이고 정치적인 성격으로 발전할 수 있는 위험한 일이었다.

[19 : 35-41] 여기에 에베소의 한 서기장이 등장한다. 헬라어 본문은 단순히

'서기관'으로 기록하고 있다. 이 사람은 에베소의 모든 기록을 정리하고 회계 일을 책임진 정부의 관리였다. 그가 나섰다는 것은 에베소에서 일어난 소동이 이미 정치적인 사안으로 발전하고 있음을 시사하는 것이다. 그는 지방의 관리로서 이러한 불법적이고 예측되지 않은 모임에 대하여 로마 정부에 보고할 책임이 있었다.

서기관이 나서서 무리를 진정시키고 연설을 시작하였다. 이 서기관의 연설은 데메드리오가 감정에 호소한 선동 연설과 달리 에베소 사람들의 이성에 호소하는 것이었다. 서기관은 에베소 시의 고귀한(?) 신분을 상기시킨다. 에베소 시는 아데미 여신과 제우스(또는 하늘)에게서 내려온 우상의 신전을 지키는 역할을 맡고 있다는 것이다. '제우스에게서 내려온 우상'이라는 표현은 '하늘에서 내려온 신상'이라고 번역할 수도 있는 말이다. 여기에서 에베소의 서기관은 스스로를 격하시키는 표현인 '우상'이라는 말을 사용하지 않았을 것이다. 타우로스(Taurus)에 아데미 형상을 한 운석이 떨어졌다는 기록이 있는 것으로 보아 에베소에도 그와 같은 운석이 떨어져 숭배되었는지도 모른다. 큰 신전에 아데미 여신과 아데미 형상을 한 이 운석(=신상)을 모셔 놓고 그것을 지키는 일이 에베소 시에서 관장하는 주요한 업무였던 것 같다.

서기관은 에베소 사람들의 자긍심에 호소한 뒤에, 에베소 사람들의 소동이 부당함을 설득하고자 한다. '이 일이 그렇지 않다 할 수 없으니'라는 번역은 그 뜻이 분명하지 않다. 여기에서 '이 일'은 무엇을 가리키는 것일까? 바울 일행이 행한 전도활동으로 인해 벌어진 소동을 가리키는 것인가? 아니면 에베소 사람들이 아데미 여신과 그 신상을 지키는 일을 가리키는 것인가? 문맥을 통해 파악해 볼 때, 이 말은 전자를 가리킨다고 할 수 있으며 '이 일이 문제가 된다고 하는 것은 부인할 수 없으니'라는 뜻으로 볼 수 있다. 그렇다면 바울과 관련된 사안이 문제가 있다면, 소동을 일으켜서 해결될 사건이 아니라 조용하고 경솔하지 않은 태도를 가지고 접근해야 한다고 설득하고 있다.

그리고 서기관은 바울 일행의 행동에 대해 그 성격을 규정해 주고 있다.

바울 일행이 신전 물건을 도둑질하거나 또 아데미 여신을 비방하지 아니한 것이 분명한데, 이들을 붙잡아 와서 무리하게 인민재판을 하려고 하는 것은 절차적으로 잘못되었음을 지적한다. 데메드리오와 그의 동역자들이 바울을 고발할 일이 있으면 한 달에 세 번씩 정기적으로 재판하는 날 하든지, 총독과 같은 관리들도 있으니 그들 앞에서 고소하는 것이 올바른 방법이 됨을 공표하고 있다. 공적인 문제가 아니고 또 다른 문제가 있다면 정식으로 모이는 합법적인 집회에서 결정하면 될 것이라고 조언한다.

　서기관은 충분한 이유도 없이 소동을 일으킨 것이 에베소 시에 불이익을 줄 것을 걱정하고 있다. 이러한 일로 로마 당국에 보고가 들어가면 에베소 시가 향유하고 있던 자유를 박탈당할 수도 있었기 때문이다. 서기관이 판단하기에 에베소 사람들의 소동을 수용하는 것으로 얻는 이익보다 에베소 시가 당할 수 있는 위험이 훨씬 더 컸다. 불법 집회로부터 얻을 수 있는 것은 별로 없었다. 실제로 소동을 일으킨 주체는 바울이 아니라 에베소 사람들이었기 때문이다. 서기관의 조리 있는 설명은 에베소 사람들의 소동을 잠재우기에 충분하였다. 그리하여 데메드리오로 인하여 촉발된 에베소의 소동 사건은 서기관의 연설로 인하여 진정되고, 불법 집회는 해산되는 결과를 가져왔다.

4. 에베소에서 밀레도까지의 항해(20 : 1-16)

[1]소요가 그치매 바울은 제자들을 불러 권한 후에 작별하고 떠나 마게도냐로 가니라 [2]그 지방으로 다녀가며 여러 말로 제자들에게 권하고 헬라에 이르러 [3]거기 석 달 동안 있다가 배 타고 수리아로 가고자 할 그때에 유대인들이 자기를 해하려고 공모하므로 마게도냐를 거쳐 돌아가기로 작정하니 [4]아시아까지 함께 가는 자는 베뢰아 사람 부로의 아들 소바더와 데살로니가 사람 아리스다고와 세군도와 더베 사람 가이오와 및 디모데와 아시아 사람 두기고와

드로비모라 ⁵그들은 먼저 가서 드로아에서 우리를 기다리더라 ⁶우리는 무교절 후에 빌립보에서 배로 떠나 닷새 만에 드로아에 있는 그들에게 가서 이레를 머무니라

[20 : 1-6] 바울은 에베소의 소요가 끝났을 때 다시 두란노 강연장으로 향하지 않았다. 3년 가까운 세월을 에베소에서 보낸 터라 이제 에베소 사역은 그곳 제자들에게 남겨두고 마게도냐로 건너갔다. 이미 마게도냐 지방의 여러 곳(빌립보, 데살로니가, 베뢰아)에서 전도한 적이 있었기 때문에(16-17장 참조), 늘 그런 것처럼 이번에도 이런 지역을 재차 방문하여 교회를 튼튼하게 하는 일을 하였다. 바울은 마게도냐를 거쳐 헬라 지역으로 내려갔다. 이곳에서 석 달을 체류하면서 고린도와 아덴 등지의 교회를 돌보았을 것이다. 아마도 이 시기(주후 56-57년 사이)에 고린도에서 로마서를 기록했을 가능성이 크다. 마게도냐와 헬라 지역에서의 활동은 간단하게 취급되어 있다. 중요한 활동은 '권면하는'(헬, '파라칼레오' 동사 사용) 것이었다(1-2절). 이는 통상적인 전도 활동이나 목회 활동을 다 같이 아우르는 개념이다.

바울의 다음 목적지는 수리아 안디옥이었으나, 유대인들의 박해로 인하여 해로로 가지 못하고 육로를 통해 거꾸로 왔던 길을 다시 가야 했다. 유대인들은 바울이 해로에서는 도망치지 못할 것으로 생각하여 바닷길에서 바울을 체포하려고 계획했었는지 모른다. 이로 인한 행로 변경은 시간을 지체하는 결과를 가져왔고 바울의 마음을 급하게 만들었을 것이다. 바울은 수리아를 거쳐 오순절 안에 예루살렘에 가기 위해 서두르지 않으면 안 되었다(16절 참조). 바울은 마게도냐를 거쳐 드로아로 건너간 뒤 중간 기착지로 밀레도까지 가게 된다.

마게도냐 지방에서 먼저 드로아로 건너간 선발대는 일곱 명으로서, 베뢰아 사람 소바더(부로의 아들), 데살로니가 사람 아리스다고와 세군도, 더베 사람 가이오, 루스드라 사람(16 : 2 참조) 디모데, 그리고 아시아 사람 두기고와

드로비모였다. 이들의 이름이 출생지와 더불어 제시된 것은(디모데 제외) 그들이 각각 그곳에서 개종하였다는 것을 나타내거나 각 지역의 대표자라는 것을 나타내는 것으로 보인다. 만약 후자라면 바울의 중요한 전도지였던 고린도와 빌립보의 대표자들이 거명되지 않은 것은 매우 이례적이다. 일곱 명의 선발대는 먼저 드로아로 가서 '우리'(바울과 다른 사람〈들〉)를 기다렸다. '우리'가 나중에 합류한 이유는 명확하지 않지만, 무교절을 지키려는 것이 한 가지 중요한 이유였을 수 있다. 이것을 볼 때 바울은 유대 율법을 잘 지키려고 했던 것으로 묘사되고 있다. 바울은 빌립보에서 출항하여 드로아에 닷새 만에 도착하였고, 드로아에서 기다리고 있던 일곱 명의 선발대와 합류하여 일주일을 머물렀다. 사도행전에서 여기에서부터는 정확하게 항해 인원, 항해 일수, 체류 기간 등을 명시하고 있어서 메모로 작성된 항해일지에 근거하여 기록을 하고 있다는 인상을 준다.

> [7]그 주간의 첫날에 우리가 떡을 떼려 하여 모였더니 바울이 이튿날 떠나고자 하여 그들에게 강론할새 말을 밤중까지 계속하매 [8]우리가 모인 윗 다락에 등불을 많이 켰는데 [9]유두고라 하는 청년이 창에 걸터앉아 있다가 깊이 졸더니 바울이 강론하기를 더 오래 하매 졸음을 이기지 못하여 삼 층에서 떨어지거늘 일으켜 보니 죽었는지라 [10]바울이 내려가서 그 위에 엎드려 그 몸을 안고 말하되 떠들지 말라 생명이 그에게 있다 하고 [11]올라가 떡을 떼어 먹고 오랫동안 곧 날이 새기까지 이야기하고 떠나니라 [12]사람들이 살아난 청년을 데리고 가서 적지 않게 위로를 받았더라

[20 : 7-12] 바울은 드로아에 도착하여 그 주간의 첫날에 '떡을 떼려고' 함께 모였다. 떡을 떼는 것은 성만찬 식사나 애찬식을 연상시킨다. 그리고 '그 주간의 첫날'을 유대식 표현으로 본다면, 여기에서 '그 주간의 첫날'은 토요일 해진 후부터 일요일 해질 때까지의 하루를 의미한다. 이것을 로마식으로 이

해하면 '그 주간의 첫날'은 토요일 자정부터 일요일 자정까지를 의미한다. 바울이 밤중까지 말을 계속한 것으로 미루어 볼 때, 토요일 저녁 때 떡을 떼러 모였던 것으로 볼 수 있으며 이것은 유대식의 시간 이해가 그 배경에 있는 것 같다. 그런데 '이튿날'(아마도 아침에) 여행을 떠날 것을 언급한 것으로 미루어 볼 때, 로마식의 시간 이해가 밑바탕에 깔려 있다고도 볼 수 있다.

바울이 드로아에 도착한 날과 떡을 떼려고 모인 '그 주간의 첫날'이 반드시 같은 날은 아니다. 그리고 바울이 토요일 저녁에 모였는지, 일요일(주일) 저녁에 모였는지 우리가 잘 알 수는 없다. 중요한 것은 바울이 일주일의 첫날에 성도들과 함께 성만찬을 행하고 애찬을 나눈 뒤(저녁 시간이었던 것 같다.) 강론을 시작하였다는 것이다. 바울은 일정을 서두르지 않으면 안 되었기 때문에 다음날 예루살렘으로 떠날 작정이었다. 그래서 강론을 밤중까지 계속하게 되었다.

바울이 강론을 한 곳은 어떤 그리스도인의 집이었다. 그 집은 다락방이 달린 삼 층집이었던 것으로 보인다. 이로 보건대 그 집의 주인은 상당한 재산과 사회적 지위가 있었던 사람으로 판단된다. 등불을 많이 켠 것은 많은 사람이 모였다는 것을 보여 준다. 바울은 가는 곳마다 회당이 아니면 유력한 그리스도인이 내준 집에서 모임을 가졌다. 바울의 사역은 이렇게 장소를 제공하는 사람이 있었기 때문에 가능했다.

바울이 강론을 하는 과정에 등장하는 하나의 에피소드가 바울의 사역을 특징짓고 있다. 유두고라고 하는 청년이 창에 걸터앉아 말씀을 듣고 있었다. '유두고'라는 이름은 '행운'이라는 뜻을 가지고 있고, '청년'으로 번역된 헬라어 '파이스'는 소년(9-14살)을 가리키거나 노예(30대)를 의미할 수도 있다. 만약 유두고가 노예였다면, 고된 하루 일과를 마치고 늦게 모임에 참석하여 앉을 곳이 마땅하지 않아 창에 걸터앉아서 말씀을 듣다가 졸음에 빠지게 된 것이라고 추정할 수 있다. 다른 사람들은 유두고가 어떤 상태에 있는지 의식하지 못하고 말씀을 듣는 일에 집중하고 있었던 것으로 보인다. 유두고가 졸다가 삼 층에서 떨어지자 모든 참석자들은 크게 놀랐을 것이다. 우리는 여기에서 유두고가 믿음이 없어서 말씀에 집중하지 못한 까닭에 떨어지게 되었다고 생각할 필요는 없다. 노예의 신분에도 불구하고(노예였다고 할 때) 말씀을 들으러 온 것만 해도 그의 열심과 진정성을 의심할 이유는 없다.

유두고는 떨어져 죽은 것으로 보였다. 만약 유두고가 죽게 된다면 복음을 전하는 데 장애가 될 것은 자명하였다. 다른 사람들이 어떠한 조치를 취하기 전에, 바울이 먼저 내려가 유두고의 몸 위에 엎드려 그 몸의 상태를 살펴보았다. 사람들은 당연히 죽었을 것이라고 생각했는지 모르지만, 바울은 그의 생명이 아직 붙어 있다고 말하면서 동요하지 말라고 한다. 유대인들은 죽은 자의 영혼이 죽은 지 삼 일 동안은 죽은 사람의 곁을 떠나지 않는다고 믿고 있었다. 이러한 생각이 바울로 하여금 유두고의 죽음을 당연하게 받아들이지 않게 만든 것인지 모른다. 유두고는 높은 곳에서 떨어졌지만 치명상을 입지 않았다. 아마 기절을 하였던 것인지도 모른다. 바울이 죄수로 로마로 체포되어 가기 전 마지막으로 행한 이 기적은 실제로 바울이 기적을 베풀었다는 설명도 행동도 없다. 다른 사람들은 유두고가 모두 죽었다고 생각했지만 바울은 그가 죽지 않았다고 믿었고, 그를 일으켜 세워 음식을 먹이고 다시 삶을 살아나가도록 해 주었다.

바울은 유두고를 데리고 올라가서 음식을 먹게 하고 날이 새기까지 오랫동안 그와 이야기하였다. 사람들도 유두고가 살아난 것을 보고 안심하였고, '적지 않게' 큰 위로를 받았다. 유두고는 자기 이름의 뜻과 마찬가지로 죽을 뻔하였다가 살아나는 '행운'을 맛보게 되었다. 아마 유두고는 드로아에서 신앙을 더 잘 키워 교회에 큰 도움이 되는 인물이 되었을 것이다. 바울은 유두고가 깨어나 강건하게 된 것을 확인하고 이른 아침이 되자 길을 떠났다.

[13]우리는 앞서 배를 타고 앗소에서 바울을 태우려고 그리로 가니 이는 바울이 걸어서 가고자 하여 그렇게 정하여 준 것이라 [14]바울이 앗소에서 우리를 만나

니 우리가 배에 태우고 미둘레네로 가서 [15]거기서 떠나 이튿날 기오 앞에 오고 그 이튿날 사모에 들르고 또 그 다음날 밀레도에 이르니라 [16]바울이 아시아에서 지체하지 않기 위하여 에베소를 지나 배 타고 가기로 작정하였으니 이는 될 수 있는 대로 오순절 안에 예루살렘에 이르려고 급히 감이러라

[20 : 13-16] 바울을 제외한 다른 사람들은 배를 타고 드로아에서 앗소로 먼저 갔다. 그것은 바울이 15km를 걸어서 드로아에서 앗소까지 가고자 원했기 때문이었다. 이 거리는 하룻길에 해당되는 거리인데, 구체적인 목적이 무엇이었는지 알 수는 없다. 복음을 전할 일이 있었거나, 혼자서 시간을 가지며 하나님과 교제하려고 하였거나, 사람들의 눈에 띄지 않으려고(박해를 피하기 위해서?) 그렇게 한 것 같다.

    바울은 앗소에서 다른 일행들을 만나 배를 타고 미둘레네로 갔다. 거기에서 하룻밤을 묵은 뒤 해안선을 따라 항해하여 기오에 도착하였다. 하룻밤을 거기에서 묵고 다시 사모에 들렀다. 거기에서 하룻밤을 묵은 뒤, 앗소를 출발한 지 나흘 만에 중간 기착지인 밀레도에 도착하였다.

    바울이 이렇게 숙박하는 것을 제외하고 항해를 계속한 것은 오순절 안에 예루살렘에 도착하기 위해서였다. 바울은 무교절이 끝나자마자 빌립보를 출발하여 지금까지 16~17일을 여행하는 중이었다. 유월절(무교절의 첫날)에서 오순절까지 50일이 걸리므로 이제 3주 정도 항해하여 예루살렘에 도착해야 했다. 그래서 소아시아의 수도인 에베소에 들어가지 않고 지나치기로 한 것이다. 에베소에 들어가지 않은 또 하나의 이유는 그곳에서 바울이 소동을 겪은 지가 얼마 되지 않았기 때문이다. 에베소에 들렀다가 또 다른 소요에 휘말리게 되면 예정한 기한 내에 예루살렘에 도착할 수 없을 것으로 판단했을 것이다. 또한 바다 여행은 계절에 따라 부는 바람의 영향이 크고 해적의 위험도 있기 때문에 기한 내에 도착할 수 있다는 보장이 없었다. 그래서 가능하면 서둘러야만 했다.

5. 고별설교(20 : 17-38)

[17]바울이 밀레도에서 사람을 에베소로 보내어 교회 장로들을 청하니 [18]오매 그들에게 말하되 아시아에 들어온 첫날부터 지금까지 내가 항상 여러분 가운데서 어떻게 행하였는지를 여러분도 아는 바니 [19]곧 모든 겸손과 눈물이며 유대인의 간계로 말미암아 당한 시험을 참고 주를 섬긴 것과 [20]유익한 것은 무엇이든지 공중 앞에서나 각 집에서나 거리낌이 없이 여러분에게 전하여 가르치고 [21]유대인과 헬라인들에게 하나님께 대한 회개와 우리 주 예수 그리스도께 대한 믿음을 증언한 것이라 [22]보라 이제 나는 성령에 매여 예루살렘으로 가는데 거기서 무슨 일을 당할는지 알지 못하노라 [23]오직 성령이 각 성에서 내게 증언하여 결박과 환난이 나를 기다린다 하시나 [24]내가 달려갈 길과 주 예수께 받은 사명 곧 하나님의 은혜의 복음을 증언하는 일을 마치려 함에는 나의 생명조차 조금도 귀한 것으로 여기지 아니하노라 [25]보라 내가 여러분 중에 왕래하며 하나님의 나라를 전파하였으나 이제는 여러분이 다 내 얼굴을 다시 보지 못할 줄 아노라 [26]그러므로 오늘 여러분에게 증언하거니와 모든 사람의 피에 대하여 내가 깨끗하니 [27]이는 내가 꺼리지 않고 하나님의 뜻을 다 여러분에게 전하였음이라 [28]여러분은 자기를 위하여 또는 온 양 떼를 위하여 삼가라 성령이 그들 가운데 여러분을 감독자로 삼고 하나님이 자기 피로 사신 교회를 보살피게 하셨느니라 [29]내가 떠난 후에 사나운 이리가 여러분에게 들어와서 그 양 떼를 아끼지 아니하며 [30]또한 여러분 중에서도 제자들을 끌어 자기를 따르게 하려고 어그러진 말을 하는 사람들이 일어날 줄을 내가 아노라 [31]그러므로 여러분이 일깨어 내가 삼 년이나 밤낮 쉬지 않고 눈물로 각 사람을 훈계하던 것을 기억하라 [32]지금 내가 여러분을 주와 및 그 은혜의 말씀에 부탁하노니 그 말씀이 여러분을 능히 든든히 세우사 거룩하게 하심을 입은 모든 자 가운데 기업이 있게 하시리라 [33]내가 아무의 은이나 금이나 의복을 탐하지 아니하였고 [34]여러분이 아는 바와 같이 이 손으로 나와 내 동행들이

쓰는 것을 충당하여 [35]범사에 여러분에게 모본을 보여 준 바와 같이 수고하여 약한 사람들을 돕고 또 주 예수께서 친히 말씀하신 바 주는 것이 받는 것보다 복이 있다 하심을 기억하여야 할지니라

[20:17] 바울은 자신이 직접 에베소에 들리지 않는 대신에 사람을 보내어 에베소 교회의 장로들을 밀레도로 불러왔다. 시간을 절약하고, 위험에서 안전을 보장받으며, 항해에 유리한 시기를 놓치지 않기 위해서였을 것이다. 밀레도에서 에베소까지의 거리는 약 50km 정도 되는데, 하룻길로 왕래하기에는 먼 거리였다. 만약 바울이 에베소까지 갔다가 다시 밀레도로 돌아오려면 적어도 닷새는 잡아야 했을 것이다.

바울은 에베소 교회의 장로들을 밀레도로 불렀는데, 이것은 50년대 중반에 이미 '장로들'이 있었을까 하는 의문을 가지게 만든다. 그런데 비슷한 시기에 쓴 것으로 생각되는 빌립보서에 '감독'(빌 1:1)이 등장하고 있다. 여기에 언급한 감독은 장로와 같은 역할을 하였다고 보고 있다. 실제로 바울은 에베소 장로를 '감독자'(28절)로 부르고 있다. 원래 장로는 유대교의 직분이었다. 초대 교회는 유대교로부터 장로라는 칭호를 차용하여 사용하였는데, 그 역할은 양 떼를 돌보는(=감독하는) 일이었음을 알 수 있다.

[20:18-21] 바울은 에베소 장로들에게 에베소를 비롯한 아시아 전역에서 행한 자신의 사역을 설명한다. 그것은 명명백백하게 모든 이들에게 공개된 사실로서, 겸손과 눈물로 복음을 증언하는 일에 거리낌이 없었다는 것이다. 유대인들의 간교한 박해를 견디어 내면서 주를 섬겼으며, 집안에서나 광장 바깥에서 복음을 전하는 데 주저함이 없었다고 겸손하지만 떳떳하게 말하고 있다. 연설의 서두를 이렇게 시작함으로써 바울은 에베소 장로들과의 공감대를 형성하고 신뢰를 얻으려고 한다.

바울의 고별설교는 구약성경에서 야곱(창 49장), 여호수아(수 23-24장),

사무엘(삼상 12장)의 설교와 비교되며, 신약성경에서는 요한복음 13~17장, 디모데전서 4:1~16, 디모데후서 3:1~4:8의 그것과 비교된다. 바울이 "내얼굴을 다시 보지 못할 줄 아노라"(25절)라고 말하고 있지만, 바울의 고별설교는 유언과 다르다. 왜냐하면 바울은 여기에서 죽음을 예견하고 있지 않기 때문이다. 바울은 다만 에베소 장로들을 떠난다는 것을 강조하면서 그들에게 에베소 교회를 돌볼 책임을 부여하고 있는 것이다(요 21장 비교). 21절에서 말한 것처럼, 바울이 복음을 전파하면서 강조했던 것은 회개와 믿음이었다. 바울은 하나님 앞으로 돌아오는 회개가 우선되어야 함을 알고 있었다(살전 1:9 참조). 그리고 예수 그리스도에 대한 믿음 없이는 안 된다는 점을 누누이 강조하였다. 바울은 하나님이 보내신 예수 그리스도의 죽음과 부활을 믿는 것이 하나님과의 관계를 바르게 회복시키는 것이라고 주장하였다(롬 10:9-13 참조).

[20:22-24] 바울은 결연한 자세로 말하고 있다. 바울은 자신이 예루살렘으로 가는 것은 성령에 매여 이루어지는 일이라고 밝힌다. 그리고 예루살렘에 가면 결박과 환난을 당하게 될 것임을 알고 있다. 그럼에도 불구하고 바울은 예루살렘에 가는 것을 두려워하거나 주저하지 않는다. 복음을 전하기 위해 달려갈 길을 마칠 것이며 그 과정에서 생명의 위협을 받게 되더라도 개의치 않겠다고 공언한다. 바울은 이 복음을 증언하는 일을 주 예수께 받은 '사명'이라고 말한다. 여기에서 '사명'으로 번역된 헬라어 단어는 '디아코니아'로써 '섬김, 봉사, 구제'를 뜻하는 말이기도 하다. 사도행전에서 이 단어가 예루살렘에 전달할 헌금과 관련되어 쓰이고 있기 때문에(11:29; 12:25 참조), 바울이 여기에서 이번 여행이 예루살렘 교회에 헌금을 전달하기 위한 여행이라는 성격을 규정하고 있는지도 모른다.

바울의 밀레도 고별설교에는 하나님, 예수 그리스도, 성령에 대한 언급이 나타나지만, 특별히 하나님에 대한 언급이 많이 나온다. 이는 하나님께 대한 회개(21절), 하나님의 은혜의 복음(24절), 하나님의 나라(25절), 하나님의 뜻

(27절), 하나님이 자기 피로 사신 교회(28절)를 언급하는 것을 보면 알 수 있다. 여기에서 두 가지 표현에 주목하게 된다. 먼저 '하나님의 은혜의 복음'은 바울서신에 나타나는 용어는 아니지만 바울의 사상을 잘 대변해 주는 표현이다. 복음은 곧 하나님의 은혜로 말미암아 주어진 것이기 때문이다. 둘째로, '하나님이 자기 피로 사신 교회'라는 표현은 특이하다. 예수는 교회의 머리이며(엡 5 : 23 참조), 교회는 예수 그리스도의 피로 산 것이기 때문이다. 이렇게 하나님을 강조한 것은 이방인에게 전하는 설교였기 때문일 것이다.

[20 : 25-27] 바울은 22절에 이어 이곳에서도 "보라!"(헬, '이두')라고 말하면서 청중의 주의를 집중시킨 뒤에 충격적인 선언을 하고 있다. 에베소 장로들이 다시는 바울의 얼굴을 보지 못할 것이라고 하였기 때문이다. 이것은 유언처럼 들리지만 유언은 아니다. 다만 바울이 아시아에서 더 이상 사역을 하지 않고 성령에 매인 바 되어 다른 곳에서 복음을 전하게 될 것이라는 점을 강조한 것이다. 바울이 "모든 사람의 피에 대하여 내가 깨끗하다."라고 증언하고 있는 것은(18 : 6 참조), 그가 전한 복음을 받아들이지 않거나 바울이 전해 준 경고를 무시할 때 그 책임이 바울에게 있지 않다는 점을 분명히 하고자 하는 데 있다.

[20 : 28-32] 바울은 에베소 교회를 보살피는 감독자의 역할을 맡은 장로들이 스스로 주의하는 것이 필요하다고 경고한다. 왜냐하면 자신의 처신에 주의하지 않는 사람이 다른 사람들을 보살필 수는 없기 때문이다. 여기에서 '감독자'는 제도적인 직제를 가리킨다기보다 교회를 돌보는 역할에 초점을 맞추고 있다고 생각된다.

바울은 떠나면서도 자기가 떠난 다음에 교회를 어지럽히는 '사나운 이리'가 '양 떼'를 해칠 것을 우려하고 있다. 이러한 우려는 바울의 편지나 고별설교 가운데 항상 등장하는 요소이기도 하다. 교회를 어지럽히는 자들은 교회

내부에서도 일어날 수 있고, 교회 밖에서 침입할 수도 있다. 만약에 그러한 일이 있게 된다면, 바울은 자신이 삼 년 동안이나 밤낮 쉬지 않고 눈물로 훈계하였던 것을 기억하라고 교훈하고 있다. 이렇게 에베소 교회가 그의 훈계를 기억하는 것은 환난을 극복하는 매우 유용한 수단이 될 것이라고 예고하고 있다.

그렇게 당부하고서도 안심이 안 되어, 바울은 계속하여 하나님과 그 은혜의 말씀에 의탁하고 있다. 여기에서 '말씀'은 인격적인 예수를 가리키지 않는다(요 1:1 참조). 오히려 하나님의 은혜의 복음(24절)을 가리킨다. 바울은 하나님께서 전해진 말씀이 뿌리를 내려 환난 가운데서도 흔들리지 않게 지켜주실 것을 믿고 있다. 하나님께서 복음을 들은 사람들을 거룩하게 해 주심으로써 영원한 기업을 얻게 될 것이라고 확신하고 있는 것이다.

[20:33-35] 바울의 설교는 서두(18-21절)와 마찬가지로 그가 어떻게 모범적으로 복음을 전하는 일에 헌신하였는지를 강조하면서 마치고 있다. 그는 십계명의 하나인 탐심을 가지지 않았다고 하면서 경제적 이득을 목적으로 복음을 전하지 않았다고 말한다. 또한 다른 사람들에게 폐를 끼치지 아니하려고 '손으로' 일한 것을 언급하고 있다. 그렇게 일하여 약한 사람들을 돕기까지 하였다고 밝히기를 주저하지 않는다. 이러한 언급들은 모두 물질에 대한 태도와 관련된 것들이다. 왜 바울은 이 시점에서 물질의 문제를 거론했을까? 그것은 그 당시 많은 전도자를 자칭하는 자들이 사람들에게 경제적인 부담을 지우는 것을 당연하게 생각하곤 했기 때문일 것이다.

바울은 예수께서 하신 말씀을 인용하여, "주는 것이 받는 것보다 복이 있다."고 하는 말을 잊지 말라고 당부하고 있다. 이러한 주장은 당시 로마 사회에서 서로 주고받는 호혜적인 행동을 당연하게 받아들이는 풍토를 생각할 때 상당히 이례적으로 비쳐질 수 있었다. 인용하고 있는 내용을 복음서에서 찾을 수는 없지만, 구전 전승으로 내려온 것으로 보인다. 바울은 힘들게 손수일하여 그것을 약한 사람들을 돕는 일에 참여하였다. 이러한 정신은 예루살렘의 가난한 성도들을 돕기 위해 헌금을 모금하는 일로 확장되었다. 바울은 사회적 신분으로 볼 때 '손으로' 일하지 않아도 되었을지 모르지만, 스스로 신분을 낮추어 가난한 사람들과 동일시하고 있는 모습을 보여 주었다. 이러한 그의 행동은 예수 그리스도의 모범을 따르는 것이기도 하였다. 예수 그리스도는 하나님과 본체이시지만 스스로 죄 있는 인간의 모양으로 낮아지셨으며(빌 2:7-8), 많은 사람들을 섬기기 위하여 자기 목숨을 대속물로 내어놓았기 때문이다(막 10:45).

> [36]이 말을 한 후 무릎을 꿇고 그 모든 사람들과 함께 기도하니 [37]다 크게 울며 바울의 목을 안고 입을 맞추고 [38]다시 그 얼굴을 보지 못하리라 한 말로 말미암아 더욱 근심하고 배에까지 그를 전송하니라

[20:36-38] 바울은 에베소 장로들에게 고별설교를 한 뒤에 그들과 함께 기도하고 작별하고자 하였다. '무릎을 꿇고' 기도하였다는 것은 바울과 에베소 장로들의 간절함과 심정을 대변하여 준다. 그들은 감정에 복받쳐 모두 크게 울음을 터뜨렸고, 바울의 목을 안았으며, 입을 맞추었다. 이러한 일련의 행위는 바울이 "내 얼굴을 다시 보지 못할 줄 아노라."고 말한 것을 상기하였기 때문에 더 고무되었다. 에베소 장로들은 근심을 거두지 못한 채 바울이 배를 타는 곳까지 따라와 그를 전송하였다. 여기에서 '전송하다'라는 말은 단지 바울을 배웅하였다는 것 이상의 의미를 가질 수 있다. 다시 말해, 에베소 장로들은 바울 일행이 멀리 예루살렘으로 가는 길까지 필요한 양식과 비용을 부담하였다는 것을 암시하고 있다. 이렇게 하여 바울은 3년 동안 공들였던 에베소 교회와 아시아 지역의 사역을 마치고 있다. 이후 바울 사역은 예루살렘에로의 항해와 가이사랴 감옥의 수감생활 및 심문, 그리고 로마로의 호송과 수감생활로 이어진다. 주로 바울의 체포와 심문 등 죄수로서의 바울의 모습을 통해

복음 증거의 기회로 삼고 있는 것을 보게 된다.

설교를 위한 묵상 : "눈물 어린 부탁"(20 : 28-38)

바울의 선교여행은 이제 막바지에 다다랐다. 밀레도에서의 고별설교는 그 정점에 있다(20 : 25). 바울은 이미 에베소에서 큰 소동을 겪은 바 있다(19 : 21-41). 이로 인해 에베소를 다시 찾고자 한 바울의 마음은 심히 착잡했으리라. 바울은 에베소에 직접 들어가는 대신에 밀레도로 에베소 교회의 장로들을 오게 했다. 바울은 오순절이 되기 전에 급히 예루살렘으로 가기로 결심한 터였기 때문이다(20 : 16). 바울이 위험을 무릅쓰고 배를 타고라도 예루살렘에 가고자 한 목적은 복음에 대해 증언하는 것과 예루살렘의 가난한 교회에 헌금을 전달하려는 것이었다('사명'의 의미에 관하여 주석을 참조할 것).

바울은 3차 선교여행을 하는 가운데 3년 동안 에베소에 머물렀다(20 : 31). 그러므로 이곳은 많은 정열을 쏟았던 곳이고, 고난도 많이 당한 곳이었다. 바울은 그가 에베소에서 행한 사역을 회고하면서 고난을 당한 것과 이방인에게도 담대하게 복음을 전한 것, 예루살렘으로 향하는 자신의 심정을 비장하게 토로하고 있다. 바울은 그의 사역이 종착역에 다다른 것을 느끼고 있었다(20 : 25, 38). 그래서 에베소 장로들에게 눈물(20 : 19, 31, 37 참조)로 부탁을 하게 된 것이다.

첫째, 바울은 '하나님이 자기 피로 사신 교회'를 잘 보살펴 달라고 부탁하였다. 무엇보다도 스스로 삼가서 사람들에게 책잡힐 일이 없어야 할 것을 말하고 있다. 그것은 교회 지도자의 가장 기본적인 덕목이다. 오늘날 한국 교회의 문제는 대부분 지도자의 도덕적 흠결에서부터 발생하고 있는 것을 보아도 이를 알 수 있다. 둘째, 바울은 잘못된 교훈으로 장차 교회를 어지럽힐 수 있는 '사나운 이리'로부터 교회를 지킬 것을 부탁한다. 바울은 그들이 교회에 잠입해 그리스도인 형제들을 현혹해서 빼낼 것을 우려하고 있다. 오늘날 한국 교회에도 '신천지 이단'이 이러한 짓을 하고 있지 않은가? 셋째, 바울은 에베소 교회 지도자들로 하여금 바울이 그들과 함께 사역할 때 보여 주었던 자세와 정신을 잊지 않고 기억해 줄 것을 부탁한다. 바울은 삼 년 동안 밤낮 쉬지 않고 눈물로 신앙을 권면하였다. 어느 교회든지 본받을 만한 믿음의 선배들이 있다면 든든할 것이다. 어려움이 올 때 그 모습을 기억하고 힘과 용기를 얻을 수 있기 때문이다. 그렇지만 바울은 자신만을 기억해 달라고 말하지 않았다. 에베소 교회를 최종적으로 하나님과 은혜의 말씀에 맡기고 있다. 그것은 하나님만이 교회를 온전히 지켜 주실 수 있기 때문이다.

6. 밀레도에서 예루살렘까지의 항해(21 : 1-16)

[1]우리가 그들을 작별하고 배를 타고 바로 고스로 가서 이튿날 로도에 이르러 거기서부터 바다라로 가서 [2]베니게로 건너가는 배를 만나서 타고 가다가 [3]구브로를 바라보고 이를 왼편에 두고 수리아로 항해하여 두로에서 상륙하니 거기서 배의 짐을 풀려 함이러라 [4]제자들을 찾아 거기서 이레를 머물더니 그 제자들이 성령의 감동으로 바울더러 예루살렘에 들어가지 말라 하더라 [5]이 여러 날을 지낸 후 우리가 떠나갈새 그들이 다 그 처자와 함께 성문 밖까지 전송하거늘 우리가 바닷가에서 무릎을 꿇어 기도하고 [6]서로 작별한 후 우리는 배에 오르고 그들은 집으로 돌아가니라

[21 : 1-3] 이제 바울 일행은 밀레도에서 에베소 장로들에게 아쉬운 작별을 고하고 예루살렘으로 향한다. 예루살렘까지 가는 여정은 비교적 간략하게 취급되고 있다. 바울이 예루살렘으로 가는 길은 예수께서 예루살렘으로 가는 길과 여러 면에서 평행을 이루고 있다는 점이 지적되었다. 유대인들의 음모로 인한 박해가 있었고, 이방인들에게 넘겨졌으며, 고난에 대한 세 차례의 예고가 있었다(눅 9 : 22, 44 ; 18 : 31-34과 행 20 : 22-24 ; 21 : 4, 10-11). 사도행

전에서 바울이 다르게 묘사된 것은 예루살렘이 최후 목적지가 아니라 로마라는 점과 바울이 로마에서 최후를 맞이하는 모습이 기록되지 않고 있다는 점이다.

사도행전에서 세 번째로 등장하는 '우리 단락'(21 : 1-18)은 앞의 두 번(16 : 10-17 ; 20 : 5-15)과 마찬가지로 배를 타고 항해하는 여정 가운데서 등장한다. 이것은 누가가 함께 동행하였거나 동행한 사람의 항해일지, 혹은 전언에 근거하여 기록했음을 짐작하게 한다. 바울은 지중해의 연안을 따라 고스와 로도와 바다라까지 항해하였다는 기록을 남기고 있다. 이러한 장소들을 언급한 것은 바울이 숙박을 했던 장소를 알려 주려는 의도가 있었거나 사도행전 기록의 신빙성을 높이려는 의도에서 비롯되었을 것이다. 또는 항해하기에 좋은 계절(대체로 5월 말에서 9월 중순까지)을 넘기지 않아야 했기 때문이었을 것이다.

바울은 바다라에서 베니게로 가는 배를 갈아탔다. 이제까지는 해안선을 따라 가는 작은 배라도 충분했지만, 수리아의 두로까지 먼 길(약 650km)을 가려면 큰 배가 필요했기 때문이었다. 이 배는 해안선을 따라 항해하지 않고 넓은 바다로 나가 항해하였다. 바울 일행은 큰 배로 쉬지 않고 항해하여 구브로를 왼편에 두고 지나 수리아의 두로에 도착하였다. 두로는 큰 항구로서 수리아 지역에 온 사람들이 짐을 풀고 목적지에 따라 흩어지는 지리적 요충지였다.

[21 : 4-6] 적어도 3주 정도 여행하여 중간 기착지인 두로에 도착하자 바울은 거기에서 일주일을 머물렀다. 항해가 순조로워 어느 정도 시간적인 여유가 있었던 것 같다. 두로에서 제자들(=신자들)을 찾아 믿는 사람의 집에서 머물며 신앙을 북돋아 주었다. 도움을 받은 두로의 제자들이 성령의 인도함을 받아 바울에게 예루살렘에 들어가지 말라고 말렸다. 그런데 정말 성령이 두로의 제자들을 통하여 바울에게 예루살렘에 가지 말라고 한 것일까? 바울은 구

제금을 전달하기 위해 예루살렘으로 가려는 결심이 확고하였고(19 : 21) '성령에 매여' 예루살렘으로 가고 있다고 확신하였는데(20 : 22), 그렇게 인도하신 성령이 이제 와서 예루살렘에 들어가지 말라고 번복하는 것은 일관성이 없는 일이기 때문이다. 따라서 예루살렘에 들어가지 말라고 권고한 것은 두로의 제자들이 바울의 말씀에 감동하여 인간적으로 그를 붙잡고 싶어했기 때문이었던 것으로 보인다.

일주일을 두로의 제자들과 머문 후 바울 일행은 그들과 작별할 수밖에 없었다. 이때에 아내와 아이들까지 다 나와서 성문 밖까지 전송하여 주었다. 그리고 에베소 장로들과 작별할 때처럼(20 : 36) 바닷가에서 무릎을 꿇고 함께 기도하였다. 이는 바울이 두로를 비롯한 여러 지역에서 존경과 사랑을 받았던 것을 보여 주고 있다. 또한 이러한 작별의 장면을 통해 어떻게 그렇게 되었는지는 잘 알 수 없지만(11 : 19 참조) 두로에 이미 상당한 규모의 기독교 공동체가 존재하고 있었음을 알 수 있다.

[7]두로를 떠나 항해를 다 마치고 돌레마이에 이르러 형제들에게 안부를 묻고 그들과 함께 하루를 있다가 [8]이튿날 떠나 가이사랴에 이르러 일곱 집사 중 하나인 전도자 빌립의 집에 들어가서 머무르니라 [9]그에게 딸 넷이 있으니 처녀로 예언하는 자라 [10]여러 날 머물러 있더니 아가보라 하는 한 선지자가 유대로부터 내려와 [11]우리에게 와서 바울의 띠를 가져다가 자기 수족을 잡아매고 말하기를 성령이 말씀하시되 예루살렘에서 유대인들이 이같이 이 띠 임자를 결박하여 이방인의 손에 넘겨주리라 하거늘 [12]우리가 그 말을 듣고 그곳 사람들과 더불어 바울에게 예루살렘으로 올라가지 말라 권하니 [13]바울이 대답하되 여러분이 어찌하여 울어 내 마음을 상하게 하느냐 나는 주 예수의 이름을 위하여 결박당할 뿐 아니라 예루살렘에서 죽을 것도 각오하였노라 하니 [14]그가 권함을 받지 아니하므로 우리가 주의 뜻대로 이루어지이다 하고 그쳤노라 [15]이 여러 날 후에 여장을 꾸려 예루살렘으로 올라갈새 [16]가이사랴의 몇

제자가 함께 가며 한 오랜 제자 구브로 사람 나손을 데리고 가니 이는 우리가 그의 집에 머물려 함이라

[21 : 7-9] 바울은 두로를 떠나 배로 돌레마이에 이르렀다. 돌레마이에서 일단 항해를 마치게 된다. 바울은 돌레마이의 믿는 형제들과 하루를 머물면서 신앙을 북돋아 주고 이튿날 가이사랴에 도착하게 된다. 가이사랴에서 바울은 전도자 빌립의 집에 머무르게 되는데, 이 빌립은 가이사랴에 출현하였던 8 : 40에서 마지막으로 나온 뒤 오랜만에 여기에 등장하고 있다. 이 빌립은 '전도자'(사도행전에서 한 번 나온다.)라는 별명으로 불림으로써 사도 빌립(1 : 13)과 구별된다. 여기에서는 빌립에 대한 언급보다 예언자였던 그의 네 딸을 소개하는 데 초점이 맞추어지고 있다. 그러나 처녀 예언자였던 빌립의 네 딸의 역할 역시 크게 부각되지 않는다. 빌립이나 그의 네 딸이 여기에서 등장하고 있는 것은 두 가지 이유에서였다. 하나는 바로 앞에 나온 가이사랴와의 연관성이고, 다른 하나는 바로 뒤에 나오는 아가보 예언자의 예언과의 연관성이다.

[21 : 10-14] 아가보 예언자는 이미 11 : 27~28에서 등장하였던 인물이다. 그는 예루살렘에 거주하던 예언자로서 큰 흉년을 예언했던 유명한 사람이었다. 바울이 가이사랴에 여러 날 머물러 있는 동안에 아가보 예언자가 유대(=예루살렘)에서 내려와서 이번에는 바울의 미래에 관하여 상징적인 예언을 하였다. 그는 바울의 띠(수건 같은 것으로 허리에 맨 것)를 가져다가 그의 손발을 묶은 뒤 이와 같은 일이 예루살렘에서 바울에게 일어날 것이라고 하였다. 그의 이 같은 상징적인 행위는 특이함을 보여 준다. 구약성경에서는 예언자들이 이 같은 상징적인 행위를 하곤 하였지만(렘 19 : 1-13 ; 겔 4 : 1-17), 신약성경에서는 여기에 유일하게 등장하고 있고, 또한 '성령이 말씀하셨다'는 것도 특이한 표현이다.

그런데 실제로 아가보의 예언이 실현되었다고 볼 수는 없다. 문자적으로 바울이 '유대인들에 의해 결박당한' 것이 아니었고, '이방인들의 손에 넘겨진' 것도 아니었기 때문이다. 바울은 다만 이방인들에게 상당히 자유로운 상태에서 심문을 받은 정도였다. 그러나 아가보의 예언이 의미 있는 것은 누가가 바울에 대한 박해가 로마인이 아니라 유대인의 책임이 크다는 것을 말하려고 하는 변증적인 뜻에 있을 것이다.

아가보가 예언을 하면서 바울에게 예루살렘에 올라가지 말라고 직접적으로 권면하지 않은 것은 의외로 여겨진다. 오히려 예루살렘에 올라가지 말 것을 권면한 사람들은 바울과 동행하던 사람들과 가이사랴 신도들이었다. 이러한 권면을 받은 바울은 절통한 심정을 토로하고 있다. 그들이 울면서 만류하는 것으로 인해 바울의 마음을 상하게 하였다고 오히려 질책하고 나선다. 바울은 결박은 물론 죽음조차도 두려워하지 않는다고 용기 있게 말함으로써 그의 의지와 결심을 확고히 드러낸다. 그렇다고 바울이 순교를 예상한 것은 아니었을 것이다. 하나님은 그가 회심할 때 심한 고난을 받게 될 것이라고 예고했지만 순교에 대한 언급은 없었다(9 : 16 참조). 바울이 사람들의 권면을 완강히 거부하였기 때문에, 이들은 "주의 뜻대로 이루어지이다!" 하고 포기할 수밖에 없었다.

[21 : 15-16] 이미 여러 날을 머물렀고, 또 여러 사람들이 바울에게 남아 있을 것을 권면하자, 바울은 여장을 꾸려 예루살렘으로 올라갈 결심을 실행에 옮긴다. 여기에서 '여장을 꾸렸다'(헬, '에피스큐아조마이')는 것은 말을 타고 하는 여행에 사용하는 헬라어 동사였다. 가이사랴에서 약 100km 정도 떨어진 거리에 있는 예루살렘까지 말을 타고 빨리 올라가고자 했던 것으로 보인다.

바울은 예루살렘으로 올라가면서 가이사랴의 몇몇 형제들과 함께 특별히 '오랜 제자' 나손을 데리고 갔다. 나손은 바울이 첫 번째 선교여행 때 구브로에서 개종시킨 사람이거나 구브로가 고향인 바나바가 개종시킨 사람이었던 것으로 보인다. 바울이 나손을 데리고 간 이유는 무엇보다도 예루살렘에 갔을 때 그의 집에 머물 수 있었기 때문이었다. 바울은 이처럼 가는 곳마다 믿는 형제자매의 집에서 숙식을 제공받으며 복음을 전하였다. 이것은 매우 긴요한 일이었다.

7. 예루살렘 교회 방문(21 : 17-26)

[17]예루살렘에 이르니 형제들이 우리를 기꺼이 영접하거늘 [18]그 이튿날 바울이 우리와 함께 야고보에게로 들어가니 장로들도 다 있더라 [19]바울이 문안하고 하나님이 자기의 사역으로 말미암아 이방 가운데서 하신 일을 낱낱이 말하니 [20]그들이 듣고 하나님께 영광을 돌리고 바울더러 이르되 형제여 그대도 보는 바에 유대인 중에 믿는 자 수만 명이 있으니 다 율법에 열성을 가진 자라 [21]네가 이방에 있는 모든 유대인을 가르치되 모세를 배반하고 아들들에게 할례를 행하지 말고 또 관습을 지키지 말라 한다 함을 그들이 들었도다 [22]그러면 어찌할꼬 그들이 필연 그대가 온 것을 들으리니 [23]우리가 말하는 이대로 하라 서원한 네 사람이 우리에게 있으니 [24]그들을 데리고 함께 결례를 행하고 그들을 위하여 비용을 내어 머리를 깎게 하라 그러면 모든 사람이 그대에 대하여 들은 것이 사실이 아니고 그대도 율법을 지켜 행하는 줄로 알 것이라 [25]주를 믿는 이방인에게는 우리가 우상의 제물과 피와 목매어 죽인 것과 음행을 피할 것을 결의하고 편지하였느니라 하니 [26]바울이 이 사람들을 데리고 이튿날 그들과 함께 결례를 행하고 성전에 들어가서 각 사람을 위하여 제사 드릴 때까지의 결례 기간이 만기된 것을 신고하니라

[21 : 17-19] 바울은 오랜 항해 끝에 목적하던 예루살렘에 도착하였다. 사도행전의 세 번째 '우리 단락'(21 : 1-18)도 여기에서 끝이 나고, 이후 27장까지는 삼인칭적 관점에서 서술된다. 바울은 무교절 절기가 끝난 후 빌립보를 떠나

(20 : 6) 에베소도 거치지 않고 예루살렘으로 직행한 것은 오순절 전에 예루살렘에 도착하기 위함이었다(20 : 16). 그러므로 20 : 6~21 : 16까지는 약 50일 정도가 걸렸다고 볼 수 있다. 그러나 예루살렘에 도착한 바울의 일정은 더디게 진행된다. 21 : 17~23 : 35까지는 2주 정도의 기간을 취급하고 있는 것에서도 알 수 있다.

이야기 시간(story time)에 비해 내러티브 시간(narrative time)이 길다는 것은 사건의 중요도를 반영한다. 여기에서 이야기 시간은 서사물에서 사건이 일어나는 동안의 실제 시간을 말하며, 내러티브 시간은 그것을 기록한 내용을 읽는 데 걸리는 시간을 말한다. 그렇다면 21 : 17~23 : 35이 실제적으로 2주 동안의 시간 안에 일어났던 사건/일이었지만, 그것을 기록한 지면은 상대적으로 많았다(예를 들어 20 : 6-21 : 16에 비해). 이러한 현상을 문학적 용어로는 '연장'이라고 한다. 이러한 현상은 심리적인 묘사를 할 때나 연설이나 반복적인 진술을 보일 때에 주로 나타난다. 21 : 17~23 : 35에서 내러티브 시간이 길어진 것은 바울의 체포와 그에 따른 변증적 연설이 길게 언급되고 있기 때문이다.

바울은 예루살렘에서 믿는 형제들의 따뜻한 환영을 받았다. 이들은 나손과 같은 디아스포라 유대인으로서 그리스도인이 된 사람들이었던 것 같다. 왜냐하면 이튿날 바울이 야고보를 수장으로 하는 장로들 모임에 들어갔을 때, 그들이 환영만 한 것은 아니었기 때문이다. 야고보는 사도행전 15장에 기록된 예루살렘 사도회의(주후 49년경) 이후 바울이 2, 3차 선교여행을 마치고 예루살렘으로 다시 돌아올 때(주후 57년경)까지 여전히 예루살렘 교회의 수장으로 자리를 지키고 있었다. 바울은 야고보와 장로들에게 문안한 뒤 자신이 행한 사역 보고를 자세하게 진술하였다. 바울은 유대인에게도 복음을 전했지만 그의 주된 사역은 이방인들을 위한 것이었음을 강조하였다. 그리고 그것은 결코 자신이 한 일이 아니라 하나님께서 그를 통하여 하신 일이었음을 드러내었다.

[21 : 20-21] 야고보와 장로들은 바울의 보고를 듣고 일단 하나님께 영광을 돌렸다. 그러나 그들은 환영하는 마음보다는 우려가 더 컸다. 그들은 현재 예루살렘과 그곳의 유대인들의 상황이 좋지 않다는 것을 바울에게 이해시키고자 노력한다. 비록 유대인 중에 믿는 사람들이 수만 명에 이르렀지만 다 율법에 열성을 가지고 있는 자들이라고 말한다. 이것은 유대인 그리스도인들이 여전히 유대 율법에 충실한 신앙생활을 하고 있었음을 반증하고 있다. 결코 바울에게 우호적인 생각을 가지고 있지 않다는 것이다. 여기에서 믿는 유대인들이 '수만 명'이나 있었다는 것은 과장법으로 볼 수 있을 것이다. 그러나 베드로의 오순절 설교 때 믿은 자가 삼천 명이었고(2 : 41), 솔로몬 행각 설교 때 믿은 자가 남자만 오천 명이었던 것을 보면(4 : 4) 턱없는 과장은 아니다. 이를 통해 율법에 충실한 유대인 그리스도인들이 많다는 것을 강조함으로써 바울에게 일종의 압력을 행사하려고 한 것으로 생각된다.

야고보와 예루살렘 교회의 장로들은 바울에 대해 유대인들이 들어 알고 있는 바를 알려 준다. 바울에 대한 비난은 디아스포라 유대인들에게 잘못 가르친 세 가지에 관한 것이었다. 그것은 모세의 율법을 따라 행하지 말라는 것과, 할례를 행하지 말라는 것과, 유대인의 관습과 전통을 지키지 말라고 가르쳤다는 것이다. 이러한 비난은 근거가 없는 것이었다. 왜냐하면 바울은 유대인들에게 될 수 있으면 율법을 지키는 모습을 보여 주려고 했기 때문이다. 이러한 비난이 이방인들에게 가르친 내용이었다면 더 설득력이 있었을 것이다. 바울은 이방인들에게까지 율법을 강조하지는 않았기 때문이다.

누가는 바울이 오순절 전에 예루살렘에 도착하기 위해 애를 썼으며, 그 목적 중의 하나가 구제금을 전달하는 것이었음을 사도행전 기록을 통해 보여 주었다. 그런데 정작 사도행전에는 예루살렘 도착 후의 기록에 오순절 절기를 명시적으로 언급하지 않으며 더군다나 구제금을 전달한 내용에 대해서 언급하지 않고 있어서 의아함을 가지게 된다. 오순절 절기에 관한 암시는 아시아에서 온 디아스포라 유대인들이 소동을 일으킨 것에서 찾을 수 있을지 모른다. 왜냐하면 절기 때는 많은 사람이 운집하기 때문에 그 기회를 이용하려 한 것으로 볼 수 있기 때문이다. 또한 19절에 나타난 보고 중 바울의 '사역'에 관해서 언급한 것을 구제금 전달로 보는 견해가 있다. '사역'이란 단어가 헬라어로 '디아코니아'로 되어 있기 때문이다(11 : 29 ; 12 : 25 ; 롬 15 : 31 참조). 디아코니아는 바울이 예루살렘의 가난한 성도들을 '섬기는 일'을 가리킬 때 사용한 단어이다. 그렇다면 예루살렘 교회가 하나님께 영광을 돌린 것은 이러한 보고에 대한 반응이었다고 볼 수 있을 것이다.

바울은 예루살렘 교회에 구제금을 전달하는 것에 종말론적 의미를 부여하기도 하였다. 스가랴서 8 : 22에 보면, 많은 이방인들이 예루살렘으로 와서 하나님을 찾을 것이라고 예언하고 있다. 이방인들이 보낸 구제금이 이방인과 유대인을 하나로 묶는 역할을 할 것이라고 기대하였는데, 실제적으로 그러한 효과를 거두지 못하였던 것으로 보인다. 이것은 그 당시의 예루살렘의 상황을 알면 이해되기도 한다. 주후 50년대 후반은 유대인들이 이방인에 대한 반감이 고조되어 있던 때여서 반유대적인 정서를 참지 못하였다. 그런 때였기에 바울의 이방인 사역과 이방인들이 보내온 구제금에 대해서 감사하는 마음을 드러내 놓고 표현할 수 없었던 상황이었던 것이다.

[21 : 22-25] 예루살렘 교회는 난감한 상황에 처하게 되었다. 하나님께서 바울을 통하여 이방인 중에서 행한 일을 환영해야 하지만, 또한 예루살렘에 거주하는 유대적인 정서에 민감하게 반응하는 동료 유대인들도 의식하지 않을 수 없었기 때문이었다. "그러면 어찌할꼬?"라는 말은 이러한 절박한 심정을 대변해 준다. 사도들이라도 있었다면 더 효과적인 방안이 마련될 수 있었을지 모르지만, 예루살렘 교회의 세 기둥(갈 2 : 9-10) 중 야고보만 남아 있다(아마 베드로와 요한은 순교하였던 것 같다).

숙고 끝에 예루살렘 교회가 해결 방안을 제시하고 있다. 서원한 네 사람의 남자를 데리고 성전에 가서 결례를 행하고 경제적 부담을 지면서까지 머리를 깎게 하면, 예루살렘에 거주하는 유대인들의 의구심을 해소하는 데 도움이 될 것이라고 제안한다. 바울은 이 제안을 수용하고 있다. 이것은 바울이 소신을 바꾼 것이 아니다. 다만 유대인들의 불필요한 오해가 복음을 전하는 데 도움이 되지 않는다고 판단하였기 때문에 이를 행한 것이다. 바울은 복음을 전할 때 "유대인들에게는 유대인과 같이, 율법 없는 자들에게는 율법 없는 자와 같이"(고전 9 : 20-21 참조) 행동하는 원칙을 피력한 바 있다. 바울은 구원의 진리에 관해서는 양보하지 않았지만, 상황에 대한 해석에 있어서는 유연한 태도를 보여 주었다. 그렇게라도 해서 복음의 진보가 나타난다면 그가 당하는 불편은 감수할 준비가 되어 있었다. 바울은 예루살렘 교회의 강요에 못 이겨서가 아니라 자유로운 판단에 따라 그렇게 한 것이다.

이방인 그리스도인들에게 편지한 내용은 이미 알려진 것이지만(15 : 20, 29) 여기에서 다시 한번 반복되고 있다. 우상 숭배(우상의 제물, 피, 목매어 죽인 것)와 부도덕한 일(음행)을 피하려면 이교 신전에서 행하는 축제에 참석하지 않는 것이 관건이었다. 이러한 언급은 유대인들이 율법에 따라 지키는 오순절 절기에 적합한 것이었다.

[21 : 26] 바울은 이튿날 네 사람을 데리고 성전에 들어가서 함께 결례를 행하였다. 바울도 율법을 따라 결례를 행함으로써 모범을 보였다. 그 역시 오랜 기간 이방인 지역에서 활동하였기 때문에 결례가 필요했기 때문이었다. 이 의식은 머리를 깎는 것 때문에 나실인 의식과 유사한 점이 있지만 실상 나실인 의식은 아니었던 것으로 보인다. 나실인 의식은 머리털이 자랄 때까지의 기간이 필요하기 때문에 한 달 정도의 기간이 요구되었다(민 6 : 2-21 참조). 그러나 부정한 땅인 이방 지역에서 돌아온 사람들에게는 일주일이 요구되었기 때문이다.

성전에 들어가서 행한 결례 의식은 좋은 뜻에서 한 것이지만 나쁜 결과를 초래할 수 있는 행동이기도 했다. 바울이 성전에 들락날락하게 됨으로써 많은 유대인들이 바울을 목격할 수 있는 기회를 제공한 셈이 되었다. 예루살렘 교회의 지도자들이 나쁜 의도를 가지고 바울에게 충고를 한 것은 아니었지만 결과적으로 이 일로 인하여 바울에게 곤경이 닥치게 되었다.

설교를 위한 묵상 : "화해를 주선하는 야고보"(21 : 17-26)

바울은 드디어 예루살렘에 도착하여 야고보를 비롯한 성도들로부터 환영을 받았다. 주의 형제 야고보는 여전히 예루살렘 교회의 수장으로서 활약하고 있었다. 바울은 자랑스럽게 이방인들 가운데서 역사하신 하나님의 일을 보고하였다. 예루살렘 교회는 바울의 사역 보고에 박수를 보내면서도 다른 한편으로는 걱정스러운 마음을 감출 수 없었다. 그것은 바울이 유대인들 사이에서 듣는 평판 때문이었다. 바울이 유대인들로부터 악평을 듣게 된 것은 그가 하나님의 율법을 무시하고 이방인들만을 위한다는 소문 때문이었다.

여기에서 우리가 고려해야 할 것은 유대인들 중 믿는 자들이 비록 수만 명에 이른다고 하더라도 여전히 유대교도들보다는 소수에 불과하며, 믿는 유대인들조차도 율법에 충실한 유대주의자들이었다는 사실이다. 자유주의자 또는 율법폐지론자로 인식되던 바울은 예루살렘에서 입지가 좁을 수밖에 없었다. 그러한 관점에서 보면 바울은 궁지에 몰릴 수 있는 상황에 처해 있었다. 고난을 겪으며 이방인 지역에서 선교사역을 잘 감당하고 돌아온 바울이 위기에 처하게 된다면, 초대 교회에 득이 될 것은 아무것도 없었다.

이 시점에서 예루살렘 교회의 수장인 야고보의 역할이 중요하게 요구되었다. 야고보는 의심의 눈초리로 바울을 쳐다보고 있는 유대주의자들과 바울을 화해시키기 위해 전면으로 나섰다. 이것은 야고보에게도 위험이 따르는 일이었다. 철저한 유대주의자로 인정을 받고 있던 야고보의 신뢰에 흠집이 생길 수 있는 사안이었다. 그럼에도 불구하고 야고보는 용감하게 나서고 있다. 바울을 나실인의 성결의식에 참여하게 함으로써 자유주의자라는 누명을 벗을 수 있도록 도와주고 있다. 이러한 조치가 궁극적인 해결책이 되지는 못하였지만(21 : 27-31 참조), 야고보의 화해 노력이 과

소평가되어서는 안 된다.

누가 야고보처럼 위험 부담을 안고 전면에 나서려고 하겠는가? 야고보가 바울을 동정하는 마음을 가졌기에 그럴 수 있었을 것이다. 하나님의 교회가 이방인과 유대인으로 나뉘는 것을 눈을 뜨고 볼 수 없었기에 그랬을 것이다. 바울이 오해를 받고 핍박을 당하는 것을 참을 수 없었기에 그렇게 했을 것이다. 야고보는 용감한 사람이었기에 그럴 수 있었을 것이다. 하나님의 교회를 사랑했기에 그럴 수 있었을 것이다. 야고보와 같은 사람이 필요하다. 어떤 사람이 오해와 불신을 받고 있을 때, 화해와 중재의 역할을 감당하는 것은 매우 중요하다. 그러한 사람을 통하여 하나님은 일하신다. 그러한 사람을 통하여 하나님의 교회를 든든히 세워 가신다.

P. 바울의 재판(21 : 27-26 : 32)

1. 결박당한 바울(21 : 27-36)

²⁷그 이레가 거의 차매 아시아로부터 온 유대인들이 성전에서 바울을 보고 모든 무리를 충동하여 그를 붙들고 ²⁸외치되 이스라엘 사람들아 도우라 이 사람은 각처에서 우리 백성과 율법과 이곳을 비방하여 모든 사람을 가르치는 그 자인데 또 헬라인을 데리고 성전에 들어가서 이 거룩한 곳을 더럽혔다 하니 ²⁹이는 그들이 전에 에베소 사람 드로비모가 바울과 함께 시내에 있음을 보고 바울이 그를 성전에 데리고 들어간 줄로 생각함이러라 ³⁰온 성이 소동하여 백성이 달려와 모여 바울을 잡아 성전 밖으로 끌고 나가니 문들이 곧 닫히더라 ³¹그들이 그를 죽이려 할 때에 온 예루살렘이 요란하다는 소문이 군대의 천부장에게 들리매 ³²그가 급히 군인들과 백부장들을 거느리고 달려 내려가니 그들이 천부장과 군인들을 보고 바울 치기를 그치는지라 ³³이에 천부장이 가까

이 가서 바울을 잡아 두 쇠사슬로 결박하라 명하고 그가 누구이며 그가 무슨 일을 하였느냐 물으니 ³⁴무리 가운데서 어떤 이는 이런 말로, 어떤 이는 저런 말로 소리치거늘 천부장이 소동으로 말미암아 진상을 알 수 없어 그를 영내로 데려가라 명하니라 ³⁵바울이 층대에 이를 때에 무리의 폭행으로 말미암아 군사들에게 들려 가니 ³⁶이는 백성의 무리가 그를 없이하자고 외치며 따라감이러라

[21 : 27-30] 결례 기간인 일주일이 거의 다 되자 아시아로부터 온 디아스포라 유대인들이 행동을 개시한다. 아시아에서부터 온 유대인들은 앞에서 스데반과 논쟁을 벌인 유대인들과 성격에 있어서 비슷한 것 같다(6 : 9 참조). 그들은 자유민이 된 디아스포라 유대인들로서 율법에 충실한 사람들이었기 때문이다. 이들은 성전에서 율법에 따라 결례 의식을 행하던 바울을 체포하지 않았다. 이는 한편으로 율법을 지키는 중에 소동을 피우는 것이 경건하지 못한 행동이라고 생각했기 때문일 것이며, 다른 한편으로 성전에서 바울을 체포하다가 피라도 흘러 성전을 더럽히는 사태가 올 것을 우려했기 때문일 것이다. 그러나 이제 결례 의식이 끝나가자 기회를 놓치지 않고 무리를 충동질하여 바울을 붙잡고자 하였다.

오순절 절기를 맞이하여 아시아에서 순례하러 온 이 유대인들은 유대교 전통에 충실한 정통파 유대인들이었을 것이다. 이들은 유대인들이 싫어하던 바울을 제거하여 그들의 경건한 신앙심을 과시하고 싶었을지 모른다. 이들은 바울을 붙잡은 뒤 이스라엘 사람들을 큰 소리로 부르며 한자리에 모으고자 하였다. 그래야 군중심리를 이용하여 바울에게 공개적으로 모욕을 주고 처단하기에 좋았기 때문이었다. 바울에게 덮어씌운 죄목은 합당한 것이 아니었다. 바울은 이스라엘 백성이나 모세의 율법을 비방하지 않았다. 더군다나 바울은 성전을 모독하거나 비방한 적이 없었다. 뿐만 아니라 이방인을 데리고 성전 안(이는 그 이방인이 이방인의 뜰을 넘어 여인의 뜰이나 유대 남자들의 뜰로

들어갔다는 것을 의미한다.)으로 들어가서 성전을 더럽힌 적이 없었다. 그럼에도 불구하고 아시아에서 온 유대인들은 바울에게 억지로 죄를 뒤집어씌웠다. 29절에서 누가는 이들의 오해가 에베소 출신인 드로비모(20:4)와 관련하여 일어났다고 설명하여 준다. 이로써 누가는 아시아에서 온 유대인들이 착각이나 오해에 기초하여 소동을 일으키고 있음을 드러내고 있다.

아시아에서 온 유대인들의 충동질은 성공을 거두고 있다. 군중심리와 사람들의 감정에 호소하는 이러한 방식은 가장 천박한 방법이긴 하지만 매우 효과적인 방법이기도 하였다. 온 성이 소동에 휩싸였고 모두 성전으로 몰려와 바울을 함께 붙잡아 성전 밖으로 끌고 나갔다. 이 시점에서 "(성전) 문들이 곧 닫히더라"라고 기록하고 있는 것에 유의할 필요가 있다. 유대인/유대교가 바울을 거부하고 바울과 결별을 선언하는 것을 상징하고 있기 때문이다.

바울은 한때 유대인들과 함께 스데반을 죽이는 데 앞장섰던 사람이었는데, 이제 그 유대인들에 의해서 박해를 받고 있다는 점에서 아이러니를 보여 준다. 비록 여기에서 바울이 순교하지는 않았지만 스데반과 매우 비슷한 모티프를 가지고 이야기가 구성되고 있다. 두 사람의 이야기는 고소 내용(율법과 성전 모독), 디아스포라 유대인들에 의한 고소, 고소하는 자들에게 한 연설, 연설에 이은 과격한 반응에 있어서 유사점이 있다.

[21:31-36] 유대 군중들은 바울을 죽이려고 작정하였다. 유대인들은 율법을 범한 사람을 죽이기 전에는 성전이 정결하게 되지 않는다고 믿었기 때문이었다. 어떤 범법자가 로마 시민이라 하더라도 성전을 더럽힌 자에 대한 처벌은 가능했던 것으로 보인다. 그렇다면 유대인인 바울에 대한 처단은 오히려 쉬울 것이다. 또한 유대인들은 종교적인 문제에 관하여 자치권을 가지고 있었기 때문에, 바울을 죽일 수도 있었다.

예루살렘 전체가 큰 소동에 휩싸였다는 보고를 받은 로마 군대의 천부장은 즉시 행동을 개시하고 있다. 그의 이름은 후에 글라우디오 루시아로 밝혀진다(23 : 26). 예루살렘에 거주하는 군대의 일차적인 목적은 질서 유지에 있었다. 그리고 유대교 절기 때는 항상 사람들이 많이 모이고 소요도 잦았기 때문에, 로마 군대는 최고의 경계 태세를 유지하고 있었다. 그러했기 때문에 큰 소동에 즉각 움직인 것은 당연한 조치였다. 루시아 천부장은 일천 명(760명의 보병과 240명의 기병)으로 구성된 부대를 이끌고 있는 수장이었다. 천부장과 휘하 군인들이 들이닥치자 누구의 말에도 멈출 것 같지 않던 유대인들도 바울에 대한 테러를 멈추었다.

　루시아 천부장은 상황에 대한 재빠른 파악과 현장을 정리하는 솜씨를 보여 주고 있다. 루시아 천부장은 소요의 한가운데 바울이 있는 것을 보고 바울을 두 쇠사슬로 결박하라고 명령하였다. '두 쇠사슬'에 대한 언급으로 보아 두 사람의 군인과 함께 손을 묶은 것으로 보인다. 아가보가 바울이 손과 발을 묶일 것이라고 예언한(21 : 11) 것이 대체적으로 맞아떨어졌다. 일단 현장을 정리하고 난 뒤, 루시아 천부장은 바울을 심문하지 않고 유대인들에게 바울의 신원과 혐의에 대해 묻고 있다. 그러나 그들의 의견은 통일되지 않고 중구난방이었다(19 : 32 참조). 오히려 더 큰 소요가 일어날 것을 우려한 루시아 천부장은 바울을 영내로 데리고 들어가라고 명령을 내린다. 유대인들은 그들의 목표물인 바울이 그들의 손아귀에서 빠져나가는 것을 참지 못하고, 층대에 가까이 왔을 때에 바울에 대한 폭행을 감행하였다. 하는 수 없어서 군인들이 그를 들어서 층대로 올릴 수밖에 없는 상황이 되었다. 유대인들은 무리를 이루어 바울의 뒤를 쫓으며 그를 없애 버리라고 소리쳤다. 바울은 성전에서 유대 율법을 지켜 가면서까지 유대인들에게 마음을 얻으려 했지만, 그에게 돌아온 것은 적대적이고 싸늘한 폭력뿐이었다.

2. 유대 사람들 앞에서의 자기변호(21 : 37-22 : 29)

　[37]바울을 데리고 영내로 들어가려 할 그때에 바울이 천부장에게 이르되 내가

당신에게 말할 수 있느냐 이르되 네가 헬라 말을 아느냐 ³⁸그러면 네가 이전에 소요를 일으켜 자객 사천 명을 거느리고 광야로 가던 애굽인이 아니냐 ³⁹바울이 이르되 나는 유대인이라 소읍이 아닌 길리기아 다소 시의 시민이니 청컨대 백성에게 말하기를 허락하라 하니 ⁴⁰천부장이 허락하거늘 바울이 층대 위에 서서 백성에게 손짓하여 매우 조용히 한 후에 히브리말로 말하니라

[21 : 37-40] 루시아 천부장은 유대인들이 바울로 말미암아 소요가 더 커질 것을 알아채고 바울을 로마 군인들이 머무는 영내로 데리고 들어가도록 조치하였다. 바로 이때에 바울은 루시아 천부장에게 정중하게 "내가 당신에게 말할 수 있느냐?"라고 요청하고 있다. 이 같은 요청 방식은 바울이 천부장의 권위를 인정하고 있음을 암시한다. 유창하고 세련된 헬라어를 사용하여 요청하는 말을 듣고, 천부장은 놀란 투로 "네가 헬라 말을 아느냐?"라고 반문한다. 당시에 헬라어는 로마 제국 내에서 어느 정도 교양을 갖춘 사람들이 말할 수 있는 언어였지만, 바울의 말솜씨로 볼 때 다른 사람보다 고상한 헬라어를 사용한 것처럼 보인다. 이것은 바울이 교육을 받은 사람이고 사회적 신분이 낮은 사람이 아니라는 것을 대변해 주었을 것이다.

더 나아가서 천부장은 엉뚱하게도 바울을 메시야를 사칭하여 혼란을 일으켰던 애굽 사람과 동일시하는 발언을 한다. 이 거짓 메시야는 3년 전쯤(주후 54년) 자객 4천 명(요세푸스는 믿기 어렵게도 3만 명이라고 함.)을 거느리고 로마 제국에 대항하다가 벨릭스 총독에게 4백 명이 죽고, 2백 명이 포로로 잡히자 광야로 도망간 애굽 사람이었다. 이들은 옷 속에 단검을 숨기고 다니다가 로마에 협조하는 매국노나 로마 사람들을 대상으로 테러를 한 것으로 유명하였다. 바울은 자신을 이러한 사람과 비교하는 것에 매우 불쾌하였다. 그래서 바울은 자신이 유대인이라는 것과 헬라 문화와 학문의 중심지였던 다소 시의 시민인 것을 내세우고 있다. 바울은 자신을 애굽인으로 부른 것에 대해 모욕으로 느꼈다. 다소는 인구 50만 명을 자랑하는 로마의 자유도시였

다. 고대인들은 출신지에 의해서 평판을 따지는 그러한 사회였다. 이러한 배경을 가진 바울의 반격에 천부장은 자신의 신중하지 못한 처신을 부끄러워했을 것이다. 그러한 상황 속에서 바울이 유대 백성에게 발언할 수 있는 기회를 달라고 하자 미안함을 갚는 의미에서 쉽게 허락했을 것으로 추측해 볼 수 있다.

바울은 허락을 받은 후 모든 백성들이 잘 볼 수 있는 층대 위에 서서 말하기를 시작하고 있다. 백성에게 '손짓하는' 제스처는 대중 연설을 하는 방식과 문화에 익숙한 모습을 보여 준 것이다. 바울이 말하고자 할 때 유대 백성들은 매우 조용해졌다. 조금 전까지 소동을 피우던 태도와는 상당히 달라진 것을 알 수 있다. 아마 루시아 천부장과 군인들이 바울의 곁에서 지키고 있었기 때문이었을 것이다. 바울은 히브리말로 연설을 시작하였다. 이 히브리말은 보다 구어로 널리 쓰인 아람어를 의미했을 가능성이 높다. 바울이 일부러 히브리말로 연설을 한 것은 유대인들 앞에서 자신이 같은 유대인의 뿌리를 가지고 있음을 부각시키려는 것이었다고 본다. 이로써 (37절과 함께) 바울은 헬라어와 히브리어(=아람어)를 동시에 말할 수 있는 국제적인 소양을 갖춘 사람임이 증명되었다.

[1]부형들아 내가 지금 여러분 앞에서 변명하는 말을 들으라 [2]그들이 그가 히브리말로 말함을 듣고 더욱 조용한지라 이어 이르되 [3]나는 유대인으로 길리기아 다소에서 났고 이 성에서 자라 가말리엘의 문하에서 우리 조상들의 율법의 엄한 교훈을 받았고 오늘 너희 모든 사람처럼 하나님께 대하여 열심이 있는 자라 [4]내가 이 도를 박해하여 사람을 죽이기까지 하고 남녀를 결박하여 옥에 넘겼노니 [5]이에 대제사장과 모든 장로들이 내 증인이라 또 내가 그들에게서 다메섹 형제들에게 가는 공문을 받아 가지고 거기 있는 자들도 결박하여 예루살렘으로 끌어다가 형벌 받게 하려고 가더니 [6]가는 중 다메섹에 가까이 갔을 때에 오정쯤 되어 홀연히 하늘로부터 큰 빛이 나를 둘러 비치매 [7]내

가 땅에 엎드려져 들으니 소리 있어 이르되 사울아 사울아 네가 왜 나를 박해하느냐 하시거늘 ^{8}내가 대답하되 주님 누구시니이까 하니 이르시되 나는 네가 박해하는 나사렛 예수라 하시더라 ^{9}나와 함께 있는 사람들이 빛은 보면서도 나에게 말씀하시는 이의 소리는 듣지 못하더라 ^{10}내가 이르되 주님 무엇을 하리이까 주께서 이르시되 일어나 다메섹으로 들어가라 네가 해야 할 모든 것을 거기서 누가 이르리라 하시거늘 ^{11}나는 그 빛의 광채로 말미암아 볼 수 없게 되었으므로 나와 함께 있는 사람들의 손에 끌려 다메섹에 들어갔노라

[22 : 1-2] 바울의 연설은 유대 사람들을 '부형들'이라고 부르면서 시작하고 있다. 이와 같은 시작은 사도행전에서 스데반의 연설에서만 나온다(7 : 2). 두 경우 모두 동료 유대인들의 박해를 받으면서도 그들과 동일시하고자 하는 절절한 심정을 담고 있다. 바울은 자신의 연설을 '변명하는 말'로 규정한다. 오해를 풀고자 하는 것이 일차적인 목적으로 나타난다. 바울은 유대교를 비방하고자 한 사람이 아니었으며, 오히려 율법에 충실한 유대인이었음을 증명하고자 한다. 바울은 유대 율법에 따라 행동해 온 자신을 논리적으로 방어해야 할 필요성을 느꼈다. 바울은 이처럼 연설의 목적을 서두에서 분명히 밝히고자 하였다. 유대인들은 바울이 히브리말로 연설을 시작하자 더욱 조용해지면서 그의 말에 경청하는 자세를 보여 주었다.

[22 : 3-5] 바울은 연설 서두에서 자신에 대한 소개를 하고 있다. 먼저 자신의 독특한 출신 배경을 세 가지로 소개한다. 그는 길리기아 다소에서 태어난 유대인이라는 점과 예루살렘에서 성장한 사람이라는 점과 가말리엘 문하에서 교육을 받은 사람이라는 점을 강조하고 있다. 그는 디아스포라 유대인이라는 정체성을 가지고 있으면서도 예루살렘에서 성장한 것과 가말리엘 문하에서 유대 율법을 배울 만큼 유대 전통을 중요시 여겼던 사람이었다. 바울의 생질이 예루살렘에 살고 있었던 것을 볼 때(23 : 16), 바울의 가정이 일찍이 예루

살렘으로 이주해 온 것으로 짐작해 볼 수 있다. 그가 백성에게 존경받던 가말리엘(5 : 34 참조) 문하에서 교육을 받은 점은 엄격한 유대 전통과 바울을 분리해서 생각할 수 없음을 보여 준다. 바울이 가말리엘 문하였기 때문에 그가 바리새파 전통에 서 있었다고 한 배경을 알 수 있다(빌 3 : 5 참조).

바울은 더 나아가서 청중인 동료 유대인들과 동일한 점을 내세운다. 바울은 '오늘 너희 모든 사람처럼' 하나님께 대하여 열심이 있는 사람이라는 점과 이 도를 '박해한' 사람이라는 점을 말한다. 이러한 언급을 통해 바울의 정체성과 그 활동에 대하여 의구심을 품고 있는 유대인들과 동일시하고자 한 바울의 의도를 엿볼 수 있다. 바울은 이 '도'(way)를 박해하기를 사람들을 죽이기까지 하였고(예. 스데반), 남녀 그리스도인들을 결박하여 감옥에 보내기까지 하였다고 강조한다. 이러한 바울의 활약상에 관해서는 예루살렘에 거주하는 대제사장과 모든 유대교의 장로들이 증언해 줄 수 있는 것이었다.

바울의 연설은 이제 다메섹 회심 사건으로 넘어가려 하고 있다. 그 전에 회심 사건의 배경을 설명하고자 한다. 바울은 대제사장과 장로들에게서(9장에서는 대제사장만 언급함.) 공문을 받아 다메섹으로 가서 '형제들'을 결박하여 예루살렘으로 호송한 후 처벌하려고 했음을 밝히고 있다. 여기에서 다메섹에 있던 유대인 그리스도인들을 '형제들'이라고 부름으로써 유대교와 기독교 사이의 차별성을 최소화하려는 태도를 보여 준다.

[22 : 6-11] 이 부분에 등장하는 바울의 다메섹 회심 사건은 9장에 이어 두 번째로 기록되고 있다. 사도행전에는 나중에 다시 한번 더 이 사건이 서술되고 있다(26장). 한 사건에 대한 이 세 가지 기록은 전체적인 내용에서는 비슷하지만 약간의 차이도 발견된다. 이러한 차이는 주로 9장이 누가의 삼인칭적 관점에서의 서술인데 비해, 22장과 26장은 바울 자신의 일인칭적 관점에서의 진술이기 때문에 생긴 것이다. 또한 세 기록이 조금씩 차이를 보이는 또 다른 이유는 각각의 이야기에 새로운 요소가 첨가됨으로써 그 이야기를 독특

하게 만들려고 하는 누가의 문학적 솜씨 때문이다. 그러므로 우리는 독특하면서도 비슷한 면을 가진 이 세 이야기를 종합적으로 읽을 필요가 있다.

바울은 다메섹으로 가는 도중에 오정쯤 홀연히 큰 빛이 하늘로부터 비추었다고 말한다. 대낮에 큰 빛을 보았다고 하는 것은 분명한 사건이 발생했음을 가리킨다. 그리고 땅에 엎드러져 "사울아, 사울아, 네가 왜 나를 박해하느냐?"라는 음성을 듣게 되었다고 말한다. 바울은 믿는 유대인들을 박해하였지만 '나'(예수)를 박해하였다고 한 것이다. 바울이 소리의 임자가 누구인지를 묻자 "나는 네가 박해하는 나사렛 예수라." 하는 대답을 듣게 된다. 여기에서는 예수가 '나사렛 사람'이라는 것을 새롭게 첨가하고 있다. 그 이유는 유대인 청중에게 공감을 더 이끌어 내고자 했기 때문이었을 것이다. 바울은 함께했던 사람들이 빛은 보면서도 소리는 듣지 못하였다고 증언한다. 그런데 9장에서는 같이 간 사람들이 소리는 듣고 아무도 보지 못했다고 상반되는 진술을 하고 있다. 우리는 이 시점에서 혼란에 빠질 수밖에 없다. 바울의 직접적인 진술에 더 무게를 두어야 할 것인가? 아니면 누가의 객관적인 서술을 더 신뢰해야 할 것인가? 직접 체험한 사람의 증언에 더 무게를 두어야 하겠지만, 여기에서 우리는 당시 상황이 당황하고 혼란스러웠던 점을 고려해야 할 것 같다. 바울은 부활하신 주 예수 그리스도를 만나고 나서 무엇을 해야 할 것인지 묻고 있으며, 다메섹에 들어가면 누군가 할 일을 알려 줄 것이라는 대답을 얻게 된다. 바울은 그가 빛의 광채로 인하여 볼 수 없게 되어서 동행하던 사람들의 손에 이끌려 다메섹으로 들어갔다는 사실을 확인해 준다. 이처럼 9장과 22장의 내용에는 유사한 점이 많은 중에 다른 점도 있다. 여기에서는 바울이 체험한 내용을 중심으로 간략하게 제시되어 있다는 느낌을 준다.

> [12]율법에 따라 경건한 사람으로 거기 사는 모든 유대인들에게 칭찬을 듣는 아나니아라 하는 이가 [13]내게 와 곁에 서서 말하되 형제 사울아 다시 보라 하거늘 즉시 그를 쳐다보았노라 [14]그가 또 이르되 우리 조상들의 하나님이 너를

택하여 너로 하여금 자기 뜻을 알게 하시며 그 의인을 보게 하시고 그 입에서 나오는 음성을 듣게 하셨으니 [15]네가 그를 위하여 모든 사람 앞에서 네가 보고 들은 것에 증인이 되리라 [16]이제는 왜 주저하느냐 일어나 주의 이름을 불러 세례를 받고 너의 죄를 씻으라 하더라 [17]후에 내가 예루살렘으로 돌아와서 성전에서 기도할 때에 황홀한 중에 [18]보매 주께서 내게 말씀하시되 속히 예루살렘에서 나가라 그들은 네가 내게 대하여 증언하는 말을 듣지 아니하리라 하시거늘 [19]내가 말하기를 주님 내가 주를 믿는 사람들을 가두고 또 각 회당에서 때리고 [20]또 주의 증인 스데반이 피를 흘릴 때에 내가 곁에 서서 찬성하고 그 죽이는 사람들의 옷을 지킨 줄 그들도 아나이다 [21]나더러 또 이르시되 떠나가라 내가 너를 멀리 이방인에게로 보내리라 하셨느니라

[22 : 12-13] 아나니아에 대한 소개는 9장과 다르다. 9장에서는 '제자'(=그리스도인)라고만 소개되고 있는데 비해, 이곳에서는 "율법에 따라 경건한 사람으로 거기 사는 모든 유대인들에게 칭찬을 듣는 자"로 소개되고 있다. 유대인 청중을 염두에 둔 묘사라고 볼 수 있다. 그러나 9장에 나와 있는 아나니아에게 보여 준 환상에 관한 내용은 생략되어 있다. 이는 바울이 직접 체험한 것만 진술하고 있기 때문으로 보인다.

아나니아는 바울 곁에 와서 "다시 보라."고 말함으로써 바울의 시력을 회복시켜 주었다고 증언한다. 그러나 9장에서는 아나니아가 '안수'함으로써 시력을 회복하여 주고 있다. 이는 유대인들에게 '안수'가 비정통적인 방법(마술?)으로 오해 받을 소지가 있었기 때문일 것이다. 바울에게 적대적이었던 유대인 청중들에게 트집 잡힐 빌미를 주면 곤란했다.

[22 : 14-16] 바울은 아나니아의 입을 통하여 우리 조상들의 하나님이 그를 선택하여 하나님의 뜻을 알게 해 주었고, 그 의인을 보게 해 주었고, 그의 음성을 듣게 해 주었다고 증언한다. 또한 모든 사람 앞에서 보고 들은 것의 증인

이 되어야 한다고 말해 준다. 여기에서도 유대인 청중을 의식하는 부분이 보인다. '우리 조상들의 하나님'이라고 한 것은 청중과의 동일시를 꾀한 것이고, 예수 그리스도를 '그 의인'(눅 23 : 47 ; 행 3 : 14 ; 7 : 52 참조)이라고 부른 것은 유대인들이 쉽게 받아들일 수 있는 용어를 가져온 것이며, "이방인과 임금들과 이스라엘 자손들"(9 : 15)이라고 한 것을 '모든 사람'이라고 바꾼 것은 유대인 청중에게 '이방인'이라고 하는 표현이 혐오스러웠기 때문에 회피한 것이다.

바울은 회심 후 세례를 받았다(9 : 18). 그러나 이 내용도 이곳에서 유대인 청중을 의식하여 조금 변화를 보인다. 예언자인 아나니아의 권고로 세례를 받았고, '주'의 이름이라고 함으로써 '예수'라는 이름을 직접적으로 거명하지 않고 있으며, "너의 죄를 씻으라."고 함으로써 유대적인 제의와 관련시킨다. 이를 통해 바울의 세례가 유대적인 권위와 유대적인 절차를 따라 진행된 일임을 드러내고자 하였다.

[22 : 17-21] 바울은 이 일이 있은 후 다메섹을 떠났다가 예루살렘으로 돌아와서 기도할 때에 환상을 보았다고 증언하고 있다. 이 내용은 9장에는 없는 내용이다. 이 환상에 대하여 언급한 이유는 그가 왜 이방인들에게 복음을 전하는 자가 되었는가 하는 이유를 설명하고자 한 데 있었다. 바울은 주님께서 "속히 예루살렘에서 나가라."고 말씀하셨다고 증언하였다. 왜냐하면 유대인들이 예수께 대한 증언을 받아들이지 않을 것이기 때문이라는 것이다. 이는 유대인들이 듣기에 부정적인 인상을 가질 수 있는 대목이다. 이제까지 바울은 유대인 청중의 비위를 건드리지 않으려고 노력하여 왔다. 그러나 언제까지나 그렇게 할 수는 없었다. 결국 복음을 증언하는 목적을 이루어야 하기 때문이다. 사도행전에 나오는 연설은 사건에 대한 보조적인 설명을 하려는 데 있지 않고, 연설 그 자체가 복음의 진보를 나타내게 하려는 데 있음을 알 수 있다.

바울은 처음에는 주님의 말씀을 제대로 이해하지 못한 모습을 보인다. 바울은 그가 유대인 그리스도인들을 박해하고 주의 '증인'(순교자의 뜻도 있음.)인 스데반을 죽이는 데도 한몫했음을 유대인들이 알고 있는데, 어떻게 예루살렘을 떠나 다른 유대인들에게로 갈 수 있는가라고 생각했던 것 같다. 그러나 주님의 뜻은 다른 데 있었다. "내가 너를 멀리 이방인에게로 보내리라."고 하였기 때문이다. 유대인 청중들은 이제 바울의 연설이 어떤 곳으로 향하는지를 감지하였다. '이방인'이라는 단어는 예루살렘의 유대인들에게는 혐오스러운 것이었다. 50년대 후반은 예루살렘에서 로마 제국에 동조하는 세력에 대한 반감이 커져 가고 있었으며, 로마에 대항하여 유대 민족을 다시 일으키려는 민족주의가 일어나고 있었던 때였다. 이방인에게 우호적이고 그들과 같은 신앙을 가진다고 하는 것은 용납될 수 없는 일이었다. 그런 유대인 청중들에게 이방인의 사도인 바울은 전혀 달갑지 않은 인물일 수밖에 없었다.

> [22]이 말하는 것까지 그들이 듣다가 소리 질러 이르되 이러한 자는 세상에서 없애 버리자 살려 둘 자가 아니라 하여 [23]떠들며 옷을 벗어 던지고 티끌을 공중에 날리니 [24]천부장이 바울을 영내로 데려가라 명하고 그들이 무슨 일로 그에 대하여 떠드는지 알고자 하여 채찍질하며 심문하라 한대 [25]가죽 줄로 바울을 매니 바울이 곁에 서 있는 백부장더러 이르되 너희가 로마 시민 된 자를 죄도 정하지 아니하고 채찍질할 수 있느냐 하니 [26]백부장이 듣고 가서 천부장에게 전하여 이르되 어찌하려 하느냐 이는 로마 시민이라 하니 [27]천부장이 와서 바울에게 말하되 네가 로마 시민이냐 내게 말하라 이르되 그러하다 [28]천부장이 대답하되 나는 돈을 많이 들여 이 시민권을 얻었노라 바울이 이르되 나는 나면서부터라 하니 [29]심문하려던 사람들이 곧 그에게서 물러가고 천부장도 그가 로마 시민인 줄 알고 또 그 결박한 것 때문에 두려워하니라

[22 : 22-23] 유대인 청중들의 인내가 한계에 도달하였다. 하나님께서 유대인

들이 말씀을 받아들이지 않을 것이라고 예고했다는 말은 하나님을 향한 열심이 있다고 믿는 유대인을 모욕하는 것이라고 생각했을 것이다. 또한 스데반이 피를 흘리며('피를 흘리다'라는 표현은 희생제물을 드릴 때 사용된 말이다.) 순교하는 데 동참한 것을 말할 때 유대인들은 자신들을 정죄하는 느낌을 강하게 받았을 것이다. 그리고 하나님께서 바울을 정당한 이방인의 사도로 삼으셨다는 말을 듣고 유대인들은 민족적인 자존심에 상처를 받았을 것이다.

유대인들은 자신들이 납득할 수 없는 이야기가 통제될 수 없는 상황이라는 것을 알게 될 때 감정적으로 흥분하여 집단적인 히스테리를 부리는 것을 종종 보여 준다. 유대인 청중들은 말과 행동을 통해 그들의 불쾌감을 강하게 표출하고 있다. 그들은 큰 소리로 외치면서 입고 있던 옷을 벗어 던지며 발로 티끌을 공중에 날렸다. 아마 성전 마당에 돌이라도 있었다면 집어서 던졌을지도 모른다. 갑자기 큰 소란이 벌어졌다. 바울이 히브리말로 연설할 때는 그 의미를 이해할 수 없었지만, 유대인들이 소동을 일으키게 되자 천부장은 그것이 무엇을 의미하는지를 금방 알 수 있었다. 더 이상 방치했다가는 걷잡을 수 없는 상황으로 치달을 수 있음을 잘 알고 있었다. 그래서 루시아 천부장은 바울을 영내로 데리고 들어가라고 명령하였다.

[22 : 24-29] 천부장이 바울을 영내로 데려간 것은 바울을 보호하기 위한 것이 아니었다. 천부장은 아직 바울에 대한 혐의가 무엇인지 알아내지 못하였기 때문에 계속 심문을 해야 할 필요를 느끼고 있었다. 유대인들이 이렇게도 바울의 처단을 요구하는 데에는 무슨 까닭이 있을 것이라고 의심하였던 것 같다. 천부장은 채찍질을 해서라도 그 이유를 밝혀야 한다고 생각했다. 그래서 채찍질을 하며 심문하도록 명령하였다. 여기에서 채찍질(헬, '마스틱스')은 가죽으로 만든 채찍에 손가락 마디뼈와 같은 뼛조각이나 납덩이를 매달아 죄인의 등을 후려치는 것을 의미했다. 이러한 채찍질로 인해 살점이 뜯겨 나가거나 심하면 목숨을 잃을 수도 있었다. 군인들은 상관의 명령대로 바울을 가죽

줄로 묶고 채찍질을 하려고 준비하였다. 절체절명의 위기가 닥친 것이다.

이때에 바울은 곁에 서서 감독하던 백부장에게 이러한 처사의 부당함을 지적하였다. "너희가 로마 시민이 된 자를 죄도 정하지 아니하고 채찍질할 수 있느냐?"라고 항변한 것이다. 이것은 로마법에 비추어 볼 때 적법한 항변이었다. 왜냐하면 로마 시민에게 심문 절차를 밟아 죄가 있다고 판정나지 않은 상태에서 채찍질하는 것을 금지하였기 때문이다. 로마 시민은 다른 외국인이나 노예들과 같이 다루지 않고 신중함을 기했다. 그것을 아는 바울은 위급한 상황에서 어쩔 수 없이 그가 로마 시민인 것을 이용하였다(16 : 37 참조). 그러나 바울은 될 수 있으면 로마 시민으로서의 특권을 사용하지 않으려고 하였다. 특히 유대인들 앞에서는 극도로 삼갔다. 유대인들에게 바울이 로마 시민이라는 사실을 공개했다면, 그에 대한 분노가 더 극심해졌을 것이다. 또한 바울은 그가 로마 시민인 것을 공개적으로 말한 것이 아니라 로마 관리(16 : 37)나 백부장(22 : 25)에게 사적으로 은밀하게(?) 밝힌 것이다. 여기에서도 바울은 백부장에게 그가 로마 시민인 것을 특권처럼 내세웠다기보다는 로마 시민에게 "채찍질하는 것이 옳은 일인가?"를 우회적으로 묻고 있다. 로마 시민이라는 사실이 그에게 있어서 그렇게 내세울 만한 특권이라고 생각하지 아니했으며, 그것을 활용해 이득을 볼 생각은 애초부터 하지 않았다고 보아야 한다.

백부장은 바울이 로마 시민이라는 말을 듣고 이를 중대한 사안으로 판단하여 천부장에게 즉시 보고하였다. 바울의 말이 사실이 아닐 수도 있었지만, 백부장은 바울의 말을 일단 그대로 믿었던 것 같다. 위증을 했다면 더 큰 처벌을 받을 것이기 때문이다. 또한 바울을 거짓말을 할 사람으로 보지 않았기 때문이었을 것이다. 천부장도 이러한 보고에 당황하였다. 그래서 바울에게 직접 찾아와 단도직입적으로 "네가 로마 시민이냐?"라고 묻고 있다. 바울도 사안의 중대성을 알기 때문에 즉각 "그러하다."고 대답한다. 사실은 드러났다. 문제는 이 사태를 어떻게 수습하느냐 하는 것이었다.

루시아 천부장은 돈을 주고 로마 시민권을 샀다고 하면서 은근히 바울도 그렇게 해서 로마 시민이 되었기를 바라는 눈치를 보였다. 그렇다면 그들이 한 일에 대한 책임이 경감될 것으로 기대했을지도 모른다. 그러나 바울은 '나면서부터' 로마 시민이었다고 단언하여 말한다. 이로써 천부장은 도덕적으로 확실하게 바울에게 밀리는 처지가 되었다. 상황이 반전하자 심문하던 자들이 물러가고 천부장도 로마 시민을 결박한 것 때문에 두려워하였다. 천부장은 그렇기 때문에 더욱 바울의 혐의점을 조심스럽게, 그러나 끈질기게 찾아내지 않으면 안 되었다.

이 시점에서 유대인인 바울이 어떻게 나면서부터 로마 시민이 될 수 있었는가를 물어볼 필요가 있다. 당시에 비록 적법한 것은 아니었지만 뇌물을 주고 로마 시민권을 살 수는 있었다. 그러나 나면서부터 로마 시민이 되는 것은 쉽지 않았다. 합법적으로 로마 시민이 될 수 있는 길은 노예가 해방을 받았을 때, 로마의 식민지의 시민이 되었을 때, 로마의 군인으로 복무하다가 전역했을 때, 개인이나 집단이 로마 제국에 공헌을 한 것이 인정되었을 때였다. 아마 바울은 그의 부모나 조상들이 천막을 만들어 군대에 납품한 것이 공적이 되어 시민권을 받았는지도 모른다. 이러한 경우에는 유대인이지만 동시에 로마 시민의 자격을 유지할 수 있었다. 한편, 바울서신을 통해서도 바울이 로마 시민인 것을 엿볼 수 있다. 그가 로마 이름(바울)을 가지고 있었고, 로마의 식민지(빌립보, 고린도 등)를 중심으로 전도활동을 펼쳤으며, 로마의 영향력 아래 놓여져 있던 서바나(스페인)까지 가려고 했고(롬 15 : 28), 이중 국적을 가지고 다문화적 상황에서 유대인에게는 유대인처럼 이방인에게는 이방인처럼 전도하였으며(고전 9 : 20-21), 안부를 물을 때 많은 로마 이름(롬 16장)이 등장하고 있기 때문이다.

바울은 자신이 의도적으로 로마 시민이 되려고 노력하지 않았지만, 부모나 조상 덕에 로마 시민권을 나면서부터 가질 수 있었다. 그러나 바울이 로마 시민권을 유대인으로서의 국적이나 그리스도인이라는 이름, 혹은 하늘의 시민권보다 더 소중하다고 생각하지 않았던 것은 분명하다.

3. 산헤드린의 심문(22 : 30-23 : 11)

³⁰이튿날 천부장은 유대인들이 무슨 일로 그를 고발하는지 진상을 알고자 하여 그 결박을 풀고 명하여 제사장들과 온 공회를 모으고 바울을 데리고 내려가서 그들 앞에 세우니라 ¹바울이 공회를 주목하여 이르되 여러분 형제들아 오늘까지 나는 범사에 양심을 따라 하나님을 섬겼노라 하거늘 ²대제사장 아나니아가 바울 곁에 서 있는 사람들에게 그 입을 치라 명하니 ³바울이 이르되 회칠한 담이여 하나님이 너를 치시리로다 네가 나를 율법대로 심판한다고 앉아서 율법을 어기고 나를 치라 하느냐 하니 ⁴곁에 선 사람들이 말하되 하나님의 대제사장을 네가 욕하느냐 ⁵바울이 이르되 형제들아 나는 그가 대제사장인 줄 알지 못하였노라 기록하였으되 너의 백성의 관리를 비방하지 말라 하였느니라 하더라

[22 : 30] 천부장은 그가 한 일에 대한 책임을 면하기 위해서라도 바울에 대한 혐의를 발견하기를 원했다. 그러나 신중하게 진행하려고 하였다. 우선 바울이 로마 시민인 것을 감안하여 결박을 풀어 주었다. 이것은 심문을 받기 전에 정죄할 수 없는 절차 때문이기도 했다. 정상적인 법 집행이 이루어지고 있는 것이다. 그러나 다른 한편으로는 산헤드린 공회를 소집하도록 명령하였다. 당시 로마의 고위 관리나 장교는 유대 최고 의결기구인 산헤드린의 소집권을 가지고 있었다. 더군다나 유대인 전쟁(주후 66-70년)이 일어나기 전에는 산헤드린이 모이려면 총독의 재가를 받아야 했다. 그래서 꼭 필요하다고 판단하면 대제사장을 의장으로 하는 산헤드린을 소집하여 문제가 된 사안을 다루도록 요청할 수 있었다. 이제 바울은 유대 군중이 아니라 산헤드린이라는 공식 기구에서 공적인 심문을 받게 되었다. 그러나 실제 공식 심문은 벨릭스 총독 앞에 설 때까지 이루어지지 않는다고 보아야 한다(24 : 1). 어쨌든 이제 바울은 이전까지와는 다르게 좀 더 당당하고 좀 더 직접적으로 심문에 응하

게 된다.

[23 : 1-5] 바울은 천부장의 의도가 단순히 진상을 알고자 하는 것인지, 아니면 바울을 곤경에 빠뜨리려는 것인지에 상관없이 산헤드린 앞에 서서 할 말을 하면서 복음을 증언하는 기회로 삼고자 하였다. 바울은 유대교의 최고 지도자들인 산헤드린 앞에서 주눅이 들거나 위축되지 않고 오히려 공회 회원들을 찬찬히 훑어보는 여유와 담대함을 보여 준다. 이는 그들이 바울에 대하여 어떤 마음과 태도를 가지고 있는지를 꿰뚫어 보는 혜안을 가지고 있음을 나타내는 것이기도 하다.

바울은 넉넉한 마음으로 그들을 '형제들'이라고 부르면서 연설을 시작한다. 지금까지 양심에 부끄럽지 않게 하나님을 섬겼다고 당당하게 말을 꺼낸다. 이러한 바울의 태도가 대제사장 아나니아의 마음에 들지 않았던 것 같다. 그는 바울의 말을 더 듣고 싶어하지 않았다. 그래서 아나니아는 바울 곁에 있는 사람들에게 바울의 입을 치라고 명을 내린다. 그것은 바울의 말을 철저하게 거부하는 뜻을 담은 행위였다.

바울은 처음에 22장에서 일반 유대인들을 대상으로 증언한 것처럼 산헤드린 앞에서도 증언하려고 생각했을 것이다. 그러나 아나니아의 모욕적인 거부 의사를 접하게 되자 더 이상 복음을 증언할 수 없었다. 대신에 바울은 아나니아를 향하여 직격탄을 날린다. 그를 '회칠한 담'이라고 공격하였다. 이는 그가 얼마나 위선적인지를 보여 주는 표현이다. 아나니아는 주후 47~59년까지 대제사장으로 재위하는 동안 친로마 성향을 드러내면서 뇌물도 주고 성전 헌금도 착복하였기 때문에 악명이 높았던 사람이었다. 그래서 주후 66년 유대인 전쟁이 발발했을 때 열심당원들에 의해 무참히 살해당하고 말았다. 그는 대제사장 자격이 없는 사람이었다. 바울이 그러한 사정을 알고 있었는지 모르지만, 바울은 하나님의 심판이 그에게 임할 것이라고 말했다. 몇 년 후 살해당할 운명을 예언하였던 셈이다. 바울은 아나니아 대제사장이 재판장의 자리에 앉아 율법을 어기고 있다고 공격한다. 바울이 이 말을 할 때에 "……재판할 때에 불의를 행하지 말며…… 공의로 사람을 재판할지며"(레 19 : 15)라는 말씀을 염두에 두고 있었을지 모른다.

바울이 예상 외로 반격을 하자 그 자리에 있던 사람들이 당황한 것 같다. 감히 대제사장을 공격하였기 때문이다. 그래서 "하나님의 대제사장을 네가 욕하느냐?"라고 책망하였다. 바울이 이에 대하여 맞받아친 말이 재치가 있다. 그는 아나니아가 대제사장인 줄 몰랐다고 시인한다. 과연 바울이 그가 대제사장인 줄 몰랐을까? 아니었을 가능성이 높다. 물론 바울이 아나니아를 만난 적이 없어서 그의 얼굴을 알지 못했을 수는 있다. 그러나 산헤드린의 수장이 대제사장이고, 재판장의 자리에 앉아 있는 사람이 대제사장일 것이라고 생각하는 것은 너무도 당연한 일이었다. 그렇다면 바울은 아나니아를 조롱한 것이나 마찬가지다. 바울의 반응은 오히려 "당신이 대제사장이라면 그렇게 불의하고 공의롭지 못한 일을 행하지 않을 텐데, 그렇게 하는 것을 보니 당신은 대제사장이 아니오."라고 말을 한 것이나 마찬가지다. 그러면서 출애굽기 22 : 28("너는 재판장을 모독하지 말며 백성의 지도자를 저주하지 말지니라")을 인용함으로써, 이것이 그의 정확한 율법 지식과 어울려 아이러니의 효과를 배가시키고 있다. 만약 산헤드린이 바울의 아이러니를 눈치 채기라도 한다면, 바울이 그야말로 큰 곤경에 빠질 것은 불을 보듯 뻔한 노릇이었다.

[6]바울이 그중 일부는 사두개인이요 다른 일부는 바리새인인 줄 알고 공회에서 외쳐 이르되 여러분 형제들아 나는 바리새인이요 또 바리새인의 아들이라 죽은 자의 소망 곧 부활로 말미암아 내가 심문을 받노라 [7]그 말을 한즉 바리새인과 사두개인 사이에 다툼이 생겨 무리가 나누어지니 [8]이는 사두개인은 부활도 없고 천사도 없고 영도 없다 하고 바리새인은 다 있다 함이라 [9]크게 떠들새 바리새인 편에서 몇 서기관이 일어나 다투어 이르되 우리가 이 사람을 보니 악한 것이 없도다 혹 영이나 혹 천사가 그에게 말하였으면 어찌 하겠

느냐 하여 [10]큰 분쟁이 생기니 천부장은 바울이 그들에게 찢겨질까 하여 군인을 명하여 내려가 무리 가운데서 빼앗아 가지고 영내로 들어가라 하니라 [11]그 날 밤에 주께서 바울 곁에 서서 이르시되 담대하라 네가 예루살렘에서 나의 일을 증언한 것같이 로마에서도 증언하여야 하리라 하시니라

[23 : 6-10] 이러한 상황에서 바울은 순간적인 재치를 발휘한다. 이것은 기민한 대처에 속한다. 인간적으로 말하면 순발력을 발휘한 것이요, 영적으로 말하면 영적 분별력을 지니고 있었다고 말할 수 있다. 즉, 바울은 산헤드린의 구성원들이 사두개인과 바리새인으로 나뉘어 있는 것을 알아차렸다. 바울은 산헤드린의 일반적인 구성에 관해 알고 있었을 것이다. 보통 산헤드린은 사두개인이 다수를 차지하였고 바리새인이 소수를 차지하였다. 또한 사두개인과 바리새인은 각각 상이한 장식물을 달고 있어서 눈으로 구별이 되기도 하였을 것이다. 그러나 이러한 사실을 상황에 맞게 응용한 것은 별도의 문제였다.

바울은 자신이 바리새인이요 바리새파(헬라어 원문에 복수로 되어 있음.)의 아들이라고 자신을 소개한다. 바리새파의 전통을 존중하는 사람임을 밝힌 것이다. 그러면서 그가 심문을 받는 근본적인 이유가 죽은 자들(헬라어 원문에 복수로 되어 있음.)의 소망 곧 부활의 문제 때문이라고 논쟁거리를 제공한다. 그러나 이 말은 바울이 믿는 바를 요약적으로 제시하고 있는 것이기도 하다. 이 말은 곧바로 바리새인들과 사두개인들 사이에 논쟁을 일으키도록 불을 지폈다. 두 집단은 다툼으로 인하여 극명하게 두 파로 나뉘어 지게 되었다. 누가는 이 시점에서 다툼이 일어나게 된 원인을 친절하게 설명해 준다. 이를 '서사적 방백'(narrative aside) 또는 '이야기-토'라고 부른다. 사두개인은 부활이 없다고 믿으며, 바리새파는 부활이 있다고 믿는다는 설명을 하고 있다.

사두개인이 부활이 없다고 주장한 것은 모세오경에 부활에 대한 언급이 없다는 것에 근거한다. 바리새인은 부활에 대한 소망을 가지고 있었고, 특히 의인의 부활이 없다면 안 된다고 생각하였다. 왜 이들은 이렇게 생각이 달랐

을까? 그것은 사두개인은 기득권을 가진 제사장 집단으로서 율법을 그대로 고수하는 것이 그들의 입지에 유리했기 때문이었다. 반대로 바리새인은 새롭게 영향력을 확대해 나갈 필요가 있는 평신도 계급으로서 구전을 비롯한 새로운 전통(예를 들면 중간시기에 발전된 부활 사상)을 받아들이는 것이 그들에게 유리하였다. 그런데 사두개인이 천사나 영도 없다고 믿었다는 것은 생각해 볼 만한 문제다. 왜냐하면 모세오경에 천사나 영의 존재가 언급되어 있기 때문이다. 그렇다면 천사와 영은 어떤 의미로 사용한 것일까? 천사나 영은 죽은 사람이나 죽은 사람의 영을 뜻할 때 사용된 것으로 보인다. 부활한 예수를 영으로 오해한 것이나(눅 24 : 37), 감옥에서 나온 베드로를 그의 천사라고 오해한 것(행 12 : 15)을 참고로 한다면 이러한 주장이 설득력이 있다. 9절에서도 죽은 예수(영이나 혹 천사)가 바울에게 말한 것으로 보고 있지 않은가? 또한 바리새인들은 사람이 죽으면 부활하기 전에 천사나 영의 상태로 스올에 존재한다고 보았기 때문에, 부활을 믿지 않았던 사두개인들은 이러한 생각 자체를 거부했다.

두 집단 사이에 논쟁이 수그러들 기미를 보이지 않자 바리새파에 속한 몇 사람의 서기관이 일어나 바울의 편을 들고 나섰다. "이 사람을 보니 악한 것이 없도다."라고 판정을 내린다. 이에 덧붙여 예수의 영이나 천사가 바울에게 말했을 수도 있지 않느냐고 반문한다. 그러나 이러한 바리새파의 주장이 정상적으로 먹혀들 리 없었다. 사두개파는 바리새파의 주장을 근본적으로 받아들일 수 없었기 때문이다. 바리새파의 주장은 더 큰 분쟁으로 발전할 낌새를 보였다. 유대인들의 종교적인 문제에 개입하지는 않고 있었지만 상황을 가까이에서 살피고 있었던 천부장은 사태를 그냥 두게 되면 바울이 크게 다칠 것이라고 판단하였다. 로마 시민인 피의자에게 문제가 생기면 곤란해질 것을 잘 알고 있었던 천부장은 군인들에게 내려가 바울을 빼내 오도록 지시하였다. 군인들에게 '내려가라'고 한 것은 천부장이 있던 영내에서부터 볼 때 산헤드린이 성전 언덕 남서쪽 비탈에 위치했었기 때문이었다. 결과적으로 볼 때 천부장은 바울을 곤경에서 구해 주었다. 이후로는 천부장이 바울에 대하여 의심하는 태도를 버리고 객관적인 태도로 바뀐 것을 알 수 있다.

[23 : 11] 힘든 하루를 보낸 그날 밤에 주 예수께서 나타나셔서 바울에게 "담대하라."고 격려해 주고 있다. 그리고 예루살렘에서처럼 로마에서도 부활하신 예수를 증언해야 할 것이라고 힘을 북돋아 주었다. 이것은 부활하신 예수가 그를 따르는 제자들에게 친히 나타나 격려하고 있었음을 보여 준다. 또한 이것은 죽음에 대한 두려움을 가지지 않고 로마에서도 복음을 증언할 수 있도록 함께하겠다고 약속한 것이기도 하다. 고난에 대한 가장 확실한 대처 방법은 부활하신 예수께서 언제나 어디서나 함께하겠다는 약속을 확신하는 것이었던 셈이다.

설교를 위한 묵상 : "죽음의 위협을 무릅쓰다"(22 : 30-23 : 11)

바울은 유대인들의 시기와 비방으로 인하여 많은 고초를 겪었다. 아시아로부터 온 디아스포라 유대인들은 어떤 사람들보다 바울을 싫어했던 것 같다(21 : 27). 바울이 유대인들의 환심을 사기 위해 결례를 행했었지만 효력을 발휘하지는 못했다(21 : 26-27). 바울은 소동에 휘말린 군중들에게 테러를 당할 수밖에 없었다. 로마 군대의 천부장이 바울을 곤경에서 구해내긴 했지만(21 : 32), 그것이 끝은 아니었다. 바울이 유대 백성들 앞에 서서 자신의 회심에 관해 증언한 것은 오히려 그들을 자극하였을 뿐이다(22 : 22-23). 이에 천부장은 바울을 산헤드린 공회에 세워 진상을 규명하고자 하였다.

우리는 이러한 상황에서 바울이 심정적으로나 현실적으로 위축되고 의기소침해졌을 것으로 생각한다. 누구든지 그러지 않겠는가? 그러나 바울은 조금도 주눅이 든 것 같지 않다. 어떻게 그럴 수 있었을까? 그것은 한편으로 바울이 죽을 각오를 했었기 때문이며, 다른 한편으로는 하나님의 영광을 위하여 자신의 고난을 당연하게 받아들일 수 있었기 때문일 것이다. 한 기독인 사업가는 외국 회사와의 억울한 소송으로 모든 것을 잃게 될 처지에 놓였을 때, 모든 것을 잃더라도 정의가 실현되기만을 바랐더니 하나님께서 함께해 주셔서 승소하게 되었다는 체험을 들려주었다. 궁즉통(窮則通)이었던 셈이다.

그렇다면 바울은 어떤 태도로 산헤드린 앞에서 증언하였는가? 첫째, 바울은 양심에 가책이 없었음을 천명하고 있다. 하나님을 섬기는 일에 있어서 그는 누구의 눈치를 보지 않았다. 그가 옳다고 생각하면 용기 있게 행동했다. 바울이 위대한 것은 바로 이 점에 있다. 둘째, 바울은 산헤드린의 어떠한 권위에도 굴복하지 않았다. 대제사장 아나니아가 바울을 제지시키는 명령을 내릴 때, 바울은 아나니아가 대제사장이라는 것을 알고 있었으면서도(당시 상황이나 아나니아의 태도와 복장을 보아서 그가 대제사장이라는 것을 짐작하고도 남았을 것이다.) 짐짓 그에게 도전하고 있다. 백성들의 정죄에 대해 바울이 겉으로는 자신의 무지로 인해 대제사장임을 알아보지 못했다고 용서를 구하였지만, 이미 그가 할 말을 다하고 난 뒤라는 점에 유의할 필요가 있다. 셋째, 바울은 산헤드린의 심문에 일방적으로 끌려가지 않고 오히려 부활의 문제를 거론하여 산헤드린을 분열시키는 기지를 발휘하고 있다. 그는 당당하고 냉철하게 상황에 대처하고 있다. 그날 밤에 하나님은 이러한 바울에게 나타나 그의 편에 서 있다는 확신을 주었고, 로마에서도 똑같이 증언할 것이라고 예언함으로써 고난은 당하되 죽지는 않을 것이라고 보장하고 있다. 죽음의 위협을 무릅쓰고 정면으로 돌파하자 돌파구가 생긴 것이다. 이것이 복음 전도자의 올바른 태도요 자세일 것이다.

4. 바울 살해 음모와 후속 조치(23 : 12-35)

¹²날이 새매 유대인들이 당을 지어 맹세하되 바울을 죽이기 전에는 먹지도 아니하고 마시지도 아니하겠다 하고 ¹³이같이 동맹한 자가 사십여 명이더라 ¹⁴대

제사장들과 장로들에게 가서 말하되 우리가 바울을 죽이기 전에는 아무것도 먹지 않기로 굳게 맹세하였으니 [15]이제 너희는 그의 사실을 더 자세히 물어보려는 척하면서 공회와 함께 천부장에게 청하여 바울을 너희에게로 데리고 내려오게 하라 우리는 그가 가까이 오기 전에 죽이기로 준비하였노라 하더니 [16]바울의 생질이 그들이 매복하여 있다 함을 듣고 와서 영내에 들어가 바울에게 알린지라 [17]바울이 한 백부장을 청하여 이르되 이 청년을 천부장에게로 인도하라 그에게 무슨 할 말이 있다 하니 [18]천부장에게로 데리고 가서 이르되 죄수 바울이 나를 불러 이 청년이 당신께 할 말이 있다 하여 데리고 가기를 청하더이다 하매 [19]천부장이 그의 손을 잡고 물러가서 조용히 묻되 내게 할 말이 무엇이냐 [20]대답하되 유대인들이 공모하기를 그들이 바울에 대하여 더 자세한 것을 묻기 위함이라 하고 내일 그를 데리고 공회로 내려오기를 당신께 청하자 하였으니 [21]당신은 그들의 청함을 따르지 마옵소서 그들 중에서 바울을 죽이기 전에는 먹지 않고 마시지도 않기로 맹세한 자 사십여 명이 그를 죽이려고 숨어서 지금 다 준비하고 당신의 허락만 기다리나이다 하니 [22]이에 천부장이 청년을 보내며 경계하되 이 일을 내게 알렸다고 아무에게도 이르지 말라 하고 [23]백부장 둘을 불러 이르되 밤 제삼 시에 가이사랴까지 갈 보병 이백 명과 기병 칠십 명과 창병 이백 명을 준비하라 하고 [24]또 바울을 태워 총독 벨릭스에게로 무사히 보내기 위하여 짐승을 준비하라 명하며

[23 : 12-15] 기지를 발휘하여 일단 궁지에서 탈출하기는 했지만 문제가 근본적으로 해결된 것은 아니었다. 날이 새자 극단적이고 폭력적인 유대인들이 작당을 하여 바울을 죽이기로 맹세하는 일이 발생하였다. 이들은 바울을 죽이기 전에는 먹지도 않고 마시지도 않겠다고 굳게 동맹을 맺었다. 그 수가 사십 명이 넘었다. 먹지도 않고 마시지도 않겠다고 한 것은 죽음을 각오한 것이었다고 볼 수 있다. 먹지 않아도 수십 일을 살 수 있지만, 마시지 않으면 수일 내로 죽을 수도 있기 때문이다. 여기에서 '맹세를 했다'는 것은 결심한

것을 실행하지 못하면 저주를 받아도 좋다는 의미를 가지고 있다. 이러한 맹세는 상황의 변화로 인하여 도저히 실행할 수 없는 경우에만 해제될 수 있었다. 그러므로 이들의 맹세는 설득이나 이해를 통해서 변경할 수 없는 최종적인 성격을 띠게 된다.

사십여 명의 결사대는 대제사장들(전현직을 포함하기 때문에 복수로 표현됨.)과 장로들에게 그들의 맹세를 알린 후에 산헤드린이 취할 행동 강령을 제안한다. 결사대가 산헤드린보다 앞서서 사태를 주도하고 있다. 산헤드린이 천부장에게 바울의 문제를 더 자세하게 심문해야겠다고 말하여 허락을 얻기만 하면, 그들이 영내에서 산헤드린으로 내려오는 길에 매복하였다가 살해하겠다는 음모를 털어놓는다. 산헤드린이 결사대의 제안에 동의하였을 것이라는 점은 행간에 암시되어 있다.

[23 : 16-22] 이 시점에 아무런 사전 설명이나 도입 말이 없이 갑자기 바울의 생질이 등장한다. 우리는 바울의 생질(누이의 아들)이 예루살렘에 살고 있었다는 사실에 관해 들은 적이 없다. 그리고 어떻게 바울의 생질이 사십 인 결사대의 음모를 알게 되었는지에 관하여 알지 못한다. 누가는 아무런 설명 없이 바울의 생질을 등장시키는 구성을 보여 준다. 비록 갑작스러운 일이기는 하지만, 바울의 생질에 관한 언급으로 인하여 바울의 가족이 예루살렘에 일찍 이주했을 개연성이 높아진다. 그를 '청년'이라고 한 것을 보면 20대에 속한 사람일 것으로 짐작하게 된다.

바울의 생질은 바울을 사지로 몰아넣게 될 결사대의 음모에 관해 바울에게 알려 주었다. 바울의 생질은 그의 삼촌인 바울이 로마 시민이고 또 아직 죄인으로 정죄되기 전이기 때문에 가족으로서 바울을 돕기 위해 영내를 출입할 수 있었던 모양이다. 바울은 이러한 첩보가 무엇을 의미하는지를 잘 알고 있었기 때문에 그가 아는 백부장(22 : 25-26 참조)에게 그의 생질을 천부장에게 인도하여 달라고 부탁하였다. 그러나 바울은 그의 생질이 가지고 있는 첩보의 내용은 발설하지 않는 치밀함을 보인다. 첩보가 새 나가면 만사가 물거품으로 끝날 수도 있음을 잘 알고 있었기 때문이었다.

백부장이 천부장에게 보고할 때 처음으로 '죄수 바울'이라는 표현을 쓰고 있다. 이것은 한편으로 바울을 낮춤으로써 상관을 예우하는 수사법이면서 다른 한편으로는 바울이 그리스도를 위하여 죄인이 된 것을 자랑스럽게 여기고 있음을 나타내는 것이다(빌 1 : 13 ; 몬 1, 9절 참조). 이러한 보고를 받은 천부장은 바울의 생질 손을 잡아끌고 안으로 들어가서 조용히 그가 가진 첩보에 관해 듣고자 하였다. 먼저 바울의 생질은 결사대의 음모를 소상하게 알려 준다. 이것은 그가 지어낸 말이 아니라 염탐하여 알아낸 것임을 믿게 만드는 효과가 있다. 그리고 나서 천부장에게 유대인들의 청을 들어주어서는 안 되는 이유를 설명한다. 바울을 죽이기로 맹세한 사십 명의 결사대가 매복하고 있다는 것을 폭로한다. 천부장은 그의 말이 신빙성이 있다고 판단하고 아무에게도 누설하지 말 것을 단단하게 다짐하게 한 후에 바울의 생질을 내보낸다.

[23 : 23-24] 천부장은 즉각적으로 조치에 나선다. 백부장 둘을 불러 밤 제삼시(밤 9시)에 벨릭스 총독이 체제하고 있는 가이사랴까지 바울을 호송할 계획을 시달한다. 그리고 충분한 인원과 장비를 준비할 것을 지시한다. 보병 2백 명, 기병 70명, 창병 2백 명과 바울을 태워 갈 짐승(말?)을 준비시킨다. 그만큼 사안이 중요하고 위태롭다고 판단했기 때문일 것이다. 여기에서 창병(헬라어 원문의 뜻은 '오른손으로 잡은 자'임.)은 호송 작전에서 아무런 역할을 부여받지 못하고 있다(23 : 31-32 참조). 그래서 이들이 기병들이 탄 말을 (오른손으로 끈을 잡고) 이끌고 간 사람들로 보기도 한다. 여기에서 짐승은 헬라어 원문에서 복수로 나와 있다. 아마 바울을 태우고 갈 짐승과 짐을 싣고 갈 짐승을 가리키고 있는 것 같다. 급하게 먼 길을 갈 때는 이러한 준비가 필요하였다.

²⁵또 이 아래와 같이 편지하니 일렀으되 ²⁶글라우디오 루시아는 총독 벨릭스 각하께 문안하나이다 ²⁷이 사람이 유대인들에게 잡혀 죽게 된 것을 내가 로마 사람인 줄 들어 알고 군대를 거느리고 가서 구원하여다가 ²⁸유대인들이 무슨 일로 그를 고발하는지 알고자 하여 그들의 공회로 데리고 내려갔더니 ²⁹고발하는 것이 그들의 율법 문제에 관한 것뿐이요 한 가지도 죽이거나 결박할 사유가 없음을 발견하였나이다 ³⁰그러나 이 사람을 해하려는 간계가 있다고 누가 내게 알려 주기로 곧 당신께로 보내며 또 고발하는 사람들도 당신 앞에서 그에 대하여 말하라 하였나이다 하였더라

[23 : 25-30] 천부장은 호송대에게 벨릭스 총독에게 쓴 편지를 함께 들려 보내고 있다. 이 편지는 법적인 문제를 다루는 공식적인 내용을 담고 있다. 형식적으로도 일반적인 편지 형식(송신자, 수신자, 인사, 용건)에 부합하는 것이다. 벨릭스는 원래 로마 시민이 아니었으면서도 총독의 지위까지 오른 입지전적인 사람이었다. 그는 주후 52~59년까지 유대 총독으로 재임하였다. 그는 로마 황제 가문이나 유대 왕족과의 결혼을 통해 출세를 도모하였으며, 유대 민족에게 잔혹한 태도를 보여 주었다. 그는 소요를 일으키는 열심당원들을 탄압하는 데 앞장섰다. 글라우디오 루시아 천부장은 이러한 벨릭스를 각하라는 높은 존칭으로 부르며 추켜세우고 있다.

용건을 말하면서 우선 루시아는 벨릭스 총독에게 그가 바울과 관련한 문제를 로마법에 따라 잘 처리하였다는 것을 드러내고자 하였다. 바울이 유대 사람들에게 잡혀 죽게 된 것을 로마 시민이라는 것을 알고 군대를 거느리고 가서 구원하였다고 말하였다(27절). 그러나 이 말은 정확한 보고는 아니었다. 사실은 유대 사람들에게 잡혀 죽게 된 바울을 구하게 된 것은 소요를 평정하려다가 결과적으로 이루어진 일이며, 그가 로마 시민인 것은 심문을 하다가 나중에 알게 된 것이었다. 그 다음 루시아가 보고한 내용은 대체적으로 맞는 이야기다. 사건의 진상을 밝히기 위해 추가적인 노력을 기울였다는 것이 핵

심이다(28절). 이런 절차를 거쳐 루시아가 파악하게 된 결론은 바울이 유대 율법은 범했을지 모르지만 로마법으로는 죽이거나 결박할 사안은 아니라는 것이다. 마지막에는 바울을 총독에게 보낸 이유를 적고 있다. 바울을 해치려는 첩보를 접하고 보다 안전하고 권위 있는 재판정에서 바울의 문제를 다룸으로써 유대인들이 저지를지 모를 소요 사태를 해결하려 한다는 것을 부각시킨다. 결론적으로 말해서, 루시아는 바울의 문제를 처리하면서 그가 주장하는 현명한 일처리를 은근히 드러내면서 자신의 입지를 더 굳건히 하려는 의도를 내비치고 있다.

> [31]보병이 명을 받은 대로 밤에 바울을 데리고 안디바드리에 이르러 [32]이튿날 기병으로 바울을 호송하게 하고 영내로 돌아가니라 [33]그들이 가이사랴에 들어가서 편지를 총독에게 드리고 바울을 그 앞에 세우니 [34]총독이 읽고 바울더러 어느 영지 사람이냐 물어 길리기아 사람인 줄 알고 [35]이르되 너를 고발하는 사람들이 오거든 네 말을 들으리라 하고 헤롯 궁에 그를 지키라 명하니라

[23 : 31-32] 호송대는 보병과 기병이 하루씩 역할을 맡아서 하였다. 첫날은 밤에 작전이 이루어졌기 때문에 기병보다는 보병에게 어울리는 임무였을 것이다. 예루살렘에서 가이사랴까지는 하루에 갈 수 있는 거리(약 95km)가 아니었다. 첫날은 중간 지점인 안디바드리(예루살렘에서 약 55km)까지 호송하였다. 어떻게 그렇게 먼 거리를 갈 수가 있었을까? 두 가지 설명이 도움이 될 것이다. 첫째는 안디바드리까지는 내리막길이었기 때문에 쉽게 멀리 갈 수 있었다는 것이다. 둘째는 임무의 중요성으로 인하여 비상 상황에 맞게 무리해서라도 멀리 가야만 했다는 것이다. 둘째 날은 기병이 담당하였다. 보병은 기병에게 임무를 인계하고 예루살렘의 영내로 돌아갔다. 기병 부대는 약 40km를 달려 바울을 가이사랴까지 무사히 호송하여 총독 앞으로 데리고 갔다.

[23 : 33-35] 기병은 천부장 루시아의 편지를 총독에게 전달하고 총독은 고대의 관행대로 소리를 내어 편지를 읽었다. 그리고 바울로 하여금 신고하는 절차를 밟게 하였다. 벨릭스는 바울의 출신지를 묻고 바울이 길리기아 사람인 것을 확인하였다. 그리고 나서 곧바로 그 사건을 정식으로 다루겠다고 선언하고 있다. 예루살렘에서 바울을 고발하는 유대인들이 가이사랴에 도착하면, 바울의 말을 듣고 사건을 처결하겠다고 한 것이다. 당시 길리기아는 여전히 시리아 지방에 속해 있었는데, 벨릭스가 바울 건을 직접 다루지 않게 되면 바울을 다소로 보내야 했다. 비교적 작은 사건을 먼 거리를 이동하여 다루게 된다면, 고발의 당사자들에게 큰 불편을 초래하는 일이 될 뿐이었다. 벨릭스는 자신이 직접 처리할 수 있는 일을 다른 지역의 책임자에게 떠넘기려고 하지 않았다. 벨릭스는 이 사건을 다루게 될 날까지 자신이 체재하고 있던 헤롯궁에 바울을 가두어 두라고 명령한다. 여기까지의 경과로 보면, 벨릭스는 로마법에 따라 비교적 객관적이고 온건하게 일을 처리하고 있는 인상을 주고 있다.

5. 벨릭스의 심문(24 : 1-27)

¹닷새 후에 대제사장 아나니아가 어떤 장로들과 한 변호사 더둘로와 함께 내려와서 총독 앞에서 바울을 고발하니라 ²바울을 부르매 더둘로가 고발하여 이르되 ³벨릭스 각하여 우리가 당신을 힘입어 태평을 누리고 또 이 민족이 당신의 선견으로 말미암아 여러 가지로 개선된 것을 우리가 어느 모양으로나 어느 곳에서나 크게 감사하나이다 ⁴당신을 더 괴롭게 아니하려 하여 우리가 대강 여짜옵나니 관용하여 들으시기를 원하나이다 ⁵우리가 보니 이 사람은 전염병 같은 자라 천하에 흩어진 유대인을 다 소요하게 하는 자요 나사렛 이단의 우두머리라 ⁶그가 또 성전을 더럽게 하려 하므로 우리가 잡았사오니 (6하반-8상반 없음) ⁸당신이 친히 그를 심문하시면 우리가 고발하는 이 모든

일을 아실 수 있나이다 하니 ⁹유대인들도 이에 참가하여 이 말이 옳다 주장하니라

[24 : 1-4] 바울이 벨릭스에게 넘겨진 지 닷새가 지났을 때에 예루살렘으로부터 대제사장 아나니아 일행이 변호사 더둘로를 대동하고 가이사랴에 당도하였다. '닷새 후에' 온 것은 바울이 밤중에 가이사랴로 호송된 것을 알고 난 후 재빨리 팀을 꾸려 출발했다는 것을 알 수 있다. 아나니아가 산헤드린에 속한(?) 장로들과 함께 예루살렘에서 가이사랴까지 약 100km나 되는 거리를 괘념하지 않고 서둘러 왔다는 것은 예루살렘의 유대인 극단주의자들이 바울의 문제를 해결하는 것을 중요한 우선순위에 놓고 있었음을 반증한다. 높은 지위에 있던 유대 지도자들이 한꺼번에 몰려온 것이 총독에게 압력으로 작용할 수 있었으나, 바울로서 다행스러웠던 것은 벨릭스 총독이 유대인들에게 그렇게 호의적인 감정을 갖고 있지 않았다는 것이다.

이제 대제사장 아나니아는 변호사 더둘로를 통해 총독 앞에서 바울을 고발함으로써 벨릭스 총독을 재판장으로 하는 정식 심문이 시작되었다. 아나니아는 전문 변호사인 더둘로를 대변자로 삼아 이 사건을 유리하게 매듭지으려고 철저히 내비하였음을 알 수 있다. 더둘로를 고용한 것은 그가 로마법에 익숙하고 법적 절차를 잘 알고 말을 설득력 있게 잘하는 사람이었기 때문일 것이다. 총독은 고발이 접수되자 바울을 불러 임석시킨다. 고발인과 피고발인이 함께 정당한 공방을 벌이도록 하는 것이 로마 법정의 공의로운 재판 절차였다.

바울이 참석하자마자 더둘로 변호사는 벨릭스 총독의 기분에 맞는 말을 하면서 세련되게 고발을 시작하고 있다. 더둘로는 벨릭스를 '각하'라고 부르면서 최대의 경의를 표한다. 이것은 재판장에게 좋은 인상을 심어 주고 판결을 유리하게 이끌어 내려는 수사법이다. 이러한 수사법은 이후 계속된다. 더둘로는 벨릭스에게 태평한 세월을 만들어 준 것과 '선견'을 가지고 많은 개선

을 이루어 준 것에 대해 감사를 표하고 있다. 평화와 선견지명이라는 두 가지 덕목은 정치지도자에게 필수적인 것이기 때문에, 이 두 덕목을 언급한 것은 벨릭스에 대한 최대의 찬사였다. 그러나 이러한 언급은 사실을 그대로 반영하는 것이라기보다는 의례적이고 판에 박힌 인사였다. 실제로 벨릭스는 유대 민족에게 평화를 가져다준 사람이 아니라 민족주의 운동을 박해한 사람이었기 때문이다. 더둘로는 사건을 이기기 위해서는 아첨하는 말도 가리지 않았다. 4절은 고상하고 품위 있게 벨릭스의 비위를 맞추고 있음을 보여 준다. 벨릭스의 심정을 고려하여("당신을 더 괴롭게 아니하려 하여") 간략하게 고발하겠다고 말하고 있다. 벨릭스의 비위를 맞추려고 노력한 것은 더둘로는 증거를 가지고 바울을 정죄하기 어려웠기 때문에, 벨릭스의 마음을 얻어 유리한 판결을 이끌어 내려고 했던 것인지도 모른다. 실제로 증거나 증인이 확실하지 않은 재판에서는 재판장이 임의로 그의 마음에 따라 판결을 내리는 수가 많이 있었다. 그리고 권위를 가진 총독이 어떤 판결을 내리게 되면 그것은 되돌리기 어려웠을 것이다.

[24 : 5–9] 바울에 대한 고발의 내용은 5~6절에 명시되어 있다. 그것은 두 가지로 요약될 수 있다. 더둘로는 바울이 '소요'를 일으킨 자며, 성전을 '더럽게' 한 자라고 고발한다. 전염병과 같이 많은 유대인들에게 잘못된 사상을 전파함으로써 분란을 일으키는 것은 '평화'를 저해하는 것으로서 다분히 정치적인 범죄에 해당될 수 있는 죄목이었다. 거기에다가 이방인을 성전 안에 데리고 들어와서 성전을 더럽게 한 것은 중대한 종교적인 범죄에 해당되는 것이었다. 만약 이것이 사실이라면 바울은 정죄를 받을 수밖에 없었을 것이다. 바울에게 다행스러웠던 것은 더둘로의 고발이 물증이나 증인을 내세우지 못하고 있다는 것이다. 서둘러서 일을 진행하다 보니 바울에게 불리한 증언을 해 줄 증인을 대동하고 올 시간이 없었던 것으로 보인다. 대신 더둘로는 벨릭스에게 직접 심문하면 사실을 확인할 수 있을 것이라고만 말하고 고발을 마치고

있다. 유대인들은 더둘로의 말에 맞장구를 치면서 판결에 유리한 분위기를 만들려고 한다. 결론적으로 볼 때, 여기에 더둘로의 고발 내용이 그대로 다 기록되지는 않았겠지만, 전문 변호사를 내세운 고발치고는 허점이 보이는 내용이었다.

[10]총독이 바울에게 머리로 표시하여 말하라 하니 그가 대답하되 당신이 여러 해 전부터 이 민족의 재판장 된 것을 내가 알고 내 사건에 대하여 기꺼이 변명하나이다 [11]당신이 아실 수 있는 바와 같이 내가 예루살렘에 예배하러 올라간 지 열이틀밖에 안 되었고 [12]그들은 내가 성전에서 누구와 변론하는 것이나 회당 또는 시중에서 무리를 소동하게 하는 것을 보지 못하였으니 [13]이제 나를 고발하는 모든 일에 대하여 그들이 능히 당신 앞에 내세울 것이 없나이다 [14]그러나 이것을 당신께 고백하리이다 나는 그들이 이단이라 하는 도를 따라 조상의 하나님을 섬기고 율법과 선지자들의 글에 기록된 것을 다 믿으며 [15]그들이 기다리는 바 하나님께 향한 소망을 나도 가졌으니 곧 의인과 악인의 부활이 있으리라 함이니이다 [16]이것으로 말미암아 나도 하나님과 사람에 대하여 항상 양심에 거리낌이 없기를 힘쓰나이다 [17]여러 해 만에 내가 내 민족을 구제할 것과 제물을 가지고 와서 [18]드리는 중에 내가 결례를 행하였고 모임도 없고 소동도 없이 성전에 있는 것을 그들이 보았나이다 그러나 아시아로부터 온 어떤 유대인들이 있었으니 [19]그들이 만일 나를 반대할 사건이 있으면 마땅히 당신 앞에 와서 고발하였을 것이요 [20]그렇지 않으면 이 사람들이 내가 공회 앞에 섰을 때에 무슨 옳지 않은 것을 보았는가 말하라 하소서 [21]오직 내가 그들 가운데 서서 외치기를 내가 죽은 자의 부활에 대하여 오늘 너희 앞에 심문을 받는다고 한 이 한 소리만 있을 따름이니이다 하니 [22]벨릭스가 이 도에 관한 것을 더 자세히 아는 고로 연기하여 이르되 천부장 루시아가 내려오거든 너희 일을 처결하리라 하고 [23]백부장에게 명하여 바울을 지키되 자유를 주고 그의 친구들이 그를 돌보아 주는 것을 금하지 말라 하니라

[24 : 10-13] 총독은 그가 바울을 직접 심문하는 대신에 바울에게 자신을 변호할 기회를 준다. 벨릭스가 머리로 말하라는 신호를 보내는 것은 오만한 권위의 자세를 보여 준다. 그렇지만 바울은 이러한 기회를 기꺼이 이용하여 더둘로의 고발 내용 가운데 허점이 있는 부분을 효과적으로 공박하는 기지를 발휘하고 있다. 바울 역시 더둘로 못지않게 재판정에서의 관례적인 수사법을 활용한다. 수년 동안 이스라엘 민족의 재판장이 된 것에 관해 그것을 인정하는 발언을 한다. 벨릭스는 주후 52년에 총독으로 재임하기 시작했고, 바울이 심문을 받던 주후 57년경까지 상당 기간 유대 지방을 통치하였기 때문이다. 그러나 더둘로가 "크게 감사하나이다"(3절)라고 말한 것과 달리 바울은 "재판장 된 것을 내가 알고"라고만 말한다. 적극적으로 아첨하는 말을 하지는 않고 있다.

바울은 그에 대한 고발 내용을 논리적으로 공박한다. 더둘로는 바울이 이단 사상을 가지고 세상을 소란하게 하고 또 성전을 더럽힌 자라고 고발하였다(5-6절). 바울은 이 두 가지 혐의점에 대하여 하나하나 공박한다. 먼저 이단 사상을 가지고 소요를 일으켰다는 혐의에 대해 바울은 그가 예루살렘에 올라간 지 열이틀밖에 되지 않았기 때문에, 물리적으로 무리를 소동케 할 만한 시간이 없었다는 점과 자신이 성전에서 변론하거나 다투는 것을 본 증인이 없었다는 점을 강조하였다. 가이사랴에 이송되기 전까지 바울이 대략 열이틀 동안 예루살렘에 머무른 것은 이전의 내용을 통해 증명할 수 있다. 예루살렘에 도착한 것을 첫째 날(21 : 17)이라고 할 때, 둘째 날 야고보를 찾아갔고(21 : 18), 셋째 날부터 아흐레째 날까지 칠일 동안 결례를 행하였고(21 : 26-27), 열흘째 산헤드린 앞에 끌려왔고(22 : 30), 열하루째 바울을 죽이려는 음모가 발각되었고(23 : 12, 16), 열이틀째 가이사랴로 이송되었다(23 : 23, 31-32). 바울이 성전에서 사람들과 소동을 벌인 것은 아시아에서부터 온 유대인들이 증인으로 왔다면 우길 수도 있는 사안이었다(21 : 27-30 참조). 그러나 아나니아와 장로들은 더둘로를 데려올 생각만 했을 뿐 그들에게 유리할 수도 있었던 아시아에서부터 온 유대인들을 데리고 오지 않았다. 바울은 이러한 사태를 미리 파악하고 있었던 듯하다. 바울을 고발한 사항에 대하여 아무 증거나 증인을 내세울 수 없을 것이라고 당당하게 벨릭스에게 말한 것은 이러한 정황이 한몫 한 것도 있다고 보인다.

[24 : 14-21] 바울은 심문에 임하여 자신을 변호하는 것에 그친 것이 아니라 적극적으로 자신이 전하는 복음에 대하여 증언하는 기회로 삼고 있다. 바울은 유대인들이 이단이라고 말하는 '도'를 따라 신앙생활을 성실하게 하였다고 말한다. 유대인들은 예수 그리스도를 따르는 사람들을 '이단'이라고 말했지만, 바울은 물론 이러한 호칭에 만족할 수 없었다. 바울은 오히려 유대교에 뿌리를 두고 있지만 새로운 가르침으로 생각하여 '도'(the Way)로 불렀다. 이는 일찍이 '여호와의 길'을 예비할 때가 올 것(사 40 : 3)이라고 한 것과 연관을 갖는 것이다. 유대교는 기독교를 잘못된 사상이라고 하여 배격했지만, 바울은 이러한 비난에 대하여 얼마든지 변론할 수 있다고 생각하였다. 유대교와 똑같이 하나님도 섬기고 율법과 선지자의 글도 다 믿는데, 왜 전염병과 같이 나쁜 사상을 퍼뜨린다고 매도하는가 하고 반문한다. 또한 유대인들이 기다리는 부활에 대한 소망을 공유한다고 함으로써 유대교와 기독교의 공통점을 부각시킨다. 이 말을 한 것은 유대인 장로들 중에 바리새인이 있기 때문일 수도 있다. 그러나 대부분의 유대인들은 부활에 대한 소망을 가지고 있었기 때문에 이 말을 한 것이라고 보아야 한다. 바울은 하나님과 사람들에게 양심에 어긋나는 일을 할 수 없다고 증언한다. 왜냐하면 그는 의인과 악인의 부활에 대한 믿음을 가지고 있기 때문이라는 것이다. 바울은 소란을 피우는 자가 아니었다. 다만 유대인과 약간 다른 사상(=신학)을 가지고 있는 것뿐이었다. 이로써 바울은 아나니아가 지금 더둘로를 통해 고발하고 있는 바와 같이 정치적인 범죄를 저지른 사람이 아니라는 점을 효과적으로 변증하였다. 그렇다면 그는 로마법에 저촉될 만한 행동을 한 적이 없는 셈이 된다. 이는 더둘로를

멋지게 제압하는 순간이었다.

　바울은 두 번째로 성전을 더럽힌 자라는 혐의에 대해 공박한다. 이에 대해 그는 그가 종교적인 관심을 가지고 있을 뿐이라는 것을 구제금과 제물을 가지고 온 사실을 예로 들어 벨릭스에게 설명한다. 그는 구제금을 모금하여 와서 예루살렘의 가난한 성도들을 도우려 했고(롬 15 : 26 ; 고후 9 : 1-2 ; 갈 2 : 10 참조), 제물을 가지고 와서 결례를 행하였다(21 : 24-26). 자신의 몸을 깨끗하게 하기 위하여 성전에서 결례(rite of purification)를 행한 것은 성전을 더럽게 했다는 주장을 정반대로 뒤집는 것이다. 결례는 조용하고 경건하게 이루어졌고 소동이 일으킨 일은 더군다나 없었다고 논박한다. 그러나 바울은 한 가지 걸리는 점이 있음을 알고 이를 미리 짚고 있다. 왜냐하면 아시아에서부터 온 유대인들이 성전에서 소동을 일으킨 것이 바울의 잘못 때문에 일어난 것으로 생각할 수 있었기 때문이다. 그러나 혹시 에베소 사람 드로비모 때문에 유대인들이 문제를 삼은 것이라고 한다면, 그것은 순전히 오해에서 비롯된 것이었다(21 : 29 참조). 바울은 벨릭스 총독에게 강하게 변론하여 말하기를, 만약 바울에게 성전과 관련하여 잘못이 있었다고 한다면 아시아에서부터 온 유대인들이 증인으로 와서 증언하지 않았겠느냐고 의문을 제기한다. 이는 매우 설득력 있고 효과적인 변론이 되었다. 바울은 더욱 자신감을 가지고, 총독 앞에 서 있는 유대교 지도자들에게 산헤드린에서 심문받을 때 잘못한 것을 발견한 일이 있으면 여기에서 말하라고 다그친다. 바울은 다시 한번 그가 죽은 자들(헬라어 원문에 복수로 되어 있음.)의 부활을 외친 것뿐임을 강조한다. 바울은 그가 말하는 것은 종교적인 문제이며, 그의 믿는 바가 유대인들과 크게 다르지 않다는 점을 부각시키고 있다.

[24 : 22-23] 바울은 더둘로보다 더 설득력 있고 효과적인 변론을 펼쳤다. 이제 판결만이 남게 되었다. 그러나 벨릭스는 판결을 내리지 않고 연기하는 결정을 내리고 있다. 그 이유는 무엇인가? 본문은 벨릭스가 이 도에 관한 것을

더 자세히 알았기 때문이라고 기록하고 있다. 이 말은 유대인 고발자들보다 더 자세히 알았다는 것인가? 아니면 이 도에 관하여 당장 판결하는 것이 적절하지 않다는 것을 누구보다도 더 자세히 알았다는 것인가? 전자라면 그가 이미 루시아 천부장을 통해 받은 편지에 의한 정보를 가리킨다고 보아야 할 것이다. 후자라면 벨릭스가 이 사건을 좀 더 넓은 정치적인 안목에서 판단해야 할 필요가 있었다는 점을 가리킬 것이다. 벨릭스는 속으로 생각하는 이유는 숨겨 놓은 채 겉으로는 천부장 루시아가 오면 이 사건을 처결하겠다고 말한다. 벨릭스 총독은 이미 천부장이 어떤 생각을 가지고 있는지 알고 있었다. 그럼에도 불구하고 이렇게 말한 것은 판결을 연기하려는 속셈에서 나온 것이다. 이것은 한편으로 정치가들이 책임을 회피하고 다른 사람에게 떠넘기려는 속성을 보여 주며, 다른 한편으로는 자신의 불안한 정치적 입지를 고려할 때 유대인들과 너무 날카롭게 대결하는 것이 자신에게 이롭지 않다는 정치적 판단을 한 것으로 볼 수 있다.

벨릭스 총독은 바울에게 유리한 판결을 연기하게 되어 그랬는지 모르지만 백부장을 시켜 바울에게 자유를 주고 친구들이 돌보는 것을 금하지 말라고 조치한다. 또한 로마 시민인 바울을 소홀히 다룰 수는 없었을 것이기 때문에 그렇게 조치하였을 것이다. 바울이 심문 후에 이전보다 더 자유로운 상태가 된 것은 틀림없다. 그러나 그것이 결박당한 것을 풀어 주고 자유롭게 개인 집에 머물게 했다는 의미는 아닐 것이다(26 : 29 참조). 바울은 백부장의 휘하에서 친구들의 돌봄을 받을 만큼 비교적 자유로웠지만 여전히 영내에 머무르고 있었다고 보아야 한다.

[24]수일 후에 벨릭스가 그 아내 유대 여자 드루실라와 함께 와서 바울을 불러 그리스도 예수 믿는 도를 듣거늘 [25]바울이 의와 절제와 장차 오는 심판을 강론하니 벨릭스가 두려워하여 대답하되 지금은 가라 내가 틈이 있으면 너를 부르리라 하고 [26]동시에 또 바울에게서 돈을 받을까 바라는 고로 더 자주 불

러 같이 이야기하더라 ²⁷이태가 지난 후 보르기오 베스도가 벨릭스의 소임을 이어받으니 벨릭스가 유대인의 마음을 얻고자 하여 바울을 구류하여 두니라

[24 : 24-27] 심문이 끝나고 며칠이 지났을 때 벨릭스 총독이 유대인 부인인 드루실라와 함께 찾아왔다. 드루실라는 헤롯 아그립바 1세의 딸로서 어릴 때 에메사(Emesa) 왕의 신부가 되었던 사람이었다. 그런데 벨릭스가 드루실라를 좋아하게 되어 에메사 왕인 아지주스(Azizus)에게서 빼앗았다. 드루실라는 유대인으로서 벨릭스보다는 바울의 메시지에 더 관심이 많았을 것이다. 벨릭스는 겉으로 보아서는 예수 그리스도에 관한 도를 듣고자 온 것처럼 보였으나 속으로는 뇌물을 받을 생각을 한 것 같다.

바울은 아랑곳하지 않고 '의와 절제와 장차 오는 심판'에 관해 강론하였다. 벨릭스는 별로 들어보지 못한 이러한 말을 듣고 두려워하였지만 회개하는 데까지 이르지는 못했다. 원래부터 진지하게 복음을 들으러 온 것이 아니었기 때문이다. 벨릭스는 진지한 고민은 회피한 채 뇌물을 받아 챙길 궁리만 하고 있다. 결국 벨릭스는 뇌물을 받은 것이 여러 이유 중 하나의 이유가 되어 나중에(주후 59년) 총독의 지위를 내놓게 된다. 바울이 실제 뇌물을 줄 만큼 경제적 여유가 있었는지는 확실하지 않다. 벨릭스는 친구들이 바울을 경제적으로 돕고 있는 것을 보고, 또 그가 많은 그리스도인들의 지도자인 것을 보고 뇌물을 받을 수 있다고 생각했었는지 모른다.

바울이 벨릭스 밑에서 갇혀 지낸 지 두 해가 지나갔다. 때를 놓친 판결 때문에 속절없이 세월이 흘러갔다. 벨릭스 후임으로 보르기오 베스도가 부임하였다. 벨릭스는 그때까지 판결도 내리지 않았고 바울을 풀어 주지도 않았다. 벨릭스에게 한 사람의 억울함은 안중에 없었다. 그는 유대인들과 별로 좋은 관계는 아니었지만 순전히 정치적인 이유 때문에 바울을 감옥에 가두어 두고 있었던 것이다. 이로 보건대, 벨릭스는 공평무사한 지도자가 못되었다. 벨릭스는 뇌물을 바랐고, 자신의 정치적 입지만 생각하였기 때문이다.

설교를 위한 묵상 : "상반되는 가치관"(24 : 24-27)

사도행전은 로마에 대한 호교론적 입장에서 기록되었다고 보는 것이 일반적이다. 특히 바울의 재판과 호송 과정에서 로마에 대한 호의적인 내용이 많이 등장한다 (21 : 32-34 ; 23 : 23-30 ; 24 : 22-23 ; 25 : 13-27 ; 26 : 30-32 ; 27 : 42-44 ; 28 : 16). 그러나 마냥 그런 것은 아니다. 오늘 본문은 오히려 로마의 지도자들이 우유부단하고 뇌물을 밝히는 인물이라고 고발하고 있다.

사람들은 정치 권력자 앞에서 대개 그들의 비위를 맞추거나 부탁을 알아서 챙겨 주려는 경향을 갖게 된다. 왜 그럴까? 그것은 부당한 탄압을 받을 수 있는 위험을 미연에 방지하고, 혹시 생길지도 모르는 이권을 누리려고 하는 심사에서 비롯된다. 우리는 역사에서 이러한 예를 수없이 찾을 수 있다. 그래서 권력에 굴하지 않는 강직한 인물을 칭송하게 되는 것이다.

본문에서 우리는 두 종류의 인간을 만나게 된다. 하나는 벨릭스 총독과 그의 아내 드루실라, 그리고 베스도로 대표되는 A 유형이다. 다른 하나는 바울로 대표되는 B 유형이다. A 유형은 첫째, 바울로부터 복음을 들으러 왔지만 그것은 겉모습에 불과했다. 둘째, 복음의 실체에 직면하자 두려움에 떨었다. 셋째, '지금-여기'라는 명제 앞에서 우유부단하게 행동하였다. 넷째, 물질적 욕심에서 벗어나지 못했다. 다섯째, 정치적인 득실계산을 하느라 정의를 실천하지 못했다. 이에 비해 바울(B 유형)은 첫째, 어떤 상황에서든지(죄수의 몸으로라도) 복음을 전하였다. 둘째, 어떤 사람 잎이든지 복음의 신리(의와 절제와 심판)에 관해 타협하지 않았다. 셋째, 끈질기게 계속된 부당한 요구(뇌물)에 굴복하지 않았다. 이 두 유형은 세속적인 가치관과 복음적인 가치관으로 대조된다. 우리는 어떤 유형에 속하는 사람인가? A 유형에 속한 사람이 아니라고 자신 있게 말할 수 있는가?

6. 베스도의 심문(25 : 1-12)

¹베스도가 부임한 지 삼 일 후에 가이사랴에서 예루살렘으로 올라가니 ²대제사장들과 유대인 중 높은 사람들이 바울을 고소할새 ³베스도의 호의로 바울을 예루살렘으로 옮기기를 청하니 이는 길에 매복하였다가 그를 죽이고자 함이더라 ⁴베스도가 대답하여 바울이 가이사랴에 구류된 것과 자기도 멀지 않아 떠나갈 것을 말하고 ⁵또 이르되 너희 중 유력한 자들은 나와 함께 내려가서 그 사람에게 만일 옳지 아니한 일이 있거든 고발하라 하니라

[25 : 1-5] 벨릭스 후임으로 주후 59년 유대 총독으로 부임한 베스도는 부임한 지 삼 일밖에 되지 않았는데, 유대인 지도자들과의 호의적인 관계를 강화하기 위해 곧바로 예루살렘을 방문하였다. 총독들이 어떤 지역을 잘 관리하기 위해서는 일반적으로 그 지방 지도자들의 도움을 필요로 하였기 때문이다. 베스도가 말썽 많은 유대 지역을 잘 다스리기 위해 먼저 예루살렘의 지도자들을 찾은 것은 정치 지도자로서 현명한 선택을 한 것이다. 베스도는 유대 총독으로 오래 재임하지 못하였다. 그는 2~3년 정도 유대 총독으로 재임하다가 주후 61/62년에 죽었다. 베스도는 벨릭스보다 더 공정하게 유대를 다스린 것으로 평가받고 있다. 그는 재위 시 자객단을 색출하여 처단하고 거짓 메시야를 탄압하는 등 문제를 일으키는 자들을 제거하여 유대 지역을 안정시키려고 노력하였다.

대제사장들과 유대인 지도자들은 베스도가 호의적인 방문을 한 이때를 놓치지 않고 현안 문제를 거론하는 기회로 삼았다. 그들은 국가적인 대사를 가지고 협의한 것이 아니라 어떻게 보면 국소적이라고 할 수 있는 바울을 고소하는 것에 초점을 맞추고 있다. 이때의 대제사장은 아그립바 2세에 의해 임명된 이스마엘이었다. 그러나 둘 사이는 성전을 내려다볼 수 있는 탑을 세우는 문제 때문에 갈라지게 되었다. 이스마엘 대제사장과 아그립바 2세는 서

로 적대적인 관계로 발전하였다.

이스마엘은 바울을 고소하면서 아그립바 왕과 연대하는 대신에 다른 전직 대제사장들(예 : 아나니아)과 유대인들 중 지체가 높은 산헤드린 회원들과 함께 공동전선을 폈다. 그들은 베스도의 호의로 바울을 예루살렘으로 옮겨서 사건을 다루어 달라고 요청하였다. 그러나 그들의 속셈은 공정한 재판에 있지 않았다. 공정한 재판으로는 승산이 보장되지 않았기 때문이다. 그들은 유대인 결사대(23 : 12 참조)로 하여금 매복하여 살해하도록 하려는 계획을 가지고 있었다.

여기에서 '호의'(헬, '카리스')라는 단어에 주목할 필요가 있다. 이 말은 인접 문맥에서 '마음을 얻는다'(24 : 27 ; 25 : 9)는 표현으로 나타나기도 하고, '내준다'(25 : 11, 16)는 표현으로 나타나기도 하였다. 이 두 가지 표현은 각각 '호의를 얻는다'와 '호의로 내준다'는 것을 의미한다. 다시 말해서 '호의'는 증거나 증인에 의한 객관적인 재판 대신에 심정적인 판단에 호소하는 것을 의미한다. 이렇게 되면 자의적인 판결을 내리기가 쉽다. 그런데 총독은 중대하지 않은 사건에 대해 그러한 결정을 내릴 수 있는 권위를 가지고 있었기 때문에, 대제사장 일당은 그것을 노리고 있는 것이라고 볼 수 있다.

베스도는 부임 인사로 온 길이기 때문에 어떻게 하든지 그들의 부탁을 들어주고자 하였던 것 같다. 그래서 얼마 있지 않아 예루살렘을 떠나 바울이 구류되어 있는 가이사랴로 떠날 때 함께 가서 바울 사건을 다루겠다고 약속한다. 이러한 약속이 바울에 대한 정죄를 전제한 것이라면 베스도는 정치적으로 미숙한 점을 보인 것이다. 그러나 베스도가 그렇게까지 결정적인 약속을 한 것은 아니었던 것 같다. 베스도가 로마 제국에 더 호의적인 관계를 가지고 있었던 아그립바 2세에게 협조를 구하지 않고 종교지도자들인 대제사장 편과 접촉을 한 것은 일견 이해가 가지 않는다. 그것은 아마도 현실적으로 유대 지역의 안정에 종교지도자들의 역할이 더 크다고 보았기 때문이었을 것이다.

⁶베스도가 그들 가운데서 팔 일 혹은 십 일을 지낸 후 가이사랴로 내려가서 이튿날 재판 자리에 앉고 바울을 데려오라 명하니 ⁷그가 나오매 예루살렘에서 내려온 유대인들이 둘러서서 여러 가지 중대한 사건으로 고발하되 능히 증거를 대지 못한지라 ⁸바울이 변명하여 이르되 유대인의 율법이나 성전이나 가이사에게나 내가 도무지 죄를 범하지 아니하였노라 하니 ⁹베스도가 유대인의 마음을 얻고자 하여 바울더러 묻되 네가 예루살렘에 올라가서 이 사건에 대하여 내 앞에서 심문을 받으려느냐 ¹⁰바울이 이르되 내가 가이사의 재판 자리 앞에 섰으니 마땅히 거기서 심문을 받을 것이라 당신도 잘 아시는 바와 같이 내가 유대인들에게 불의를 행한 일이 없나이다 ¹¹만일 내가 불의를 행하여 무슨 죽을 죄를 지었으면 죽기를 사양하지 아니할 것이나 만일 이 사람들이 나를 고발하는 것이 다 사실이 아니면 아무도 나를 그들에게 내줄 수 없나이다 내가 가이사께 상소하노라 한대 ¹²베스도가 배석자들과 상의하고 이르되 네가 가이사에게 상소하였으니 가이사에게 갈 것이라 하니라

[25 : 6-8] 베스도는 팔 일에서 십 일 정도 예루살렘에서 머물다가 유대의 종교지도자들과 함께(17절 참고) 가이사랴로 되돌아왔다. 그는 돌아오자마자 이튿날 '재판 자리'에 앉았다. '재판 자리'는 재판정에 만든 높은 단으로서 재판장은 그곳에 앉아서 심문과 판결을 하였다. 총독이 재판 자리에 앉으면 로마법 절차에 따라 고발 당사자들이 모두 임석하였다. 바울이 임석하게 되자 예루살렘에서 내려온 지도자들이 여러 가지 고발 내용을 진술하였지만 증거를 대지는 못하였다.

    바울은 유대인들의 고발을 접하고 이에 대해 자신을 변호하는 발언을 하였다. 바울은 이전에 벨릭스 총독 앞에서 심문을 받을 때 진술했던 두 가지 혐의(율법과 성전에 대한 죄 ; 24 : 11-21 참조)에다가 한 가지 새로운 혐의(가이사에 대한 죄)를 추가하여 베스도에게 분명하게 자신의 결백을 주장하였다. 이로써 바울을 향한 고발 내용이 종교적인 혐의(율법과 성전)와 정치적인 혐의

(가이사)인 것이 분명해졌다. 바울은 이들에 관해 분명히 무죄를 자신하였다.

[25 : 9-12] 당사자들의 일차 변론이 끝나자 이제 베스도가 직접 나서서 심문을 시작하고 있다. 베스도는 이 재판에서 갈등을 겪고 있다. 로마법으로는 바울이 무죄에 해당한다고 생각하고 있지만, 정치적으로는 유대인의 '마음을 얻는' 것이 필요하였기 때문이다. 그래야만 그의 통치가 안정될 것으로 판단하였던 것 같다. 바울 한 사람을 희생시키는 것이 많은 유대 백성을 불편하게 하는 것보다 이해득실에서 낫다고 계산하였을 것이다. 그래서 베스도는 바울에게 "네가 예루살렘에 올라가서 이 사건에 대하여 내 앞에서 심문을 받으려느냐?"는 수정된 제안을 하게 된다. 그러나 이 수정된 제안은 함정을 가지고 있었다. 바울의 동의를 얻어 심문 장소를 합법적으로 예루살렘으로 옮기기만 하면, 나머지 불의한 일이 발생하더라도 그 책임을 자신이 떠맡지 않아도 될 것이기 때문이다.

그러나 바울은 이 제안이 의미하는 바를 너무나 잘 의식하고 있었다. 유대인들이 주관하는 자리로 가는 순간에 그의 재판이 제대로 진행되지 않으리라는 것은 명약관화한 일이었기 때문이다. 바울은 지금 가이사의 재판 자리에서 재판을 받고 있는 것처럼 '마땅히' 변경되어서는 안 된다고 주장하고 나섰다. 바울은 유대인들에게 불의를 행한 적이 없고, 죽을죄를 지은 일은 더군다나 없었다고 분명하게 밝혔다. 바울은 죽기를 두려워하지는 않지만 불공정한 재판에 의한 것은 받아들일 수 없다고 말하고 있는 것이다. 그것이 바로 로마법의 정신이기 때문이라는 것이다. 우리는 이 시점에서 묘한 상황이 전개되고 있는 것을 발견할 수 있다. 유대인들은 바울이 소요를 일으키는 등 정치적인 범죄를 저질렀다고 고발하면서도 종교적인 권한을 가지고 있는 산헤드린에서 재판을 받아야 한다고 억지를 부리고 있다. 다른 한편, 바울은 자신이 종교적인 문제로 유대인들에게 고발을 당한 것이라고 하면서도 정치적인 판결에 더 권한을 가지고 있는 로마 법정에서 재판을 받겠다고 주장하고 있는 것이다. 이러한 상반된 주장들은 어디에서 누구에게 재판을 받는 것이 유리할 것인가를 저울질한 끝에 나온 결론이었다.

바울은 자신의 결백을 증언하고 총독에게 계속 재판을 받아야 한다고 주장하는 것만으로 충분하지 않다고 판단하여 최후 수단을 동원한다. 유대인들의 결의가 대단하고 베스도 총독도 유대인들에게 호의를 베풀려는 것을 알아차렸기 때문이다. 바울은 가이사에게 상소하였다. 여기에서 가이사는 로마 황제를 뜻한다. 원래 가이사(=영어로는 '시저')는 줄리어스 시저의 이름에서 비롯되었다. 그의 가문에서 대대로 왕이 나왔기 때문에(아우구스투스에서 네로까지), 가이사라고 하면 로마 황제를 뜻하는 칭호가 된 것이다. 바울이 상소할 때 로마의 황제는 네로(재위 기간 : 54-68년)였다. 네로의 초기 통치 시기에는 아직 그렇게 폭군은 아니었다. 철학자 세네카를 스승으로 삼고 그의 조언을 듣던 시절이었다. 바울은 베스도 총독 아래서 재판 받는 것보다 유리할 것이라고 판단하여 가이사에게 상소하였다. 또한 그가 가이사에게 상소한 또 하나의 다른 이유는 주님께서 "네가…… 로마에서도 증언하여야 하리라"(23 : 11)고 한 약속을 실현할 생각 때문이었다.

7. 아그립바의 심문(25 : 13-27)

[13]수일 후에 아그립바 왕과 버니게가 베스도에게 문안하러 가이사랴에 와서 [14]여러 날을 있더니 베스도가 바울의 일로 왕에게 고하여 이르되 벨릭스가 한 사람을 구류하여 두었는데 [15]내가 예루살렘에 있을 때에 유대인의 대제사장들과 장로들이 그를 고소하여 정죄하기를 청하기에 [16]내가 대답하되 무릇 피고가 원고들 앞에서 고소 사건에 대하여 변명할 기회가 있기 전에 내주는 것은 로마 사람의 법이 아니라 하였노라 [17]그러므로 그들이 나와 함께 여기 오매 내가 지체하지 아니하고 이튿날 재판 자리에 앉아 명하여 그 사람을 데려왔으나 [18]원고들이 서서 내가 짐작하던 것 같은 악행의 혐의는 하나도 제시하지

아니하고 ¹⁹오직 자기들의 종교와 또는 예수라 하는 이가 죽은 것을 살아 있다고 바울이 주장하는 그 일에 관한 문제로 고발하는 것뿐이라 ²⁰내가 이 일에 대하여 어떻게 심리할는지 몰라서 바울에게 묻되 예루살렘에 올라가서 이 일에 심문을 받으려느냐 한즉 ²¹바울은 황제의 판결을 받도록 자기를 지켜 주기를 호소하므로 내가 그를 가이사에게 보내기까지 지켜 두라 명하였노라 하니 ²²아그립바가 베스도에게 이르되 나도 이 사람의 말을 듣고자 하노라 베스도가 이르되 내일 들으시리이다 하더라

[25 : 13-22] 대제사장들과 유대의 종교지도자들이 바울을 고발한 사건에 대한 심문이 있은 뒤 며칠이 지났다. 황제를 대리하여 유대를 다스리는 아그립바(2세) 왕과 그의 누이동생인 버니게가 베스도가 총독으로 취임한 것을 축하하고자 가이사랴로 그를 방문하였다. 아그립바 2세는 그의 아버지(아그립바 1세)를 이어서 바로 왕이 되지는 못했다. 아그립바 1세가 죽었을 때(주후 44년), 그의 나이가 너무 어렸기(17세) 때문이었다. 아그립바 2세는 어릴 때 로마에서 글라우디오(Claudius)와 함께 자랐기 때문에 로마의 전폭적인 지원을 받았다. 아그립바 2세는 글라우디오에 의해 53년에 유대의 왕이 되었다. 버니게는 아그립바 2세의 누이동생이었다. 그녀는 칼키스 왕과 결혼했다가 그가 죽자 아그립비와 힘께 살았나. 그래서 근친상간의 소문도 돌았다. 나중에는 디도 장군과 결혼을 하였으나 그가 황제가 되려는 야심 때문에 이혼을 당하였다.

아그립바는 로마와 친밀한 관계를 유지하고 있었기 때문에 그의 방문은 베스도에게 반가운 일이었을 것이다. 여러 날을 머물면서 소일하고 있던 어느 날, 베스도가 그의 골칫거리로 등장한 바울의 문제를 가지고 아그립바의 의견을 묻게 되었다. 왜냐하면 바울이 가이사에게 상소함으로써 가볍게 다룰 수 없는 상황으로 변한 것이다. 베스도는 바울의 혐의를 확실하게 찾아내어 죄목을 붙여 그를 로마로 보내야 할 책임을 갖고 있었다(27절 참조). 황제에게 보낼 만한 사안이 아님에도 불구하고 적당히 보냈다가는 황제의 신뢰를 잃을

위험이 있었던 것이다.

　베스도는 아그립바 왕에게 사건의 개요를 먼저 간략하게 설명해 준다. 이것은 전임자 벨릭스가 미진하게 남겨둔 문제였다. 이것을 거론한 것은 그가 전임자의 일을 성실하게 이어받고 있다는 의미도 되지만, 전임자가 해결하지 못한 것에 대한 책임도 암시하는 것이다. 베스도는 그 이후 그가 어떻게 이 사건을 다루었는지를 설명하면서 로마법을 잘 따르고 있음을 은연중 내비친다. 유대의 종교지도자들이 바울을 정죄해야 한다고 고소했을 때 로마법에 따라 신속하고 공정하게 일을 처리하기 위하여 바울을 불러 그의 변명을 들어주었다고 말한다. 그러나 그가 살펴본 바에 따르면 바울이 정치적인 범죄를 저지른 것은 없고 다만 종교적인 문제만 게재되어 있을 뿐이라고 정리하고 있다. 베스도가 유대인의 왕 앞에서 유대교를 '자기들의 종교'라고 조롱이 섞인 태도로 말한 것은 유대교를 존중하는 태도가 아니었다. 이것은 대제사장들과 아그립바 왕의 불편한 관계를 고려해 본다면 이해하지 못할 것도 없다. 또한 '예수라 하는 이'라고 간접적으로 언급한 것은 그가 예수에 관해 미리 들어 아는 바가 없었음을 암시한다. 혹시 들었었다 하더라도 유대의 왕을 염두에 두고 거리를 두고 말한 것으로 보아야 할 것이다.

　베스도는 법적인 상황과 정치적인 상황이 엇갈리게 되자 어떻게 결론을 내려야 할지 몰랐다. 그래서 바울에게 예루살렘에 가서 심문을 받을 의향이 있느냐고 제안하기도 했음을 밝힌다. 그러나 바울이 베스도의 제안을 거절하고 황제에게 상소하였기 때문에 판결을 내리지 못하고 잠정적으로 재판을 유예한 상태라고 설명한다. 아그립바가 베스도의 설명을 다 듣고 난 후 베스도를 도우려는 생각으로 심문해 보겠다고 말한다. 베스도는 혹시 무슨 좋은 방안을 찾거나 혐의를 발견할 수 있을까 해서 즉시 다음날 심문하겠다고 서두른다. 이러한 일련의 과정은 마치 예수께서 헤롯 안디바의 심문을 받는 것과 유사한 모습을 보여 준다(눅 23 : 6-12 참조). 두 왕(헤롯 안디바와 헤롯 아그립바 2세)이 모두 예수와 바울을 심문하고 있고, 대제사장들이 등장하고 있으며, 로마의 총독(빌라도와 베스도)이 심문하였으나 죄를 발견하지 못하였다. 이러한 유사점은 바울과 예수의 심문을 동일시하려는 의도가 있음을 보여 준다.

> [23]이튿날 아그립바와 버니게가 크게 위엄을 갖추고 와서 천부장들과 시중의 높은 사람들과 함께 접견 장소에 들어오고 베스도의 명으로 바울을 데려오니 [24]베스도가 말하되 아그립바 왕과 여기 같이 있는 여러분이여 당신들이 보는 이 사람은 유대의 모든 무리가 크게 외치되 살려 두지 못할 사람이라고 하여 예루살렘에서와 여기서도 내게 청원하였으나 [25]내가 살피건대 죽일 죄를 범한 일이 없더이다 그러나 그가 황제에게 상소한 고로 보내기로 결정하였나이다 [26]그에 대하여 황제께 확실한 사실을 아뢸 것이 없으므로 심문한 후 상소할 자료가 있을까 하여 당신들 앞 특히 아그립바 왕 당신 앞에 그를 내세웠나이다 [27]그 죄목도 밝히지 아니하고 죄수를 보내는 것이 무리한 일인 줄 아나이다 하였더라

[25 : 23-27] 누가는 아그립바 왕의 심문을 특별하게 묘사하고 있다. 왕의 위엄을 갖추고 등장한 아그립바와 그를 수행한 버니게에 대하여 언급함으로써 바울이 받는 심문의 격을 간접적으로 높이고 있다. 또한 천부장들(가이사랴에는 다섯 명의 천부장이 있었다고 알려져 있다.)과 가이사랴 시의 유력한 인사들이 무슨 구경거리를 보려는 듯 몰려들었다. 예루살렘에 있던 루시아 천부장이 함께했을지도 모르는 일이다. 이번에 모인 사람들은 베스도가 심문할 때와는 달리(25 : 6-12) 대부분 이방인들이었다고 보아야 할 것이다. 이제 베스도는 심문 준비가 된 것을 보고 바울을 데리고 들어오라고 명령을 내린다.

바울은 결박된 채 남루한 옷차림으로 재판정에 들어왔을 것이다. 이것은 아그립바 왕을 비롯한 귀인들의 화려한 옷차림과 극명한 대조를 보였다. 베스도는 심문에 앞서 1차 심문의 내용을 먼저 참석자들에게 설명한다. 유대의

모든 무리가 살려두지 못할 자(22 : 22 참조)라고 고발한 바울을 소개한 후, 그를 심문한 결과 사형에 해당하는 죄를 발견하지 못했다고 선언한다. 이것은 매우 중요한 선언으로서 바울이 중한 죄가 없다고 판정을 내리고 있기 때문이다. 세 번에 걸쳐 나오는 무죄에 관한 선언 역시 바울과 예수의 공통점이다(행 23 : 29 ; 25 : 25 ; 26 : 31과 눅 23 : 4, 15, 22 비교).

그러나 이로써 베스도는 자가당착에 빠진 사실을 시인한 셈이다. 바울이 중한 죄를 지은 일도 없는데 황제에게 상소한 것을 받아들여 로마로 보낼 결정을 하였다. 만약 죄가 없다면 방면하면 될 터인데도 유대 종교지도자들과 많은 무리 때문에 그러지도 못하였다. 황제에게 보내려면 확실한 죄목이 있어야 하는데 발견하지 못하였다고 시인한다. 그래서 혹시 아그립바 왕이나 고명한 인사들이 혐의점을 발견하여 주기를 바란다고 2차 심문을 연 취지를 밝힌다. 베스도는 스스로 '무리한 일'을 저질렀다. 죄가 없는 사람을 황제에게까지 보낼 결정을 내린 것이다. 이는 그가 정치적으로 아직 미숙한 자임을 자인한 것이나 마찬가지다. 베스도는 진퇴양난에 빠졌다. 바울을 방면할 수도 없고, 유대인들에게 넘겨줄 수도 없고, 황제에게 (죄목 없이) 보낼 수도 없는 상황이 되었다. 그렇다면 구류를 당하고 있는 사람은 바울이 아니라 바로 베스도라고 말할 수 있다.

설교를 위한 묵상 : "진짜 죄수는 누구인가?"(25 : 23-27)

본문은 베스도 총독이 아그립바 왕 앞에 바울을 세워 증언을 듣고자 총독 관저의 접견 장소에 모여 있는 광경을 보여 준다. 화려한 의복을 갖춰 입은 아그립바와 남루한 죄수복을 입고 등장한 바울과 대조시켜 보는 것은 흥미로운 일이다. 권위를 갖춘 베스도 총독과 힘없는 죄수인 바울이 한자리에 서 있는 모습을 상상해 보라. 많은 귀인들이 참관한 자리에서 바울은 말없이 앉아 있다.

베스도는 선임자 벨릭스와 마찬가지로 유대 총독으로서 책임 있는 결정을 내릴 수 있는 권한을 갖고 있었다. 그럼에도 불구하고 그 결정을 유보하고 회피하고 있는 모습을 보여 준다. 한편으로는 뇌물을 챙기려 했고(24 : 26), 다른 한편으로는 유대인의 환심을 얻으려고 했다(24 : 27 ; 25 : 9, 22). 억울하게 감옥에 갇히고, 심문을 받기 위해 이리저리 끌려다니며 사람들의 구경거리가 된 바울의 입장은 조금도 고려하지 않는다. 만약 바울이 로마 황제에게 상소하지 않았다면, 바울은 부당한 판결을 당하고 말았을 것이다.

바울을 정죄하려는 유대 백성들과 그들을 대변하고 있는 아그립바 왕에게 상소할 자료를 구하고 있는 베스도는 자가당착에 빠져 있다. 왜냐하면 바울은 예수님이 그러했던 것처럼 세 번에 걸쳐 무죄하다고 선언되고 있기 때문이다(행 23 : 29 ; 25 : 25 ; 26 : 31과 눅 23 : 4, 15, 22 비교). 베스도는 진퇴양난에 빠졌다. 스스로 죄가 없다고 선언하고서도 죄를 찾고자 허둥대는 모습을 보여 준다. 뚜렷한 죄목도 밝히지 않고 황제에게 보낼 수 없었기 때문이다. 그래서 아그립바로부터 혹시 유대인의 관점에서 책잡을 일을 찾아낼 수 있을까 하여 전전긍긍하는 심사를 보여 준다. 책임을 회피한 베스도, 그는 이제 스스로 빠져나올 수 없는 올무에 걸려 있다. 누가 진짜 죄수인가? 바울인가? 베스도 자신인가?

8. 아그립바 앞에서의 자기변호(26 : 1-32)

¹아그립바가 바울에게 이르되 너를 위하여 말하기를 네게 허락하노라 하니 이에 바울이 손을 들어 변명하되 ²아그립바 왕이여 유대인이 고발하는 모든 일을 오늘 당신 앞에서 변명하게 된 것을 다행히 여기나이다 ³특히 당신이 유대인의 모든 풍속과 문제를 아심이니이다 그러므로 내 말을 너그러이 들으시기를 바라나이다

[26 : 1-3] 베스도가 주관하는 심문이 시작되었다. 그러나 실제로 이 심문은 아

그립바 왕에 의한 심문으로 진행되고 있다. 바울에게 변론을 하도록 허락한 사람도 아그립바이다. 긴 연설 도중에 아그립바의 이름을 계속 거명하면서(2, 7, 13, 19, 27절) 직접 호소하고 있는 것도 이를 말해 준다. 바울은 사도행전에서 가장 긴 연설을 하게 된다. 바울의 연설은 기본적으로 '변증'(헬, '아폴로기아')의 성격을 보여 준다. 바울은 자신에 대한 변론(4-18절)에 이어 복음에 대해 증언한다(19-23절). 24~29절은 베스도 및 아그립바와의 대화를 통한 변증을 보여 준다.

바울은 아그립바 왕의 허락을 받고 나서 손을 들어 보이며 연설을 시작한다. 이러한 제스처는 당시 연설가가 연설을 시작하는 표시였다. 바울은 아그립바 왕 앞에서 변증하게 된 것을 복되다(헬, '마카리오스')고 생각하고 있다. 왜냐하면 아그립바 2세는 유대인의 풍속과 논쟁되는 문제에 대하여 잘 알고 있기 때문이다. 바울은 아그립바의 심문에 대해 마음을 넉넉하게 먹고 있는데, 이는 아그립바가 그의 말을 너그러이 들어줄 것이라고 생각했기 때문으로 보인다. 바울이 연설에 앞서 아그립바를 높이는 것은 아그립바의 호의를 바라는 마음에 자리하고 있기 때문이기도 하지만, 실제로 아그립바 2세를 비교적 좋게 생각하고 있었던 것 같다(비교. 12장에서 아그립바 1세는 부정적으로 묘사되고 있다).

> [4]내가 처음부터 내 민족과 더불어 예루살렘에서 젊었을 때 생활한 상황을 유대인이 다 아는 바라 [5]일찍부터 나를 알았으니 그들이 증언하려 하면 내가 우리 종교의 가장 엄한 파를 따라 바리새인의 생활을 하였다고 할 것이라 [6]이제도 여기 서서 심문 받는 것은 하나님이 우리 조상에게 약속하신 것을 바라는 까닭이니 [7]이 약속은 우리 열두 지파가 밤낮으로 간절히 하나님을 받들어 섬김으로 얻기를 바라는 바인데 아그립바 왕이여 이 소망으로 말미암아 내가 유대인들에게 고소를 당하는 것이니이다 [8]당신들은 하나님이 죽은 사람을 살리심을 어찌하여 못 믿을 것으로 여기나이까 [9]나도 나사렛 예수의 이름을 대

적하여 많은 일을 행하여야 될 줄 스스로 생각하고 [10]예루살렘에서 이런 일을 행하여 대제사장들에게서 권한을 받아 가지고 많은 성도를 옥에 가두며 또 죽일 때에 내가 찬성투표를 하였고 [11]또 모든 회당에서 여러 번 형벌하여 강제로 모독하는 말을 하게 하고 그들에 대하여 심히 격분하여 외국 성에까지 가서 박해하였고 [12]그 일로 대제사장들의 권한과 위임을 받고 다메섹으로 갔나이다

[26 : 4-5] 바울은 자신의 종교적 배경에 대해 자서전적 진술을 하고 있다. 바울이 예루살렘에서 젊었을 때 생활한 모습을 유대인이 '다' 아는 바라고 한 것은 약간의 과장이 섞여 있다고 볼 수 있다. 유대인들은 일찍부터 바울을 알았기 때문에 바울이 가장 엄한 파인 바리새인의 삶을 살았다고 그를 위해 증언을 해 줄 수도 있었을 것이라고 말한다(물론 그렇게 하지는 않겠지만). 바울이 이 말을 하는 것은 그가 하는 말이 진실 되고 거리낄 것이 없음을 나타내는 것이다.

[26 : 6-7] 바울은 자신이 심문을 받는 것이 하나님이 우리 조상에게 약속하신 것을 바라는 것 때문이라고 말함으로써 자신의 억울함을 호소한다. 하나님의 약속을 바라는 것이 죄는 아니지 않은가! 이 약속은 열두 지파가 밤낮으로 간절히 바라는 것인데, 그것은 다름 아닌 부활에 대한 소망을 말하는 것이다(8절 참조). 이러한 소망은 특히 바리새파가 가진 것이지만, 유대인들은 종말의 때가 되면 열두 지파가 부활하여 함께 모일 것이라고 믿고 있었다.

바울은 아그립바 왕에게 그가 고소를 당한 이유가 바로 부활의 소망을 전파했기 때문이라고 주장한다. 바울이 이렇게 아그립바에게 말하는 것은 바울은 아그립바가 유대인으로서 유대교의 전통과 관습을 잘 알고 있기 때문에 부활 사상이 신뢰할 수 없거나 생소한 것이 아니라는 점을 이해할 것이라고 기대하고 있음을 보여 준다.

[26 : 8-12] 바울은 이것을 결국 하나님에 대한 믿음의 문제라고 보고 있다. 바울은 유대인들이 죽은 자를 살리시는 하나님의 능력을 믿지 않는다고 공격한다. 그러나 만약 부활 사상을 받아들이지 않는다면 그것은 하나님의 능력을 믿지 못하며, 궁극적으로 정의가 실현되지 못할 것이라고 생각하는 것이 될 것이다.

바울 자신도 처음에는 부활을 믿지 못했다고 고백한다. 그래서 나사렛 예수의 이름을 대적하였고, 그렇게 하는 것이 정당하다고 생각하였다는 것이다. 바울은 예수가 부활했다고 주장하는 이들을 가능한 한 핍박하는 것을 사명으로 생각하였다. 예루살렘에서도 핍박하였고 그것도 모자라 외국에까지 가서 핍박하기를 서슴지 않았다. 성도들을 옥에 가두고, 죽일 때에 찬성투표를 하였다(7 : 58의 스데반 순교 참조). 바울은 직접 사람을 죽이지는 않은 것처럼 말하고 있다. 그러나 성도들의 죽음에 대한 그의 책임이 없어지는 것은 아니다. 그는 예루살렘의 모든 회당으로 다니면서 성도들을 색출하여 형벌(사십에 하나 감한 매?)을 가하였고, 강제로 예수를 저주할 자라고 말하게 하였다고 고백한다. 이러한 그의 열심은 그를 다메섹에까지 인도했다.

바울의 고백 가운데 한 가지 주목할 사항이 있다. 그것은 이러한 그의 행동의 배후에 항상 대제사장들이 있음을 언급하고 있다는 것이다. 예루살렘에서 성도들을 박해할 때나 다메섹으로 성도들을 핍박하러 갈 때에 대제사장들의 추천을 받아 임무를 수행하러 갔다는 점을 강조한다. 바울은 자신의 행동에 확신이 있었고, 비록 잘못된 행동이었다 하더라도 유대교의 질서 속에서 행동했다는 점을 부각시키고 있다. 비록 바울의 잘못이 자기 확신에서 비롯되었다고 하더라도, 유대교 지도자들의 위임을 받아 이루어졌다는 점에서 바울의 행동은 정상참작의 소지가 있다고 볼 수 있다.

[13]왕이여 정오가 되어 길에서 보니 하늘로부터 해보다 더 밝은 빛이 나와 내 동행들을 둘러 비추는지라 [14]우리가 다 땅에 엎드러지매 내가 소리를 들으니

히브리말로 이르되 사울아 사울아 네가 어찌하여 나를 박해하느냐 가시채를 뒷발질하기가 네게 고생이니라 [15]내가 대답하되 주님 누구시니이까 주께서 이르시되 나는 네가 박해하는 예수라 [16]일어나 너의 발로 서라 내가 네게 나타난 것은 곧 네가 나를 본 일과 장차 내가 네게 나타날 일에 너로 종과 증인을 삼으려 함이니 [17]이스라엘과 이방인들에게서 내가 너를 구원하여 그들에게 보내어 [18]그 눈을 뜨게 하여 어둠에서 빛으로, 사탄의 권세에서 하나님께로 돌아오게 하고 죄 사함과 나를 믿어 거룩하게 된 무리 가운데서 기업을 얻게 하리라 하더이다

[26 : 13-18] 여기에 사도행전에서 세 번째로 바울의 회심 이야기가 서술되고 있다(9장, 22장 참조). 여기에서는 22장과 마찬가지로 바울의 말로 제시된다. 이곳의 내용에서 앞의 두 곳과 다른 곳이 몇 군데에서 발견된다. 그중 첫 번째는 해보다 더 밝은 빛이 나와 '내 동행들'을 둘러 비추었다고 말한 것이다. 이것은 그가 경험한 사건이 자신만의 주관적인 체험이 아니라 여러 사람이 함께 체험한 객관적인 것임을 보여 주려는 것이다.

    두 번째 다른 점은 '히브리말'로 소리가 들렸다는 것이다(22장에서 히브리말로 연설했다고 하는 것과 '히브리말'로 소리가 들렸다고 하는 것은 전혀 다른 문제다). 부활하신 예수가 무슨 말을 사용했을 것인가에 대해 생각해 본다면, 그것은 아람어였을 가능성이 높다. 그렇다면 특별히 이 부분에서 '히브리말'을 사용했다면 강조하려는 목적에서 비롯되었을 것이다. 바울은 부활하신 예수께서 그에게 '히브리'로 말씀한 내용을 (아그립바 왕은 히브리말을 알아들을 수 있기 때문에) 아그립바에게 그대로 전달하고자 한 것으로 보인다. 아그립바가 히브리말로 "사울아 사울아 네가 어찌하여 나를 박해하느냐? 가시채를 뒷발질하기가 네게 고생이니라."는 내용을 들었을 때 그 의미를 깊이 생각해 보는 기회가 되었을 것이다.

    세 번째 다른 점은 "가시채를 뒷발질하기가 네게 고생이니라."라는 표현

이다. 이것은 그 당시 속담에서 비롯되었다고 알려진다. 이것은 바울이 마음의 부담을 가지고 핍박을 했다는 것을 의미하는 것이 아니라, 하나님의 구원의 계획을 거스르면서 열심히 노력하면 할수록 바울에게 더 고통스러운 결과를 낳을 뿐이라는 의미이다.

네 번째 다른 점은 위임 내용과 위임하는 주인공이다. 여기에서는 주님이 직접 "네가 나를 본 일과 장차 내가 네게 나타날 일에 너로 종과 증인을 삼으려 한다."고 사명을 부여하고 있다. 여기에서 '내가 네게 나타날 일'은 무엇을 가리키는 것일까? 그것은 부활하신 예수께서 계속하여 바울에게 나타나 계시할 것임을 말하고 있다(16 : 7 ; 18 : 9 ; 22 : 17-18 ; 23 : 11 참조).

다섯 번째 다른 점은 여기에서는 바울이 눈을 보지 못하게 된 이야기와 아나니아의 역할에 관한 이야기는 나오지 않는다는 것이다. 그 대신 어둠과 빛의 모티프를 사용하고 있다. 어둠에 속한 이스라엘과 이방인의 눈을 뜨게 하여 구원과 죄 사함을 받게 하겠다고 말하고 있는 것이다(13 : 47 참조).

누가는 이처럼 바울의 회심에 관한 이야기를 서로 다른 상황을 설정하여 세 번이나 반복하고 있다. 이는 바울의 회심 이야기가 복음의 핵심인 부활하신 예수에 대한 믿음을 가질 수 있도록 인도하는 데 매우 효과적인 것으로 보았기 때문일 것이다. 사도행전을 읽는 독자는 각각 다른 청중과 동일시하면서 바울의 회심 이야기를 그때마다 새롭게 듣는 효과도 가지게 된다. 당시 사도행전을 눈으로 읽는 것보다는 큰 소리로 읽는 것을 들었다고 볼 때, 반복을 통한 강조의 효과를 목적으로 했을 것이다.

[19]아그립바 왕이여 그러므로 하늘에서 보이신 것을 내가 거스르지 아니하고 [20]먼저 다메섹과 예루살렘에 있는 사람과 유대 온 땅과 이방인에게까지 회개하고 하나님께로 돌아와서 회개에 합당한 일을 하라 전하므로 [21]유대인들이 성전에서 나를 잡아 죽이고자 하였으나 [22]하나님의 도우심을 받아 내가 오늘까지 서서 높고 낮은 사람 앞에서 증언하는 것은 선지자들과 모세가 반드시

되리라고 말한 것밖에 없으니 ²³곧 그리스도가 고난을 받으실 것과 죽은 자 가운데서 먼저 다시 살아나사 이스라엘과 이방인들에게 빛을 전하시리라 함이니이다 하니라

[26 : 19-23] 이제 바울은 자신에 대한 이야기를 끝내고 아그립바 왕에게 직접 자신의 결백을 주장한다. 바울은 자기가 행한 일은 하늘에서 '보이신 것'이기 때문에 거스를 수 없었다고 말한다. 이것은 그가 주관적으로 '본 것'이 아니라, 주님께서 분명하게 '보이신 것'이었음을 강조한다. 바울은 그의 사역이 여러 곳에서 이루어졌음을 설명한다. 회심했던 다메섹에서 시작하여 예루살렘과 유대 온 땅과 이방인들에게까지 회개하고 하나님께로 돌아오게 했다고 말한다. 그런데 사도행전에서는 바울이 '유대 온 땅'을 다녔다고 할 만한 기록이 나오지 않는다(갈 1 : 22 참조). 나온다면 예루살렘과 그 주변 지역을 다닌 정도이다(15 : 3 ; 18 : 22 ; 21 : 7-16 참조). 누가는 바울이 사도행전 1 : 8의 예언을 성취했음을 강조하고자 한 것인지 모른다.

바울은 하나님의 뜻을 따라 복음을 증언하는 자신을 유대인들이 성전에서 별다른 이유 없이 붙잡아 죽이려 했다고 아그립바에게 말한다. 그러나 하나님의 도우심을 받아 여러 번 위험에서 건짐을 받았고(16 : 26 ; 19 : 40-41 ; 21 : 32 ; 23 : 10-11, 16 참조), 사회의 모든 계층의 사람들 앞에서 복음을 증언하게 되었다고 진술한다. 그리고 이 증언은 선지자들과 모세(각각 예언서와 모세오경을 가리킴.)가 말한 바, 곧 그리스도의 고난과 부활에 대한 것이라고 확인하여 준다. 연설의 클라이맥스에 해당되는 22~23절은 예수의 최후의 연설(눅 24 : 44-48)과 비슷한 점이 많다고 지적된다. 모두 성경의 예언이 성취되고 메시야가 고난을 받으나 죽은 자 가운데서 부활하게 되리라는 내용을 담고 있다. 그리고 이 복음은 이스라엘과 이방인 모두에게 전해져야 함을 강조한다. 이를 통해 사도행전에서 줄곧 취급되고 있는 보편주의적 관심을 다시 한번 드러낸다.

²⁴바울이 이같이 변명하매 베스도가 크게 소리 내어 이르되 바울아 네가 미쳤도다 네 많은 학문이 너를 미치게 한다 하니 ²⁵바울이 이르되 베스도 각하여 내가 미친 것이 아니요 참되고 온전한 말을 하나이다 ²⁶왕께서는 이 일을 아시기로 내가 왕께 담대히 말하노니 이 일에 하나라도 아시지 못함이 없는 줄 믿나이다 이 일은 한쪽 구석에서 행한 것이 아니니이다 ²⁷아그립바 왕이여 선지자를 믿으시나이까 믿으시는 줄 아나이다 ²⁸아그립바가 바울에게 이르되 네가 적은 말로 나를 권하여 그리스도인이 되게 하려 하는도다 ²⁹바울이 이르되 말이 적으나 많으나 당신뿐만 아니라 오늘 내 말을 듣는 모든 사람도 다 이렇게 결박된 것 외에는 나와 같이 되기를 하나님께 원하나이다 하니라

[26 : 24-29] 바울의 연설은 베스도의 개입으로 중단된다. 베스도는 큰 소리로 바울을 미쳤다고 하면서 그것이 많은 학문 때문이라고 개탄스럽게 말한다. 왜 베스도는 바울을 미쳤다고 한 것일까? 무엇보다도 베스도는 바울이 말하는 신비한 믿음의 차원을 이해하지 못한 것 같다. 죽은 자가 부활한다고 하는 사상을 도무지 받아들일 수 없었다. 바울의 말은 이성적으로 납득할 수 없는 이야기뿐이었다. 또한 베스도는 심문장에 초대한 아그립바 왕과 귀인들에게 낯이 서지 않아서 바울을 말을 중단시켰다고 생각된다. 더 이상 바울의 연설을 허용하면 난처한 일이 발생할 것 같았다. 바울이 비록 많은 학문을 한 사람인 것처럼 보였지만 이들과는 공통점을 발견하기가 쉽지 않아 보였다. 그래서 바울의 비약된 논리에 대해 면박을 주면서 그의 연설을 중단시켰던 것으로 보인다.

바울은 베스도의 비난에 대해 예의를 벗어나지 않으면서도('각하여' 참조) 주저하지 않고 자신을 방어하는 말을 한다. 자신을 미쳤다고 비난했지만, 그는 참되고 온전한 말을 한다고 바로잡는다. 미친 것과 온전한 말을 하는 것은 매우 상반되는 상황 인식이다. 바울은 베스도가 그의 말을 원천적으로 이해하기 힘든 상대라고 판단하고, 좀 더 이해할 가능성이 있는 아그립바를 향하

여 말문을 돌린다. 심문장의 분위기는 베스도의 발언으로 바울에게 비우호적으로 바뀌었기 때문에 이를 되돌리는 것은 용기가 필요하였다. 바울은 아그립바가 부활하신 예수에 관한 일을 아는 것을 빌미로 하여 '담대하게' 입을 연다. 그리고 예수가 부활한 사건과 그것을 증언하는 일이 "한쪽 구석에서 행한 것이 아니다."라고 강조한다. 이 말은 당시 지식층에게 알려져 있던 표현이었다. 이것은 기독교가 이미 공적이고 보편적인 운동으로 로마 사회에 확장되고 있었음을 나타내는 것이다.

바울은 갑자기 화제를 바꾸어 아그립바 왕에게 "선지자를 믿으시나이까?"라고 질문한다. 이것은 죄수가 왕에게 당돌한 질문을 한 것으로서, 아그립바나 주변 사람들에게서 철퇴를 맞을 수 있는 위험성이 있는 발언이었다. 바울은 이러한 낌새를 챘는지 바로 자신이 대답을 대신함으로써 위기를 모면하고 있다. 왜 바울은 갑자기 선지자 이야기로 화제를 돌렸을까? 이것은 심문장의 분위기가 자기에게 불리하게 돌아가자 곤경을 빠져나가기 위한 궁여지책이었을 것이다. 또한 아그립바가 유대인이기 때문에 선지자의 예언을 들어 예수 부활을 설명하려고 시도한 것으로 볼 수 있다.

그러나 바울의 이러한 시도도 아그립바 왕이 바울의 말을 받아침으로써 성공하지 못하게 된다. 아그립바는 바울에게 적은 말로 그를 그리스도인이 되게 하려 한다고 냉소적인 반응을 보인다. 여기에서 '적은 말'은 '짧은 시간'이나 '부족한 논리'로도 해석될 수 있다. 어쨌든 아그립바는 그리스도인으로 개종할 의사가 애초에 없었다. 또한 바울도 그곳에 모여 있는 청중들을 개종시키겠다는 의도를 가지고 있었던 것이 아니었다. 결과적으로도 이 연설에서 개종한 사람은 없었다. 여기에서 '그리스도인'이라는 호칭은 모욕적인 의미를 내포하고 있는 듯하다. 당시에 그리스도인들은 자신들을 '그리스도인'이라고 부르기를 꺼렸던 것이 아닌가 생각된다(11 : 26 참조). 비록 '그리스도인'(헬, '크리스티아노스')이라는 단어가 어원적으로는 '그리스도에게 속한 사람'이라는 좋은 뜻을 가진 말이지만, 당시에는 그리스도인을 경시하는 사회적 의미를 내포하고 있었던 듯하다(비교. 벧전 4 : 16).

그럼에도 불구하고 바울은 이 심문의 시간을 복음을 증언하는 기회로 삼고 있다. 사도행전은 어떤 연설이나 사건을 기술하는 목적을 복음의 진보로 하고 있다. 바울은 그가 결박당한 것만 빼고는 모든 사람이 자기와 같이 되기를 하나님께 원한다고 당당하게 선언한다. 그는 죄수였지만 그것을 개의치 않는 자유인이었다.

설교를 위한 묵상 : "자유인 바울"(26 : 24-29)

죄수 바울은 베스도의 심문을 받는다(25 : 23-26 : 32). 그러나 실제로 베스도의 심문은 아그립바 왕과의 대화가 주된 내용으로 채워져 있다(26 : 1-23, 26-29). 사도행전에서 가장 긴 연설을 보여 주고 있는 이 장면은 바울의 변명을 통하여 복음의 진보를 보여 주려고 한다. 바울은 심문 과정에서 청중의 개종을 목표로 했다기보다(26 : 28 참조) 그들에게 복음을 증언하는 기회로 삼았을 뿐이다.

바울은 죄수로서 심문을 받는 처지였지만 수동적인 입장에 머물지 않았다. 그의 긴 연설이 베스도의 개입으로 중단될 때, 베스도가 바울을 미쳤다고 비하하자 바울은 당당하게 "내가 미친 것이 아니요 참되고 온전한 말을 한다."고 대응한다. 아그립바 왕에게 "선지자를 믿으시나이까?"라고 단도직입적으로 질문한다. 그리고 결정적으로 "이렇게 결박된 것 외에는 다 나와 같이 되기를 하나님께 원한다."고 선언한다. 바울은 일방적으로 심문을 당하고 있었던 것이 아니라 오히려 심문장을 주도하고 있다.

어떻게 바울은 이렇게 말하며 행동할 수 있었을까? 첫째, 그는 복음을 증언하는 것을 처음이자 마지막 목표로 생각하였기 때문이다. 어떠한 상황에서도 이것을 잊지 않았다. 둘째, 그는 죽는 것을 두려워하지 않았기 때문이다. 사람이 비겁해지는 것은 죽음에 대한 두려움 때문이다. 셋째, 그는 결박된 것을 대수롭지 않게 받아들였기 때문이다. 그가 결박된 것은 물론 억울한 일이었다. 그러나 바울은 이 세상의 권력이 지배하는 곳에서 정의가 실현되지 못하는 현실을 꿰뚫고 있었다. 그러했기 때문에 바울은 죄수의 몸으로 결박되어 있었지만 내적으로는 온전한 자유를 누리고 있었다. 이러한 자유는 누가 줄 수 있는 것도 아니고 누가 빼앗을 수 있는 것도 아니다. 바울, 그는 진정한 자유인이었다!

∽

[30]왕과 총독과 버니게와 그 함께 앉은 사람들이 다 일어나서 [31]물러가 서로 말하되 이 사람은 사형이나 결박을 당할 만한 행위가 없다 하더라 [32]이에 아그립바가 베스도에게 이르되 이 사람이 만일 가이사에게 상소하지 아니하였더라면 석방될 수 있을 뻔하였다 하니라

[26 : 30-32] 바울에 대한 심문은 중단되고 말았다. 베스도의 비난이 있었고, 아그립바가 불쾌감을 표시하였기 때문에 심문은 더 이상 지속될 명분을 잃고 말았다. 그럼에도 불구하고 바울이 그의 입장을 굽히지 않고 발언을 계속하자, 아그립바가 먼저 자리에서 일어났다. 그가 일어나자 베스도 총독과 버니게와 함께 자리한 사람들이 차례대로 일어나서 심문장을 나가 버렸다.

사도행전은 심문장을 나간 인사들이 자기들끼리 공개적으로 말한 내용을 싣고 있다. 그것은 "이 사람은 사형이나 결박을 당할 만한 행위가 없다."는 것이다. 비록 심문에 대한 판결을 공식적으로 내지 않았지만, 심문장 밖에서 나눈 이 이야기가 판결을 대신하는 역할을 하고 있다. 이것을 들은 아그립바가 베스도에게 개인적으로 말한 내용을 덧붙인 것도 주목할 필요가 있다. 아그립바가 "이 사람이 만일 가이사에게 상소하지 아니하였더라면 석방될 수 있을 뻔하였다."고 말함으로써 26장에서 전개된 아그립바를 상대로 한 심문의 결과를 제시하고 있는 셈이다. 아그립바가 베스도에게 한 말은 법적인 결론은 아니었지만, 베스도가 보고서를 작성해 바울을 로마로 보낼 때 그에 관한 조

치를 건의할 때 참작하였을 가능성이 있다. 실제로 바울은 로마에 도착해서 특별 대접을 받았고(28 : 16), 비교적 자유롭게 복음을 전할 수 있었다(28 : 30-31).

Q. 로마행 항해(27 : 1-28 : 15)

1. 가이사랴에서 그레데까지의 항해(27 : 1-12)

¹우리가 배를 타고 이달리야에 가기로 작정되매 바울과 다른 죄수 몇 사람을 아구스도대의 백부장 율리오란 사람에게 맡기니 ²아시아 해변 각처로 가려 하는 아드라뭇데노 배에 우리가 올라 항해할새 마게도냐의 데살로니가 사람 아리스다고도 함께하니라 ³이튿날 시돈에 대니 율리오가 바울을 친절히 대하여 친구들에게 가서 대접받기를 허락하더니 ⁴또 거기서 우리가 떠나가다가 맞바람을 피하여 구브로 해안을 의지하고 항해하여 ⁵길리기아와 밤빌리아 바다를 건너 루기아의 무라 시에 이르러 ⁶거기서 백부장이 이달리야로 가려 하는 알렉산드리아 배를 만나 우리를 오르게 하니 ⁷배가 더디 가 여러 날 만에 간신히 니도 맞은편에 이르러 풍세가 더 허락하지 아니하므로 살모네 앞을 지나 그레데 해안을 바람막이로 항해하여 ⁸간신히 그 연안을 지나 미항이라 는 곳에 이르니 라새아 시에서 가깝더라

[27 : 1-2] 이제 바울의 마지막 여행이 시작된다. 바울은 그것이 마지막 여행이 될 것인지 모르고 있다. 누가도 이것이 바울의 마지막 여행이라고 말해 주지 않는다(28 : 30-31). 바울의 마지막 여행은 바닷길로, 로마로 호송되어 가는 것이었다. '우리 단락'이 27 : 1~28 : 16에 등장하고 있는 것으로 보아 이 여

행에는 동반자가 있었던 것 같다. 그 일행 중의 한 사람은 아리스다고였다(2절). 그리고 이 마지막 여행에는 아마 저자인 누가도 함께 동행한 것으로 판단된다. 왜냐하면 27~28장의 내용은 목격자의 진술이라고 볼 수 있는 세세한 사항을 반영하고 있기 때문이다. 또한 그리스와 로마의 항해 문헌의 특징을 잘 보여 주고 있다. 그래서 이 마지막 항해 기록은 누가가 당시에 잘 알려진 항해 문헌을 모델로 하여 자신의 실제적인 경험을 기록하고 있다고 보고 있다.

다메섹(9 : 30)에서 시작한 바울의 선교여행은 먼 길을 거쳐 많은 곳을 다녀서 종착지인 로마(28 : 16)까지 이르고 있다. 그중에서 로마 여행을 기록하는 데 많은 분량이 할당되고 있다. 왜 누가는 이렇게 로마 여행을 자세하고 길게 묘사한 것일까? 그리고 왜 로마 여행에 대한 기록 중 대부분이 파선에 관한 내용을 담고 있을까? 그 당시 고대의 탐험기는 대체적으로 풍랑이나 파선의 주제가 취급되고 있기는 하다. 누가는 역사서술가로서 흥미 있는 이야기에 관심을 가지고 있었다. 그는 자기가 체험한 내용을 신빙성 있게 기록함으로써 역사가로서의 책임을 다하려고 하였다. 다른 부분(초대 교회의 실상, 베드로의 후반부 선교 활동 등)에 관해서는 잘 알지 못했기 때문에 자세하게 기록할 수 없었다. 그러나 그가 아는 부분에 대해서만이라도 자세하고 충실하게 기록함으로써 독자의 신뢰와 흥미를 얻으려고 했던 것 같다.

로마행이 결정되고 나서 바울은 다른 죄수들과 함께 가게 되었다. 그 죄수들도 황제에게 상소한 사람들이라는 증거는 없다. 별다른 설명이 없는 것으로 보아 다른 목적으로 로마로 끌려가게 된 것으로 보인다. 바울 일행을 호송할 책임은 아구스도대(황제의 군대)에 속한 율리오라는 이름을 가진 백부장이었다. 율리오는 로마 이름인데, 이는 그가 율리오(=줄리어스 시저) 황제 때에 자유를 얻은 로마 시민이었을 가능성을 높여 준다. 바울이 로마 시민인 것을 알고 있던 율리오는 바울에게 친절하게 대하였다(3절).

바울을 싣고 갈 배는 아드라뭇데노로 가는 배였다. 아드라뭇데노는 무시아 지방에 있는 항구로서 버가모의 북쪽, 그리고 드로아의 동쪽에 위치해 있었다. 아드라뭇데노로 가는 배는 작은 배였던 것 같다. 아시아 해변 각처를 들르는 배라고 했기 때문이다. 작은 배로 가이사랴에서 아드라뭇데노까지 가려면 해안을 따라 북쪽으로 올라가서 다시 해안을 따라 서쪽으로 진행해 나가야 했다. 당시에는 사람들만을 싣고 가는 여객선은 존재하지 않았다. 화물을 운반하는 배에 함께 승선하여 가는 수밖에 없었다. 그리고 로마 제국의 죄수들을 호송하는 배가 따로 있는 것도 아니었다. 평화 시에는 로마 군인들도 민간인의 상선에 값을 주고 타야 했다. 바울이 아드라뭇데노로 가는 배를 타고 끝까지 로마로 직행한 것이 아닌 것을 보면, 이용 가능한 배편이 있을 때 타고 가는 식이었던 것 같다.

바울을 동행했던 아리스다고는 마게도냐 지방의 데살로니가 시 출신이었다. 그는 바울이 예루살렘으로 향해 갈 때 동행했던 사람들 중 하나였다(20 : 4). 골로새서 4 : 10에는 그가 바울과 함께 갇힌 자라고 소개되어 있다. 빌레몬서 24절에는 그가 바울의 동역자라고 말하고 있다. 그런데 이 두 곳(골 4 : 14 ; 몬 24)에 모두 누가가 언급되어 있는 것으로 보아, 누가도 아리스다고와 같이 바울과 동행하고 있는 것으로 짐작해 볼 수 있다.

[27 : 3-5] 이튿날 배는 가이사랴 북쪽으로 약 110km 정도 떨어진 시돈에 도착하였다. 율리오는 같은 로마 시민인 바울에게 친절을 베풀어 시돈에 있는 친구들에게 가서 대접을 받을 수 있도록 배려해 주었다. 여기에서 '친구'는 그리스도인을 뜻하는 명칭으로 사용되고 있다. 언제 시돈에 그리스도인들이 생겼는지 잘 알 수 없지만, 바울이 선교여행을 하면서 예루살렘을 들락날락하는 과정에서 비롯된 것일 수 있겠다.

바울 일행은 시돈에서 다시 출발하여 여행을 계속하였다. 이때 불어오는 맞바람으로 인하여 구브로 해안으로 붙어서 항해하여 길리기아 남쪽으로 하여 밤빌리아 앞 바다를 지나 루기아 지방의 무라 시에 이르게 되었다. 무라 시는 아프리카의 알렉산드리아 항구의 건너편에 해당되는 위치에 있었다. 그래서 알렉산드리아에서 온 배가 로마로 가려면 중간에 멈추어 설 수 있는 적당한 곳이기도 하였다.

[27 : 6-8] 바울 호송 책임을 맡은 율리오는 무라 항구에서 마침 이달리야(로마)로 가는 알렉산드리아 배를 만나게 되었다. 이 배는 로마로 가는 곡식을 실어 나르는 배였다(38절). 이 배는 많은 짐과 사람을 실을 수 있는 큰 배였을 것이다. 왜냐하면 지중해를 가로질러 항해하는 배였기 때문이다. 그러나 이 큰 배로도 항해가 순조롭지 않았다. 여러 날 걸려 로도(21 : 1 참조)를 지나 간신히 니도 앞바다까지 올 수 있었다. 바람이 더 심하게 불어서 해안을 따라가지 못하고 대양으로 밀려날 수밖에 없었다. 큰 바다로 나온 배는 바람의 영향을 더 크게 받게 되어 멀리 떨어진 그레데 섬으로 향하게 되었다. 그레데 섬 동쪽 끝에 있는 살모네 항구 앞을 지나 그레데 해안을 바람막이로 하여(즉, 그레데 남쪽 해안을 따라) 미항이라는 항구에 이르렀다. 이곳은 라새아에서 가까웠다. 미항은 이름은 아름답지만 겨울을 지내기에는 불편한 작은 항구였던 것 같다(12절).

> [9]여러 날이 걸려 금식하는 절기가 이미 지났으므로 항해하기가 위태한지라 바울이 그들을 권하여 [10]말하되 여러분이여 내가 보니 이번 항해가 하물과 배만 아니라 우리 생명에도 타격과 많은 손해를 끼치리라 하되 [11]백부장이 선장과 선주의 말을 바울의 말보다 더 믿더라 [12]그 항구가 겨울을 지내기에 불편하므로 거기서 떠나 아무쪼록 뵈닉스에 가서 겨울을 지내자 하는 자가 더 많으니 뵈닉스는 그레데 항구라 한쪽은 서남을, 한쪽은 서북을 향하였더라

[27 : 9-12] 풍랑으로 인하여 항해가 예정보다 늦어지게 되었다. 벌써 금식하는 절기인 속죄일(Day of Atonement)이 지나갔다. 속죄일은 유대 달력은 음력을 기본으로 하기 때문에 보통 9월에서 10월 어느 날에 해당되었다. 바울

이 로마로 향하던 해가 주후 59년이었다면 그해의 속죄일은 10월 5일이었을 것이다. 수리아 지방의 유대 달력으로는 10월 28일이 속죄일에 해당된다. 속죄일이 지나서 미항을 출발했다면 10월 중순에서부터 11월 초의 어느 때에 출항했을 가능성이 있다. 일반적으로 겨울에는 위험하기 때문에 항해를 하지 않았다. 그래서 보통 9월 중순에서 11월 중순이 넘어가면 항해하지 않는 것이 상식이었다. 그러나 겨울에도 항해를 감행하는 선박이 있었는데, 로마로 곡식을 운반해야 했기 때문이다. 로마 정부에서는 위험을 무릅쓰고 겨울철에 항해하여 필요한 물품을 수송한 선주에게는 더 많은 비용을 지불하였다고 한다.

바울은 선교여행을 하거나 천막 업을 영위하기 위해서 배를 많이 타고 다닌 경험이 풍부한 사람이었다. 그래서 웬만한 바다 사람보다 많은 상식을 가지고 있었다. 그리고 그는 무엇보다 눈앞의 이익 때문에 그릇된 판단을 할 사람은 아니었다. 바울은 겨울철로 접어드는 이때에 항해하는 것이 위험하다는 것을 잘 알고 있었다. 그래서 항해하지 않는 것이 좋겠다고 권면하였다. 바울은 그의 말을 듣지 않자, 항해를 강행하게 되면 짐과 배뿐 아니라 사람들도 다치게 되고 많은 손해를 입을 것이라고 경고하고 나섰다. 이것은 예지적인 통찰력을 가지고 있음을 나타낸다기보다 그의 경험상 얻은 지혜를 가리키고 있다. 그러나 백부장은 전문가인 선주와 선장의 말을 바울의 말보다 더 신뢰하여 잘못된 결정을 내리게 된다.

미항에서 겨울을 나는 데는 현실적인 문제도 있었다. 왜냐하면 그레데 남쪽에 위치한 미항은 작고 불편하여 많은 사람이 겨울을 나기에 적합하지 않았기 때문이다. 대다수가 그레데 섬에서 서남북으로 걸쳐 있는 좀 더 큰 항구인 뵈닉스로 옮기자고 제안하였다. 모두 그것이 좋다고 생각하여 그레데 서쪽에 있는 가까운 항구인 뵈닉스로 옮기게 되었다. 그러나 처음에는 좋게 보였던 이러한 결정이 큰 파국을 맞이하게 될 줄은 아무도 몰랐다(바울을 제외한다면).

2. 폭풍과 파선(27 : 13-44)

¹³남풍이 순하게 불매 그들이 뜻을 이룬 줄 알고 닻을 감아 그레데 해변을 끼고 항해하더니 ¹⁴얼마 안되어 섬 가운데로부터 유라굴로라는 광풍이 크게 일어나니 ¹⁵배가 밀려 바람을 맞추어 갈 수 없어 가는 대로 두고 쫓겨가다가 ¹⁶가우다라는 작은 섬 아래로 지나 간신히 거루를 잡아 ¹⁷끌어 올리고 줄을 가지고 선체를 둘러 감고 스르디스에 걸릴까 두려워하여 연장을 내리고 그냥 쫓겨가더니 ¹⁸우리가 풍랑으로 심히 애쓰다가 이튿날 사공들이 짐을 바다에 풀어 버리고 ¹⁹사흘째 되는 날에 배의 기구를 그들의 손으로 내버리니라 ²⁰여러 날 동안 해도 별도 보이지 아니하고 큰 풍랑이 그대로 있으매 구원의 여망마저 없어졌더라

[27 : 13-20] 바울의 말을 귀담아 듣지 않고 미항을 출발한 알렉산드리아 배는 순조로운 남풍을 맞으며 뵈닉스 항구로 향하였다. 그들이 뜻하던 대로 항해하는 데 문제가 없는 것처럼 보였다. 그들은 바울을 비웃기라도 하듯 닻을 감아올리고 그레데 해변을 끼고 조심스럽게 거의 60km 정도 떨어진 뵈닉스 항구로 뱃머리를 돌렸다. 그러나 얼마 가지 못해서 섬 중앙으로부터 강력한 북동풍이 불이닥쳤다. 그레데 섬에 있는 2,400m나 되는 이다(Ida)산에서 불어오는 광풍이었다. 그 바람으로 인하여 배가 앞으로 전진할 수 없었다. 이 당시에는 바람이 거세게 불면 그것을 이기고 나갈 기술이 없어서 그런 경우에는 바람에 배를 맡기고 바람이 잦아지기를 기다려야 했다. 이 바람의 이름은 유라굴로였는데, 이것은 동풍('유로스')과 북풍('아퀼로')의 합성어로서 강력한 북동풍을 가리키는 악명 높은 바람이었다.

유라굴로 강풍 때문에 배는 서쪽에 있는 뵈닉스로 가지 못하고 남서쪽으로 떠밀려 약 35km 정도 떨어진 가우다라는 섬 아래까지 가게 되었다. 가우다 섬 아래를 지나갈 때 바람을 막아 줌으로 약간 여유가 생겼다. 그래서 풍

랑에 휩쓸릴 수 있는 거루(작은 배)를 잡아서 배 위로 끌어올렸다. 그리고 배가 풍랑에 조금이라도 움직이지 않는 데 도움이 되도록 줄로 선체를 둘러 감았다. 또한 '스르디스'(아프리카 쪽 리비아 해안의 모래톱)에 걸릴까봐 '연장'을 내린 채 바람에 밀려 떠밀려 가고 있었다. 여기에서 '연장'('헬, '스큐오스')이 무엇을 의미하는지는 정확하지 않지만 돛이나 닻을 가리키는 것으로 보고 있다. 이러한 일련의 조치들은 유라굴로의 피해를 최소화하기 위해 최선의 노력을 기울이는 모습을 읽을 수 있다.

그러나 하루가 지나가도록 사태는 호전되지 않았다. 그래서 이튿날이 되었을 때 사공들이 짐을 바다에 던져 버릴 수밖에 없었다. 그만큼 다급한 상황이 된 것이다. 그렇게 하지 않으면 사람도, 짐도, 배도 다 피해를 입게 될 것이 뻔하였기 때문이다. 그러나 모든 짐을 버린 것은 아니었다(38절 참조). 일부 곡식이나 개인 소하물 같은 것을 버려 배를 가볍게 하려고 하였을 것이다. 그래도 상황이 나아지지 않자 사흘째 되는 날에는 배의 '기구'('연장'과 같은 '스큐오스'라는 단어를 사용함.)를 그들 손으로 끊어 버리게 되었다. 갈수록 사태는 악화되고 있었다.

이제 배는 '스큐오스'(닻 또는 돛)도 없이 바람에 맡긴 채 정처 없이 망망한 바다를 떠도는 신세가 되었다. 배는 여러 날 동안 표류하였다. 낮이 되어도 해를 볼 수 없고, 밤이 되어도 별을 볼 수 없었다. 그만큼 큰 풍랑으로 인하여 시야가 확보되지 않은 암흑천지와 같았다. 이제 큰 풍랑에서 구원받을 희망이 사라진 것처럼 보였다. 여기에서 '**구원**'은 원래 영적 의미가 내포된 말이기는 하지만, 영적 의미보다는 세상적인 곤경에서 구출되는 것을 가리키고 있다. 이 장면에서 바울이 복음을 선포하지도 않았고, 이방인 선원 중 누구도 믿음을 가졌다는 언급이 나오지 않기 때문이다.

[21]여러 사람이 오래 먹지 못하였으매 바울이 가운데 서서 말하되 여러분이여 내 말을 듣고 그레데에서 떠나지 아니하여 이 타격과 손상을 면하였더라면

좋을 뻔하였느니라 ²²내가 너희를 권하노니 이제는 안심하라 너희 중 아무도 생명에는 아무런 손상이 없겠고 오직 배뿐이리라 ²³내가 속한 바 곧 내가 섬기는 하나님의 사자가 어제 밤에 내 곁에 서서 말하되 ²⁴바울아 두려워하지 말라 네가 가이사 앞에 서야 하겠고 또 하나님께서 너와 함께 항해하는 자를 다 네게 주셨다 하였으니 ²⁵그러므로 여러분이여 안심하라 나는 내게 말씀하신 그대로 되리라고 하나님을 믿노라 ²⁶그런즉 우리가 반드시 한 섬에 걸리리라 하더라

[27 : 21-26] 바울이 탄 배는 오랫동안 표류하였다. 적어도 열흘 이상 표류하고 있었다(27절 참조). 경황이 없어서 시간 가는 줄 모르고 있었을 것이다. 그 동안 배에 타고 있던 사람들은 아무것도 먹지 못했다. 풍랑이 배를 집어삼키려고 하는 중에 어떻게 먹을 수 있었겠는가? 언제 죽을지도 모르는데 그것보다 더 화급한 상황이 있었겠는가? 이때 바울이 사람들 가운데 섰다. 바울이 선 것을 보면 다른 사람들은 풍랑으로 인해 앉아 있거나 쓰러져 누워 있었던 것으로 보인다. 아무런 희망도 발견하지 못하고 포기하고 있는 사람들에게 바울이 그들을 안심시키는 말을 하고 있다. 바울이 말하는 시점은 풍랑이 어느 정도 소강상태를 보일 때라고 짐작해 볼 수 있다. 그렇다고 하더라도 목숨을 다투는 때에 행한 바울이 연설은 상황에 맞지 않아 보이기도 한다. 누가 귀남아 듣기라도 할 수 있단 말인가! 그러나 사람들이 절망 중에 있을 때 아무런 말을 해서라도 누가 용기와 위로를 줄 수 있다면 그것을 탓할 사람은 없을 것이다.

바울은 그들이 그의 말을 듣고 그레데의 미항에서 떠나지 아니했다면 위태한 데 처하지 않았을 것이라고 상기시킨다. 이 말은 바울이 자신이 옳았다는 것을 확인시킴으로써 사람들을 비난하려고 한 것이 아니라, 그의 말을 듣는 것이 유익하다는 것을 알아 달라는 것이다. 그래야 이제 바울이 말하려고 하는 내용에 귀를 기울여 실행할 것으로 보았기 때문이다. 바울은 두려움과

절망 속에 빠져 있는 사람들에게 제일 먼저 안심시키는 말을 한다. 생명에는 지장을 받지 않고 배만 손상될 것이라고 예언한다. 이러한 그의 예언은 하나님의 천사가 바울에게 알려 준 것이라고 말한다. 그리고 천사가 한 말을 그대로 인용하고 있다.

천사의 말은 세 가지 내용이었다. 첫째, 두려워하지 말라는 것이다. 바울에게도 이 말을 한 것은 바울 역시 두려워했다는 것을 암시한다. 두려움보다 더 무서운 적은 없다. 어떠한 어려움 가운데서도 두려워하지 않는다면 희망은 있게 마련이다. 두려움은 하나님에 대한 신앙이 결여되었을 때 오는 것이다. 궁극적으로 희망과 구원이 하나님께로부터 오는 것을 안다면 두려워할 이유가 없다. 둘째, 바울이 가이사 황제 앞에 서게 된다는 것이다. 이전에 주께서 바울에게 나타나 한 말은 바울이 로마에 가서 증언하게 될 것이라는 것이었다(23 : 11). 여기서는 더 구체적으로 바울의 미래가 제시되어 있다. 바울이 다메섹에서 회심했을 때 "내 이름을 이방인과 임금들과 이스라엘 자손들(에게)…… 전하기 위하여 택한 나의 그릇"(9 : 15)이라고 한 사명이 다시 한번 확인되는 순간이다. 셋째, 함께 항해하는 자들을 모두 바울에게 주었다는 것이다. 이 말은 그들이 생명에 지장을 받지 않고 다 살게 될 것이라는 약속이다. 바울이 가이사 앞에 서야 하기 때문에 그들 모두가 구원을 받을 것이다. 바울 한 사람으로 인하여 모든 사람이 살게 되었다. 이것은 보편적인 하나님의 사랑을 말하는 것임과 동시에 구원사의 중요성이 다른 모든 것을 우선한다는 것을 나타내고 있다.

여기에서 바울은 인간을 사랑하는 목회적 열정을 가진 사람으로 묘사된다. 혹시 풍랑에 지친 사람들의 반발이나 비난이 일어날 수도 있는 상황이었지만, 그들을 안심시키고자 하는 따뜻한 마음으로 그들을 위로하고 있다. 또한 바울은 예언자의 모습으로 묘사된다. 그는 하나님의 영에 이끌림을 받고 있으며 환상을 보는 사람이었다. 그는 자신의 말이 아니라 하나님께서 주시는 말씀으로 예언하고 있기 때문에 신뢰를 주고 있다.

바울은 다시 한번 사람들을 안심시키고 있다. 이 말은 연설의 시작인 22절에 이어 연설의 끝인 25절에 다시 한번 반복된다. "안심하라."는 것은 두려워하지 말고 용기를 가지며 절망 중에 빠진 마음을 희망으로 바꾸라는 것이다. 바울은 하나님의 천사가 전해 준 말을 신뢰한다고 말하면서 이방인인 선원들도 이 같은 확신을 공유할 것을 권고하고 있다. 천사의 말이 사실이라면 그들이 곧 표류를 끝내고 한 섬에 다다르게 될 것이라고 예고한다. 바울은 죄수의 몸으로 끌려가고 있지만, 이야기의 중심인물로 우뚝 서 있다.

설교를 위한 묵상 : "이제는 안심하라"(27 : 9-26)

사도행전과 같은 역사서술물(historiography)의 특징 가운데 하나는 파선(shipwreck)과 같은 주제가 흔히 등장한다는 것이다. 파선은 극적인 긴장을 불러일으키는 주제다. 위기 속에서 인간의 적나라한 모습이 나타나게 되고, 혼란과 극적 해결(또는 파국)을 보여 주는 내용은 독자들에게 흥미를 더해 줄 수 있다. 고대 세계에서 바다를 항해하는 것은 매우 위험한 일이었기 때문에, 불확실한 상황을 이보다 더 잘 보여 줄 수 있는 것은 흔치 않았을 것이다. 타이타닉호의 침몰에 관한 영화가 흥행에 성공한 배경에는 이러한 요소가 작용했음이 틀림없다.

바울을 호송하는 항해 길은 전혀 순탄하지 않았다. 어렵게 알렉산드리아 배를 타고 미항에 도착했으나, 속죄일이 지나 겨울철에 접어들게 되자 더 이상 항해를 계속하는 것은 더욱 위험해졌다. 바울 역시 천막을 만드는 자로서 여행을 많이 해 본 경험이 있었기 때문에 겨울철에 항해하는 것을 극구 말렸다. 그러나 선장과 선주는 꼭 실어다 주어야 할 화물이 있었기 때문에 무리가 되더라도 강행할 의사를 표했다. 바울의 호송 책임을 맡은 백부장은 선장과 선주의 말을 더 신뢰하고 항해를 계속하고자 했다. 이를 위해 미항보다 좀 더 크고 편리한 뵈닉스 항으로 이동하던 중 유라굴로 광풍을 만나게 되었다. 그리고 열흘 이상을 바다 한가운데서 표류하다가 많은 피해를 본 후에야 750km나 떨어진 멜리데 섬에 닿게 되었다.

유라굴로 광풍을 만나 모든 사람들이 살 소망을 다 잃어버렸을 때에(27 : 20), 바울이 그들 가운데 서서 지난밤에 꿈에 천사가 그에게 나타나 말해 준 것을 선언하였다. 그것은 세 가지 내용을 담고 있었다. 첫째, 두려워하지 말라는 것이다. 두려움은 모든 절망의 근원이다. 둘째, 바울이 로마 황제 앞에 서게 될 것이라는 것이다. 바울은 로마에서도 복음의 증인이 되어야 했다. 셋째, 항해하는 자들을 모두 바울에게 주셨다는 것이다. 그들은 죽지 않고 구원받을(살아남을) 것이다. 바울은 그들에게 소망과 구원의 심볼이 되었다.

바울의 연설은 "안심하라."는 말로 시작해서(22절) "안심하라."는 말로 끝나고 있다(25절). 아무리 힘들고 어렵더라도 하나님께서 우리에게 주시고자 하는 말씀은 "안심하라."는 것이다. 두려워하지 않고 안심할 수 있는 것은 하나님의 임재 때문이다. 우리는 인생이라는 항해에서 어떤 광풍과 스르디스(모래톱)로 인하여 파선에 직면할 때가 있었는가? 그럴 때에 "안심하라."는 하나님의 음성을 듣기 바란다. 그러면 파국을 극복하고 소망을 얻게 될 것이다.

²⁷열나흘째 되는 날 밤에 우리가 아드리아 바다에서 이리저리 쫓겨 가다가 자정쯤 되어 사공들이 어느 육지에 가까워지는 줄을 짐작하고 ²⁸물을 재어 보니 스무 길이 되고 조금 가다가 다시 재니 열다섯 길이라 ²⁹암초에 걸릴까 하여 고물로 닻 넷을 내리고 날이 새기를 고대하니라 ³⁰사공들이 도망하고자 하여 이물에서 닻을 내리는 체하고 거룻배를 바다에 내려놓거늘 ³¹바울이 백부장과 군인들에게 이르되 이 사람들이 배에 있지 아니하면 너희가 구원을 얻지 못하리라 하니 ³²이에 군인들이 거룻줄을 끊어 떼어 버리니라 ³³날이 새어 가매 바울이 여러 사람에게 음식 먹기를 권하여 이르되 너희가 기다리고 기다리며 먹지 못하고 주린 지가 오늘까지 열나흘인즉 ³⁴음식 먹기를 권하노니 이것이 너희의 구원을 위하는 것이요 너희 중 머리카락 하나도 잃을 자가 없으리라 하고 ³⁵떡을 가져다가 모든 사람 앞에서 하나님께 축사하고 떼어 먹기를

시작하매 [36]그들도 다 안심하고 받아먹으니 [37]배에 있는 우리의 수는 전부 이백칠십육 명이더라

[27 : 27-32] 바울이 탄 배가 표류한 지 2주일이나 되었다. 바울이 한 섬에 걸려 구조될 것이라고 말한 것이 표류 삼 일째라고 한다면(19절), 그로부터 열흘도 더 지난 셈이다. 가우다 섬에서 표류하다 내린 멜리데(28 : 1 참조 ; 현재의 몰타 공화국) 섬까지는 약 750km나 되는 먼 거리이기 때문에 그렇게 많은 날을 바다에서 표류하게 된 것이었다. 사람들은 한 섬에 걸려 구조될 것이라는 바울의 말이 곧바로 실현되지 않아서 잊어버렸거나 애초부터 믿지 않았는지도 모른다. 아니면 표류하는 동안 바울을 비난하였을 수도 있다. 어쨌든 사람들이 희망을 완전히 포기할 만큼 되었을 때, 표류 십사 일째 되는 날 밤 자정쯤 드디어 아드리아 바다에서 사공들이 육지에 가까워지는 것을 알게 되었다. 밤이라서 아무것도 보이지는 않았지만, 경험 많은 사공들이 배가 물을 헤치고 지나가는 소리나 감각을 통해서 수심이 얕아지고 있다는 것을 직감했던 것 같다. 여기에서 아드리아 바다는 어디를 가리킬까? 현재의 아드리아 해와 혼동될 수 있어서 유의할 필요가 있다. 현재의 아드리아 해는 그리스와 이태리 사이를 가리키고 있지만, 고대에는 그리스와 이태리 남쪽 바다를 가리켰다고 한다. 그래야만 구조된 멜리데 섬과 질 연결된다(28 : 1 참조).

사공들이 물길을 재어 보니 스무 길(약 36m)이었다. 조금 더 가다가 재어 보니 열다섯 길(약 27m)이었다. 이제 어떤 섬에 가까이 다가가고 있다는 것을 확인할 수 있었다. 그 당시 바다에서는 줄에 납을 달아 늘어뜨려 물길을 재곤 했다. 문제는 암초에 걸릴 수 있어서 조심할 필요가 있었다. 그래서 고물(배의 뒤편) 쪽으로 닻 네 개를 내려놓은 채 밤이 새기를 초조하게 기다렸다. 요즈음은 닻을 이물(배의 머리)에다 두고 거기에서 내리는 것이 보통인데, 옛날 배는 배의 이물이나 고물이 다 같이 평평해서 고물에서도 닻을 내렸던 것 같다.

사공들은 섬을 발견하자 자기들만 살 궁리로 이물에서 닻을 내리는 척하

면서 거룻배(돛이 없는 작은 배로서 여기서는 구조선의 역할을 함.)를 바다에 내려놓았다. 바울이 이것을 발견하였다. 그래서 급하게 군인들에게 말하여 그들이 도망치지 못하게 했다. 그들이 도망을 가게 되면 상륙 시 비상 상황이 발생할 때 대처할 수 있는 사람이 없기 때문이었다. 그러자 군인들이 바울의 말에 순종하여 거룻줄을 끊어 버리게 되었다. 사공들은 떠내려가는 거룻배를 보고만 있을 수밖에 없었다.

[27 : 33-37] 이제 날이 샜다. 바울은 우선 모든 사람에게 음식을 먹으라고 권하였다. 열나흘을 아무것도 먹지 못하였기 때문이다. 그리고 음식을 먹고 기운을 차려야 섬에 상륙할 힘을 쓸 수 있었을 것이기 때문이다. 바울은 음식을 먹고 구조되는 것을 여기에서도 '구원'이라는 용어를 사용하였다(20절처럼). 여기에서 구원은 영적 의미로 사용된 것이 아니라 육체적인 생명의 보존을 뜻하는 것이다. 바울은 그들 중 "머리카락 하나도 잃을 자가 없으리라."고 말해 줌으로써 그들이 생존에 대한 희망을 충만하게 가지도록 하였다. 바울은 경황 중에도 침착함을 잃지 않고 다른 사람들을 배려하면서 상황을 정리해 나갔다. 이것이 바울과 보통사람이 다른 점이었다. 고대인들은 경황 중에도 침착함을 잃지 않는 사람을 철학자의 자질을 갖춘 사람이라고 보았다. 바울은 고상하고 기품 있는 철학자의 모습으로 나타나고 있다.

바울은 음식을 가져다가 하나님께 감사의 기도를 드리고 떡을 떼어 먹게 하였다. 모든 사람들이 안심하고 다 음식을 먹었다. 이제는 바울의 말을 잘 따르고 있다. 바울은 명실공히 배의 선장 노릇을 하고 있다. 배에 탄 모든 사람이 276명이라고 한 것을 보면, 상당히 큰 배였다는 것을 알 수 있다. 여기에서 바울이 "떡을 가져다 축사하고 떼어 먹게 했다."고 기록하고 있는 것을 성만찬 식사와 연결시키는 사람이 있다. 성만찬 용어(눅 22 : 19 ; 고전 11 : 23 이하)가 나오기 때문이다. 그러나 이것을 성만찬과 연결시키는 것은 무리가 있다. 무엇보다도 이들은 믿는 성도들이 아니라 이방인들이었다. 포도주에 대한 언급도 없으며, 떡을 떼어 '나누어' 준 것도 아니었다. 이 장면은 폭풍에서 구조된 이후 바울이 유대교의 예를 따라 식사하면서 감사기도를 드린 것일 뿐이다.

[38]배부르게 먹고 밀을 바다에 버려 배를 가볍게 하였더니 [39]날이 새매 어느 땅인지 알지 못하나 경사진 해안으로 된 항만이 눈에 띄거늘 배를 거기에 들여다 댈 수 있는가 의논한 후 [40]닻을 끊어 바다에 버리는 동시에 키를 풀어 늦추고 돛을 달고 바람에 맞추어 해안을 향하여 들어가다가 [41]두 물이 합하여 흐르는 곳을 만나 배를 걸매 이물은 부딪쳐 움직일 수 없이 붙고 고물은 큰 물결에 깨어져 가니 [42]군인들은 죄수가 헤엄쳐서 도망할까 하여 그들을 죽이는 것이 좋다 하였으나 [43]백부장이 바울을 구원하려 하여 그들의 뜻을 막고 헤엄칠 줄 아는 사람들을 명하여 물에 뛰어내려 먼저 육지에 나가게 하고 [44]그 남은 사람들은 널조각 혹은 배 물건에 의지하여 나가게 하니 마침내 사람들이 다 상륙하여 구조되니라

[27 : 38-44] 모든 사람이 배부르게 먹었다. 이제는 본격적으로 상륙을 시도해야 할 때가 되었다. 그러기 위하여 배에 있던 밀을 바다에 버렸다. 이 밀은 로마로 가져다가 팔아야 할 물건이었지만 사람의 목숨보다 중요한 것은 아니었기 때문이다. 그러나 모든 밀을 다 버렸다고 생각해서는 안 된다. 배를 가볍게 하여 배를 해안에 댈 수 있는 정도까지만 버렸을 것이다.

바울 일행은 그들이 어느 섬에 도착했는지 알지 못했다. 경사진 해안을 발견하고 거기에 배를 대 보기로 하였다. 먼저 닻을 끊어 바다에 버리고 키에 붙잡아 매었던 줄을 풀어 늦춘 다음 돛을 달고 바람이 부는 방향대로 움직이면서 해안을 향하여 나아갔다. 그러나 이러한 시도는 성공하지 못했다. 두 물이 합하여 흐르는 곳을 만나게 되었다. 이곳에서 배는 꼼짝하지 못하고 좌초되고 말았다. 센 물살에 이물은 움직일 수 없게 되었고, 고물은 깨어져 나갔

다. 마지막 순간에 위기가 다시 한번 찾아온 것이다.

군인들은 경황 중에도 죄수들이 헤엄쳐서 도망할까 봐 걱정이 되었다. 왜냐하면 죄수들이 도망을 가게 되면 그들을 호송하던 군인들이 책임을 지게 되기 때문이다. 군인들이 이로 인하여 직업은 물론 목숨이 위태로울 수 있었다. 그래서 군인들은 죄수들을 죽일 것을 제안했다. 그러나 전체적인 호송 책임을 맡은 백부장은 죄수들을 죽이자는 제안을 받아들이지 않았다. 왜냐하면 백부장은 바울을 '구원하려'(여기서도 육체적인 구조를 의미한다.) 했기 때문이다. 바울 때문에 죄수들도 '구원'을 얻게 되었다. 바울 한 사람의 생명으로 인하여 모든 사람의 생명을 살리게 되었다. 백부장은 배를 직접 해안에 대는 것이 실패하자 두 번째 시도를 감행하였다. 그것은 헤엄을 잘 치는 사람들을 먼저 해안으로 나가게 하고, 남은 사람들은 널조각이나 배에 남아 있는 물건 중 물에 뜨는 것에 의지해서 해안으로 나가도록 했다. 이렇게 하여 마침내 모든 사람이 다 섬에 상륙하여 '구원'을 얻게 되었다! 바울의 예언대로 한 사람의 생명도 다치지 않고 다 구조된 것이다. 바울은 미래를 내다본 예언자요, 사람들을 돌보는 목회자요, 침착하게 위기에 대처한 철학자였다. 바울은 위기 속에서 더 빛난 하나님의 사람이요, 항해 이야기의 주인공이었다.

3. 멜리데 섬의 기적(28 : 1-10)

[1]우리가 구조된 후에 안즉 그 섬은 멜리데라 하더라 [2]비가 오고 날이 차매 원주민들이 우리에게 특별한 동정을 하여 불을 피워 우리를 다 영접하더라 [3]바울이 나무 한 묶음을 거두어 불에 넣으니 뜨거움으로 말미암아 독사가 나와 그 손을 물고 있는지라 [4]원주민들이 이 짐승이 그 손에 매달려 있음을 보고 서로 말하되 진실로 이 사람은 살인한 자로다 바다에서는 구조를 받았으나 공의가 그를 살지 못하게 함이로다 하더니 [5]바울이 그 짐승을 불어 떨어 버리매 조금도 상함이 없더라 [6]그들은 그가 붓든지 혹은 갑자기 쓰러져 죽을 줄로

기다렸다가 오래 기다려도 그에게 아무 이상이 없음을 보고 돌이켜 생각하여 말하되 그를 신이라 하더라

[28 : 1-6] 구조되고 나서야 도착한 섬의 이름을 알게 되었다. 그 섬은 고대의 아드리아 바다(그리스와 이태리의 남쪽)에 위치한 멜리데(현재의 몰타 공화국, Malta)였다. 멜리데 섬은 길이가 29km, 너비가 11km 정도 되는 작은 섬이다. 이태리 남쪽에 있는 시실리 섬으로부터 약 93km, 아프리카 북단까지는 290km 정도 떨어져 있다. 원주민들은 당시 카르타고 방언을 말하였을 것으로 추측한다. 또한 그리스와 로마의 지배를 받았기 때문에 헬라어와 라틴어로도 의사소통이 가능했을 것으로 본다.

바울 일행이 도착한 때는 비가 내리고 날이 차가운 겨울철이었다. 바울이 속죄일(27 : 9 참조)이 지나서 미항을 떠났다면 10월 중순에서부터 11월 초 어느 때였을 것이다. 유라굴로를 만나 2주 동안 표류한 것을 고려하면, 멜리데에 도착한 때는 비가 오는 겨울철이었던 것을 알 수 있다. 겨울철에는 서풍이 불지 않아 로마 쪽으로 배를 띄우지 않는 것이 상식이었다.

바울 일행은 멜리데 섬의 원주민들로부터 따뜻한 영접을 받았다. 여기에서 원주민으로 번역된 헬라어 '바르바로이'는 영어로는 야만인(Barbarians)을 의미한다. 신약성경에서는 이 단어가 헬라어와 헬라 문화를 모르는 사람들이라는 의미로 사용되었다. 멜리데 섬사람들도 헬라어와 헬라 문화를 어느 정도 접하고 있었기 때문에, 여기에서는 그들을 비하한 명칭이라기보다는 단순히 인종적으로 이방인임을 가리키는 용어로 보아야 할 것 같다.

바울 일행은 폭풍우를 헤치고 바다에서 나오느라 몸이 다 젖었을 뿐만 아니라 비가 오고 날이 차가웠기 때문에 몸을 따뜻하게 하는 것이 급선무였다. 그래서 원주민들은 모닥불을 피워 주었다. 고대 세계에서 나그네에게 친절을 베푸는 것은 고상한 인간의 도리에 해당되었고 칭송을 받는 행위였다. 원주민들 역시 인간의 본성에 부합하는 친절에 익숙하였던 것을 알 수 있다.

바울도 (아마 다른 일행들과 더불어) 모닥불을 피우는 데 함께 협력하였다. 그때 문제가 발생하였다. 바울이 나무 한 묶음을 불에 넣을 때 나무 묶음 속에 있던 독사가 뜨거운 불 때문에 튀어나와 바울의 손을 물었다. 독사는 손을 물고 나서 바로 떨어지지 않고 손에 한동안 붙어 있었다. 보통 독사는 한 번 물면 금방 떨어져 나가기 때문에, 바울의 손을 물은 뱀이 독이 없는 뱀이 아니었는가라는 의문이 제기될 수 있다. 그러나 여기에 사용된 헬라어는 '에키드나'로서 독사를 가리키는 말이다. 원주민들은 그 뱀이 독사인지 아닌지 잘 알았을 것이다. 원주민들은 독사가 바울의 손을 물고 떨어지지 않는 것을 보면서 서로 수군거렸다. 바울은 틀림없이 살인한 사람이기 때문에 공의의 신이 벌을 내려 죽게 한다고 말했다. 여기에서 '공의'(헬, '디케')는 의인화되어 사용되고 있다. 당시 로마 세계에서는 제우스의 딸인 공의의 여신 '디케'가 땅에서 일어나는 불의를 감시하고 최종적으로 벌을 내리는 것으로 믿고 있었다. 고대 세계에 널리 퍼져 있던 권선징악 사상이라고 볼 수 있다.

바울은 아무렇지도 않다는 듯이 뱀을 불 속에 떨어뜨렸다. 원주민들은 바울이 부어오르든지 갑자기 졸도하여 죽을 것으로 생각하고 지켜보고 있었다. 그러나 시간이 지나도 아무 변화가 없자 그들이 서로 수군거렸던 말이 잘못되었다는 것을 인정하고, 바울을 신이라고 말하였다. 여기에서 '신'은 관사가 없이 쓰이고 있으며 '신적 존재'라는 의미다. 원주민들이 바울을 보는 관점이 백팔십도 바뀌었다. 이 이야기의 초점은 독사가 바울의 손을 물었지만 바울이 해를 입지 않았다는 것을 나타내려는 것이었다(눅 10:18-19 참조). 이를 통해 바울이 죄가 없고 결백하다는 것이 암묵적으로 증명된 셈이다.

[7]이 섬에서 가장 높은 사람 보블리오라 하는 이가 그 근처에 토지가 있는지라 그가 우리를 영접하여 사흘이나 친절히 머물게 하더니 [8]보블리오의 부친이 열병과 이질에 걸려 누워 있거늘 바울이 들어가서 기도하고 그에게 안수하여 낫게 하매 [9]이러므로 섬 가운데 다른 병든 사람들이 와서 고침을 받고 [10]후한

예로 우리를 대접하고 떠날 때에 우리 쓸 것을 배에 실었더라

[28:7-10] 누가는 멜리데 섬에서 행정 책임자로 있는 보블리오라는 사람을 소개한다. 그를 소개하는 목적은 보블리오가 바울 일행을 자기 땅에 있는 처소로 초대하여 삼 일 동안 머물게 하였음을 말하려는 것이었다. 보블리오가 그러한 친절을 베푼 것은 멀리서 온 사람들에게서 새로운 소식을 들으며 교제를 나눌 생각에서였을 것이다. 보블리오가 구조된 276명 전부를 초대했는지, 아니면 바울과 저자를 비롯한 몇 사람만을 초대했는지 알 수는 없다.

보블리오를 소개한 또 하나의 이유는 초대한 것이 기회가 되어서 보블리오의 부친을 치료하게 된 것을 말하려고 한 것이다. 그의 부친은 열병과 이질에 걸려서 고생을 하고 있었다. 이것은 멜리데에서 유명한 풍토병이었다. 바울은 기도와 안수를 통해서 병을 낫게 하였다. 기도와 안수가 함께 언급된 것은 사도행전에서 이곳이 유일하다. 기도와 안수를 통해서 심한 병을 간단하게 낫게 하였다는 소문이 나자 많은 병든 사람들이 바울을 찾아왔다. 의료 시설이나 의원이 신통하지 않던 그곳에서 바울은 의사 역할을 하게 된 셈이다. 바울에게 고마움을 느낀 섬사람들은 바울 일행에게 많은 먹을 것을 주었고, 배로 떠날 때는 여행에 필요한 물품(먹을 것을 포함하여)을 챙겨 주었다. 사도행전에서 물질을 나누는 행위는 항상 복음을 전한 것과 관련되어 나타나고 있음에 유의할 필요가 있다. 비록 바울이 멜리데에서 복음을 전했다는 언급은 나오지 않지만, 그가 치료하면서 복음을 전했을 것이고, 그렇지 않았다 하더라도 치료 행위가 일종의 복음 전파의 형태였다고 볼 수 있다.

4. 멜리데에서 로마까지의 항해(28:11-15)

[11]석 달 후에 우리가 그 섬에서 겨울을 난 알렉산드리아 배를 타고 떠나니 그

배의 머리 장식은 디오스구로라 [12]수라구사에 대고 사흘을 있다가 [13]거기서 둘러가서 레기온에 이르러 하루를 지낸 후 남풍이 일어나므로 이튿날 보디올에 이르러 [14]거기서 형제들을 만나 그들의 청함을 받아 이레를 함께 머무니라 그래서 우리는 이와 같이 로마로 가니라 [15]그곳 형제들이 우리 소식을 듣고 압비오 광장과 트레이스 타베르네까지 맞으러 오니 바울이 그들을 보고 하나님께 감사하고 담대한 마음을 얻으니라

[28 : 11-14] 바울 일행은 멜리데에서 석 달을 머물렀다. 머물러 있을 수밖에 다른 도리가 없었기 때문이다. 이번에는 먼저 항해를 서두르자고 말하는 사람도 없었다. 겨울 항해가 얼마나 위험한 일인지 직접 체험해 보았기 때문이다. 표류하다가 10월 말이나 11월 초에 멜리데 섬에서 파선하였다면, 석 달 후 출항한 때는 1월 말이나 2월 초가 되었을 것이다. 보통 3월 초가 되어야 안심하고 항해를 할 수 있었는데, 그래도 항해를 결정한 것은 너무 오래 멜리데 섬에서 체류하였고, 또한 배에 대한 수리도 끝이 났으며, 짐과 죄수들을 로마로 보낼 책임이 있었기 때문이다. 그러나 무엇보다도 날씨가 항해하기에 괜찮게 보였기 때문일 것이다.

배의 머리 장식을 소개한 것은 흥미로움을 제공한다. 배의 머리 장식은 '디오스구로'(헬, '디오스쿠로이')였는데, 이 말의 뜻은 '천상의 쌍둥이 신'(Gemini)이다. 뱃사람들은 제우스신의 아들인 쌍둥이 형제 카스토르(Castor)와 폴룩스(Pollux)가 그들을 보호해 준다고 믿었기 때문에 이들을 숭배하였다. 선원들은 쌍둥이 형제가 폭풍우 가운데서도 행운을 가져다준다고 믿었다. 그러나 사도행전을 통해서 우리가 알게 되는 것은 정작 행운을 가져다준 사람은 바울과 그의 형제들이었다는 사실이다.

알렉산드리아 배를 타고 로마로 가는 과정은 간단하게 취급되어 있다. 계속 북쪽으로 이동하고 있다. 멜리데를 떠난 배는 약 140km 위쪽에 위치해 있는 시실리 섬의 수라구사 항구에 기항하여 사흘을 머물렀다. 사흘은 그곳

에서 화물이나 사람을 내려놓고 로마로 갈 사람을 태우는 데 필요한 최소한의 시간이었다. 시실리 섬은 로마에서 필요로 하는 과일이나 채소나 가축이 많이 있는 중요한 섬이었다. 수라구사에서 출발하여 북쪽으로 약 110km 떨어진 레기온까지 올라가 하루를 머물렀다. 그 다음 기항지는 보디올인데 레기온에서 약 280km 떨어져 있었다. 꽤 먼 거리를 항해해야 했다. 보디올은 알렉산드리아에서 곡물을 싣고 오는 배가 기항하는 마지막 항구였다. 레기온에서 배가 출항하려면 순조로운 남풍이 불어야 하는데, 하루를 머문 후 때마침 남풍을 만나게 되었다. 그래서 하루 만에 보디올에 도착할 수 있었다.

보디올에 도착했을 때 바울은 믿는 형제들을 만났다. 보디올에는 많은 여행객들이 붐비는 곳이었기 때문에 유대인 공동체도 형성되어 있었으며, 그리스도인들도 있었던 것 같다. 큰 항구나 도시마다 바울이 방문하는 곳에는 이미 그리스도인들이 존재하고 있었음을 보여 준다. 바울이 온다는 소식을 어떻게 들었는지 모르지만 보디올에 사는 그리스도인 형제들이 바울을 영접하여 일주일을 함께 지낼 수 있었다. 폭풍우를 극복하고 성공적인 항해를 계속할 수 있도록 공을 세운 바울에게 상당한 자유가 허락되고 있었음을 알 수 있다. 14절 하반절은 로마까지 도착하게 된 과정과 성격을 한마디로 결론처럼 요약하고 있다. 로마에까지 가게 된 과정에는 어려움도 있었지만 결국 이렇게 도착하게 된 것이다.

[28 : 15] 보디올에서 로마까지는 약 200km 정도 떨어져 있었다. 육로를 통해서 가야 하는데 길이 험하고 습지도 지나야 했다. 보통 도보로 닷새가 걸리는 길이었다. 로마에 있는 그리스도인들이 이미 바울의 도착 사실을 알고 로마 외곽까지 마중을 나와 있었다. 먼 거리를 힘들게 온 바울 일행을 앞서서 맞이함으로써 위로와 격려를 보태려고 했을 것이다. 압비오 광장은 로마 도심에서 약 69km 정도 떨어져 있고, 트레이스 타베르네(세 여관이라는 뜻을 가진 로마의 관문)는 로마 도심에서 약 53km 정도 떨어져 있었다. 모두 하룻길에

해당되는 거리였다. 로마의 그리스도인 형제들은 바울을 중요한 영적 지도자로 생각하여 예우를 다하고자 맞으러 온 것이다. 이제 압비오 광장에서 로마 도심까지는 길을 잘 닦아 놓아 어렵지 않게 갈 수 있었다. 바울은 지친 육체로 압비오 광장과 트레이스 타베르네에서 그리스도인 형제들을 만나게 되었을 때 하나님께 감사하지 않을 수 없었다. 로마가 가까워 올수록 걱정도 되었는데, 그리스도인 형제들을 만나게 되니 담대한 마음을 가지게 되었다. 이를 보면 바울도 평범한 한 인간의 모습을 띠고 있음을 알 수 있다.

R. 로마에서의 전도활동(28 : 16-31)

1. 유대인 지도자들과의 만남(28 : 16-28)

[16]우리가 로마에 들어가니 바울에게는 자기를 지키는 한 군인과 함께 따로 있게 허락하더라 [17]사흘 후에 바울이 유대인 중 높은 사람들을 청하여 그들이 모인 후에 이르되 여러분 형제들아 내가 이스라엘 백성이나 우리 조상의 관습을 배척한 일이 없는데 예루살렘에서 로마인의 손에 죄수로 내준 바 되었으니 [18]로마인은 나를 심문하여 죽일 죄목이 없으므로 석방하려 하였으나 [19]유대인들이 반대하기로 내가 마지못하여 가이사에게 상소함이요 내 민족을 고발하려는 것이 아니니라 [20]이러므로 너희를 보고 함께 이야기하려고 청하였으니 이스라엘의 소망으로 말미암아 내가 이 쇠사슬에 매인 바 되었노라 [21]그들이 이르되 우리가 유대에서 네게 대한 편지도 받은 일이 없고 또 형제 중 누가 와서 네게 대하여 좋지 못한 것을 전하든지 이야기한 일도 없느니라 [22]이에 우리가 너의 사상이 어떠한가 듣고자 하니 이 파에 대하여는 어디서든지 반대를 받는 줄 알기 때문이라 하더라

[28 : 16] 여기에서 사도행전의 마지막 '우리 단락'(27 : 1-28 : 16)은 끝이 나고 있다. 이것은 저자가 포함된 '우리'가 주로 항해를 비롯한 선교여행에 참여한 것을 보여 준다. 바울 일행이 로마에 들어갔을 때, 바울은 한 군인과 함께 따로 생활할 수 있도록 허락되었다. 한 사람의 군인이 붙여진 것을 보면 그가 중요한 죄수로 취급되지 않고 있음을 보여 준다. 로마 군대는 적어도 두 사람(12 : 6 참조)이 함께 지키는 것이 보통인데, 한 명만 언급된 것은 서로 교대 근무를 했던 것이 아닌가 짐작된다.

바울은 이미 특별 취급을 받고 있었다. 백부장 율리오가 로마 시민권을 가진 바울에게 친절하게 대하였고(27 : 3), 폭풍우를 거치면서 대우가 올라갔다. 바울이 멜리데 섬에서 보블리오 부친을 고쳐 주고 또 많은 사람들의 병을 치료한 덕분에 모든 사람들이 융숭한 대접을 받은 바 있다(28 : 10). 또한 여러 기항지에서 바울을 마중 나온 그리스도인 형제들이 환대를 베풀었을 때(27 : 3 ; 28 : 14-15), 로마 군인들도 함께 혜택을 누렸을 것이다. 이러한 것들이 합쳐져서 바울은 이미 일반 죄수와 구별되었고, 은혜를 나누어 주는 자가 되었다.

바울이 이처럼 특별 취급을 받게 된 데는 다른 이유도 있었다. 그것은 바울이 죄가 없음이 밝혀졌기 때문이다. 죄가 없는 사람을 가혹하게 대하는 것은 정의로운 로마법이 용납할 수 없는 일이었을 것이다. 또 바울을 찾는 사람들이 많았기 때문에 별도로 보호하는 것이 필요했을 것이다. 바울은 믿는 형제들의 도움을 받아 자신이 세를 내고 집을 빌려 거주할 수 있었던 것으로 보인다(23, 30절 참조).

[28 : 17-22] 바울이 로마에 도착하여 처음으로 한 일은 유대인들과의 만남을 주선한 일이었다. 바울에게 유대인들과의 관계는 매우 중요하였다. 그것은 그들에게 복음을 전하는 것에 있어서도 중요하였고, 그들의 오해를 받아 곤경에 처하지 않도록 하기 위해서도 필요하였다. 바울은 이미 예루살렘의 유대인 지도자들에게 미움을 받아 재판을 받아야 했고, 그를 죽이려고 하는 유

대인들의 궤계 때문에 가이사에게 상소하여 로마까지 오게 되지 않았는가? 그런데 로마에 있는 유대인들에게까지 핍박을 당한다면 어떤 결과를 가져올는지 알 수 없지 않은가? 게다가 로마에 있는 유대인들 중에는 로마의 고위층과 친분이 있어서 바울을 어렵게 할 소지는 얼마든지 생각할 수 있었다.

바울은 로마에 도착한 지 삼 일 후에 로마에 있는 유대인들 중 높은 사람들을 초청하였다. 로마에는 그 당시 적어도 4~5개의 유대인 회당이 있었고, 2만 명 이상의 유대인들이 살고 있었다고 한다. 트레스 타베르네에 유대인 집성촌이 있어 모여 살았다고 한다. 로마에 있던 유대인들은 대체로 가난했고 교육을 받지 못한 사람들이 많았다고 한다. 바울은 유대인들을 초청하여 그들을 '형제'라고 부르며 동족 의식에 호소한다. 그리고 이스라엘 백성이나 조상의 관습을 배척한 일이 없었다고 자신을 변호한다. 그러나 예루살렘에서 유대인 지도자들에 의해 로마인의 손에 죄수로 내준 바 되었다고 설명한다. 로마인들은 바울을 심문하여 보고 죽일 죄목이 없어 석방하려 했지만, 예루살렘의 유대인 지도자들이 반대하여 할 수 없이 가이사에게 상소하게 되었다고 심경을 토로한다. 로마인들이 바울을 석방하려 했다고 말한 것은 약간의 과장을 섞은 것이다. 그것은 아그립바 2세가 베스도에게 개인적으로 한 말이라서 바울이 그것을 알 수는 없었던 것이다(26 : 32 참조). 그러나 독자는 그러한 사실을 알고 있으므로 바울의 입을 빌려 말했다고 해서 크게 틀린 것은 아니다.

바울은 가이사에게 상소하는 과정에서 동족을 고발하려고 한 뜻은 전혀 없었다고 강조한다. 바울의 연설은 공격적이라기보다는 회유적인 성격을 보여 준다. 그에 대한 반감이 혹시 있다면 그것을 누그러뜨리는 것을 목적으로 하고 있다. 바울은 이스라엘의 소망으로 말미암아 쇠사슬에 매이게 되었다고 유대인들의 감정에 호소한다. 이스라엘의 소망은 종말의 날에 메시야를 대망하는 것이며, 이방인들이 이스라엘로 모여들 것을 바라는 것이지 않는가? 유대인과 이방인들에게 메시야이신 예수를 전하였기 때문에 쇠사슬에 매인 몸이 되었다고 말한 것이다.

바울이 자신에 대해 변호하는 말을 듣고 난 로마의 유대인들은 어떤 특별한 결론을 내리지 않았다. 그들은 독자적인 결론을 내리는 것에 신중을 기하고 있다. 무엇보다 그들은 예루살렘 교회로부터 어떠한 지침을 편지로 전달받지 못하였고, 또 대표단이 와서 구두로 전하여 준 이야기도 없다고 말한다. 바울 일행이 바다에서 표류하느라 시간을 많이 보냈기 때문에, 만약 예루살렘의 유대인 지도자들이 육로를 통해 대표단을 보냈다면 이미 로마에 와서 로마에 있는 유대인들에게 어떤 구체적인 지침을 내릴 수 있었다. 그러나 그렇게 하지 않은 것은 이미 바울을 고발하여 죄를 뒤집어씌울 가능성이 없다고 판단하였기 때문일 것이다. 그들의 영향력이 어느 정도 미치고 있던 예루살렘이나 가이사랴에서라면 몰라도, 멀리 로마에서 어떻게 승리를 낙관할 수 있었겠는가? 재판은 돈이 드는 일이고 시간이 걸리는 일이기 때문에 신중을 기하지 않을 수 없었을 것이다. 그렇게 본다면, 바울이 로마로 이송되는 순간, 예루살렘의 유대인 지도자들은 바울의 고소건을 포기한 것으로 보아야 할 것이다. 로마의 유대인 지도자들은 초청에 응한 이유를 말한다. 그들은 단지 바울의 사상을 듣고자 한 것뿐이었다. 이 파(24 : 5, 14 참조)에 대해서는 어디서든지 반대를 받는 줄 알고 있는데, 그 파의 대표자격인 바울이 어떻게 말하는지 일단 들어보겠다는 마음으로 왔다는 것이다.

[23]그들이 날짜를 정하고 그가 유숙하는 집에 많이 오니 바울이 아침부터 저녁까지 강론하여 하나님의 나라를 증언하고 모세의 율법과 선지자의 말을 가지고 예수에 대하여 권하더라 [24]그 말을 믿는 사람도 있고 믿지 아니하는 사람도 있어 [25]서로 맞지 아니하여 흩어질 때에 바울이 한 말로 이르되 성령이 선지자 이사야를 통하여 너희 조상들에게 말씀하신 것이 옳도다 [26]일렀으되 이 백성에게 가서 말하기를 너희가 듣기는 들어도 도무지 깨닫지 못하며 보기는 보아도 도무지 알지 못하는도다 [27]이 백성들의 마음이 우둔하여져서 그 귀로

는 둔하게 듣고 그 눈은 감았으니 이는 눈으로 보고 귀로 듣고 마음으로 깨달아 돌아오면 내가 고쳐 줄까 함이라 하였으니 [28]그런즉 하나님의 이 구원이 이방인에게로 보내어진 줄 알라 그들은 그것을 들으리라 하더라 [29](없음)

[28 : 23-25a] 이제 2차로 로마에 있는 많은 유대인들이 바울의 집에 찾아왔다. 1차 모임에서 결론을 내지 못했기 때문에 날짜를 정하여 다시 모인 것이다. 바울은 비교적 넓은 집에 세를 내면서 유숙하고 있었던 것으로 보인다. 바울은 이번에는 더욱 확실하게 결론을 내기 위해서 아침부터 저녁까지 강행군을 하면서 강론하였다. 유대인들이 관심을 가지고 있는 하나님의 나라에 대해서 증언하였고, 그들에게 익숙한 방식으로 모세의 율법과 선지자의 말을 가지고 예수를 설명하고 이해시키려고 노력하였다.

바울의 노력은 어느 정도 성공을 거두었다. 그들 중 일부가 믿었기 때문이다. 그러나 이것을 성공이라고 말하기는 어려울 것 같다. 더 많은 사람들이 믿지 않은 것으로 보이기 때문이다. 이번에도 결론을 내지는 못하였다. 로마에 있는 유대인들은 바울의 말을 듣고 의견이 갈리었다. 서로 합의에 도달하지 못하고 흩어지게 되었다.

[28 : 25b-28] 바울은 그의 노력이 예상한 만큼 결실을 맺지 못함을 보고 크게 실망하였다. 그는 최선을 다해 유대인들의 마음을 돌리려고 했지만, 예루살렘에서와 마찬가지로 수포로 돌아가고 말았다. 그래서 돌아가는 유대인들을 향하여 최종적으로 이사야 선지자의 글을 인용하여 경고하고 있다. 이것은 유대인들에게 복음을 믿지 않은 책임을 돌리는 것이기도 하다.

바울은 이사야를 인용하여 말하면서 '너희' 조상들에게 말씀하신 것이 옳았다고 꼬집는다. 연설을 시작하면서 '우리' 조상(17절)이라고 말한 것과 대조를 이루고 있다. 이사야서 6 : 9~10의 내용은 칠십인역에 기초하고 있다. '성령'이 이사야를 통하여 말하였다고 한 표현은 문자로 기록된 예언의 말씀이 지금 여기에 살아 있는 말씀으로 선포되고 있음을 보여 주고 있다. 히브리어로 된 이사야서의 내용(구약 본문)과 칠십인역에 기초한 내용(사도행전 본문)은 약간 다르게 표현되어 있다. 첫째, 히브리 본문은 명령형("둔하게 하라, 막히게 하라, 감기게 하라.")으로 되어 있는 데 비해, 사도행전은 과거형("우둔하여졌다, 둔하게 들었다, 감았다.")으로 되어 있다. 둘째, 히브리 본문은 이스라엘 백성이 돌이킬까 봐 염려하는 데 비해("염려하건대…… 고침을 받을까 하노라"), 사도행전은 이스라엘 백성이 돌아오면 고쳐 주겠다는 생각을 하고 있다("돌아오면 내가 고쳐줄까 함이라"). 히브리 본문이 더 냉소적이고 역설적인 표현을 하고 있다. 이에 비해 사도행전 본문은 이스라엘의 회개에 더 희망을 담아 표현하고 있다. 두 본문이 약간 다르기는 하지만 둘 다 이스라엘 백성이 복음을 받아들이지 않고 거부하였음을 말하고 있다. 바울은 유대인들에게 정성을 다해 하나님의 나라와 예수 그리스도에 관하여 증언했지만 끝내 거부하자 이사야서를 인용하여 최종적으로 회개를 촉구하고 있는 것이다.

바울은 유대인들에게 이로써 '하나님의 이 구원'이 이방인에게로 보내어진 줄을 알라고 선언한다. 유대인들이 복음을 거부했을 때 대신 이방인들이 혜택을 받게 될 것이라는 선언은 앞서 두 번(13:46; 18:6) 나온 바 있다. 첫째는 바울이 비시디아 안디옥에서 전도했을 때 유대인들이 하나님의 말씀을 거부하자 "우리가 이방인에게로 향하노라."라고 선언하였다. 둘째는 바울이 고린도에서 유대인들에게 예수는 그리스도라고 증언했을 때 그들이 바울을 대적하며 비방하자 "이후에는 이방인에게로 가리라."고 말했다. 바울은 세 번째로 이곳 로마에서 유대인들에게 두 번에 걸쳐 전도했을 때 그들이 거부하자 "하나님의 이 구원이 이방인에게로 보내어진 줄 알라."고 선언한 것이다. 사도행전에서 세 번에 걸쳐 복음이 이방인에게로 향할 것이라고 선언한 것은 두 가지 의미를 내포한다. 첫째, 바울이 유대인들에게 먼저 복음을 전했으며, 유대인들을 경시하지 않았다는 점을 확실하게 보여 주는 것이다. 둘째, 앞으로는 이방인에게 복음을 전하게 될 것인데, 그 책임은 유대인에게 있다는 것이다.

여기에서 한 가지 유의할 사항이 있다. 바울이 세 번째 선언에서 유대인을 버리고 이방인에게로 향할 것이라고 명시적으로 말하지 않았다는 것이다. 즉, 미래형으로 말한 것이 아니다. 이방인에게 복음이 전해진 것을 과거형("이방인에게 보내어졌다.")으로 나타내고 있다. 이는 사도 바울의 사역을 통해서 이미 복음이 이방인에게 전해졌다는 것을 확인해 주는 것이다. 바울의 초점은 유대인들은 복음을 거부하였지만 이방인들은 복음을 받아들였으며, 또 받아들일 것이라고 한 것이다. 유대인들이 회개하고 돌아오면 그들에게도 구원이 임할 것이라고 길을 열어 놓고 있다.

2. 땅끝까지 전파되는 복음(28 : 30-31)

[30]바울이 온 이태를 자기 셋집에 머물면서 자기에게 오는 사람을 다 영접하고 [31]하나님의 나라를 전파하며 주 예수 그리스도에 관한 모든 것을 담대하게 거침없이 가르치더라

[28 : 30-31] 비록 바울이 유대인들이 복음을 거부하여 이방인에게로 복음을 전하는 대상을 바꿨지만, 자발적으로 찾아오는 유대인들을 제한한 것은 아니었다. 바울은 그에게 오는 사람을 '다' 영접하였기 때문이다. 바울이 전한 복음은 하나였다. 유대인들에게 전한 복음이나 이방인들에게 전한 복음이 다르지 않았다. 그것은 하나님의 나라와 예수 그리스도에 관한 내용이었다. 바울은 보편적인 복음을 모든 사람에게 공평하게 전하려고 하였다. 문제는 보편적인 복음을 접하고 사람들이 어떠한 반응을 보이느냐 하는 것이었다. 유대인 중에도 복음을 받아들이는 사람과 받아들이지 않는 사람이 있었다. 마찬가지로 이방인 중에도 복음을 받아들이는 사람과 받아들이지 않는 사람이 있었다. 복음은 모든 사람을 향해 열려 있었던 것이다.

누가는 사도행전을 마치면서 바울의 행적이 계속되는 것으로 묘사하면서 끝내고 있다. 바울이 온전히 2년을 로마에서 보냈다면, 바울이 로마에 도착한 때가 주후 60년 2월 초쯤 되므로 로마에서 죄수의 신분으로 주후 62년까지 있었다는 결론이 나온다. 바울 사도가 네로의 로마 방화(주후 64년)가 있은 해에 순교한 것으로 보는 견해가 옳다면, 누가는 사도행전을 기록했을 때(주후 70년대 말-80년대 초) 바울의 순교에 대해서 알고 있었지만 그것을 보도하지 않았다는 이야기가 된다. 그렇다면 누가가 바울의 순교에 대해 언급하지 않은 것은 의도적이었다고 볼 수 있다.

누가는 어떠한 목적으로 사도행전을 기록한 것일까? 이것은 사도행전을 끝내는 방식과도 관계가 있다. 만약 사도행전이 사도들의 전기(특히 바울의 전기)라면 사도들의 출생과 성장과 죽음에 관한 기록을 남겨야 했을 것이다. 전기에서 주인공의 죽음은 그의 전 생애의 성격을 규정짓는 것으로 이해되었기 때문이다. 또한 누가복음의 자매편으로서 사도행전이 바울의 최후를 예수의 그것과 유사하게 묘사하려 했다면 더욱 바울의 죽음을 기록했어야 했다. 그러나 사도행전이 역사서술물(historiography)의 장르적 특성을 가졌다면, 주인공보다는 사건에 초점을 맞추는 것이 맞다. 누가는 사도행전의 기록을 통해서 사도들(특히 베드로와 바울)의 인격이나 업적을 드러내려고 하기보다는 성령이 주도하는 복음의 확장 과정을 보여 주려고 했던 것이다. 이것이 사도행전을 성령행전이라고 부르는 이유이기도 하다. 전기라면 마지막 부분이 끝나지 않은 것처럼 마치면 어색하지만, 역사서술물이라면 이 경우에 어색하지 않은 예를 찾을 수 있다(왕하 25 : 27-30 참조).

사도행전은 처음과 마지막에서 하나님의 나라와 예수에 관한 메시지를 주제로 다루고 있다. 사도행전 처음 부분에서 부활하신 예수가 하나님 나라의 일을 말씀하셨다고 기록하고 있으며(1 : 3), 사도들이 함께 모였을 때에 이스라엘 나라의 회복에 대해 질문할 때 오직 성령이 임하면 예수의 증인이 될 것을 말씀하고 있다(1 : 6-8). 그리고 마지막 부분에서도 하나님의 나라와 주 예수에 관한 것을 말씀하셨다고 기록하고 있다(31절). 사도행전은 하나님의 구원의 역사를 기록하려는 것이 목적이었고, 그 목적을 달성한 분이 부활하신 예수 그리스도였음을 나타내려고 하였다.

사도행전은 헬라어 원문에 보면 '거침없이'(헬, '아콜뤼토스')라는 부사어로 끝나고 있다. 누가가 이 단어를 마지막 단어로 선택한 것은 의미가 있다. 비록 바울이 자기 셋집에 '머물면서' 복음을 전했지만 방해를 받지 않고 전할 수 있었다고 말하고 있는 것이다. 그것도 '담대하게' 전하였다고 말한다. 바울은 더 이상 쇠사슬에 묶인 죄수가 아니다. 그는 결백하며 자유롭다. 그리고 무엇보다 복음이 자유로웠다. 사도행전이 바울보다 복음에 초점을 맞추고 있기 때문에, '거침없이' 전해지는 복음에 관해 서술하면서 사도행전을 끝내는 것이 매우 타당하고 자연스럽다. 하나님의 구원의 복음은 온 세상을 향하여 거침없이 뻗어 나가고 있다. 어떤 것도, 어느 누구도, 어떤 세력도 온 세계로 확장되어 나가는 복음을 멈출 수 없다!

■■ 설교를 위한 묵상 : "거침없이, 담대하게"(28 : 30-31)

하나의 글은 목적을 가지고 기록되기 때문에 보통 정돈된 끝맺음을 보여 준다. 다른 말로 하면, '시작-중간-끝'의 형식을 갖고 있다. 이것이 우리가 현실 속에서 만나게 되는 정돈되지 않은 사건들과 다른 점이다. 그렇다면, 사도행전은 본문과 같은 끝맺음을 통하여 무엇을 보여 주려고 했는가? 말할 것도 없이, 누가는 바울이 로마에서 이태 동안 셋집에 거하면서 복음을 전했다는 것을 기록하고자 했다. 사도행전이 기록될 당시 바울은 이미 순교했음에도 불구하고, 왜 누가는 바울의 죽음을 언급하지 않았을까? 그것은 바울 개인보다 복음의 확장에 초점을 맞추려고 했기 때문이다. 바울의 죽음을 언급하면, 복음이 확장되는 것을 말하려고 하는 초점이 흐려질 수 있기 때문이다.

본문에는 두 개의 정동사와 두 개의 분사가 나온다. 정동사 둘은 '머물렀다'와 '영접하였다'라는 동사다. 이 두 정동사는 미완료 시제로서 계속적이고 반복적인 동작을 나타낸다. 바울은 온 이태 동안 그의 셋집에 '머물렀다'. 머물렀다는 것은 살았다는 것을 말한다. 죄수로서 묶여 있었던 것이 아니라 자유롭게 살았다는 것을 암시하고 있다. 또한 바울은 그에게 찾아오는 모든 사람들을 '영접하였다'. 영접하였다는 것은 마음을 열고 교제하였다는 것을 말한다. 그에게 찾아오는 모든 '이방인들'은 바울의 친구가 되었다. 유대인과 이방인이 친구가 되어 복음 안에서 교제를 나눌 수 있게 되었다.

두 개의 분사는 '전파하며'와 '가르치더라'이다. 분사는 정동사의 시제(미완료)를 따르면서, 정동사의 내용이 무엇인지 보여 주는 역할을 한다. 하나님의 나라를 '전파하며'라는 것은 하나님의 통치가 이루어지고 있음을 보여 준다. 주 예수 그리스도에 관한 모든 것을 담대하게 거침없이 '가르치더라'는 것은 복음의 내용이 채워지고 있음을 보여 준다.

그리고 우리말 본문에는 두 개의 부사어가 나온다. '담대하게'라고 번역된 우리말 부사어는 헬라어 원문에는 명사어로 되어 있다. 여기에서는 부사어로 번역함으로써 그 의미를 살리고 있다. 이를 통해 바울이 더 이상 죄수가 아니라 자유인으로서 담대하게 전파하고 가르쳤다는 것을 보여 주고 있다. 또 하나의 부사어는 '거침없이'인데, 특히 사도행전의 마지막 단어로 등장한다. 누가가 이 단어를 사도행전의 마지막 단어로 선택한 것은 의미심장하다. '거침없이'라는 단어는 일차적으로 바울이 거침없이 전파하며 가르쳤다는 것을 의미한다. 또한 '거침없이'라는 단어는 바울이 전파하며 가르쳤던 '하나님의 나라'와 '주 예수 그리스도'가 거침없이 세상으로 확장되어 나가고 있음을 가리키고 있다. 바울이 그러했던 것처럼 우리도 '담대하게', 그리고 '거침없이' 복음을 전파하며 가르치는 증인으로서 살아가야 할 것이다.

| 참고문헌 |

김경진. 「사도행전」. 서울 : 대한기독교서회, 1999.
김득중. 「사도행전 연구」. 서울 : 나단, 1989.
김철손. 「해설 · 사도행전」. 서울 : 대한기독교출판사, 1986.
나요섭. 「누가복음의 속편 사도행전」. 서울 : 나눔사, 1994.
목회와신학편집부. 「사도행전 : 어떻게 설교할 것인가?」. 서울 : 두란노아카 데미, 2007.
문상희. 「사도행전 주석」. 서울 : 연세대학교 출판부, 1999.
박용규. 「평양대부흥운동」. 서울 : 생명의 말씀사, 2000.
박응천. 「세계를 향한 복음 : 설교를 위한 사도행전 연구」. 서울 : 한국성서학 연구소, 1997.
오덕호. 「사도행전을 읽읍시다」. 서울 : 한장사, 2002.
유상현. 「사도행전 연구」. 서울 : 대한기독교서회, 1996.
윤철원. 「사도행전의 내러티브 해석」. 서울 : 도서출판 바울, 2004.
_____. 「사도행전 다시 읽기 : 성서의 눈으로 성서를 읽는다」. 서울 : 한국성 서학연구소, 2006.
이승호. 「사도행전」. 서울 : 한국장로교출판사, 2008.
장로회신학대학교. 「한국 교회 대부흥운동 1903-1908」. 서울 : 장로회신학대학교출판부, 2007.

정양모. 「교회 탄생 이야기 : 사도행전 1-7장 풀이」. 왜관 : 분도출판사, 1992.

「성경전서 개역개정판」. 대한성서공회, 2001.

Barrett, C. K. *A Critical and Exegetical Commentary on the Acts of the Apostles.* Edinburgh : T&T Clark, 1994.

Bruce, F. F. *The Book of the Acts.* The New International Commentary on the New Testament. Grand Rapids. Michigan : Eerdmans, 1984.

Campbell, William S. *The "We" Passages in the Acts of the Apostles : the Narrator as Narrative Character.* Society of Biblical Literature, 2007.

Esler, Philip Francis. *Community and Gospel in Luke-Acts.* Cambridge : Cambridge University Press, 1987.

Haenchen, Ernst. *The Acts of the Apostles : A Commentary.* Philadelphia : The Westminster Press, 1971.

Soards, Marion L. *The Speeches in Acts : Their Content, Context, and Concerns.* Louisville, Kentucky : Westminster/John Knox Press, 1994.

Tannehill, R. C. *The Narrative Unity of Luke-Acts : A Literary Interpretation.* Vols. I and II. Minneapolis : Fortress, 1986, 1990.

Vincent, Marvin Richardson. *Word Studies in the New Testament.* Grand Rapids, Michigan : Eerdmans, 1989.

Witherington III, Ben, *The Acts of the Apostles : A Socio-Rhetorical Commentary.* Grand Rapids, Michigan/Cambridge, U.K. : William B, Eerdmans Publishing Company, 1998.

The Greek New Testament. Fourth Revised Edition. Deutsche

Bibelgesellschaft/United Bible Societies, 1993.

Barclay, William. *The Acts of the Apostles*. 정혁조 역. 「바클레이 성서주석 시리즈 : 사도행전」, 서울 : 기독교문사, 1971.

Bruce, F. F. *The Book of the Acts* 1984. 김일우. 임미영 역. 「사도행전」. 서울 : 아가페, 1988-1989.

Chatman, Seymour. *Story and Discourse : Narrative Structure in Fiction and Film*. 한용환 역. 「이야기와 담론-영화와 소설의 서사구조」. 서울 : 푸른사상, 2003.

Dunn, James D. G. *The Theology of Paul the Apostle* 1998. 박문재 역. 「바울신학」. 고양, 경기도 : 크리스챤다이제스트, 2003.

Hengel, Martin. *Acts and the History of Earliest Christianity*. 「고대의 역사 기술과 사도행전」. 복음주의신학총서 제32권. 서울 : 대한기독교서회, 1990.

Jervell, J. *The Theology of the Acts of The Apostles*. 윤철원 역. 「사도행전 신학」. 서울 : 한들출판사, 2000.

Krodel, G. *Acts*. 「사도행전」. 설교자를 위한 선포주석. 조달진 역. 서울 : 긴콜디이시, 1984.

Lenski, R. C. H. *The Interpretation of the Acts of the Apostles*. 배영철 역. 「사도행전」. 서울 : 백합출판사, 1974-1990.

Powell, Mark A. *What are they saying about Acts*. 이운연 역. 「사도행전 신학」. 서울 : 기독교문서선교회, 2000.

Robertson, A. T. *The Acts of the Apostles*. 「신약원어대해설 : 사도행전」. 서울 : 요단출판사, 1985.

Ward Gasque, W. *A History of the Criticism of the Acts of the Apostles*. 권성수. 정광욱 역. 「사도행전비평사」. 서울 : 도서출판 바실래, 1989.

Willimon, William H. *Acts : Interpretation a Bible commentary for teaching and preaching.*「사도행전 : 목회자와 설교자를 위한 주석」. 서울 : 한국장로교출판사, 2000.

| 한국장로교총회창립 100주년기념 표준주석 |

구약

집필부분	집필자
창세기	김중은 박사
출애굽기	이종록 박사
레위기	정중호 박사
민수기	김진명 박사
신명기	김회권 박사
여호수아	강사문 박사
사사기/룻기	허성군 박사
사무엘상·하	김선종 박사
열왕기상·하	김태훈 박사
역대상	배희숙 박사
역대하	함 택 박사
에스라/느헤미야	민경진 박사
에스더	이미숙 박사
욥기	하경택 박사
시편	이승현 박사
잠언	천사무엘 박사
전도서	채은하 박사
아가	강승일 박사
이사야	조성욱 박사
예레미야	강성열 박사
예레미야애가	박동현 박사
에스겔	이은우 박사
다니엘	배정훈 박사
호세아/요엘	김정철 박사
아모스	최인기 박사
오바댜/요나	김유기 박사
미가	오택현 박사
나훔/하박국/스바냐	윤동녕 박사
학개/스가랴/말라기	김근주 박사

신약

집필부분	집필자
마태복음	최재덕 박사
마가복음	차정식 박사
누가복음	오덕호 박사
요한복음	김문경 박사
사도행전	이 달 박사
로마서	장흥길 박사
고린도전서	조광호 박사
고린도후서	박흥순 박사
갈라디아서	이종윤 박사
에베소서	석원식 박사
빌립보서/빌레몬서	김덕기 박사
골로새서	김철홍 박사
데살로니가전·후서	김형동 박사
디모데전·후서/디도서	박종기 박사
히브리서	소기천 박사
야고보서	이승호 박사
베드로전·후서	왕인성 박사
요한1·2·3서/유다서	최흥진 박사
요한계시록	김준기 박사

Presbyterian Church of Korea Standard Commentary

| 한국장로교총회창립 100주년기념 표준주석 |

사도행전

초판인쇄   2013년 3월 20일
초판발행   2013년 3월 30일

기획·편찬   표준주석편찬위원회 이 달
편 집 인   대한예수교장로회총회교육자원부
발 행 인   채형욱
발 행 소   한국장로교출판사
주   소   110-470 / 서울 종로구 연지동 135 한국교회100주년기념관 별관
전   화   (02)741-4381 / 팩스 741-7886
영 업 국   (031)944-4340 / 팩스 944-2623
등   록   No. 1-84(1951. 8. 3.)

ISBN   978-89-398-0684-9 / 978-89-398-0681-8(세트)
Printed in Korea

값 20,000원

편 집 장   정현선
교정·편집   이슬기   표지디자인   김보경
업무차장   박호애   영업차장   박창원

※ 이 출판물은 저작권법에 의해 보호를 받는 저작물이므로 무단전재와 무단복제를 할 수 없습니다.